THE
FUTURE OF READING RESEARCH
EDITED BY
THE JAPAN READING ASSOCIATION

読書教育の未来

日本読書学会 編

ひつじ書房

『読書教育の未来』刊行の趣旨

　1956 年 9 月に設立された日本読書学会は、2016 年に 60 周年を迎えました。人間で言えば還暦にあたり、十干十二支を一巡りして新たな人生のステージに立つ年となりました。このような記念すべき年を迎え、今後ますます日本の読書活動・読書教育が充実発展することを祈念し、60 周年記念事業として書籍を出版する企画を立ち上げました。その成果が本書です。

　日本読書学会の特色の一つは、教育学・心理学・社会学・言語学・医学・図書館情報学・その他諸科学等、広汎にわたる研究分野の会員が、それぞれの問題関心と方法論とをもって、多様な切り口から子供の発達と読書にかかわる知見を経験的に、あるいは実証的に追究する点にあります。いわば、読書と読書教育の総合研究といった性格が本学会の特色であり、かつそれを学際的な視野から議論するところに深さと新しさとが見出されます。

　学会誌である『読書科学』のクオリティは、関係学会の中でも高く評価され、国際リテラシー学会をはじめ、海外の学会ともつながりを深めているところです。記念書籍の刊行を通して本学会の研究成果を広く世に紹介し、読書と読書教育推進の一助となれば幸いです。

　さて、本書は 4 章で構成されています。

　第 1 章「読書の発達」では、人間の生誕から成人に至る成長過程の中で、読書あるいは読書教育がどのようになされ、人格形成や言語発達にどのような影響を与えているのかを議論しています。

　第 2 章「読むことの科学」では、認知科学、脳科学、メディア論などの関連学問領域の知見を横断して、読書行為を様々なアプローチから探究し、そ

の視野を広げ深めています。

　第3章「読みの教育」では、教育実践場面における読むことの指導に焦点を当て、就学前から初等・中等教育、大学、特別支援学校まで、様々な学びの場における読みの指導のあり方を幅広く論じています。

　第4章「社会と読書」では、教育政策における読書推進、地方自治体や図書館などの読書推進活動、絵本や読書の専門家の活動や読書感想文コンクールなど、社会における読書について考察しています。

　巻末には、前国際リテラシー学会会長のWilliam Teale氏より寄稿していただいたメッセージ、今後への展望、そして学会年表を掲載しました。なお、William Teale氏は、本書にご寄稿していただいた直後にご逝去されました。感謝の思いとともに、謹んでご冥福をお祈り申し上げます。

　ほかの33人の執筆陣は、いずれも読書活動・読書教育の研究に長く打ち込んで来たエキスパートであり、すべて日本読書学会の会員です。読者の皆様におかれましては、本書に刻まれた知見をご高覧いただき、これからの読書と読書教育に向けての資源とされ、また、忌憚のないご批正を賜れば幸いです。

　本書の刊行に際しましては、ひつじ書房の皆様に大変お世話になりました。特に、編集担当の海老澤絵莉さんには骨の折れるきめ細かな作業を厭わずにお力添えいただきました。記して感謝申し上げます。

　時代は変化と流動性の速度がいっそう増し、未来を予見することが困難になっております。しかしながら、読書は人間の知的財産を継承する営みとして普遍的な価値をもっております。私たちの未来が豊かなものとなりますよう祈りつつ、巻頭言といたします。

編集委員長　藤森裕治

目次

『読書教育の未来』刊行の趣旨·· iii

第1章 読書の発達

1 赤ちゃんと絵本···3
   ―指さしで参加し楽しむ社会文化的活動
   菅井洋子

2 幼児期の絵本の読み聞かせ···16
   横山真貴子

3 かな文字の習得と読みの発達···28
   垣花真一郎

4 児童期における読書···39
   深谷優子

5 児童・生徒の語彙力、読解力と読書···49
   高橋登

6 中学生・高校生における読書···61
   秋田喜代美

7 大学生・成人の読書と生涯発達···73
   藤森裕治

第2章 読むことの科学

1 文章読解の認知過程 87
井関龍太

2 読書活動への脳科学的アプローチ 98
森慶子

3 ジャンルと読み 110
岸学

4 複数テキストの読み 121
中村光伴

5 電子メディア・電子書籍と読み 133
荷方邦夫

6 読みと感情 144
福田由紀

7 読みの熟達 155
沖林洋平

第3章 読みの教育

1 読解指導と読書教育 169
八木雄一郎

2 就学前における読みの教育 178
山元悦子

3　読みの教育の諸相

① 初等・文学 ──────────────────────── 188
山元隆春

② 初等・説明文──「批評読みとその交流」の授業づくり ─────── 197
河野順子

③ 中等・文学──中等教育における文学の読書科学的研究 ──── 205
上谷順三郎

④ 中等・説明文 ───────────────────── 213
舟橋秀晃

4　メディア・リテラシーと読みの教育 ──────── 222
奥泉香

5　言語活動としての読書 ──────────────── 232
丹藤博文

6　学校図書館の活用と学校での読書教育 ───────── 243
足立幸子

7　大学における読みの教育と教員養成 ───────── 254
──受講生の実験参加を通して説明・論説文の教育を再考する試み
岩永正史

8　特別支援教育における読みの教育 ─────────── 264
稲田八穂

9　読みの教育の授業分析 ──────────────── 274
濵田秀行

第4章　社会と読書

1　読書推進政策と体制の歴史の展開 287
山下直

2　地域自治体における読書推進と教育 297
石田喜美

3　絵本や読書の専門家の仕事と養成カリキュラム 308
大庭一郎

4　読書環境の変化 319
―書店と図書館
鈴木佳苗

5　読書感想文コンクール 331
甲斐雄一郎

巻末付録

特別寄稿　国際的にみた読書教育 341
ウィリアム H.ティール（足立幸子 訳）

展望 350
塚田泰彦

読書に関する年表 352
長田友紀

索引 359

執筆者紹介 367

第 1 章
読書の発達

1 赤ちゃんと絵本
―指さしで参加し楽しむ社会文化的活動

菅井洋子

1. はじめに

　乳児[1]は、生後9ヵ月から1歳になる頃までに、絵本を「読みあう」ようになるといわれている(Kummerling-Meibauer, Meibauer, Nachtigaller, & Rohlfing, 2015)。このことは、人の発達において生後9ヵ月が「9ヵ月革命」(Tomasello, 1999)とよばれるように、重要な時期として位置づけられていることと関連しているといえよう。周りの「人」や「対象(物・出来事)」とのかかわり方が変わり、〈乳児と養育者と対象〉の三項関係が成立し「共同注意」が出現し始める時期である。この頃から、乳児は養育者との関係のもとに、絵本という対象へ注意を向けあい、共同活動を展開するようになり、絵本を読みあうことが始まるのである。

　筆者はこれまでに、1歳半、2歳半、3歳時期の家庭での親子による絵本場面を、図1のように〈乳児と親と絵本〉の三項関係から成立する「共同注意場面(Tomasello, 2008 等)」ととらえ、共同注意の代表的な行動である「指さし(pointing)」から解明する研究に取り組んできた。

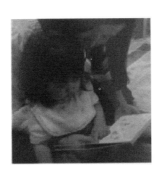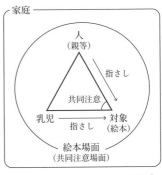

図1　家庭における親子による絵本場面の研究枠組み(分析単位)[2]

4 第1章 読書の発達

「言語獲得前の乳児は、すでに人間に特有のコミュニケーション活動に（指さしで）熱心に参加している。指さしは、人間コミュニケーションの非言語形式から言語形式への重要な移行に関わる」(Tomasello, Carpenter, & Liszkowski, 2007 等) といわれている。絵本場面の縦断的観察からも同様に、指さしで熱心に参加していることが示され、非言語形式の指さしから言語形式の読みへと移行する際の指さし頻度や形態（指さし〈P：pointing〉と発話を伴う指さし〈PV：Pointing and vocalization〉）や機能（説明、命名、質問、模倣、注意喚起、要求、援助）、指さし対象（絵、文字、実物、不在対象）等の発達過程および特徴をみいだしてきた（菅井・秋田・横山・野澤，2009；菅井・秋田・横山・野澤，2010；菅井，2012 等）。

　家庭での親子による絵本場面では、対象である絵本（絵、文字等）を指さし、その対象へ注意を向けてほしい意図的主体、つまり共同で読みあう相手は基本的に固定されている。しかし、保育所のような集団の場においては、複数の周囲の人（保育士、同年齢児、異年齢児）と対象への注意を調整し、三項関係を築きながら共同注意場面を成立させ、共同活動を展開していくことが必要となる。乳児は、親、祖父母、保育士等の多様な人と出会い、家庭や保育所等の場で絵本を読みあうが、読みあう「人」や「場」が異なる際のやりとりの相違や、1 人の乳児と「1 対 1」で読みあう場合と、複数の乳児らと「1 対多」の集団で読みあう場合の相違については、ほとんど明らかにされていない(Kummerling-Meibauer, Meibauer, Nachtigaller, & Rohlfing, 2015)。

　とくに近年、保育施設へ入所する子どもが増え、家庭のみならず保育所等で長時間過ごす 3 歳未満児が増えてきている。2017 年（平成 29 年）告示の新「保育所保育指針」「幼保連携型認定こども園教育・保育要領」では、乳児（0 歳）、1、2 歳児の保育の内容に関する記述が充実し、保育の質の向上をめざすことが改定（改訂）の大きな趣旨の一つとなっている。こうした背景をもとに、保育所等が果たす社会的な役割が一層重視されてきており、3 歳未満児の保育に「絵本」をしっかりと位置づけることが期待されている。

　「保育所」は、子どもにとって家族と過ごす「家庭」とは異なる形や内容をもつ社会であり、子どもが育つもうひとつの場としてその存在意義が大き

くなり、保育所があることの発達的意味をこれまで以上に注目してみること
が必要であると指摘されている（丹羽，2012）。また早期の保育の質が子ど
もの発達に影響を与えること（秋田，2016）や、最近の研究においては、乳
児期の保育士との関係性は、親子関係以上に、とくに集団状況での人間関
係や適応性の発達において、非常に重要な意味をもつことが指摘されている
（遠藤，2016）。それにもかかわらず、保育という集団の場において絵本場
面をとりあげ、乳児の発達に応じた絵本との出会いやかかわりに関する体系
的な研究がなされてきていない。

　以上をふまえ、筆者は保育士への質問紙調査や、保育所における絵本場面
の縦断的観察を実施してきている。本節では、A 保育所における 0 歳クラス
の絵本場面の実践事例をとりあげ、先行研究の知見から考察し、集団の場で
ある保育所における 0 歳クラスの絵本場面(共同注意場面)の特徴を、読みあ
いが始まる時期の「指さし」や「指さし対象」から探ることにする。

2.　絵本場面研究における 「研究枠組み（分析単位）」と「指さし」

　本節では、Tomasello（1999 等）の「共同注意場面」を援用し、保育所での
絵本場面を図 2 に示した共同注意場面ととらえる。共同注意場面に含まれる
のは、乳児や保育士等、自分たちが注意を向けあっていると自覚している物
や活動のみであり、玩具等で遊んでいる乳児たちや床や保育室内の多くの物
等は絶えず知覚しているが、自分たちがしていることの一部ではないため、
共同注意場面とはならないとする。このように、共同注意場面は、意図の観
点から定義されるということをふまえ、共同注意場面である絵本場面に焦点
を当て、乳児と保育士が対象を「指さし」、いかに三項関係を成立させ、共
同活動が展開する場をつくりあげているのかを分析する。

　「指さし」は、近年の研究から生後 11 ヵ月から 12 ヵ月、すなわち生後 1
年の終わり頃までに出現すること（Tomasello, 2008 等）や、対象への関わり
を他者に要求する「指令的指さし」や対象へ他者の注意を向け共有しようと

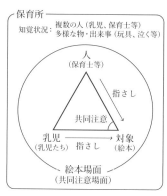

図2　保育所における絵本場面の研究枠組み（分析単位）

する「叙述的指さし」に加え、新たに他者が探している対象について必要な情報を提供する「情報的指さし」の3種類あることがみいだされ報告されてきている（Liszkowski, Carpenter, & Tomasello, 2007）。「叙述的指さし」は、人間に固有のコミュニケーション行動であり（Tomasello, 1999）、その指さしが出現しないことが自閉症の特徴であること（Baron-Cohen, Tager-Flusberg, & Cohen, 1993）等が明らかにされてきた。また指さしは、一語文（一語発話）を発している1歳半頃の時期に高頻度で用いられ、1歳後半頃から減少し始めるといわれている（Liszkowski, Brown, Callaghan, Takada, & DeVos, 2012等）。絵本場面でも、乳児の指さしは1歳半頃がピークでその後減少していくことが示され、同様の結果が得られている（菅井，2012）。本節では、0歳クラスの指さしが出現し始めた生後1年終わり頃の乳児を対象とし、事例を分析する。

3. 集団保育の場における0歳クラスでの絵本場面の特徴：観察事例をもとに

　A保育所における0歳クラスでの自由遊び時間（午前中）の絵本場面をめぐる実践事例を取り上げ検討する。

事例1 0歳クラス 複数の保育士（2人）と乳児（2人）が参加する絵本場面

　保育室に乳児4人（11ヵ月と1歳1ヵ月の男児，11ヵ月と1歳の女児）と保育士3人がおり，保育士Aとひろくん（1歳1ヵ月）が『いないいないばあ』のしかけ絵本を楽しんでいる。そこへ、近くにいた保育士Bと入園したばかりのももちゃん（11ヵ月児）が参加し始めたところである。

保育士B	絵本の方（全体）を指さし「いないいないばあ、だって！」<PV: 説明>といい、ももちゃんを見て微笑む
ももちゃん	絵本の方を見る
保育士A	ページをめくる
保育士B	「あれっ、いなくなっちゃったよ。」と言いながら、ももちゃんの顔を覗き込み、絵本を指さす<PV: 説明>
ももちゃん	絵本の方を見ている
保育士A	しかけをめくりながら「いないいないばぁ！」といい、ももちゃんの顔をみて微笑む
保育士B	「いないいない、ばぁ、だって。こんにちは。こんにちは。」とおじぎをして指さし<PV：説明>、ももちゃんの顔をのぞき込む
ひろくん	絵本をみて、しかけをめくる
保育士A	「またお顔が隠れちゃったよ、あれれ、ばあ！」
保育士B	「ばあって！」と言い笑顔になる
ひろくん	しかけをめくる
ももちゃん	左手が指さしのような形になる・・・★1
保育士A	ページをめくる
保育士B	「あっ、みて！」と言い絵本を指さし<PV:注意喚起>、「だれ？」と絵本を指さし<PV：質問>ながらももちゃんの顔をみる
保育士A	「ねこ。にゃー」
保育士B	「にゃーお、ねこ」
ひろくん	しかけをめくる
保育士A	「いないいないばあ」と言いながら、ももちゃんの顔を見て微笑む
保育士B	「いないいないばあ」と言いながら、絵本を指さす<PV: 説明>
ももちゃん	両手が指さし（3本立っている）のような形になる・・・★2
保育士B	「いないいないばあって」と言いながら絵本を指さす<PV：説明>
ももちゃん	左手で指さす（保育者と一緒に絵本を指さしている）<P> →①
保育士A	「ばあっ！」といいながら笑顔でももちゃんを見る
ひろくん	ページをめくる
…しばらく、保育士Aとひろくんが読み続ける	
ひろくん	しかけをめくりながら「ばあ！」という
ももちゃん	「ばあ」
保育士B	「ばあなの！　じょうずね、ももちゃん。ばあだって、よかったね。次はだれかなあって。」と言いながら絵本を指さす<PV：質問>
ももちゃん	両手が指さし（3本立っている）のような形になる・・・★3
保育士A	「あれ、なんだろう。ぶたさんかな？　あれっ？」とももちゃんの顔をみて首をかしげる
ももちゃん	右手で絵本を指さす<P>

①

ひろくん	ももちゃんの指さしをみて、絵本をみる
保育士B	絵本を指さす <P>、「ほらっ」といいながら指さす <PV: 注意喚起>
ももちゃん	右手で絵本を指さす（4本の指）<P>
保育士A	「あれれれれれ？　あれ？」
ひろくん	絵本を右手で指さす <P>
ももちゃん	身を乗り出して右手で指さす <P>　→②
保育士B	ももちゃんの身体を支え、とんとんと触れながら近くに寄り添い、指さした先を見る
保育士A	「ばあ」といいながらしかけをめくる
ひろくん	絵本をみている
保育士B	「うわーいたー！」といいながら、拍手をしてもももちゃんの顔をみる。ひろくんと顔をあわせ「あっ、ひろくんもここにいた」といい笑顔で顔を見あわせながら鼻をさわる
ひろくん	保育士Bと顔をあわせ笑顔になりながら、絵を指さす <P>
保育士B	ひろくんと顔を見あわせ微笑みあいながら「笑ってる！　ひろくんといっしょだね」とひろくんと顔をみあわせる
保育士A	絵本を閉じる

②

分析・考察　事例1は、1冊の絵本を4人で見始めてから絵本を閉じて読みあい終えるまで、3分52秒間のやりとりである。主に保育士Aがしかけ絵本を手に持ち、ひろくんがページやしかけをめくり進行していた。4人の指さし頻度・形態を分析すると、保育士Aは0回、ひろくん2回（P2回）、保育士Bは10回（P1回、PV9回）、ももちゃんは4回（P4回）であった。乳児2人は指さしのみで絵本へ関わっていたが、保育士Bは「説明」「質問」「注意喚起」の発話を伴いながら指さすことが多くみられた。

　指をよくみると、表1のように保育士は片手の人さし指1本で指さしていたが、生後11ヵ月児には片手（右手か左手）や両手の指で、対象を指し示す多様な形が観察された。公式に認められる指さしは、「人さし指と腕が、興味のある対象の方向へ伸びて、残りの指は手の下の方へ折り曲げており、親指は下か横にある形」と定義されている（Butterworth, 2003、傍線筆者）。事例1をみると、生後11ヵ月児の多様な手の形で対象を指し示す行動が、他者との関係を成立させる共同注意の指さしとなる場合と、ならない場合（事例中★1～3）があることがわかる。対人間機能を果たす「人さし指」による指さし獲得への発達過程においてみられる現象なのではないかと推察される。

　事例1では、保育士2人と乳児2人が「多対多」で読みあい、乳児（もも

表1 対象を指し示す「生後11ヵ月児の多様な手の形」と「保育士の人さし指による指さし」

生後11ヵ月児の対象を指し示す指の形	保育士の指さし
 複数の指を用いる形  両手を用いる形	 人さし指の指さし （1本の指、片手を用いる形）

ちゃん）の指さしから4人で共同注意場面を成立させ、その後しかけをめくり楽しむ活動を展開している。指さし対象から考えると、一対一よりも、一対多や多対多で読みあう際にはより「遠くの距離に対象（絵本）」がある。そのため、指さす先が直接対象（絵本）に触れることがなく、自ら遠くの対象を指さしたり、他者の遠くの対象への指さしを理解したりすることが必要であるという相違があるといえよう。事例1の写真②のように、遠く高い位置にある絵本を指さそうとすると身体のバランスを崩すこともあるようで、保育士はさりげなく手を添えて援助している。事例のように指さしお互いの顔をみて微笑みあいながら参加しあうことそれ自体を楽しむ時期であることをふまえ、発達に応じた保育士の援助等を考えていくことが必要であろう。

事例2　0歳クラス　同じ対象を3人が指さし4人で参加する絵本場面

　保育室で、乳児8人と保育士3人が遊んでいる。ページをめくることが楽しく何度も保育士Bと絵本を読みあい続けているまさくん（1歳1ヵ月）と、保育士Bの横にいるみくちゃん（1歳4ヵ月）。そこへ歩いてきて参加し始めたひろくん（1歳4ヵ月）。保育士Bと乳児3人の4人で読み始めたところである。

まさくん	ページをめくり読み終わると、前から後ろへ、後ろから前へページをめくり続ける
保育士	「ページめくるの上手になったねぇ」
まさくん	ページをめくる
まさくん	絵本のシャベルの絵を指さし「きゃーっ」と声を出す <PV：注意喚起 >
ひろくん	まさくんの後に、シャベルの絵を指さす <P>
保育士 B	保育士もシャベルの絵を指さしながら「うん、シャベル」と言い <PV：命名 >、「みんなね、お砂場で遊んだね。昨日ね。シャベル」とシャベルで土を掘る動作をしながら「シャベルでホイッ！」と言い、ひろくん、みくちゃんの顔をみて笑顔になる・・・①
まさくん	ページをめくる

同じ絵（シャベル）を 3 人が指さし 4 人で注意を向けあう

分析・考察　まさくんがページをめくり、発声を伴い注意を喚起しながらシャベルの絵を指さすと、すぐに同じ絵をひろくんも保育士 B も指さし、3人で同じ絵を指さし 4 人で注意を向けあい、共同注意を成立させ、保育士 1人と乳児 3 人の「一対多」で読みあっている姿がみられた。保育士 B は、「みんなね…」と 3 人の乳児に対し前日遊んだことと関連させて、シャベルで土を掘る動作をしながら話す等で応答し、複数の乳児たちへ配慮していることが窺える（事例 2 の下線①）。

　写真の右奥に保育士と乳児が「一対一」で読みあっている姿がみられるが、入園したばかりの 1 歳児である。月齢による発達差だけではなく、入園したばかりの時期には、「一対一」で読むことや、事例 1 のように「多対多」でも保育士が近くにいる姿がみられる。やがて保育士との関係が築かれると、参加できる場が複数あることをいかし、乳児は自ら他の保育士と他児が読みあっているところまでハイハイや歩く等で移動して自由に絵本場面へ出入りし、「一対一」を超えた絵本場面へ参加し始めるようである。

　また、指さし対象から考えると、開いたページ上に大きな絵が一つ描かれている絵本であったため、複数の人が同時に指さしていた同じ絵へ注意を向けあうことができたが、ページ上に複数の絵が描かれている場合には、どのように注意を調整しあい共同活動を展開していくのか、絵本の内容との詳細な検討が必要であろう。

事例3　0歳クラス　「絵」と対応する「不在対象」への指さしを繰り返し楽しむ

　まさくん(1歳1ヵ月)と保育士Bが絵本を読みあっている。よくみると、左のページに「鳥の絵」が描かれ、右のページに「とり(ひらがな)の文字」が書かれた場面で何度もやりとりを繰り返し読み続けていた(7分53秒間)。

まさくん	ページをめくる
保育士B	「とりさん」と鳥の絵を<u>3回指さし</u><PV：命名>、「ぴよぴよぴよ」と羽を羽ばたかせる動きをする
まさくん	<u>天井の方を指さし</u><P(不在対象)>、保育士の顔をみて笑顔になる
保育士B	まさくんと同じように天井の方を指さし「お空飛んでいるね。ね。小鳥さんね、飛んでるね。よくみるよね。」<PV：説明(不在対象)>と顔をみあわせながら微笑む。
まさくん	ページをめくる
	他のページを読み続ける
まさくん	ページをめくる
保育士B	「あっ、とりさんどこにいるの？」
まさくん	<u>天井の方を指さし</u><P(不在対象)>、保育士の顔を見て笑顔になる
保育士B	「そうそうそう！　とりさんお空とんでいるんだよね。」と顔を見あわせて微笑みあう
保育士C	<u>近くにいる保育士Cもその様子をみて、笑顔になる</u>・・・①
	他のページを読み続ける
まさくん	ページをめくる
まさくん	<u>鳥の絵を指さし</u>「うわぁうあうぅぅ」<PV>
保育士B	「あっ、とりさんどこ？　まさくん、とりさんどこ？」
まさくん	<u>天井の方を指さし</u><P(不在対象)>、保育者の顔をみる
保育士B	「そう、いたね。お空にとんでいるね。」と顔を見あわせ微笑みあう

「不在対象」への指さし
(1歳1ヵ月児)

分析・考察　指さしをみると、まさくんは「絵本世界の鳥(絵)」から「現実世界の鳥(実物)」を対応させ、いま実際には存在しない「不在対象(以前見た現実世界の鳥)」の方を指さし、何度も何度もこのページをひらくと保育士と顔をみあわせ微笑みあいながらやりとりを繰り返していることがわかる。他児も周囲に複数いたが、不在対象への指さしでは保育士Bとまさくんの2人のみがその意味を理解し、いまここにはない対象へ注意を向けあい共同注意を成立させ、周りの乳児たちは別のところへ移動していってしまった。一緒に読みあっていた保育士Bは、「まさくん、ずいぶんとわかるよう

12　第1章　読書の発達

になってきたなと思います。よく理解していることが伝わってきます！　鳥の絵の場面になると、窓の外の上の方を指さすことを繰り返したり、メガネの絵を見ると、メガネをかけるポーズをとります(笑)。生活で経験したこととかなりつながり、結びついている様子がみられるようになりました」と語っていた。

　絵本の絵のみならず、絵と対応する「不在対象」が指さし対象になると、子どもの理解が深まったと捉え喜びながら語ること(保育士の語り)や、一緒に読みあっていない他の保育士Cもその行動をみて笑顔になり喜ぶこと(事例3の下線①)がみいだされた。絵本の絵を理解し、生活で経験したこととつなげるためには共有経験が必要であり、さらに相手の行動(事例3では天井の方を指さす)の意味がわかると、両者にとって楽しいやりとりになるようである。

　指さしを用いて「いまここで(now and here)」を超えた「不在対象」についてコミュニケーションすることは報告されてきている(Liszkowski, Schafer, Carpenter, & Tomasello, 2009)。絵本場面においてもこれまでに3歳未満の時期において、絵本の「絵」と対応する現実世界の「実物」や「不在対象」が指さし対象となり、絵本世界と現実世界を実際に指さす等身体を用いて行き来することが示され、絵本世界から想像世界へと広げていく3歳以上時期とは異なる特徴がみいだされてきている(菅井，2012等)。事例から保育所の0歳クラスにおいてもみられることが判明した。こうした絵本世界と現実世界を行ったり来たりする経験は、その後のふりや見立て等の象徴遊びを楽しむことへとつながっていく。そのためにも、生活や遊びの経験を豊かにしながら絵本を楽しむことが重要であり、集団状況における乳児の行動を発達上意味づけ、愛情豊かに応答していくことが保育士にもとめられている。

4.　おわりに

　本節では、集団保育の場である保育所における0歳クラスの絵本場面(共同注意場面)の特徴を、読みあいが始まる時期の「指さし」や「指さし対象」

から探ることを目的とし、実践事例をとりあげ検討してきた。保育士と乳児が「一対一」で読みあうばかりでなく、保育士と乳児たちが「一対多」、保育士たちと乳児たちが「多対多」で読みあうことや、絵本や絵を複数の人が指さし注意を向けあうことが示され、複数の人で共同注意を成立させている姿もみられた。事例では、絵本場面において乳児保育の特性（保育士が複数人いること等）をいかした集団保育の場（保育所）に特有だと考えられることや、保育士との安定した関係を築く工夫、発達や入園時期も配慮した保育士の役割や援助等が垣間見られた。集団の大きさ等によっても変わることは予想されるが、「保育のような集団状況では、家庭における母親などと同じように保育士が子どもに対して関わることが、必ずしも効果的であるとは限らず、集団状況で機能する子どもに対するケア（「集団的敏感性」）は、親子二者間で機能するケア（「二者関係的敏感性」）とは異質なものである可能性」が論じられてきている（Ahnert, Pinquart, & Lamb, 2006; 遠藤, 2012）。本節では「指さし」行動に着目してきたが、指さし以外でよく観察された同じ手を用いる「ページをめくる」行動も、1歳–1歳2ヵ月頃に増加し1歳代が頻繁で、その後2歳頃にかけて減少していくといわれている（Strouse & Ganea, 2017）。指さし以外の他の行動（菅井, 2017等）もあわせて検討し、乳児の発達に応じた絵本との出会いやかかわりを解明していくことが今後の課題となるであろう。

注

1　児童福祉法によると，乳児は「満1歳に満たない者」と定義されているが，保育現場においては3歳未満児を乳児ととらえてきていることをふまえ，本節での「乳児」は「3歳未満児」と定義する。

2　本節で用いた写真はすべて、保育所，保護者に了承を得て掲載した。子どもの名前は，すべて仮名である。

参考文献

Ahnert, L., Pinquart, M., & Lamb, M.E. (2006) Security of children's relationships with nonparental care providers: A meta-analysis. *Child development*, 77(3), 664–679.

秋田喜代美 (2016)『あらゆる学問は保育につながる―発達保育実践政策学の挑戦』, 東京大学出版会.

Baron-Cohen, S., Tager-Flusberg, H., & Cohen, D.J. (Eds.) (1993) *Understanding other minds: Perspectives from autism.* NY: Oxford University Press.

Butterworth, G. (2003) Pointing is the royal road to language for babies. In S, Kita (Ed.), *Pointing: Where language, culture, and cognition meet.* (pp.9-33). Mahwah, NJ: Erlbaum.

遠藤利彦 (2012)「第8章　親子のアタッチメントと赤ちゃんの社会性の発達」, 小西行郎・遠藤利彦編『赤ちゃん学を学ぶ人のために』, 世界思想社, pp.161–191.

遠藤利彦 (2016)「第7章　子どもの社会性発達と子育て・保育の役割」, 秋田喜代美監修『あらゆる学問は保育につながる―発達保育実践政策学の挑戦』, 東京大学出版会, pp.225–250.

Kummerling-Meibauer, B., Meibauer, J., Nachtigaller, K, & Rohlfing, K.J. (2015) *Learning from picturebooks: Perspectives from child development and literacy studies.* Routledge.

Liszkowski, U., Carpenter, M., & Tomasello, M. (2007) Pointing out new new, old new, and absent referents at 12 months of age. *Developmental science*, 10(2), 1–7.

Liszkowski, U., Schafer, M., Carpenter, M. & Tomasello, M. (2009) Prelinguistic infants, but not chimpanzees, communicate about absent entities. *Pshychological Science*, 20, 654–660.

Liszkowski, , U, Brown, P., Callaghan, T., Takada, A. & DeVos, C. (2012) A prelinguistic gestural universal of human communication, *Cognitive Science*, 36, 698–713.

丹羽洋子 (2012)「第12章　赤ちゃん学と保育」, 小西行郎・遠藤利彦編『赤ちゃん学を学ぶ人のために』, 世界思想社, pp.254–268.

Strouse, G.A & GaneaP.A. (2017) Parent-toddler behavior and language differ when reading electronic and print picture books. *International journal of child-computer interaction*, 12, 8–15.

菅井洋子 (2012)『乳幼児期の絵本場面における共同活動に関する発達研究―共同注意の指さしからの探究』, 風間書房.

菅井洋子 (2017)「特集　指さしで伝えたい気持ちをキャッチ―0, 1, 2歳の育ちと絵本」, 『遊びと環境0, 1, 2歳』, 3月号, 学研, 14–19.

菅井洋子・秋田喜代美・横山真貴子・野澤祥子 (2009)「乳児期の絵本場面における母子の実物への指さしをめぐる研究」, 『読書科学』, 52(3), 148–160.

菅井洋子・秋田喜代美・横山真貴子・野澤祥子 (2010)「乳児期の絵本場面における母子の共同注意の指さしをめぐる発達的変化―積み木場面との比較による縦断研究」, 『発達心理学研究』, 21, 46–57.

Tomasello, M. (1999) *The cultural origins of human cognition.* Cambridge, MA: Harvard University Press.

Tomasello, M. (2008) *Origins of human communication.* US: MIT Press.

Tomasello, M., Carpenter, M., & Liszkowski, U. (2007) A new look at infant pointing. *Child development*, 78(3), 705–722.

2 幼児期の絵本の読み聞かせ

横山真貴子

1. 幼児期の絵本の読み聞かせの現状

　わが国では、幼児期の絵本の読み聞かせは日常的に行われている。ベネッセ教育総合研究所は、1995年から5年ごとに就学前の幼児をもつ保護者を対象に「幼児の生活アンケート」を実施しているが、2015年の調査では家庭で絵本を読む頻度は「ほとんど毎日」「週に3-4日」を合わせると71.4%であり、「週に1-2日」を含めると88.3%であった（ベネッセ教育総合研究所，2016）。この結果は、20年間大きな変化は見られない（図1参照）。

　このように子どもの生活の一部となっている絵本の読み聞かせは、子どもにとってどのような意義をもつのだろうか。本章では、幼児期の子どもの主な生活の場である家庭と保育の場を取りあげ、それぞれの場での絵本の読み聞かせの意義を問うていきたい。

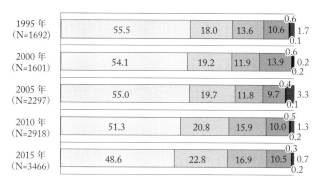

図1　家庭で絵本を読む頻度（経年比較）（%）
（ベネッセ教育総合研究所，2016の集計表より、筆者作成）

2. 家庭における絵本の読み聞かせ

　家庭で子どもと絵本を読むのは母親が最も多い（ベネッセ教育総合研究所, 2016）。そこで本節では、母子間の読み聞かせについてみていこう。

2.1　絵本の読み聞かせ中の母子の言語的やりとりの特徴

(1) 読み聞かせは社会文化的な活動である

　絵本は、子どもの重要な文化財である（永田, 2013）。また、商業出版を通じた作者と大人の共同構築物でもあり、大人と子どもの共同鑑賞対象でもある（無藤, 2017）。絵本は、作者が作り、出版社が印刷したものを、大人が子どもに読み聞かせることで完成する。作者と大人が共同で子どもに手渡し伝えるものであり、子どもと共に鑑賞する社会文化的な産物なのである。

　そうした絵本の読み聞かせの中で、子どもは「本を読むとはどういうことなのか？（The Contracts of Literacy）」（Snow & Ninio, 1986）について学ぶ。①本は読むためのものであり、②読み聞かせ中の話題は本中心である。絵は③ものの表象であり、④名前をもち、⑤出来事も表し、ページ間には関連がある。⑥出来事は現実とは別の時間・空間をもち、⑦本は1つの独立した虚構世界である、といったことをほぼ3歳頃までに習得する。本を読むという文化的活動を、読み聞かせの活動に参加しながら習得していくのである。

(2) 読み聞かせはルーティン化された定型的な活動である

　読み聞かせ中の母子の言語的やりとりについては、Ninio & Bruner（1978）が8ヵ月–1歳6ヵ月までの子どもと母親の読み聞かせ場面の縦断調査から、母親の発話には「注意喚起」→「質問」→「ラベルづけ」→「フィードバック」といったフォーマットが形成されていることを示している。フォーマットがあることで、子どもは言語的やりとりの展開を予測できるようになる。これが言語獲得を促進する上でも重要な役割を果たす。また、こうした読み聞かせの活動は繰り返されることで活動の型が定まり、子どもが参加するための「足場作り（scaffolding）」となる（Wood, Bruner, & Ross, 1976）。子ども

18　第 1 章　読書の発達

に活動の見通しをもたらし、活動への参加の仕方の習得を助けるのである。

(3) 読み聞かせの言語的やりとりのパターンは時間経過に伴い変化する

　継続的な読み聞かせにおいて言語的やりとりのパターンが変化する要因には、子どもの発達 (e.g., Fletcher & Reese, 2005)、同一絵本の繰り返し読み聞かせ (e.g., Philips & McNaughton, 1990)、絵本への馴染み深さ (e.g., Goodsitt, Raitan, & Perlumutter, 1988)、テキストの種類 (e.g., Bus & van IJzendoorn, 1988) などが挙げられてきた。

　子どもの発達による変化では、母親が子どもの発達に合わせて言語的な働きかけを調節していることが明らかにされている。子どもの認知・言語発達に伴い、読み聞かせ中の会話は、乳児期の描かれた場面の命名から、幼児期には物語の内容や展開、言語表現に関わる会話へと変化する (秋田, 2008)。3 歳頃を境として母親の言語的働きかけは減少し、朗読中心に移行する (e.g., Fletcher & Reese, 2005)。さらに、繰り返し読み聞かせてもらう経験が、子どもが 1 人で読むことにつながることも示されている (e.g., Sulzby, 1985)。

(4) 読み聞かせの言語的やりとりのパターンは多様である

　まず、同じ絵本を読んでも、母親によって絵本の読み方が異なることが数多く報告されている (e.g., 外山, 1989)。また日常的な読み聞かせでは、母子によって読まれる絵本の種類が異なり、交わされる対話の量や内容も異なることを、横山 (1997) が 3–4 歳代の子どもと母親 4 組の就寝前の読み聞かせの 1 年間の縦断研究から明らかにしている。

　その他、言語的やりとりの多様性を生む要因には、社会経済的地位 (e.g., Ninio, 1980) や文化 (e.g., Murase, Dale, Ogura, Yamashita, & Mahieu, 2005)、愛着 (e.g., Bus & van IJzendoorn, 1988)、養育態度 (e.g., 齋藤, 2015) などが挙げられている。養育態度に関しては、齋藤 (2015) が「共有型」の母親は読み聞かせ中の反応の特徴が「共感的で考える余地」があるのに対し、「強制型」の母親は「明示的で考える余地がない」ことを明らかにしている。

2.2 絵本の読み聞かせの効果：幼児期の子どもの発達への影響

こうした特徴をもつ絵本の読み聞かせは、子どもの発達にどのような影響を与えるのだろうか。

2.2.1 言語発達、リテラシー、認知発達への影響

心理学的研究では、絵本の読み聞かせは言語やリテラシー、認知発達を促すことが明らかにされてきた（e.g., Bus, van IJzendoorn, & Pellegrini, 1995）。

(1) 読み聞かせの「量」の効果

1970年代までの初期の研究では、読み聞かせの量に着目し、読み聞かせ頻度の回顧データと子どもの言語発達やリテラシー発達の諸側面の相関を求める研究が主流であった。Lonigan（1994）は、アメリカにおける過去30年間の読み聞かせの効果研究をレビューし、図2のような読み聞かせの効果モデルを作成している。幼児期の絵本の読み聞かせが、就学後の読解能力を直接高めるだけではなく、読み書きへの興味・関心や就学前の読み書き能力を高めながら、間接的にも影響を与えていることが分かる。

ではなぜ、読み聞かせにはこうした効果があるのだろうか。その要因をみていこう。そもそも絵本は日常会話よりも語彙が豊富である（Montag, Jones,

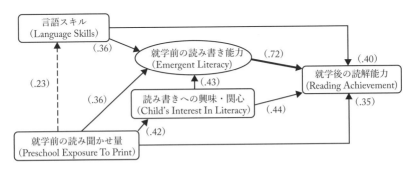

・数値は、パス係数。Scarborough & Dobrich(1994) の相関的研究のレビューから効果サイズを算出したもの。

図2　読み聞かせが与える効果のモデル (Lonigan, 1994)
(Lonigan, 1994；仲本，2015, p.25 をもとに筆者が改変)

20 第 1 章 読書の発達

& Smith, 2015）。母子のやりとりも他の生活や遊びの場面に比べ、乳児期は指さし（菅井ら，2010）や共同注意（Tomasello & Farrar, 1986）が成立しやすい。幼児期では、他場面に比べ、母親の発話の割合が高く語彙の種類も多い。加えて、文法的にも複雑な構造の発話が多く（Ginsberg, 1991）、表象能力を要求する抽象度の高い発話も多い（Sorsby & Martlew, 1991）。このように読み聞かせは、子どもの言語発達に対して有効な文脈なのである。

(2) 読み聞かせの「質」への着目

　1980 年代に入ると「どのように読み聞かせるか」といった質が問われるようになる（Reese, Cox, Harte, & McAnally, 2003）。例えば語彙発達に関して、Ninio（1980）は社会経済的地位の高い母親は低い母親よりも、新しい情報を引き出すような読みのスタイルを用いており、これが子どもの語彙産出の発達とポジティブに関連することを示している。近年では Hindman, Skibbe, & Foster（2014）が、最も語彙力を予測する発話は、物語内容を子どもの生活や体験に関連付けるような発話であることを明らかにしている。

2.2.2　情緒的な発達への影響

　識字率の高い日本では、言語発達よりも「親子のふれあい」など情緒面への効果の期待が高い（秋田・無藤，1996）。読み聞かせ研究においても、1990 年代以降、情緒的側面への影響が検討されてきた。例えば Bus らは、愛着の安定と絵本の読み方が関連し、子どもの発達にも影響することを示している（e.g., Bus, 2002；Bus & van Ijzendoorn, 1992）。愛着が安定していると、絵本の内容に関する会話が多くなり、子どもの能力や興味に沿った読み聞かせが行われる。子どもも自発的に参加し、言語発達も促されるのである。

2.2.3　脳科学研究からの知見

　脳科学の進歩に伴い、読み聞かせ中の脳の活動領域が調べられている。絵本を読んでもらっている時の子どもの脳は、思考、創造、意図、情操をつかさどる新皮質の前頭連合野ではなく、喜怒哀楽など感情や情動をつかさどる

大脳辺縁系が活発に活動していることが明らかにされている（泰羅, 2009）。認知、言語発達の土台には、まずは情緒的な発達があることが示唆される。

3. 保育における絵本の読み聞かせ

本節では、保育における絵本の位置づけを踏まえた上で、保育において最も日常的に行われる読み聞かせの形態である「集団での読み聞かせ」について、「選書」「読み聞かせ中の言語的やりとり」の2つの観点からみていこう。

3.1 保育における絵本の位置づけ

絵本は、幼稚園教育要領（2017）等において「言葉」の領域で取り上げられている。絵本に親しみ、自分の経験と結び付けたり、想像する楽しさを味わい、イメージを豊かにしたり、言葉に対する感覚を豊かにし、保育者や友達と心を通わせることが求められている。言葉や想像力など認知的な発達を促すとともに、人との関係を深めるものとして絵本が位置づけられている。

3.2 集団での絵本の読み聞かせ

3.2.1 選書

保育者は、子どもの育ちに必要な絵本や実践に取り入れたい絵本を、日々の子どもの姿を見取りながら、ねらいをもって選んでいる（福岡・磯沢, 2009）。

こうした絵本の選書のあり方は、学年や時期によって異なる。藤岡・伊藤（2016）は、1幼稚園の3年間の保育記録から各クラスで読まれた絵本を分析し、学年・学期による選書の特徴を示している。例えば、3歳入園時の1学期には、馴染みのあるシリーズ絵本や園生活に関連した内容の絵本など、絵本に向かう時間を楽しい時間として定着させたり、園生活への適応を支える絵本が選ばれていた。一方、5歳児後半では、学びを自覚化する小学校への入学に向けて、昔話やなぞなぞ、落語など新たな言葉に出会いながら、言葉の意味や働きに目を向けるような本が選ばれていた。

選書に関わって、幼稚園教育要領解説 (2018) では、園での絵本体験が子どもの興味・関心を広げていくことを指摘している。横山 (2006) の幼稚園 3 歳新入園児の保護者への質問紙調査においても、入園後、家庭での読み聞かせの「回数」や「種類が増加した」家庭がいずれも 6 割を超え、「種類が変化した」家庭も全体の 4 分の 1 いた。

3.2.2　絵本の読み聞かせ中の言語的やりとりの特徴

(1) 保育者の発話は、絵本と生活を結びつけ、一体感を高める特徴をもつ

　横山・水野 (2008) は、5 歳児の担任 3 人がクラスで絵本を読む場面の発話を分析し、保育者の発話の 4 割は「子どもの日常生活と関連づける」ものであったことを示している。また子どもの発話に対する保育者の応答の 7 割は、子どもの発話をそのまま、あるいは補足や言い換えのみでクラス全体に返す発話であった。保育者は 1 人の子どもの思いや考えを全体に伝え、共有を促すことで、子ども同士の一体感を高める働きかけを行っているのである。

(2) 読み聞かせの言語的やりとりのパターンは多様である

　まず、保育者によって「対話型」や「読み進め型」など、読み聞かせのスタイルがあることを多くの研究が指摘している (e.g., Dickinson & Keebler, 1989)。例えば並木 (2014) は、4 歳新入園児 2 クラスの降園前の読み聞かせ場面の分析から、両保育者とも信頼関係の構築をねらいとして年間を通して「保育者の好きな絵本」を読んでいたが、物語理解を促すスタイルと、物語の展開への期待感を高めるスタイルの違いが見られたことを報告している。

　同じ保育者であっても、絵本やねらいによって読み方が異なることも示されている。「絵本の世界を楽しむ」のであれば淡々と読み進め、「絵本で楽しむ」のであれば、問いかけながら対話型で読むのである (横山, 2004)。

　さらに保育者の読み方は、経験によって熟達していくことも明らかにされている。例えば中楯・山内 (2016) は、学生と熟達した保育者が同一絵本を 2 歳児の集団に読む場面を比較し、熟達した保育者は子どもが安心して絵本に

集中できるように「微笑」んだり「視線をむけ」ながら読み方や表情・動きなどを工夫し、子どもが「登場人物」について理解するのを助けていたことを示している。

　また保育者の発話によって、子どもの反応も異なる。横山(2004)の4、5歳児を対象とした読み聞かせでは、保育者の「発問」の8割近くに子どもの応答がみられた。保育者が問えば、子どもたちは答えるのである。4歳児の読み聞かせ中の反応を検討した並木(2010)でも、保育者が「淡々と読む」か「抑揚をつけて読む」かで「じっと見る」など子どもの反応が異なった。物語を聞く経験になるのか、保育者や友達とやりとりを楽しむ経験になるのか、保育者の読み方によって子どもの経験が異なることが分かる。

(3) 言語的やりとりのパターンにより、子どもの発達に与える影響が異なる

　欧米では保育においても、絵本は言語、リテラシー発達に寄与するものとして位置づけられ、読み聞かせの量や質が子どもの発達に及ぼす影響について検討されてきた(仲本, 2015)。例えば、テキストを読んでいる最中に保育者から質問をする「保育者主導型」よりも「読み進め型」の方が子どもの1年後の語彙力が高くなり(Dickinson & Smith, 1994)、習得させたい言葉に関する質問を読み聞かせ中に行うことが、子どものその言葉に関する理解や生成を促す(Blewitt, Rump, Shealy, & Cook, 2009)などの結果がある。さらに介入研究や教育プログラムの開発も進められ、例えば低所得層の家庭の4歳児に対する対話型の読み聞かせが、言語と読み書き能力の向上につながったことが報告されている(Wasik & Bond, 2001)。

4. 幼児期の絵本の読み聞かせ研究の今とこれから

4.1 家庭と保育、それぞれの場の絵本の読み聞かせの意義

　家庭での読み聞かせは、母子の情緒的なつながりを基盤に、子どもの発達や興味・関心に応じて母親が働きかけを調整しながら、子どもの言語やリテラシー発達を促し、本を読むという文化的行為を伝承する場といえる。

24　第 1 章　読書の発達

　一方、保育における読み聞かせは、子ども理解に基づく保育者の教育的な意図のもとに子どもの絵本体験を広げ、言語発達を促しながら、友達との一体感を醸成する場といえるだろう。それぞれの場に、それぞれの意義があるのである。

4.2　絵本の読み聞かせ研究のこれから

　絵本は、子どもの重要な文化財である（永田, 2013）。しかし、読み聞かせの場には、必ず絵本を読む大人が存在し、大人もまた変容する。読み聞かせは、大人と子どもが育ちあう共同行為（赤羽, 2017）なのである。

　今、絵本をめぐる状況が大きく変化している。絵本の多様化、電子化が進み、子どもが絵本と出会う場も家庭や保育の場から広く地域の中へと広がっている。こうした新しい状況下にあって、改めて具体物である文化財の「絵本」が子どもと大人の中に介在する意義を、子どもと大人双方の育ち合いのダイナミズムに着目し、問うていく必要があるだろう。

参考文献

赤羽尚美（2017）『学びあう絵本と育ちあう共同行為としての読み聞かせ』，風間書房.

秋田喜代美（2008）「絵本をめぐるコミュニケーション：親子の響きあい」，内田伸子編『よくわかる乳幼児心理学』，ミネルヴァ書房，pp.178–179.

秋田喜代美・無藤隆（1996）「幼児への読み聞かせに対する母親の考えと読書環境に関する行動の検討」，『教育心理学研究』，44, 109–120.

ベネッセ教育総合研究所（2016）「第 5 回　幼児の生活アンケート」，ベネッセコーポレーション.

Blewitt, P., Rump, K.M., Shealy, S.E., & Cook, S.A. (2009) Shared book reading: When and how questions affect young children's word learning. *Journal of educational psychology*, 101, 294–304.

Bus, A.G.(2002) Joint caregiver-child storybook reading: A route to literacy development. In Newman, S.B., & Dickinson, D.K. (Eds.), *Handbook of early literacy research.* (pp.179–191). N.Y.: The Guildford Press.

Bus, A.G., van IJzendoorn, M.H., & Pellegrini, A.D. (1995) Joint book reading makes for success in learning to read: A meta-analysis on intergenerational transmission of literacy. *Review of educational research*, 65, 1–21.

Bus, A.G. & van IJzendoorn, M.H. (1988) Mother-child interactions, attachment, and emergent literacy: A cross-sectional study, *Child development*, 59, 1262–1273.

Bus, A.G. & van IJzendoorn, M.H. (1992) Parent attachment in frequently and infrequently reading mother-child dyads. *Journal of genetic psychology*, 153, 395–403.

Dickinson, D.K., & Keeber, R.(1989)Variation in preschool teachers' styles of reading books. *Discourse processes*, 12, 353–375.

Dickinson, D.K., & Smith, M. (1994) Long-term effects of preschool teachers' book readings on low-income children's vocabulary and story comprehension. *Reading research quartely*, 19, 9–61.

Fletcher, K.L. & Resse, E. (2005) Picture book reading with young children: A conceptual framework. *Developmental review*, 25, 64–103.

藤岡久美子・伊藤恵里奈 (2016)「幼稚園における絵本の読み聞かせの選書の分析─ 3 年間の記録から」,『山形大学教職・教育実践研究』, 11, 59–68.

福岡貞子・磯沢淳子編著 (2009)『保育者と学生・親のための乳児の絵本・保育課題絵本ガイド』, ミネルヴァ書房.

Ginsberg,E.H. (1991) Mother-child conversation in different social classes and communicative settings. Child development, 62, 782-796.

Goodsitt, J., Raitan, J.G., & Perlmutter, M. (1988) Interaction between mothers and preschool children when reading a novel and familiar book. *International journal of behavioral development,* 11, 489–505.

Hindman, A.H.Skibbe, L.E., & Foster, T.D. (2014) Exploring the variety of parental talk during shared book reading and its contributions to preschool language and literacy; Evidence from the early childhood longitudinal study-birth cohort. *Reading and writing*: *an interdisciplinary journal*, 27, 2287–313.

Lonigan, C.J. (1994) Reading to preschoolers exposed: Is the emperor really naked? *Developmental review*, 14, 303–323.

文部科学省 (2017)「幼稚園教育要領」, フレーベル館.

文部科学省 (2018)『幼稚園教育要領解説』, フレーベル館.

Montg, J.L., Jones, M.N., & Smith, L.B. (2015) The words children hear picture books and the statistics for language learning. *Psychological science*, 26, 1486–1496.

Murase, T., Dale, P.S., Ogura, T., Yamashita, Y., & Mahieu, A. (2005) Mother-child conversation during joint picture book reading in Japan and the USA. *First language*, 25, 197–218.

無藤隆 (2017)「絵本、その多様な世界」, 無藤隆・野口隆子・木村美幸『絵本の魅力─その編集・実践・研究』, フレーベル館, pp.24–26.

永田桂子 (2013)『絵本という文化財に内在する機能―歴史・母子関係・現代社会からの総合的考察を通して』, 風間書房.

仲本美央 (2015)『絵本を読み合う活動のための保育者研修プログラムの開発』, ミネルヴァ書房.

中楯茉奈実・山内淳子 (2016)「熟達した保育者の絵本の読み聞かせの特徴―保育者志望の学生の読み聞かせとの比較を通して」,『山梨学院短期大学研究紀要』, 36, 74–87.

並木真理子 (2010)「幼稚園における集団への絵本の読み聞かせ方が幼児の身体的・言語的反応に及ぼす影響」,『絵本学』, 12, 59–68.

並木真理子 (2014)「幼稚園入園年齢4歳児への読み聞かせにおける絵本の選書理由および保育者の読み聞かせスタイルの検討」,『子ども学』, 10, 66–70.

Ninio, A. (1980) Picture book reading in mother-infant dyads belonging to two subgroups in Israel. *Child development*, 51, 587–590.

Ninio, A. & Bruner, J.S. (1978) The achievement and antecedents of labelling. *Journal of child language*, 5, 1–15

Phillips, G.& McNaughton, S. (1990) The practice of storybook reading to preschool children in mainstream New Zealand families. *Reading research quarterly*, 25, 196–212.

Resse, E., Cox, A., Harte, D., & McAnally, H. (2003) Diversity in adults' styles of reading books to children. In A. van Kleeck, S.A. Stahl, & E.B. Bauer (Eds.), *On reading books to children: Parents and teachers.* (pp.37–57). Nahwah, HJ: Erlbaum.

齋藤 有 (2015)『幼児期の絵本の読み聞かせ場面における大人の関わりに関する研究―幼児の自発的な学びを促す側面への着目』, 風間書房.

Scarborough,H.S., & Dobrich,W.(1994) On the efficacy of reading to preschoolers. *Developmental review*, 14, 245-302.

Snow, C.E. & Ninio, A, (1986) The contracts of literacy: What children learn from learning to read books. In W.H. Teale & Sulzby (Eds.) *Emergent literacy: Writing and reading.* (pp.116–138). New Jersey: Ablex Publishing Corporation.

Sorsby, A.J.& Martlew, M. (1991) Representational demands in mothers' talk to preschool children in two contexts: Picture book reading and a modeling task. *Journal of child language*, 18, 373–395.

Sulzby, E. (1985) Children's emergent reading of favorite storybooks: A developmental study. *Reading research quarterly*, 20, 458–481.

Sulzby, E. & Teale, W.H. (1991) Emergent literacy. In J.Mason (Eds.), *Reading and writing connections.* (pp.31–63). Boston: Allyn & Bacon.

菅井洋子・秋田喜代美・横山真貴子・野澤祥子 (2010)「乳児期の絵本場面における母子の共同注意の指さしをめぐる発達的変化―積み木場面との比較による縦断研

究」,『発達心理学研究』, 21, 46–57.

泰羅雅登 (2009)『読み聞かせは心の脳に届く』, くもん出版.

外山紀子 (1989)「絵本場面における母親の発話」,『教育心理学研究』, 37, 151–157.

Tomasello, M. & Farrar, M.J. (1986) Joint attention and early language. *Child development*, 57, 1454–1463.

Wasik, B.A. & Bond, M.A. (2001) Beyond the pages of a book: Interactive book reading and language development in preschool classrooms. *Journal of educational psychology*, 93, 243–250

Wood, D., Bruner, J.S., & Rross, G. (1976) The role of tutoring in problem-solving. *Journal of Child psychology and psychiatry*, 17, 89–100.

横山真貴子 (1997)「就寝前の絵本の読み聞かせ場面における母子の対話の内容」,『読書科学』, 41, 91–104.

横山真貴子 (2004)『絵本の読み聞かせと手紙を書く活動の分析』, 風間書房.

横山真貴子 (2006)「3 歳児の幼稚園における絵本とのかかわりと家庭での絵本体験との関連—入園直後の 1 学期間の絵本とのかかわりの分析から」,『奈良教育大学教育実践総合センター研究紀要』, 15, 91–99.

横山真貴子・水野千具沙 (2008)「保育における集団に対する絵本の読み聞かせの意義—5 歳児クラスの読み聞かせ場面の観察から」,『奈良教育大学教育実践総合センター研究紀要』, 17, 41–51.

3 かな文字の習得と読みの発達

垣花真一郎

1. はじめに

かな文字は、音節に対応したいわゆる音節文字である。文字の発生史上、音節文字はかなり早期に現れ、そのほとんどは消滅している。一国の公用文字として、かな文字は現存するほとんど唯一の音節文字である。

これまでのかな文字習得研究は、心理学の他の分野と同様に、欧米の知見を「転用」する形で進められてきた。しかしながら、音節文字とは性質の異なるアルファベットの知見の転用によって、これまでかな文字習得研究には種々の混乱がもたらされてきたように思える。

本節では、まず、この領域を主導してきた音韻意識研究を振り返り、その問題点を指摘する。次に、それを踏まえ、かな文字習得研究の本来の主題を導き出し、その領域の萌芽的な研究結果を概観する。最後に、今後の読み習得研究の方向性を探る。

2. 音韻意識をめぐる研究

アルファベット圏においては、読み習得は子どもが直面する困難な課題の1つである。それはアルファベットという書記体系の仕組みに由来する。この読み習得の成否を左右する能力として注目されてきたのが、音韻意識（phonological awareness）である。本項では、音韻意識に関する欧米の知見と、それが日本のかな文字習得研究に適用された経緯を概観する。

2.1 欧米における音韻意識研究

アルファベットは、文字が音素に対応した文字体系である。音素とは音韻

の最小単位で、これが結合したものは音節と呼ばれる（例　音素：/t/ 音節：/ta/）。物質に例えれば、音素は原子に、音節は分子に対応する。当然ながら抽象度の高い音素は音節に比べるとはるかに種類が少なく、このレベルで単語を表示するアルファベットは、文字の数が少なく合理的であると考えられることも多い（例えば、Gelb, 1963）。しかし、実際は、音素に対応するがゆえに、アルファベットの読み習得は困難なのである。

　かな文字のことが念頭にある我々は、アルファベットにおいては、26 文字の「読み」さえ教えれば、全ての単語が読めるのではないかと考えてしまう。しかし、実際にはアルファベットの文字の読みを直接的に教授することは不可能である。例えば、c が /k/ であると教えようとしても、/k/ は口に出した途端 /ku/ のように母音を伴った音節になってしまう。音素は、（母音を除けば）単独で発音できない「心的概念」なのである。

　例えば、cat という単語の読み方を教える場面を考えてみよう。大人はk=/ku/, a=/æ/, t=/tu/ と教えるほかない。子どもはそれらをつなげて /kuætu/と読むだろう。しかし、子どもにとって、これが自分の知っている /kæt/ だということに気付くことは困難である。音韻意識という研究領域は、アルファベットのこうした仕組みを背景に発生してきた研究課題である。

　音韻意識とは「言語的単位中の音韻的構成要素を同定し、意図的にそれらを操作する能力（Gombert, 1992: 15）」のように定義される。定型発達の多くの子どもは幼い頃から音声を聞き、話すことに大きな苦労はしない。しかし、音声を構成する音素等に対する自覚的な認識はそれとは別のもので、音韻意識は幼児期を通じて徐々に発達すると考えられている。音韻意識は実際には音韻単位の操作、同定を求める課題によって測定される（例えば "sand"から /n/ を抜いたら、など。答えは "sad"）。

　英語圏においては、80 年代頃から音素の音韻意識と単語の読みの正答率の間の相関関係が繰り返し見出されるようになった（例えば、Muter, Hulme, Snowling, & Taylor, 1998, Hulme, Hatcher, Nation, Brown, Adams, & Stuart, 2002）。この関係は音韻意識が読み習得を可能にするという因果関係、もしくは少なくとも相互促進的関係だと考えられている。音素の音韻意識が育つ

ことで、子ども自身が文字―音素の対応関係に気づき、単語の読みが促進されるのである。

2.2　かな文字をめぐる音韻意識研究

　かな文字は文字が音節に対応する音節文字である[1]。音節は人間が単独でも発音できる単位であり、実際に 1 音節の単語も多い（例　cat, te（手））。音節文字の最大の特徴は、「文字名」を覚えることがそのまま、単語を読むことに直結していることである。

　ここで、文字名（letter name）という概念について説明しておこう。文字名とは文字の名前であり、アルファベットにおいては ABC に対する /e:/、/bi:/、/si:/ などのことである。アルファベットにおいては、文字名を覚えても単語が読めるようになる訳ではないので、この知識自体が読み習得の指標と見做されることはない。一方、かな文字における、あいうに対する /a/, /i/, /u/ は、文字名であり文字の読み（音価）でもある。つまり、両者の概念的な区別がないのである。したがって、かな文字では「文字の読み」と言っても「文字名」と言っても同じだが、本節では、これが ABC に対する /e:/, /bi:/, /si:/ と等価なものであるということを強調するために文字名と呼ぶことにする。

　繰り返すと、音節文字においては、文字名を覚えることが読みの習得と直結している。わが国においては、かな文字をいくつ読めるか、すなわち文字名知識の多寡が読み習得の主要な指標と見做されてきた。これはアルファベットとは大きな違いである。

　それでは、かな文字の読み習得の成否を左右するのは何だろうか。アルファベット圏で蓄積されてきた音素の音韻意識（以降、音素意識）との関連との類比（アナロジー）で考えれば、かな文字の読み習得には音節の音韻意識（以降、音節意識）が関係するはずだと考えたくなる。天野（1970）は、欧米に先んじて音韻意識研究が盛んになったソヴィエトの研究に依拠して、このアイディアを検証した。

　彼は 3–4 歳の子どもに、分解課題という音節意識を調べる課題を行った。

分解課題は「うさぎ」などの言葉を提示して、その言葉の音節の数だけ積み木を並べさせるものである。3歳前半までの子どもの正答率は50%程度であり、これが100%近くになるのは、4歳後半頃であった。これは文字名を言える文字の数(以降、読字数)が急速に伸びる時期と一致していた。ここから、天野は、音節意識が読み習得の促進要因となると論じた。

しかしながら、その後、この研究には反論が提示された。大六(1995)は、分解課題を達成できなかった重度精神遅滞を伴う自閉性発達障害児が文字名を覚えることができたこと、そして、分解課題達成後に単語の理解が獲得されることを報告した。大六はここから、文字名の習得に音節意識は前提条件ではなく、これは単語の理解の前提であると主張した。

その後、誌上での討論も展開されたが(天野, 1999；大六, 1999)、筆者の知る限り明確な結論は出ていない。その後、音節意識と読字数との相関関係を報告する研究が蓄積されているが(高橋, 1997；田中・兵頭・大石・Wise・Snyder, 2006；垣花・安藤・小山・飯高・菅原, 2009)、これが前者から後者への因果関係を意味しているのかは明確にはなっていない。この問題を検討するためには、天野と大六の論争が何であったのかを今一度検証することが必要なのではないだろうか。

2.3 天野・大六の論争の再考

天野の研究はソヴィエト、欧米の音韻意識研究の転用を発端にしている。この転用とはすなわち「音素に対応したアルファベットの読み習得においては音素意識が必要である。それならば、音節に対応したかなの読み習得では音節意識が必要だろう」という類比(アナロジー)である。結論から言えば、この類比には大きな欠陥がある。

問題は「読み習得」が前半と後半で異なっている点である。欧米の読みの指標は「単語の読み」であるのに対し、かな文字の方は「文字名知識(読字数)」が指標になっている。先述のように、アルファベットにおいては文字の音価を直接教授できない。/kuætu/ から /kæt/ を導く、あるいは文字と心内概念である音素の対応をつけるのに音素意識が必要なのである。あえてか

な文字でこれに相当するものを挙げるなら、文字名知識ではなく「拾い読み（一字一字区切って読む）」から滑らかな読み（以降、続け読み）への移行であろう。ここに音節意識が関係するというのが本来の類比の在り方であろう。

　一方、大六が主張した「単語の理解」はどうか。これが「続け読み」のことを意味しているのなら、欧米の知見の正しい転用といえよう。しかしながら「理解」に重点があるなら、これも欧米の研究には見られない独自の論点ということになる。

　以上をまとめると、欧米の知見の適用に端を発した天野・大六論争は、実際には、その発端とは異なる独自のものとなってしまっていたのである。もちろん、このことと両者の主張の是非は別であるが、我々がこの論争を発展的に継承するためには、上記のずれの理解は不可欠であろう。

　それでは、かな文字習得に関する、今後の音節意識研究はどうあるべきなのだろうか。第一に、本来の欧米の知見の転用を進めるということである。それは、音韻意識と「続け読みの成立」との関係を探るという方向性である。一般的に、かな文字においては、この移行の障壁は低いものの、読み困難児においてはそうではないだろう。音節意識を高める訓練が続け読みへの移行を促すかどうかは意義のある課題となるはずである。

　第二に、「音節意識と文字名知識の因果関係の実証」という方向性である。上記の論考では、天野（1970）に端を発したこの主張が、欧米の知見に裏打ちされたものではないことを指摘したに過ぎない。これは、日本独自の研究課題として検証を進める価値はある。実際、天野（1970）以降も両者の相関関係を報告する研究が多数報告されている。ただし、周知のように相関関係は音節意識→文字名知識の因果関係の証明ではない。実際には、文字名知識→音節意識という逆の因果関係である可能性は十分にある。そうした疑念を排除し、真の因果関係を実証することが求められている。またその際、欧米の知見の転用ではない説得的な理論を同時に提示することも必要であろう。

3. かな文字の読みの発達研究における
   音韻意識以外の研究課題

　以上のように、従来のかな文字習得研究は、欧米の研究を適切でない方法で転用してきたことで、混乱してきたように思える。それでは、今後のかな文字習得研究はどのような方向性を取るべきなのだろうか。以降では音韻意識という主題から離れた方向性を探っていく。

　2.1 で述べたように、音韻意識という研究課題はアルファベットという文字体系の特性の分析から立ち上がってきたものである。同様にかな文字習得の研究課題は、かな文字の特性の分析から導出するというのが本来の在り方ではないだろうか。

　かな文字は音節文字である。その利点は、文字名を覚えることで単語が読めるようになるということである。従来通り文字名の習得に主要な関心を向けること自体は妥当であろう。これまで、文字名の習得と音韻意識という出自の異なるものを接合した点が問題であったのである。それでは、今後、音韻意識以外の何に焦点を当てればよいのだろうか。以下では、この観点から、ここでは 2 つの領域の知見を概観する。

3.1　特殊表記の習得

　音節文字の欠点は、文字数が増大してしまうということである。日本語の音節は比較的簡素な形態を基本とするために音節の数は英語などと比べると少ないが、それでも 103 程度ある[2]。しかし、実際にはかな文字はこれほどの数はない。実はかな文字においては、「符号」と「組み合わせ」という仕組みで数の増加が抑えられているのである（詳しくは Kakihana, 2008）。

　かな文字において、20 個の有声の閉鎖音、摩擦音（/g-, z-, d-, b-/）は、その無声版（/k-, s-, t-, h-/）の文字に濁点という符号を付す形で表現される。つまり、濁点は無声音を有声音に変化させるという規則を表示していることになる。また 33 個の拗音節（例　kya）は、イ段の文字とヤ行の文字の組み合わせによって表現される。子音を C, 母音を V で表せば、拗音表記の規則は

Ci+yV → CyV として表現できる。前部の母音を削除し、残りの子音を後部のヤ行と接合するという規則である。

かな文字においては、基本的な文字（清音文字）は 46 文字しかない。残りは符号や組み合わせによって表現されているのである。これらの仕組みを子どもがどう認識しているのかを検討することは、今後のかな文字習得の研究課題となりうる。以下にこの課題に関する萌芽的な研究を見てみよう。

垣花（2005）は、濁音文字がある程度読める 4 歳児に対し、文字型の図形 X を提示し「これは pa と読みます」と教えた上で、それらに濁点のついたもの（X ゛）の読みを尋ねた。p は無声子音で、これの有声音版は b である。したがって、この問題には ba と答えるのが正解となる。母音を換えた（pi-bi など）複数の問題が提示されたが、9 割近くの参加児が 1 問以上に正答した。これは、幼児が濁音文字を習得する際に、有声化という規則を認識し、利用していることを示唆している。

また、拗音表記についても同じことがいえる。すなわち、初見でも読めるなら子どもが規則を利用していることの証左となる。垣花（2008）は、5 歳児に文字型の図形（X）を di として提示し「X ゅ」の読みを尋ねた。混成の規則に従えば、これは dyu と読むのが正解となる。この実験の結果、8 割を超える子どもがこれに正解した。このことは、濁点と同様に子どもは「規則の適用」によって拗音表記を習得していることを示唆している。

以上のように、子どもは、濁点や拗音表記の規則を利用していることが分かる。一方、これらの規則には微細な音韻属性の情報が含まれており、その認識に苦慮する子どもも多いと予測される。濁音文字、半濁音文字、拗音表記の読み書きに困難をもつ事例はこれまでも多く報告されている（e.g., 大六，2000）。その機序を解明し、読み困難の支援に生かしていくことが、今後のかな文字習得研究に課せられた課題の一つだといえよう。

3.2 文字音知識の習得に関わる要因

符号や組み合わせという仕組みがあるとはいえ、かな文字の文字数はアルファベットに比べると多い。子どもはいかに文字名を覚えているのか。この

問題には、2つの接近法がありうる。

　第一に、種々の能力の個人差と読字数の関係を検証する接近法である。先述のように、従来、この接近法においては、音韻意識との関連を問うものが中心を占めてきたが、今後は他の技能との関連も探るべきであろう。例えば、視知覚技能である。音節文字においては文字数が増大しがちであり、それに応じて類似した文字や複雑な文字が含まれるようになる。その区別に視知覚技能が鍵となる可能性はある。実際、垣花他（2009）では、視知覚技能の課題と読字数の間に相関関係が検出されている。

　第二の接近法は文字という学習対象側の要因に着目するというものである。これはどのような特徴をもった文字が習得されやすいか（にくいか）を問うことで、読みの習得過程を描き出そうというものである。この接近法では、より細かい習得のプロセスに焦点を当てることができる。例えば、垣花（2015）では、類似した文字がある文字の方がそうでない文字に比べて、習得が遅いことが明らかにされている。これは、上記の視知覚技能の重要性を裏付けるものといえる。また、この研究では、出現頻度、五十音図の掲載順が大きな影響を与えていることが示されている。これは子どもを取り巻く文化的環境が文字名の習得に影響を与えていることを示唆している。

4.　読み習得研究の今後の方向性

　本節では、これまでのかな文字習得研究の主題の1つであった音韻意識研究に欧米の研究の誤った転用という問題があることを指摘し、それを踏まえ、今後のかな文字習得研究の今後の在り方を探ってきた。以上の論考を踏まえ、最後に今後の読み習得研究全体の在り方を検討する。

　我が国の心理学研究・発達研究の多くは欧米の知見を吸収し、適用するという方略で進められてきた。ピアジェの保存の概念、ボウルビィの愛着など、種々の心理機能がこの戦略に則り、日本というフィールドで検証されてきた。「読み」についても同様の方略に則って研究が進められたといえる。しかしながら、その結果として現れたのが本節で見たような混乱である。

36 第1章 読書の発達

　認知発達の分野では、1980 〜 1990 年代にヴィゴツキーを祖とする文化的
－歴史的理論(例えば、ヴィゴツキー, 2001)、またそれに影響を受けた状
況論(例えば、Hutchins, 1993)と呼ばれる思潮が流行した。その主張の骨子
は「人間の思考は常に道具を媒介として実現される。したがって、思考の
在り方は文化や状況によって異なる」というものである。この思潮の中では
「読み」に対する関心は専ら「読み習得の結果としての高次の思考」にあっ
たため(例えば、Scribner & Cole, 1981)、この思潮が、読み習得研究の主流
に影響を与えることはなかったように思える。

　しかしながら、上記の主張の「思考」を「読み」に置き替えた時、本節で
扱った問題をよりよく理解することができる。「読む」という行為は、常に
それぞれの文化の文字体系と対になって実現されている。本節で見た「欧米
の知見からの転用」という誤りは、「読み」という行為を外界と切り離され
た普遍的な心的機能であるかのように見做した点にある。それは、電卓を用
いた「計算」と、紙と鉛筆を用いた「計算」を同じ心理機能として見做して
いるようなものである。ここで同じなのは行為の結果であって心理機能では
ない。

　それでは、今後、どのような研究方略が望ましいのだろうか。道具に媒介
された行為は、その道具と対になって成立している。その道具の分析を出発
点とするというのが本来の筋ではなかろうか。音節文字は文字名を覚えれば
単語が読めるという利点がある一方で、文字数の増大という欠点がある。こ
の分析を基に本節ではいくつかの研究領域を提示したが、その他にも、まだ
多くの研究課題が眠っているはずである。

　こうした研究方略は、漢字、アルファベット等、他の文字体系にも同様に
当てはまる。読み習得研究は、どの文字体系の「読み」にも当てはまるよう
な「大理論」を目指すべきではない。我々に可能なのは、その文字体系、あ
るいはせいぜい同種の文字体系に適用可能な「中程度」の理論を構築するこ
とではないだろうか。

注

1 かな文字の中には、「ん (n)」など、音節ではない音韻に対応したものもあるので、厳密には音節文字ではなく、モーラと呼ばれる音節に似た単位に対応した文字だとされる。

2 103 の内訳は 69 個の直音、33 個の拗音と 1 個の撥音 (/N/) である。撥音は音節ではないので、厳密にはモーラの数である。

引用文献

天野清 (1970)「語の音韻構造の分析行為の形成とかな文字の読みの学習」,『教育心理学研究』, 18, 76–89.

天野清 (1999)「子どものかな文字の読み書き習得における音節分析の果たす役割―大六一志著論文 (" 心理学研究 "1995, 66, 253–260) に対する反論―」,『心理学研究』, 70, 220–223.

大六一志 (1995)「モーラに対する意識はかな文字の読み習得の必要条件か?」,『心理学研究』, 66, 253–260.

大六一志 (1999)「個々のかな文字の読み、単語文字列の意味理解、音節分析―天野氏の反論に対する見解―」,『心理学研究』, 70, 224–227.

大六一志 (2000)「拗音表記の読み書き習得の必要条件―言語発達遅滞事例による検討―」,『特殊教育学研究』, 38, 21–29.

Gelb, I. J. (1963) *A study of writing. 2nd edition.* Chicago: University of Chicago Press.

Gombert, J. E. (1992) *Metalinguistic development.* London and Chicago: Harvester-Wheatsheaf & University of Chicago Press.

Hutchins, E. (1993) Learning to navigate. In S. Chaiklin & J. Lave (Eds.), *Understanding practice: Perspectives on activity and context.* (pp.35–63).Cambridge University Press.

Hulme, C., Hatcher, P. J., Nation, K., Brown, A., Adams, J., & Stuart, G. (2002) Phoneme awareness is a better predictor of early reading skill than onset–rime awareness. *Journal of experimental child psychology*, 82, 2–28.

垣花真一郎 (2005)「濁音文字習得における類推の役割」,『教育心理学研究』, 53, 241–251.

垣花真一郎 (2008)「幼児は拗音表記習得時に混成規則を利用しているか」,『教育心理学研究』, 56, 463–473.

Kakihana, S. (2008) Children's use of dakuten diacritic and yo-on combinations in learning to read kana syllabary. In T. Sano, M. Endo, M. Isobe, K. Otaki, K. Sugisaki, & T. Suzuki (Eds.). *An enterprise in the cognitive science of language: A Festschrift for Yukio Otsu.* (pp.295–307). Tokyo: Hituzi Syobo.

垣花真一郎 (2015)「幼児の仮名文字の読み習得に影響する文字側の諸要因」『発達心理学研究』, 26, 237–247.

垣花真一郎・安藤寿康・小山麻紀・飯高晶子・菅原いづみ (2009)「幼児のかな識字能力の認知的規定因」,『教育心理学研究』, 57, 295–308.

Muter, V., Hulme, C., Snowling, M., & Taylor, S. (1998) Segmentation, not rhyming, predicts early progress in learning to read. *Journal of experimental child psychology*, 71, 3–27.

Scribner, S., & Cole, M. (1981) The psychology of literacy. Cambridge, MA: Harvard University Press.

高橋登 (1997)「幼児のことば遊びの発達―"しりとり"を可能にする条件の分析」,『発達心理学研究』, 8, 42–52.

田中裕美子・兵頭明和・大石敬子・Wise, B.・Snyder, L. (2006)「読み書きの習得や障害と音韻処理能力との関係についての検討」,『LD 研究』, 15, 319–329.

ヴィゴツキー, L.S. (柴田義松訳) (2001)『思考と言語 (新訳版)』, 新読書社.

4　児童期における読書

深谷優子

1.　児童期の読みと読書

　人は、どのようにして一人前の読者となるのであろうか。身体的成長と並行して精神的な成長がもたらされ、読書という文化的実践を支える読む能力も乳幼児期からの言語経験を基として、児童期に自律した読者となっていく。乳幼児期には、絵本の読み聞かせやおもちゃを介した音声言語でのやりとり、あるいは生活での文字への接触経験など、大人やきょうだい・仲間とのコミュニケーションを通して、子どもは文字の知識や語彙を増やしていく。こうした言語や文字の経験や記憶の蓄積が下支えとなり、児童期に文字の解読能力や読みの流暢性など読み能力（Reading Proficiency）が高くなり、読む経験を積むことで円滑に文字の解読を行えるようになる高学年には、多くの児童が自発的な読書（自由読書）を行える自律した読者へと成長する（詳しくは本書の 1 節 –3 節、5 節を参照のこと）。

　読書を支えるのは、文字の解読など比較的基礎的な認知技能だけではない。読書という行為は、ある程度の時間集中して取り組む必要があり、読書している間の集中力や姿勢を維持するための筋力などもかかわってくる。したがって、もし読書習慣がない児童や、そもそも本を読まない児童がいた場合、単に読みたくない、あるいは読む時間がないから読めないという理由だけではなく、文字を円滑に読むのが困難であるために読書しない、あるいは読書に集中できるだけの体力が十分でないなどの可能性があることも念頭におく必要がある（cf., 深谷, 2013）。

2. 児童はどのくらい何の本を読むのか

児童期の読書について、児童はどういう本を何冊くらい読むのだろうか。各種調査から判明しているのは、人生の各年代のうち、児童期がもっとも読書量の多い年代であることである。読む本の種類(ジャンル)については、学年が上がるにつれて多様化することが報告されている。

2.1 小学生の読書量

全国学校図書館協議会は、毎年全国の小中高生の読書状況について調査しており、それによると小学4年生–6年生が1ヵ月(調査対象は5月)に読む冊数の平均は10冊以上であった。なお、この結果はここ5年ほど継続しているものであり、同時に調査している1ヵ月に1冊も読まない不読者が全体の5%前後で推移しているという傾向も最近10年ほど継続している(全国学校図書館協議会, 2017)。1ヵ月に10冊以上ということは、週単位に換算すると大体2冊以上と考えられる。ただし、このなかには授業や宿題で読むのが必要な本も含まれていると思われる。

では、ただ読みたいから読む、自発的な読書(自由読書)の量はどのくらいなのだろうか。浜銀総合研究所(2017)による読書調査結果から、小学4年生および5年生の月間自由読書冊数の結果は図1のとおりである。

図1の結果を、週単位に換算すると、約6割の児童が週1冊程度(月3–4冊)から週2冊以上(月11冊以上)と回答しており、本を読む日本の児童像が示

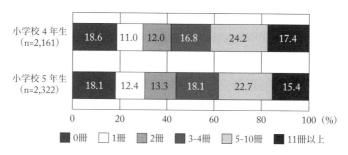

図1　最近1ヵ月間の自由読書(浜銀総合研究所, 2017より作成)

されている。なお、この週1冊程度以上の自由読書という基準は、定期的に本を読む読書習慣があるかどうかのひとつの目安となるであろう。

2.2 自分にとって大切な本と小学生の読書

定期的に本を読む読書習慣があると、読書量は加算的に増えていく。読書量の増加に伴い、児童は自分にとって大切な本と出会う経験が得やすくなると考えられる。読書調査の結果では、「自分にとって大切な本や忘れられない本がある」と回答した児童は全体の8割にもなった。

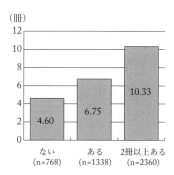

図2 小学生における大切な本の有無と1ヵ月の読書量
（浜銀総合研究所，2017より作成）

図2からは、「自分にとっての大切な本や忘れられない本がある」と回答した児童は、「ない」と回答した児童よりも読書量が多いことがわかる。もう少し詳しく見ると、「ある」と回答した児童は週に換算すると週1–2冊、「2冊以上ある」と回答した児童は週2–3冊以上の読書量であり、いずれもある程度の読書習慣がある児童だと言える。読書習慣がある（週1–2冊の読書）ことにより、読む本読んだ本がある程度蓄積されることが自分にとって大切に思える本と児童とが出会う機会を増やし、その出会いの経験がさらなる読書（週2–3冊以上の読書）につながっていくと推察される。

2.3 児童が読む本のジャンル

読書習慣が形成されると、読書量が増えていき、読書の興味を広げたり深

めたりする。もちろん、本の影響だけでなく、児童の心身の発達・成長につれて、生活や活動が変化し、読書の興味内容も変化しうる。児童の読書の質はどのように変わっていくのであろうか。

　読書調査の結果では、小学4年生・5年生が読む本は、小説や物語が最も好まれ、次に音楽や料理・スポーツ、伝記、社会・政治、科学・生物・宇宙、と続く（浜銀総合研究所，2017）。学年による変化としては、小学校低学年では物語に加えて絵本や図鑑が多いが、小学校中学年以降、伝記、科学、スポーツなどの分野の本も選択されていく（千代田区，2017）。

　これらの知見からは、小説や物語はどの学年でも最も読まれており、読書量の多くを占めていること、小学校低学年では絵本や図鑑など文字以外の視覚的な情報が豊富な本が選択されやすいが、小学校中学年以降、より文字の多い、ノンフィクションに分類されるジャンルの本が多く読まれるようになることがわかる。なお、この傾向は中学生にも見られるが、中学生では絵本や図鑑を挙げる割合は少ない（千代田区，2017）。

　学年があがること、それにともない読書量が増えることが、より多様なジャンルの読書へと誘う様子がうかがえる。そして児童の月間読書冊数の全体の平均は10冊以上、自由読書に限ってみても週1冊以上の読書習慣をもつ児童は全体の6割程度いることから、「本を読む日本の小学生児童」が多いことがわかる。ただし、中学・高校へ進学した後、同様の読書習慣を維持している生徒は多くない。小学生での読書習慣を、いかに中学生・高校生の読書につなげていくのかが課題である。

3.　児童の読書における家族や学校の役割

　児童期の読書を考えるときに、子どもの心身の発達だけでなく、家庭や学校あるいは図書館などコミュニティのなかでの読書として考える必要がある。秋田（2006）は、児童期は家庭生活や地域での生活との関連が密接な時期であることや、読書環境は物理的にあるだけでは不十分であり、読書の機会をもたらす文化的環境や子どもと本とをつなぐ人という社会的環境が必要

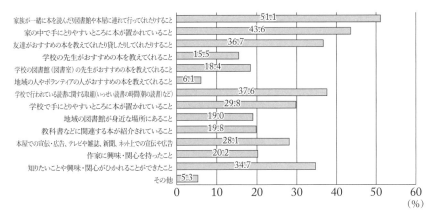

図3 小学生の読書のきっかけとなっていること（浜銀総合研究所，2017より作成）

であること、読書を子どもの生活のなかに位置づける重要について指摘している。例えば、家庭の蔵書量だけでなく、家族が読書をしているか、家族と一緒に読書をしているかという家庭における読書の環境の影響は、とくに児童期に大きいと考えられる。

図3に示されているように、小学生の場合、学校や家庭において読書がしやすい環境にあることが児童の読書をよく説明している。こうした、家族とのかかわりのなかで促される読書は中高生にもみられるが、その傾向は小学生において圧倒的に高い。家庭だけでなく、学校や学校図書館での読書環境や、地域の図書館などのコミュニティのなかで、そして大人や仲間とのコミュニケーションを通した本をめぐる経験が、児童の読書を支えている。

4. 児童期における読書の意義

4.1 言語力を養う方法としての読書

一般に読書はよいことというイメージがあるが、実際にどのような効果があると言えるのであろうか。鈴木（2008）は、読書の影響について学力的側面と社会・対人的側面への影響とを概観している。それによると、自分で読

みたい本を選んで読むという自由読書は、読解力との相関関係は一貫して示されているものの、書く能力に対する効果は必ずしもみられるものではないともしている。

これに対し、クラッシェン（1996）は、「読書は、すぐれた読書家になり、よい文章を書き、適切な語彙を持ち、高度の文法を駆使し、正確に字をつづれるようになるための唯一の方法である（p.42）」と特定の能力に言及して読書の効果を主張している。クラッシェンは、人が自発的に行う自由読書に関する実証研究や実践の知見を概観するなかで、語彙や文法等に習熟していく過程において、直接的に教授する介入の効果が小さい／効率がわるいことを指摘している。そして、自由読書は「不安の少ない環境のもとで「完全に理解できた情報の入力」が行われる」ため、いわゆる完全習得学習が成立するから、より高度な語彙や文法を獲得していく方法として最適であると結論づけている。

実際、読書と語彙力や読解力との正の関連は種々の研究で一貫して示されている（例えば，Mol & Bus, 2011）。日本においても、猪原らの研究では読書量が獲得される語彙力や語彙量を予測することが報告されている（猪原，2016；上田・猪原・塩谷・小山内，2017）。

4.2　読書習慣がない場合のデメリット

読書習慣が形成されていないゆえのデメリットも、かなり明確に指摘されている。家庭の読書環境が整っていない場合、児童の読みの習熟レベルが低いこと、そして夏季（長期）休暇中に読み能力がさらに低下してしまうということ（summer reading loss と呼ばれる）などが報告されている（cf., Mraz & Rasinski, 2007）。米国の夏季休暇は学年末（5月）後から学年開始（9月）までの3ヵ月程度と、日本の夏季休暇と比べて長い。この期間、フォーマルな読み書き教育が提供されないため、児童の学習環境あるいは読書環境は家庭状況に大きく依存することになる。

研究知見によると、低所得層の児童の読み能力（reading proficiency levels）は低下する（例えば、Allington & McGill-Franzen, 2003）が、これは長期休暇

中に家庭における読書環境が貧弱である場合に顕著であるとされる（3ヵ月程度の遅れに匹敵との報告もある）。換言すれば、学校を離れていても、継続した読書ないし読み書きができる環境で読書習慣がある児童ならば、こうした読み能力の低下は起こりにくい。実際、低所得者層でない家庭の児童の読み能力は長期休暇の前後で多少向上している。

　日本では夏期休暇が米国と比して短いこと、休暇には通常宿題（読み書き教育を含む）が課されることを考慮すると、長期休暇前後での読み能力の低下はさほど問題にはならないかもしれない。しかし、児童期など早い段階で自由読書を行えるような自律した読者として読書習慣を形成していることと、その後の学力や知的能力との相関を報告する研究を踏まえると、児童期に適切な読書習慣を形成することが、その後の学習・学力を媒介して、進路選択や将来設計にもポジティブに影響すると予想される。その意味でも、児童期に読書習慣を形成することが重要であり、生涯にわたる読者を育てるだけでなく、人生発達の基盤を築くことにつながる。

4.3　児童期の読書にネガティブな効果はないのか？

　児童期に読書習慣を形成することが重要であると述べたが、では、読書習慣がありさえすればよいのだろうか。あるいは読む本の冊数は多ければ多いほどポジティブな効果があるのだろうか。

　上田ほか（2017）は、学校図書館での図書貸出数を読書量の指標として、小学3年生時（4月–11月）のフィクション（文学）の読書量が、4年生12月字時点の語彙力を予測することを示した。すなわち、読書量が多いほど、語彙力が高い。ただし、読書量が極端に多い児童（1ヵ月に40–70冊程度）に関する分析結果を見てみると、予習復習やその他の活動を阻害するほどの読書量の場合、読書以外の活動の減少によるネガティブな効果が、読書によるポジティブな効果を上回ってしまう可能性が指摘されている。このことから、読書習慣を形成することが重要であるが、児童の学習や生活における活動のひとつとして読書をとらえる必要があり、全体のなかで読書活動だけを突出させることは望ましくないと考えられる。

4.4 本の読み方の効果

　読書の効果を考えるとき、読書量以外にも考慮すべき観点がある。それは、どういう読み方をしているのか、ということである。

　近年「文芸小説を読むと大衆小説やノンフィクションを読むよりも他者の心的状態の推測に効果をもつ（Bal & Veltkamp, 2013）」、「忘我／熱中しながら（transported）読むことが共感性を高める（Kidd & Castano, 2013）」などが報告されている。これは、例えば映像と比較すると本では登場人物の情報量が少なく、結果として読者にとって思考・想像の余地が残されており、そして読者が積極的に登場人物の心情把握を試みるからだと説明されている。

　こうした能動的な読みというのが、実は種々の読書の効能の背後にある読み手の活動だと考えられる。呈示された内容を受容的に読むか、能動的に読み、意味を構築し、あるいは推測するか。こうした読み方の違いをバルト（1977）は、呈示された詳細な描写を享受するような読みを読者に促す「読みうるテクスト（texte lisible）」と、読者が自ら思考し意味を構築していく「書きうるテクスト（texte scriptable）」とに分けて論じている。読書が他者の心情把握や共感性に与える効果は、受容的な読みではなく「書きうるテクスト」によってのみ、説明される現象であろう。

　この「書きうるテクスト」からさらに一歩踏み込んで、詩人の長田弘（2001）は、本を読むということとは、書かれている内容を読むだけでなく、そこに書かれていないものに思いを巡らし想像しそして思考することだとしている。

　　　答えを求めて読むのではなく、ひたすら読む。じっくり読む。ゆっくり読む。（中略）そこに伝えられないものがある。言い表せないものがある。はっきりと感じられているけれども、どうしても言葉にならないもの、言葉にできないままになってしまうものがある。　　　　　（p.171）
　　　本を通して、本に書かれていないものを想像するちから、あるいはその本によって表されているものではないものを考えるちからを、わたしたちは長い間、本から得てきた。　　　（p.17）（いずれも長田，2001）

長田の読書論から、現在の私たちが得られる示唆とは、一冊の本をじっくり吟味しながら読む読書で獲得されるものや過程は、大量の情報にアクセスして迅速に処理する過程とはおそらく異なるということである。後者で私たちが得られる情報は、豊富であるがゆえに、ともすると断片的で浅薄にもなりうる。しかし、情報をいくら収集してもそれだけで新しいものが生み出されるわけではない。創造には想像が必要だからである。そして想像はじっくり読むことによる理解に裏打ちされる。したがって、これからの時代においても読書の営みという文化的実践は変わらずに意義があると言えよう。

5. 児童期の読書についてまとめと今後の課題

児童期の読書習慣としては、まず、週1冊以上の読書が目安となる。その後、読書量が増えていくときには、読書以外の学校や家庭での活動を阻害しない程度の読書量だと、読書のポジティブな効果が期待される。また、読書の際に、小説や物語だけでなく、幅広いジャンルの本や少し難しくても自分の興味を深めるような本を選書することも重要である。さらに、本の読み方として、消費的に読むのではなく、自分で意味を考えたり推測したり能動的に読むことが、読書のたのしみの神髄でもあり、読書によるポジティブな効果をひきだす活動である。

生涯にわたる自律した読者となるためには、本や読書に興味をもちはじめる乳幼児期から児童期にかけて自由読書に親しむ経験を積むことが重要である。種々の調査から明らかなように、最も本を読む年代が小学生であることから、児童期の間に読書習慣を形成すること、そしてそれを中高生になっても保持・発展させて実践できるように、いかにその後の読書につなげるのかの工夫が今後期待されている。

参考文献

秋田喜代美（2006）「言葉の力と絆を育てる読書コミュニティへ」秋田喜代美・黒木秀子（編）『本を通して絆をつむぐ―児童期の暮らしを創る読書環境』，北大路書房.

Allington, R.L., & McGill-Franzen, A. (2003) The impact of summer loss on the reading achievement gap. *Phi Delta Kappan*, 85, 68–75.

Bal P.M., & Veltkamp M. (2013) How does fiction reading influence empathy? An experimental investigation on the role of emotional transportation. *PLoS ONE* 8(1): e55341. doi:10.1371/journal.pone.0055341(http://www.plosonc.org/article/info%3Adoi%2F10.1371%2Fjournal.pone.0055341)

バルト，ロラン（沢崎浩平 訳）（1977）『テクストの快楽』，みすず書房．（Barthes, R. (1973) *Le Plaisir du texte.*）

千代田区（2017）第 2 回千代田区子ども読書調査報告書．(http://www.city.chiyoda.lg.jp/koho/bunka/bunka/toshokan/dokushochosa/documents/02houkokusho.pdf)

深谷優子（2013）「国語教育」，『児童心理学の進歩』Vol.52 ［2013 年版］，113–134，金子書房．

浜銀総合研究所（2017）「子どもの読書活動の推進等に関する調査研究 報告書」，平成 28 年度文部科学省委託調査．

猪原敬介（2016）『読書と言語能力―言葉の「用法」がもたらす学習効果』，京都大学学術出版会

Kidd, D. C. & Castano, E. (2013) Reading literary fiction improves theory of mind (http://www.sciencemag.org/content/342/6156/377.abstract)

クラッシェン，スティーブン（長倉美恵子・黒澤浩・塚原博 訳）（1996）『読書はパワー』金の星社．（Krashen, S. D. (1993) *The power of reading: Insights from the Research.* Englewood, CO: Libraries Unlimited.）

Mol, S. E., & Bus, A. G. (2011) To read or not to read: A meta-analysis of print exposure from infancy to early adulthood. *Psychological Bulletin*, 137(2), 267-296.

Mraz, M. and Rasinski, T.V. (2007) Summer reading loss. *The reading teacher*, 60(8). International reading Association. 784–789.

長田弘（2001）『読書からはじまる』，NHK 出版.

鈴木佳苗（2008）「各種メディアの心理学的な影響・発達的研究」，「子どもの情報行動に関する調査研究」国立国会図書館，図書館調査研究リポート No.10 (http://current.ndl.go.jp/files/report/no10/lis_rr_10.pdf)

上田紋佳・猪原敬介・塩谷京子・小山内秀和（2017）「語彙力・文章理解力の発達に及ぼす読書のジャンルの影響」，『読書科学』，59，121–133.

全国学校図書館協議会（2017）第 63 回学校読書調査．(http://www.j-sla.or.jp/material/research/63.html)

5 児童・生徒の語彙力、読解力と読書

高橋登

1. 読解の過程

文章は階層性をもったいくつかのレベルに分けて考えることができる。通常は、文字や単語のレベル、文のレベル、そして、文の集まりの言語単位として談話（discourse）のレベルという、3つのレベルに分けることが多い（Kintsch & Rawson, 2005; 高橋, 1996a, 1996b など）。ただし、談話という用語は話し言葉に限定し、書き言葉ではテキストと呼んで区別することもある。読解（reading comprehension）とは、テキストを読み、それを理解することである。読解の過程では、この3つのレベルでの処理が平行して進む。

1.1 復号化：文字・単語のレベルの処理

文字や単語から音に置き換える過程を復号化（decoding）と呼ぶ。英語圏では、読み能力のモデルとして「読みのシンプルモデル（simple view of reading）」（Gough & Tunmer, 1986; Lonigan, 2015）が知られている。シンプルモデルによれば、読解の能力は、復号化のスキルと言語能力の2つから成り立っている。言語能力は、音声言語とも共通する一般的な言語理解の能力である。一方、復号化は文字表記に固有のものであり、文字を音に置き換えていく過程を指している。

復号化のスキルは通常、単語や非単語の読みによって測定される。平仮名を用いる日本語や、アルファベットを用いるにしても発音と表記の関係が規則的なスペイン語やドイツ語などと異なり、英語では文字としてのアルファベットを知ることと、その組み合わせを正確に読み、綴れるようになることとの間には大きな隔たりがある。国際比較研究によれば（Ellis *et al.*, 2004）、日本語を母語とする子ども達では、平仮名で書かれた単語の読みの正確さは

1年生で上限に達するが、英語を母語とする子ども達が英単語でその水準に達するのは3年生になってからである。しかも英語圏では、小学校段階、とりわけ低学年段階では、このようにして測定された復号化の成績により読解の成績の多くの部分が説明される（Lonigan, 2015 などを参照）。

　一方、日本では、低学年段階で子ども達の平仮名単語の読みは正確になり、個人差はなくなるため、読解との関連は見られない。ただし、読む速度は平仮名の読みを身につけた時期によって大きな違いが見られ、小学校入学前に読めるようになっている子どもの方が、低学年段階では速く読むことができ、また、速く読めるほど読解の成績は良い（高橋, 2001）。ただし、中学年以降、個人差は少なくなり、読解の成績を説明するものではなくなる。したがって、日本語・英語とも、読みを習得した初期には、入力段階（単語の読み）が読解を制約するという共通点がある一方で、英語ではそもそも単語が読めるかどうかが、日本語では読めたとして、それが流暢に行われるかどうかが問題となるのであり、表記システムによって復号化の習熟の過程は異なる。

　一方、日本語の表記システムの中で、平仮名とともに重要な位置を占めるのは漢字である。幼児期から遊びの中で覚えていく子どもが多い平仮名と異なり、漢字は学校教育を通じて系統的に学習する。現行学習指導要領（文部科学省, 2008）によれば、小学校段階で 1006 文字の教育漢字を学習することになっているだけでなく、学年ごとに学習する漢字も指定されている。ただし、実際にはその目標が十分に達成されているわけではない。小学生の各学年で学習する漢字の、次年度1学期における読みの正答率はいずれの学年も 80%台を維持しているものの、書く方は3年生以上になると 60%台に下がってしまうのである（総合初等教育研究所, 2005）。

　漢字と平仮名の違いはそれだけはない。日本語における平仮名、英語におけるアルファベットと同様、漢字が読めることは、漢字仮名交じりで表記される日本語の文章を正しく読む（狭い意味で「読む」、すなわち音に直す）上で必須の条件であるが、漢字の役割にはそれ以上のものがある。漢字の知識は日本語の語彙と密接に結びついているからである。たとえば小学生を対

象とした語彙検査と漢字の読みの成績の間には、一貫して $r = .5–.6$ の中程度の相関が見られる（高橋・中村，2009, 2015）。漢字を学習する際には、単にその漢字の読み方・書き方を学習するだけでなく、それを用いた熟語や用例も学習する。それだけでなく、読書中に知らない単語が出てきた場合も、そこに既知の漢字が含まれていれば、意味を推測することもある程度可能である。次節で述べるように、学童期の子ども達は読書を通じて多くの語彙を獲得しているが、漢字の知識はそれを助けてくれるのである。

1.2　文レベルの処理：文法の役割

　文法の能力は、複雑な構造をもった文の理解と、それを可能にする文法機能を表す助詞・助動詞・接続詞などの理解によって測ることができる（高橋・大伴・中村，2012）。膠着語である日本語は、基本的に機能語の積み重ねによって複雑な文を構成する。たとえば、「羊が男の子に追いかけられました。」という文では、格助詞の「が」「に」でそれぞれの格関係を示し、助動詞の「られる」「ます」「た」でそれぞれ受動・丁寧・過去を表す。こうした基本的な機能語の用法の理解は小学校低学年までに完了するので、読解を制限するものとはならないが、聴覚障がい児の場合、習得は遅れることから（Takahashi, Isaka, Yamamoto, & Nakamura, 2017）、その影響は大きい。また、「先生に教室を掃除させられた」のような使役受身、「勉強しないわけにはいかない」のような二重否定、「召し上がる」のような敬語、「運んであげる」「持ってもらう」などの補助動詞は、小学校中・高学年以降になってから習得されるものである。これらの表現は自らの意図、相手との関係に関する細やかなニュアンスを表現するものであり、通常は語用論の能力として扱われるものであるが、その一方で、それはこうした文法の能力が支えるものでもある。こうした文法の能力が、複雑なニュアンスをもった文章を的確に理解することを可能にする。

1.3　談話の理解

　読み手が読解の過程で生成する表象は通常、2 つのレベルに分けられる

(Kintsch, 1998)。ひとつめのレベルはテキストベース（text base）と呼ばれ、それぞれの文の意味的な要素（命題）の連なりからなる、テキスト全体のまとまりである。テキストベースがあれば、テキストの要約を行ったり、テキストに書かれている字義通りの質問に答えることができる。もうひとつのレベルが状況モデル（situation model）である。私達がテキストを読む際には、テキストに関連して私達がもつ知識も参照している。たとえば私達が新聞で野球の記事を読む場合には、野球のルールや記事に出てくるチーム、選手についてあらかじめもっている知識も参照し、それを組み込みつつ読み進めるだろう。そのような理解を反映したものが状況モデルである。状況モデルがあれば、文章中に直接言及されていないことでも適切に推測することができる。ただし、この2つのレベルは概念上の区分でしかない。両者は理解の二側面を表しており、実際の読解過程は両レベルの理解が並行して、あるいは相互作用しつつ進む（Kintsch, Caccamise, & Kintsch, 2012）。したがって、読解力とは、テキストから質の高いテキストベース、状況モデルを作り上げる能力であると言うことができる。

　テキスト中の文と文の間には、「つながり」がある。文章を読み進める過程で、読み手はその「つながり」を見出し、あるいは積極的に作り上げていく。「つながり」の形式的な関係を結束性（cohesion）、意味的な関係を一貫性（coherence）と呼ぶ（玉岡, 2014）。結束性は、接続詞や照応表現などによって実現される。たとえば「財布を拾った。財布には5千円入っていた。」という文章で、2番目に出てくる財布は前文で出てくる拾った財布のことを指している。このような、文と文の間での語の対応関係を照応という。照応表現には、「これ」や「その」などの指示詞や代名詞も含まれる。一方の一貫性は次のようなものである。たとえば「空が暗くなってきた。大粒の雨が降り出した。」という文章で、「空が暗くなること」と「大粒の雨が降り出すこと」との間には因果関係があることを私達は理解できる。読み手は、「空が暗くなること」から、雲が出てきたこと、天気が悪くなってきたことを推論し、「大粒の雨が降り出すこと」との間に一貫性を確立する。一貫性は、こうした因果関係の他に、論理的な関係、時間・空間関係などによって実現さ

れる。一貫性には近接する文と文との間の意味的な関係（局所的一貫性）だけでなく、現在読んでいる部分とそれまで読んできた部分、さらに、読み手のもつ知識との関係（全体的一貫性）のように、2つのレベルがある。テキストにあらかじめ存在している結束性や一貫性を見出すだけでなく、推論の能力を駆使して読み手自身がそれらを作り上げるのが読解の過程である。読解を支える技能・知識としては、推論の能力の他にも、豊富な語彙、背景知識、説明文や物語などのような文章の構造に関する知識、モニタリングの能力などが関わっており、こうした技能・知識の高低で読解の成績に違いが見られることが知られている（福田, 2012; Lonigan, 2015 などを参照のこと）。

2. 語彙の役割

1.1 でも触れたように、小学校の低学年段階で読解の能力に関わりが深いのは、読みの速度である。読むのが遅い、すなわち復号化に時間がかかれば、それだけ読解に必要なその他の処理に手が回らなくなるためであると考えられる。ただし、ディスレクシア[1]と呼ばれる復号化に特異的につまずいている子どもを除けば、学年の上昇とともに子ども達は素速くスムーズに読めるようになり、たとえそこに個人差があったとしても、読解の成績との間に関係は見られなくなる。その一方で、語彙の成績は、読解との間に関連が（相関係数で言えば $r = .5$ くらいの中程度の相関が）学童期を通じて見られることから、語彙は読解力を支える重要な要因であり続ける（高橋, 2001）。それでは、子ども達は学童期を通じてどのような語彙を、どのようにして身につけていくのだろうか。本節ではこの点について考えてみたい。

2.1 学童期の語彙

幼児期を通じて子ども達は多くの語彙を身につけていく。一般に、初めて有意味語を話すようになるのは1歳前後であり、その後、2歳代の半ばまでの語彙の伸びは緩やかである。その後、急激に語彙は増加し、就学時点の語彙数は1万に達するとも言われる（たとえば Templin, 1957）。平均すると

1日に9語程度は新たな言葉を覚えていることになる。一方、学童期の子ども達について調べた研究によれば、5年生の時点で約4万語を身につけていると言われ、1日平均では約20語を新たに覚えていることになる (Anglin, 1993)。学童期の子ども達は幼児以上に、急激に多くの言葉を身につけているのである。

2.1.1 学童期の語彙の特徴

学童期の子ども達が新たな語彙を獲得する、すなわち単語の意味をどのように理解していくのかを知るためには、そもそも子どもが「単語の意味を知っている」とはどういうことなのかというところから考えてみる必要がある。たとえば、「あせる」という言葉の意味を、次の選択枝の中から選ぶ場合を考えてみよう。1. いやがる、2. あわてる、3. よろこぶ、4. あきらめる、5. こまる。こうした問題形式は語彙検査でよく見られるものであるが（たとえば、天野・黒須, 1992; 高橋・中村, 2009）、選択枝としてどのような言葉を用いるかで難易度は大きく異なる。正答以外は全く異なる意味の言葉を用いる場合よりも、この例のように、似通った意味の言葉を選択枝とした方が難易度は高くなるだろう。この例の場合は、3以外の選択枝はいずれも否定的な感情を表す語なので、子どもが漠然と「嫌な感じ」をあらわす概念しかもっていなければ、これらの語の意味の違いを正確に区別すること

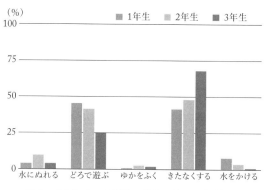

図1 「よごす」の意味の学年ごとの選択割合

は難しい。幼児期の語彙と違い、学童期の子どもが単語の意味を正確に知っているということは、このように、互いに似通った語の意味の違いを正確に理解し、区別できることも含まれている。

　子ども達の単語についての知識は、このように、その語の意味を知っているか知らないかで二分できるようなものではない。その間には、漠然と大雑把に知っているレベルから、類似の意味をもった語の意味を正確に区別できるレベルまで、幅がある。図1は小学校1–3年生に「よごす」という言葉の意味を尋ねたものであるが、「どろで遊ぶ」を選ぶ子どもは学年とともに減少し、「きたなくする」が増えるのは、学童期の子ども達の語彙獲得が、あいまいな理解から精緻な理解へという道筋を辿っていることを示唆するものである。このように、学童期の子ども達は、多くの単語の意味を知るだけでなく、洗練された語彙を身につけていく。

2.1.2　語彙を身につけることの意味

　学童期の子ども達が実際にいくつくらいの言葉を知っているか、すなわち語彙サイズがどの程度かという点については、調べ方によって大きく異なるので、数自体はあまり重要ではない。むしろ、先述の Anglin（1993）の結果で示唆に富むのは、子ども達が身につける語の種類である。増加の程度が著しいのは派生語であり、しかもそれは高学年ほど顕著である。派生語とは、語の構成上の基幹的な要素である語基に様々な形態素を付け加えることでできあがっている語のことである。基礎語や慣用句も増加するが、派生語のような急激な伸びを示すことはない。子ども達は、上の学年になると、検査のその場で単語の要素（形態素）の組み合わせを分析して単語の意味を推測することもできるようになる。つまり、学年の上昇とともに、子ども達は沢山の語の意味を知るだけでなく、語形成の規則についての理解も深めていくのである。

　また、語彙は量ばかりでなく、その質も読解力に関わっている。語彙特質仮説（lexical quality hypothesis）（Perfetti, 2007）によれば、少なくとも読解の問題の一部は、語の形態や意味に関する表象がうまく形成されていないこと

56 第1章 読書の発達

（すなわち、語彙の質の低さ）に原因がある。読解力の異なる成人ではテキスト中の語にアクセスするスピードに違いがあることが示されているだけでなく（Perfetti, Yang, & Schmalhofer, 2008）、読解力の低い子どもは、高頻度語の絵の命名では他の子どもと差はないものの、低頻度語の絵の命名スピードは遅い（Nation, Marshall, & Snowling, 2001）。こうした子ども達は、単語が同義語であるかどうかを判定するスピードも遅く、それは単語のペアの一方が低頻度語である場合は特にそうだった（Nation & Snowling, 1998）。したがって、読解成績の低い子どもは、語彙が乏しいだけでなく、語彙表象の質にも問題があることが示唆される。

3. 読書と語彙

　学童期の語彙と読解力との間には密接な関係があり、語彙が豊富な子どもは読解力も高いことが繰り返し確かめられている（Muter, Hulme, Snowling, & Stevenson, 2004; 高橋，2001; 高橋・中村，2009）。しかも、縦断研究の結果から、語彙の成績がよければ読解力が高いだけでなく、読解力が高ければ後の語彙の成績も高いという、相互的な関係があることも指摘されている（高橋，2001; Verhoeven, van Leeuwe, & Vermeer, 2011）。

　したがって、学童期の子ども達は本や雑誌などの自発的な読書を通じて新たな語彙を獲得すると考えられる。Nagy（1997）らの推計では、1日25分の読書、1分あたり200語のスピードで年間200日読んでいるとすれば、年間で約100万語に接している。また、この中に1.5％から3％の新奇な語が含まれているとすれば、子ども達は年に1万5千語から3万語の新奇な語に接していることになる。一方、読書を通じて文章中に含まれている未知語の意味をどの程度知ることができるのか、すなわち、直接教えられるのではなく、文脈からどの程度新しい語彙を獲得できるのかを調べた一連の研究がある。Swanborn & de Glopper（1999）はメタ分析[2]によって、読書によって文脈から新奇な語彙が獲得される可能性を推定している。その結果、子どもの学年が高くなるほど、読み能力が高くなるほど文脈から学習される程度は高

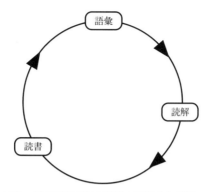

図2　学童期の語彙と読書の循環的な関係

くなること(ただしこの2つの要因は重なり合っている)、テキスト中に含まれる未知の単語の割合は少ない方が、学習される可能性は高まることを見いだしている。さらにメタ分析の結果から、未知語がテキスト中に3％以下しか含まれていないなら、平均してそこで接した未知語の15％の語彙を獲得することができると推定している。

　これらの推計を組み合わせると、子ども達が読書を通じて年間1万5千から3万の未知語に接し、そのうち15％の語の意味を文脈から獲得するとすれば、年に2,250から4,500語、1日あたり6から12語を子ども達は読書を通じて獲得していると推定できる。もちろんこれらは様々な仮定に基づいている。そもそも子ども達は年間100万語ものテキストを読んでいるのか、また、そこに含まれている未知語の推定値1.5％–3％というのは適切なのか。こうした数字の妥当性については議論の余地があるだろう。けれどもこれらの数字はこれまでに知られている学童期の語彙と読解、読書に関するわれわれの結果とも整合性があると言えるだろう。

　こうしてみると、学童期の子ども達は、読書を通じて豊富な語彙を身につけ、それが読解力を支え、その読解力がまた質の高い読書を保証するというように、読書と語彙と読解力の間には図2のような循環的な関係があると考えることができるだろう。

注

1 ディスレクシアとは、学習障がいの一種で、文字の読み書きに著しい困難を抱える障がいを指す。

2 メタ分析とは、複数の研究の結果を統合し、比較分析することにより、対象としている変数の効果を検討すること、あるいはそのための手法や統計解析のことである。

参考文献

Anglin, J. M. (1993) Vocabulary development: A morphological analysis. *Monographs of the Society for Research in Child Development*, 58(10), v–165. doi: 10.1111/1540–5834. ep9410280902

天野清・黒須俊夫 (1992)『小学生の国語・算数の学力』, 秋山書店.

Ellis, N. C., Natsume, M., Stavropoulou, K., Hoxhallari, L., van Daal, V. H. P., Polyzoe, N., Tsipa, M.-L., & Petalas, M. (2004) The effects of orthographic depth on learning to read alphabetic, syllabic, and logographic scripts. *Reading research quarterly*, 39, 438–460. doi:10.1598/RRQ.39.4.5

福田由紀 (2012)『言語心理学入門―言語力を育てる』, 培風館.

Gough, P. B., & Tunmer, W. E. (1986) Decoding, reading, and reading disability. *Remedial and special education*, 7, 6–10.

Kintsch, W. (1998) *Comprehension: A paradigm for cognition*. Cambridge, UK: Cambridge University Press.

Kintsch, E., Caccamise, D., & Kintsch, W. (2012)「文章理解理論の読解教育への応用」, 福田由紀編『言語心理学入門―言語力を育てる』, 培風館, pp.1–8.

Kintsch, W. & Rawson, K. A. (2005) Comprehension. In M. J. Snowling, & C. Hulme (Eds.) *The science of reading: A handbook*. (pp. 209–226). London: Wiley-Blackwell.

Lonigan, C. J. (2015) Literacy development. In L. S. Liben, U. Müller, R. M. Lerner, L. S. Liben, U. Müller, & R. M. Lerner (Eds.). *Handbook of child psychology and developmental science*, Vol. 2: Cognitive processes (7th ed.) (pp.763–805). Hoboken, NJ, US: John Wiley & Sons.

文部科学省 (2008)『小学校学習指導要領解説国語編』 <http://www.mext.go.jp/component/a_menu/education/micro_detail/__icsFiles/afieldfile/2010/12/28/1231931_02.pdf >

Muter, V., Hulme, C., Snowling, M. J., & Stevenson, J. (2004) Phonemes, rimes, vocabulary, and grammatical skills as foundations of early reading development: Evidence from a longitudinal study. *Developmental psychology*, 40, 665–681.

Nagy, W. (1997) On the role of context in first- and second- language vocabulary learning. In

N. Schmitt, & M. McCarthy. (Eds.), *Vocabulary: Description, acquisition and pedagogy*. New York, NY: Cambridge University Press.

Nation, K., Marshall, C. M., & Snowling, M. J. (2001) Phonological and semantic contributions to children's picture naming skill: Evidence from children with developmental reading disorders. *Language and cognitive processes*, 16, 241–259.

Nation, K., & Snowling, M. J. (1998) Semantic processing and the development of word-recognition skills: Evidence from children with reading comprehension difficulties. *Journal of memory and language*, 39, 85–101.

Perfetti, C. (2007) Reading ability: Lexical quality to comprehension. *Scientific studies of reading*, 11, 357–383. doi:10.1080/10888430701530730

Perfetti, C., Yang, C. & Schmalhofer, F. (2008) Comprehension skill and word-to-text integration processes. *Applied cognitive psychology*, 22, 303–318.

総合初等教育研究所 (2005)『教育漢字の読み・書きの習得に関する調査と研究』，総合初等教育研究所.

Swanborn, M.S.L., & de Glopper, K. (1999) Incidental word learning while reading: A meta-analysis. *Review of educational research*, 69, 261–285.

高橋登 (1996a)「就学前後の子ども達の読解の能力の獲得過程について―縦断研究による分析」，『教育心理学研究』，44, 166–175.

高橋登 (1996b)「学童期の子どもの読み能力の規定因について―componential approach による分析的研究」，『心理学研究』，67, 186–194.

高橋登 (2001)「学童期における読解能力の発達過程―1–5 年生の縦断的な分析」，『教育心理学研究』，49, 1–10.

Takahashi, N., Isaka, Y., Yamamoto, T., & Nakamura, T. (2017) Vocabulary and grammar differences between deaf and hearing students. *Journal of deaf studies and deaf education*, 22, 88–104. doi:10.1093/deafed/enw055

高橋登・中村知靖 (2009)「適応型言語能力検査 (ATLAN) の作成とその評価」，『教育心理学研究』，57, 201–211.

高橋登・中村知靖 (2015)「漢字の書字に必要な能力― ATLAN 書取り検査の開発から―」，『心理学研究』，86, 258–268.

高橋登・大伴潔・中村知靖 (2012)「インターネットで利用可能な適応型言語能力検査 (ATLAN)：文法・談話検査の開発とその評価」，『発達心理学研究』，23, 343–351.

玉岡賀津雄 (2014)「談話」日本認知心理学会 (編)『認知心理学ハンドブック』，有斐閣，pp. 242–243.

Templin, M. (1957) *Certain language skills in children: Their development and interrelatonships (Institute of child welfare monograph Series, No. 26)*. Minneapolis, MN: University of

Minnesota Press.

Verhoeven, L., van Leeuwe, J., & Vermeer, A. (2011) Vocabulary growth and reading development across the elementary school years. *Scientific studies of reading*, 15, 8–25. doi:10.1080/10888438.2011.536125

6 中学生・高校生における読書

秋田喜代美

1. 中学生・高校生の読書行動

1.1 中学生と高校生の読書量の相違

　児童の読書に関する前節ですでに示されているように、日本では小学校高学年になれば、多くの児童は一定の読解力や語彙力を身に付け、一定以上の長さの文章も読んで理解できるようになっている。ではその能力を活かして、中学生高校生は読書を楽しんだり、本を通して学んだりすることができているのだろうか。2012年度には不読率（1ヵ月に1冊も読まない子どもの割合）は、中学生16.4％、高校生53.2％であった。そこでこの実態をふまえ、2013年に文部科学省が策定した「第三次子どもの読書活動の推進に関する基本的な計画」においては、2022年度には中学生8％以下、高校生26％以下を10年間でめざすという数値設定が立てられた。しかし、2017年度実施の学校読書調査（全国学校図書館協議会・毎日新聞社調査）では、不読率は中学生15.0％、高校生50.4％にとどまり、2012年度に比べて若干の改善傾向はみられるものの、第3次計画の目標達成には遠い状況にあった。

　図1が示すように、不読率の推移を長期的にみると、中学生については改善傾向がみられてきている。だが、高校生は、不読者比率は依然高い傾向にある。つまり、すでに一定の読解力を身に付けた青年期前期の中等教育の時期においても、中学生と高校生での読書の実態は、読書量を見る限り違っている。そこで、2018年4月に決定された「第四次子供の読書活動の推進計画に関する基本的な計画」（文部科学省, 2018）においても、特に高校生になってからの読書の関心度合いの低下が現在の子どもの読書に関する重大な課題の一つとして指摘された。乳幼児期から児童期、青年前期というそれまでの時期からの読書習慣の積み上げ的な形成を考え、発達段階ごとの効果的

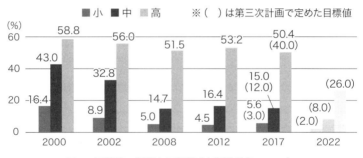

図1　不読率の推移と目標値（文部科学省，2017）

な取組の推進が明示化された。

　では中学生と高校生の読書が有する共通性と学校間での相違には何が影響するのだろうか。またそれは全国の全般的な傾向と言えるのだろうか。

　図2は、1日に読書する時間を読書量として、児童生徒の読書量の学年別変化を横断的に示したものである（ベネッセ教育総合研究所，2017）。この図2からは、学年に伴う読書量の低下や不読の課題は、3本の折れ線が示すように、どの生徒にもあてはまる高校生全体の傾向ではないことがわかる。つまり以下の3点が明らかである。第1には、読書時間でみると、小学校から中学校、中学校から高校という学校種間の環境移行の時点で読書時間の減少が生じ、それは小学校高学年時の読書量が5-30分という、読書量が多くない層の生徒において生じていることである。また第2に、不読者と呼ばれる読まない層の増加は、学年とともに直線的に増加するのではなく、小学校から中学校へ、中学校から高校へと学校種間の移行時に段階的に増していることである。つまり環境の変化が、読書をしない層を生み出し、読書に関する学校間の不連続性を生み出している実態である。ただし第3には、第2の傾向がみられるにも関わらず、学校段階によらず平均1時間は読み続けている多読層も、全体の1割以下ではあるが一定程度いることである（ベネッセ教育総合研究所，2017）。高校生の読書実態に関する調査（浜銀総合研究所，2015）においても、不読層には二層があることを明らかにしている。

　そしてさらに高校生が読まないとする理由も、群によって二層間に相違が

6 中学生・高校生における読書

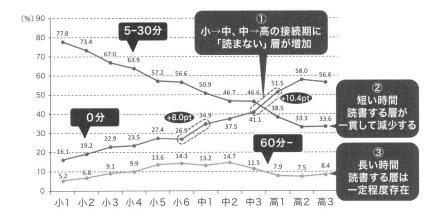

＊「あなたはふだん（学校がある日）、次のことを、1日にどれくらいの時間やっていますか」という設問に対する回答（％）。
＊小1–3は保護者の回答。小4–高3は子どもの回答。「5–30分」は「5分」「10分」「15分」「30分」の合計、「60分-」はそれ以上の合計。
＊東京大学社会科学研究所・ベネッセ教育総合研究所「子どもの生活と学びに関する親子調査」2016年。

図2　本を読む時間の学年別変化（ベネッセ教育総合研究所，2017）

あることが明らかにされている。1ヵ月に本を読んだ冊数が「0冊」であった生徒を対象に、本を読まなかった理由を尋ねた結果からは、全体としては最も回答比率が高いのは「普段から本を読まないから（46.3％）」と、読書習慣が高校までについていない状況を示す理由は読まない理由となっている。また次いで高い比率の回答は、「読みたいと思う本がないから（38.2％）」と読みたい本との出会いの環境がない、そして「他にしたいことがあったから（34.8％）」「部活動や生徒会等で時間がなかったから（33.1％）」という物理的な時間のなさの理由となっている。すなわち、読書習慣、良い本との出会いの機会、そして読書時間確保の困難の3点が直接的な原因であると生徒自身には認識されている。ただし、不読層の生徒のうちの約7割の理由は「文字を読むのが苦手だ」「読みたいと思う本がない」「読む必要を感じなかった」「普段から本を読まない」のいずれかを回答している。けれども他方残りの約3割は「時間がない等の理由で読めていない」と回答している。こちらの読まない理由の回答を選択する生徒は、読書が好きな割合も高いと二

層化している。つまり時間がなくて読めない層と、読むことへの苦手意識や読みたいと思う本という特定の本への読書意欲、また読書習慣がない層がいる。したがって、読書ができる生徒の育成や読書推進とそうでない層の育成を考える時には、それぞれに必要な対応が求められている。特に中学生までの読書習慣の未形成および読みたいという意欲喚起や読書を行う意義を感じていないことが要因として明らかになっている。

1.2　読書への意欲や意義の認識と忘れられない本の重要性

　一般的にどの分野においても、興味関心や意欲には、一時的に特定の内容に対して生じる状況的興味と長期的にこの活動が好きなので興味をもって持続的に取り組むという個人的興味の二種類があり、前者から後者へと移行することが示されている（Krapp, 1992）。読書に関しても個人的興味を感じるには、読書活動の意義を認識することが重要になる。小3、小5、中2の3学年の児童・生徒を対象として読書の意義・機能を問うた質問紙調査（秋田・無藤, 1993）の結果からは、「空想・知識」（読書の過程で生じる認知的な面）、「暇・気分転換」（読書の過程で生じる気分的な面）、「成績・賞賛」（読書の過程というよりも読書を行った結果についての意義）の読書の意義の三側面への認識は、学年が上がると共に変化すること、また、発達に応じて、読書の結果としての「成績・賞賛」から、「空想・知識」というように読書中の感動など読書を行う過程に意味を見出すようになることが示されている。同様に、英国での大規模調査をもとにした研究報告 Clark & Cunningham (2016)においても、読みの楽しみ（reading for pleasure）のために読むという読書をする児童生徒の比率が 2000 年前半から減少してきているという問題を指摘している。そしてまた、楽しみのために読む読書が、学力等の短期的で直接的な教育目標だけではなく、生涯にわたる人格的発達にも影響を及ぼし、また読書頻度や読解力にも影響を与えること、情報を得るための読書よりも楽しみのために読む読書の方が及ぼす影響の説明率が高いことを、中等教育学校段階の生徒へのデータや聞き取りから示している。

　青少年教育振興機構（2013）が実施した 20–60 代の成人約 5000 名の読書へ

の自分の子ども時代の読書に関する回顧的な調査結果からは、成人の読書量については高校生時の読書量との間に相関がみられるけれども、読書が好きと言う成人の読書好意度に関しては、中学生までの読書の量や好意度の高さが影響を及ぼしていることを明らかにしている。そして読書好意度の高群低群の間の差は、忘れられない本との出会いがあるかどうかで違いがあることを明らかにしている。つまり、個人的な興味や意義の認識のためには、まず状況的な興味としての、自分にとっての忘れられない本との出会いの重要性を指摘することができる。読書の量だけではなく、読書の質としての忘れられない本との出会いを通して、読書への誘いが一次的興味をもって行われ、それらの経験が積み重なってさらに読書の意義を生徒が認識するプロセスを形成していくことの必要性を指摘することができる。

2. 読書環境としての学校

2.1 学校全体での取り組み体制

　子どもを取り巻く読書環境には、家庭や学校、地域等がある。だが中学生、高校生においては、各場所で過ごす物理的時間からも、家庭よりも学校の影響が大きくなる時期である。中学生では全校一斉読書活動を行う学校の比率は、2012年度には中学校88.2％、高校40.8％、2016年度に中学校88.5％、高校42.7％であり、中学校の方が高校に比べて学校全体の体制として、朝の読書実施率が高い。この一斉活動が少なくとも中学校では不読者層の低減の効果をもたらしていると推測できる。浜銀総合研究所（2016）の調査結果によれば、図3のように、学校全体での読書に関わる一斉活動を行っているかどうかの得点の高群低群の学校の違いによって、高校生では不読率に大きな差がみられる。

　秋田・深谷・上原・足立（2013）は、学校全体での読書推進に関する活動として「学校全体での読書指導計画作成」という計画立案、「全校一斉読書活動の実施」「読み聞かせやブックトーク等の行事の実施」「感想文や読書カードの提出を長期の休みに課す」などの活動の実施、「図書館での年間貸

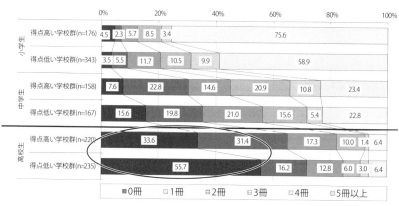

図3 学校の読書推進体制と生徒の読書冊数との関係（浜銀総合研究所，2016）

出冊数の把握」という実績評価、読書推進の「計画立案―活動実施―読書の成果の評価」サイクルのいずれの過程でも、その実施体制がどれだけ組まれているのかによって、その学校に所属する中学生の読書量に違いがみられることを示している。またそれに加えて、高校では「読書に熱心な生徒の活動の表彰」（高群29.4％，中群26.3％，低群0％）という評価の取り組みの率にも違いが見られている。また、秋田・深谷・上原（2013）においても、中学生・高校生の読書活動量においては個人差よりも学校間差の方が大きいこと、その学校間差に影響を与えるのは学校図書館の蔵書量ではなく、生徒側が認知する学校の読書推進の積極性であり、この学校読書の積極性に関する生徒による認知が、生徒の読書行動を説明する有意な変数であることを明らかにしている。そしてさらに「物語」や「伝記読書」等は、学校での本の紹介や読み聞かせ、朝の読書などの実施が有効であるのに対して、「自然科学」や「社会科学」などのジャンルの幅を広げる読書には、専門の司書による本の紹介や授業内での適時の本の紹介などが有効であることを学校間の差異から示している。そして「司書の先生による本の紹介」「朝の読書とは別の授業時間に、学校の図書館や教室で好きな本を読んだりすること」の2項目が、生徒の読書量や学校図書館利用頻度という読書行動とともに、「読書好き」や「忘れられない本との出会いの読書経験」などの情動的な経験に関する、有意な

説明変数となっていることを示している。この点からは、学校全体での読書活動に関する「計画—実施—評価」の取り組みのサイクルの形成、また各教科や担任の教師による本の紹介等とあわせて、学校図書館における専門家としての司書教諭や学校司書がその専門性を活かした活動を行い連携協働していくことの重要性を指摘できる。

2.2 教師における指導

　青少年教育振興機構 (2013) によると、中学校・高校共に、学校全体の蔵書量よりも、生徒自身がアクセス可能な身近な読書環境設定の一つである学級文庫等の設置率が、「うちの学校は読書が熱心」と生徒から認知されている学校では高いことが示されている。そして中学校では、調べ学習で「生徒が学校図書館を自主的に利活用する課題を出す」教師の比率は、高群 47.2%、中群 44.8%、低群 12%、「学年主任や教科主任と学校図書館利用の授業計画や資料等の相談依頼をする」が高群 41.7%、中群 62.1%、低群 28% と、熱心な学校とそうでない学校の教師間で相違が見られる。教師自身が、読書や学習における図書館利用の必要性の認識を具体的に実践できる専門知識や指導技能や方略を持つことが、生徒の読書に影響を与えることが示唆されている。実際に教師自身が授業で調べ学習を行なったことがあるか、また読書に関する研修への参加経験が、学校種段階としての小中高等学校という学校種という変数の要因を統制しても、読書教育への取り組みの多様性を導く重要な要因であることが明らかになっている。これらの教師間の相違の結果からは、中等教育段階において、より多くの教師が、読書教育に関わる研修等を受けることの必要性が示唆される。また特定の教員の研修派遣だけではなく、学校全体としての読書に関わる校内研修なども有効であろう。

　青少年教育振興機構 (2013) の小中高等学校教員 4228 名に対する調査結果からは、高校の教員は小学校や中学校の教員に比べて、より多くの時間、授業等教職の仕事に関する勉強として授業準備で本を読んだりする傾向があることが示されている。例えば、1 時間以上勉強する割合は高校の教員では39.0% であるのに対して、中学校の教員は 22.7%、小学校の教員はさらに低

くて 20.2％である。そして勉強のために専門書を読む割合も高校の教員で高い。教師自身が仕事のための読書においてよく読む本は、小学校教員が教育の専門書や雑誌であるのに対して、中学校、高校教員と学校段階が高くなるにつれて、多様な専門書を広く読む傾向がみられている。このことは、教員自身の学習活動とも関連している。教員自身の読書の嗜好性が、生徒が読書することの効用に対する教師自身の捉え方においても異なってくると考えられる。また野口（2015）は高校教員 13 名への聴き取り調査から、教師の読書指導に影響を与えている要因を検討している。その結果として挙げられているのは、教員自身が受けてきた読書指導の印象、教師が育った家庭内の読書環境の充実度と積極的な読書経験、中学校・高校時代の恩師や学校図書館の思い出、読書指導を推進する学校での勤務経験、教員としての全般的な指導経験、他校種での読書指導の経験、学校図書館の分掌経験、他の教職員との交流経験、教科などにおける教員個人の裁量の有無、勤務校の生徒の学力、教科の特性、学校内の文化的雰囲気の有無、学校の教育課程上の位置づけなどである。そしてこれらの多様な要因が複合的に影響を与えているということである。またその聴き取りを踏まえた質問紙調査からは、読書指導を推進する学校での勤務経験年数が、教員の読書指導に影響を及ぼしていることを明らかにしている。と同時に、高校の読書指導の充実にあたっては、まず教師自身が「何をもって読書指導をしているというのか」の認識が明確でないため、取り組み自体を再定義し、高校生に読書指導を行う意義を問い直す必要があることを指摘している。

2.3　仲間の影響

　青年期前期にあたる中学生や、高校生においては、家庭よりも学校、また学校の中でも、教師や学校司書、司書教諭の影響と共に、仲間との読書に関する関わりの重要性を指摘することができる。浜銀総合研究所（2016）では、本を読んでいる高校の生徒のうち 2 割以上の者が「友達の薦める本を読む」との回答をしている。また高等学校の教員に「どのようにすると生徒が本を読むようになると思うかとたずねた回答で「とてもそう思う」の回答割合が

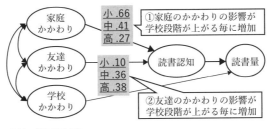

数値は偏回帰係数

図4　小中高学校段階別の家庭・友達・学校の影響が読書認知と読書量に及ぼす影響（濱田・秋田，2018）

最も高いのは「友達同士で読んだ本やおすすめの本を紹介しあう（53.1％）」であり、「学校で先生からおすすめの本を紹介する（43.8％）」よりも高くなっている。この意味で生徒同士が協働で本を紹介し合う活動が特に中学生や高校生では有効であると考えられる。

　濱田・秋田（2018）は、家庭、学校、友達の関わりの影響を小中高校生各々5000名に調べた結果から、図4のように学校段階によって、家庭の関わりの影響が減少するとともに友達のかかわりの影響が増加することを明らかにしている。

　中学生では友達からのかかわりが家庭におけるかかわりと同等の影響を受けるようになり、高校生では家庭におけるかかわりの影響が少なくなり、友達からのかかわりの影響を小中高校の中で最も大きく受けるようになる。そしてさらにその道筋として、学校や家庭、友達の読書をめぐるかかわりが、直接読書の量を増やすのではなく、読書が好きである、あるいは読書には価値があるという認知に影響を与え、その認知に基づく行動の結果として読書量が増えることを示し、学校の読書指導において読むことの楽しさや読むことの価値を感じられるような工夫を行うことの必要性を指摘している。友達からのかかわりを構成する変数のうち、相対的に最も高い影響をもっていたのは「読んだ本や話題の本のことについて話す」ということであった。ここからも読書への関心を高めるためには、友達等の同世代の者とのつながりを活かし、子ども同士で本を紹介したり、話し合いや批評をしたりする活動が

行われることが有効と考えられる。第四次子どもの読書推進計画においても「読書会」や「ペア読書」、「ブックトーク」、「アニマシオン」、「ビブリオバトル」、「図書委員会」、「子ども司書」、「読書コンシェルジュ」等の取り組みを学校において充実していくことの重要性が述べられている。実際に図書委員会を始め学校の中で、生徒の中から読書を薦めるリーダー的人材の育成に取り組むこと、生徒は教師や保護者という大人たちから読書推進の教育を受ける存在としてだけではなく、生徒自らが主体的協働的に本や本のある場所にかかわる活動を行う取り組みの推進とその取り組みの効果検証が中・高校生の読書の取り組みとして期待されよう。

2.4 デジタル化と読書

デジタル化の進展とともに、電子書籍も普及してきている。図5の2016年の第70回読書世論調査（毎日新聞社）の結果からも、10代後半の年齢層は電子書籍の読書経験を最も有する層である。また同調査で、「電子書籍を読みたいと思うか」との質問にも10代の「読みたい」と回答する者は29％いる。電子書籍は潜在的に読書興味を喚起する一因になる可能性が示唆される。そして2017年の電子書籍に関する調査では、小中高校生において、校

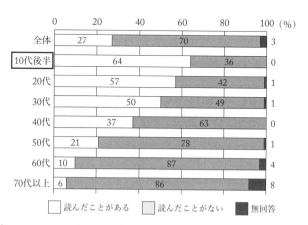

問　携帯端末やパソコンなどで本が読める「電子書籍」が話題になっています。あなたは電子書籍を読んだことがありますか。

図5　年代別電子書籍を読んだ経験比率（第70回読書世論調査，2016）

種が下がるほど「ぜひ使いたい」「あれば使いたい」という回答率が高く、電子書籍への抵抗感が少ないことを示している((一社)電子出版制作・流通協議会等, 2017)。この意味で今後、生まれた時からデジタル機器にふれて育つデジタルネイティブの中高校生が増えるに従い、電子書籍への抵抗感は少なくなるであろうと考えられる。また高校生がふれている電子書籍は、現在のところ無料の電子書籍であり、有料のものを購入して読んでいる生徒は少ないことも明らかになっている。また生徒自身は図書に関する情報を電子的にネットからも得ている(浜銀総合研究所, 2016)。この点で、生徒にとって有用と考えられる無料の電子書籍が増えることは、時代とともに変化する読書の推進となるであろう。そしてその電子書籍をインターネット経由で使用する「クラウド型」と電子書籍専用端末に一定数の電子書籍タイトル群が格納されている「スタンドアロン型」の使用がある。前者はいつでもどこでもアクセスが可能である一方、で通信回線経費の問題があるため、学校が指定する場所に設置することで生徒にとって高い壁が生じる。一方スタンドアロン型では従前の書籍と近い形で利用可能であることから、取り扱う書籍の内容や利用したい場面ごとでの採否・向き不向きを選ぶことの必要性が指摘されている((一社)電子出版制作・流通協議会等, 2017)。またさらには、生徒の電子書籍等の活用を考えると、多くの学校の校内体制(校務分掌)が現状では、学校図書館(図書館教育)とコンピュータ室(情報教育)で担当分掌が分かれていたり、図書の整備費予算には電子書籍などの電子資料については盛り込まれていないといった課題も残されていることも明らかになっている。今後さらに、デジタルコンテンツ等を活用した読書のあり方と同時にそれをとりまく校内体制や地域環境のあり方の検討も求められてくるであろう。

引用文献
秋田喜代美・無藤隆(1993)「読書概念の発達的検討—意義・評価・感情と行動との関連性」,『教育心理学研究』, 41, 462–469.

秋田喜代美・深谷優子・上原友紀子（2013）「中学生・高校生の読書と学校の読書推進活動（1）生徒による読書推進積極性評価と指導体制・環境の学校間差」，『日本教育心理学会第 55 回総会発表論文集』，569.

秋田喜代美・深谷優子・上原友紀子・足立幸子（2013）「中学生及び高校生の読書活動の実態とその規定要因（1）学校読書環境と読書行動」，『日本発達心理学会第 24 回大会発表論文集』，283.

ベネッセ教育総合研究所（2017）「子どもたちの読書活動の実態に関して」，『子供の読書活動推進に関する有識者会議第二回団体ヒアリング資料』
http://www.mext.go.jp/b_menu/shingi/chousa/shougai/040/shiryo/_icsFiles/afieldfile/2017/09/21/1395532_001_1.pdf

Clark, C. & Cunningham, A. (2016) *Reading. enjoyment, behaviour and attitudes in pupils who use accelerated reader*. National. Literacy Trust.
https://files.eric.ed.gov/fulltext/ED570684.pdf

（一社）電子出版制作・流通協議会・専修大学電子書籍研究プロジェクト（2017）「学校図書館における電子書籍の利用モデルの構築報告書」（公益財団図書館振興財団平成 28 年度振興助成事業）
https://aebs.or.jp/pdf/School_library_e-book_usage_model_report.pdf

浜銀総合研究所（2016）「高校生の読書に関する意識等調査 報告書」文部科学省委託研究
http://www.kodomodokusyo.go.jp/happyou/datas.html

濱田秀行・秋田喜代美（2018）「中高校生の読書における学校等の環境の影響―全国調査から」，『日本読書学会第 62 回大会要旨集』

Krapp, A., Hidi, S. & Renninger, K.A. (1992) Interest, learning and development. In K.A. Renninger, .& Hidi, S and Krapp, A. (Eds.). *The role of interest in learning and development.* (pp.3–25). Hilldale, NJ. :Erlbaum.

毎日新聞社（2016）第 70 回読書世論調査

野口久美子（2015）「高等学校教員の読書指導に影響を与える要因―教員の個人的な経験と読書指導を取り巻く環境に着目して」，『図書館情報学』，75, 1–29.

青少年教育振興機構（2013）「子どもの読書活動と人材育成に関する調査研究」【青少年調査ワーキンググループ】報告書，【成人調査ワーキンググループ】報告書，【地域・学校ワーキンググループ】報告書.

7 大学生・成人の読書と生涯発達

藤森裕治

1. 大人と読書と生涯発達

　かつて、発達とは子供が大人になるまでの過程と考えられていた。心身の成長がすなわち発達であり、成熟した成人が齢を重ね老年に至るまでの人生はこの用語概念に加えられていなかった。これに対して、人生のすべての時期を発達の概念で捉え、各時期における心身のあり方を考えることの必要性を提唱したのがエリクソン（E. H. Erikson）である。エリクソンは人生を8つの時期に分け、各時期の自我（identity）にかかわる正と負の要素を示した。

　我々は人生のすべての時期において発達の可塑性（性格や行動特性が教育や訓練などの環境要因によって変化する可能性）を持ち、変わらない部分や衰えていく部分をも含めてそれぞれの人生を歩んでいく。生涯発達という用語は、このような考え方に基づいている（丸林，2000；鈴木ほか，2016）。

　さて、大学生・成人（以下「大人」）の読書量・読書の種類・読書活動（以下「読書」）を生涯発達の視点から捉えるとき、大人の読書にはいくつかの要素が深いかかわりをもつ。例えば学歴・職業・収入・自己意識などである。また、幼児期から続く各世代の読書歴も、現在の自己に様々な影響を与えていると思われる。さらに、20代前後の新成人期から中年期、壮年期、そして老年期に至るそれぞれの時期には、世代独自の特徴があると思われる。

　こうした多様で複雑な変数は、大人を対象とした読書教育研究を難しいものにしている。しかしこの難しさを考慮しても、大人の読書と生涯発達とのかかわりという問題は、我々に次の問いを投げかける。

　大人の読書は、生涯発達にとって具体的にどのような意義や効果をもつのか。また、その意義や効果をより適切に実現するため、生涯にわたる

読書教育はいかに構築し展開すべきか。

　以下、本節では、大人の読書にかかるこれまでの調査研究を日本読書学会の学会誌『読書科学』に載録された論文を中心に通観し、大人と読書と生涯発達との間に見られる知見を整理してみたい。『読書科学』誌を中心文献として取り上げる理由は、同誌が1950年代から60年間にわたり、読書に関する専門研究誌であり続けていること、学会創立当初より国内外の研究動向に関心を払いつつ、科学的に読書教育研究に取り組んできていることによる。ただし、本節では、紙幅の許す限り同誌以外の注目すべき諸研究も取り上げ、後学に供したい。

2.　かつての大人の読書の実態と傾向

　日本読書学会が創立した1956年、裏田（1956）は大学生を含む成人の読書研究の意義について、次の2点を指摘している。すなわち第1に社会教育の方法論に合理的基礎づけを与えること、第2に子供は成人の父である（The child is father of the man.）という意味において、児童・青少年の読書指導およびその研究に人間形成の全体的過程からみた科学的根拠を与えることである（*Ibid.* : 23）。このような考えを背景に、日本読書学会では読書社会調査部会による継続的な読書世論調査が実施されている（日本読書学会第四研究部会，1956）。この調査は、都内の書店で書籍購入者に聞き取り調査をするという方法で1956年から58年にかけて春秋2回ずつ行われ、小学生を除く世代ごとの読書実態がまとめられた。本調査によれば、書籍の購入者は大学生が全体の半数を占め、月間4.23冊の書籍が購入されていることが示されている。書店の窓口で尋ねるという調査方法の制限もあるが、当時の単行書需要の主力は大学生だった。

　林ら（1958）は、1957年の同調査において、20–60代の被調査者を対象に、これを1ヵ月に1冊でも書籍を購入した集団（読書人 *n*=159）と購入しなかった集団（非読書人 *n*=412）とに分け、世代・職業・学歴ごとに、personality特

性、社会的態度、関心領域、本との接触状況等の諸特性を比較分析している。その結果、読書人は非読書人に比して、世代の差にかかわらず、以下の点において有意に多いことを指摘している。

①意見を形成する材料として役に立つという意識で新聞を読む。
②高学歴である。
③実際主義的（即物的・功利的）な態度よりも文化主義的（思索的・価値志向的）な態度を有する。
④新しい事象や話題に対して高い関心をもつ。

　このうち①および③については室（1964）も同様の調査結果を示しており、娯楽ではなく思索のために情報を手に入れようとするタイプの大人は、その情報源を新聞・書籍に求める傾向があることを指摘している。
　本間ら（1965）は、昭和40年前後における大学生の読書実態調査を行っている。それによれば、当時の大学生の1ヵ月間の平均読書量は約3冊、1ヵ月に1冊も本を読まない者は11％、私立よりも国立、文科系よりも理系・家政系の学生のほうが読書量の多いことなどが示されている。注目されるのは、男子学生が好んで読んだ本10冊のうち、伊東光晴『ケインズ』、宮沢俊義『憲法』、宇野弘蔵『経済学』などの専門書が6冊を占めている点である。対する女子学生は、当時話題となった大島みち子・河野実『愛と死を見つめて』をはじめとする文芸書が9冊を占めている。同時期の大学生調査としては石川（1967）もあるが、1960年代当時の大学生における読書活動は、知的・情操的な充実を求める活動として活発であったことがうかがわれる。
　岡田（1972）は、毎日新聞社が1947年に始めた読書世論調査のうち、第二次大戦後から1970年代までの「よいと思った本」に対する回答結果をもとに、四半世紀における成人読書の推移を考察している。岡田によれば、成人の読書は戦後復興期から高度成長期にかけて5期に時代区分され、各時期の世相に合わせて選書される書籍に流行が見られるとする。ただしそれが生涯発達の点からどのような特徴をなすのかについては検証されていない。

3. 大学生の読書にかかわる調査研究

　『読書科学』誌では、1970年代後半から1980年代にかけて、大人の読書をテーマとした論文が見られない。この期間に目立つ研究は幼児や小中学生における読書の心理学的・教育学的分析であり、再び大人の読書が議論されるようになるのは平成時代に入ってからである。平成以降に大人の読書が再び議論されている背景には、読む力があるにもかかわらず本を読もうとしない人、いわゆる「不読者（塚田，2014: 44）」と呼ばれる人が、大学生を含む20代において増加の一途をたどっていることが挙げられる。

　守・川島（1991）は、平成時代初頭における大学生の不読者が23%に達する状況（大学生協連読書調査委員会の1991年調査報告による）を打開することを目標に、2年間かけて行った大学における授業での読書指導の効果を報告している。守らによれば、読書指導をした群もしなかった群も平均月間読書量は約2.5冊で有意差がないものの、平均値以上の読書量を示す学生の比率は読書指導をした群が有意に多く、学生に読書の方法知を適切に教授できれば不読者を減少させる可能性のあることが示されている。

　秋田（1992）は4年生大学と専門学校に通う学生を対象に、読書に対する捉え方の特性を調査している。秋田によれば、いずれの学生たちも知識・思考、空想・感動、気分転換を読書の意義として重視しているが、書籍をよく読む者ほどその意義を高く評価すること、大学生では知識・思考をより重視し、専門学校生では空想・感動をより重視することなどが指摘されている。

　平山（2003）は女子大学生に対する読書実態調査を行っている。その結果として、大学生の読書習慣を支えているのは高校以前の読書歴であること、読書習慣をもつ大学生が読書関連知識として身につける内容は、主として漢字の読み書きや本に関する知識であり、過去の調査研究で指摘された自己の精神的充実といった観念的な要素が減退していることなどを示唆している。

　平山（2015）ではこの研究を発展させ、2006年と2012年に行われた大学生の読書実態にかかる大規模調査の比較分析結果として、以下の点が示されている。

①大学生の不読者の占有率は年1%ずつ増加し、2006年には約35%だったものが、2012年には40%を超えている。

②読書動機については、自己の精神的向上のためという回答が2006年に比べ2012年で減少している。

③逆に読解力や文章表現力、漢字の読み書き、語彙に対する向上を読書動機に挙げている回答は2012年のほうが多い。

　これらの結果から、平山は、年ごとに大学生の読書離れが進み、読書動機もより技能的で即効的なものになりつつあると結論している。

　諸井（2017）では、女子大学生における日常的思考スタイルが読書動機に及ぼす影響を調査している。調査は質問紙によって行われ、統計的な分析を通して以下の点が示唆されている。

①日常生活での活発な思考処理としての帰属複雑性（出来事の原因を複雑に捉える思考の様相）および批判的思考は、読書によって知的に成長したいという動機を促進している。

②批判的思考の高まりは、暇つぶしのための読書行動を抑制する。

③知的な成長への動機は、読書に時間を費やすことを許容する。

　如上の知見から、諸井は、単に読書の啓発のみならず、日常生活における批判的思考の育成が、大人の読書離れに歯止めをかける上で重要であると提言している。ただし、諸井の研究では、大人の読書という行為それ自体が当人の日常的思考スタイルをどのように形成・変容させるかという方向からの検討はなされていない。

4.　大人の読書と生涯発達とのかかわりにおける近年の研究

　大人の読書をめぐる『読書科学』誌の研究史を概観すると、新聞社や文化庁による全国調査でも指摘されているように、時代を経るにつれて読書量の

減少傾向が浮き彫りになっている。特に大学生は、昭和 30 年代では大人の読書を牽引する存在であったにもかかわらず、今日では大学生の含まれる 20 代の不読者増加率が全世代で最も大きくなっている（文化庁「平成 25 年度・国語に関する世論調査」による）。前述したように平山（2015）では、この減少傾向に応じて精神的成長といった観念的な動機による読書が減退し、読解力や語彙力といったより即効的な動機に移行しつつあることが指摘されている。こうした現状にあるとはいえ、秋田（1992）や諸井（2017）も指摘するように、日常生活における知識・思考の充実を求めて書籍を手に取る学生が、少なからぬ比率で存在することも、また事実である。

　國本ら（2009）は、面接形式のインタビューによって成人男女の読書行為概念を調査し、これが「対象・行動・志向・作用・場所」の 5 つの次元にわたることを指摘している。國本らによれば、成人は「何かを得られるかもしれないという期待のため、知識・教養を得るため、好奇心を満たすため（*Ibid.*: 208）」に本を読み、それによって「楽しみ・娯楽／時間・世界の共有／価値観の吸収／感動／心に響く／引き込まれる／考えさせられる（*Ibid.*: 209）」などの効果を得ることを「読書行為」と認識している。この認識は、「子どもの読書活動の推進に関する法律」で示された読書の価値観と同様である。すなわち、「言葉を学び、感性を磨き、表現力を高め、創造力を豊かなものにし、人生をより深く生きる力を身に付けていく上で欠くことのできないものである（同法第二条）」。

　立田（2010）は 2007–2009 年に行われた「言語力の向上をめざす生涯にわたる読書教育に関する調査研究」（国立教育政策研究所）に基づき、大人の読書とリテラシーとの関係について分析を行っている。この調査は 20 代から 60 代までの成人 500 名（各世代男性 50 名・女性 50 名）を対象に、質問紙調査とリテラシー測定テストとが併用された。その際、立田は成人のリテラシー概念について、国際的な調査研究の動向を概観した上で、OECD が行った国際成人力調査で示された以下の定義を基本的に採用している。

　　リテラシーは、社会に参加し、個人がその目標を達成し、その知識と可

能性を発展させるために、書かれたテキストを理解し、評価し、利用し、関わることである。 (*Ibid.*: 123; OECD, 2012: 3)

この定義に基づき、調査では「テキストを読み解く能力 (prose literacy)」と「図表を読み解く能力 (document literacy)」について、「情報の取り出し、情報の統合、熟考」にかかるリテラシー問題が作成されている。立田はこれと質問紙調査の結果とを比較検討して、以下のような知見を提示している。

①リテラシー得点は男性より女性、低収入より高収入が高く、年齢層では20代、職業ではパートアルバイトが高い。一方、60代と公務員は低い。
②読書の多様性、事前と事後の読書についてのかかわりはリテラシー得点と大きな関連性を持つ。
③収入や学歴に関係なく、読書への関心が高くなるほどリテラシー得点は高くなる。

立田はこれらの知見を踏まえ、読書量のみならず、多様なジャンルや内容の本を読むことが重要であると指摘している。

5.　子供の読書と大人の読書とのかかわり

文化庁は全国の16歳以上の男女を対象に、1995年以降、国語に関する世論調査の一環として読書に関する質問項目を立てているが、2013年調査の時点で1ヵ月に1冊も本を読まない成人が47.5％で、2002年の同調査より約10％増えている。この実態は、読売新聞社、毎日新聞社等が行っている読書世論調査でも同様である。一方、全国学校図書館協議会と毎日新聞社の調査では、小・中学生の不読者の割合は減少傾向にあり、2000年から2010年にかけて、小学校では不読者が16.4％→6.2％、中学校では43.0％→16.2％と、10年間で3分の1弱に減っている。

読売新聞社の全国世論調査 (2011) では、「あなたは、子供のころに本を読

む習慣を身につけることは、大切だと思いますか」という質問項目が立てられている。この質問に対して、回答者の84％が「そう思う」と答えている。同調査では、これに続いて子供の読書を推進するための具体的な方策を尋ねる回答リストが示されている。そこでは「幼い時から読み聞かせをする（71％）」、「親が本を読む姿を見せる（46％）」、「子供の好きな本をプレゼントする（29％）」、「親子で書店に行く（24％）」などの回答比率が高い。不読者は50％に近い状況にありながら、子供時代の読書の重要性は認識されているのである。

　それでは、子供の頃の読書と成人における読書との間に影響関係を指摘することはできるだろうか。

　立田（2010）は、前述の調査における質問紙の回答を基に、「幼少期の読み聞かせ体験」の有無と「成人の現在の読書量」、「読書の事後行動」、「読解力テストの得点」との関係を比較している。立田によれば、幼少時に読み聞かせ体験のある人ほど成人の現在の読書量が多く、読書の事後活動が積極的であり、リテラシー問題の得点が高いことが示されている。

　藤森ら（2013）および濵田ら（2016）は、2011–2012年に行われた5000人規模の成人読書調査（独立行政法人国立青少年教育振興機構「子どもの読書活動と人材育成に関する調査研究」，代表：秋田喜代美）をもとに、中学校段階以前の読書が成人の読書に与える影響について報告・検証している。この調査はweb上で行われ、20代から60代までの各世代男女それぞれ500人を対象に、質問紙に回答する形で実施された。web調査であること、子供の頃の読書については想起による回答であることなどによる限界はあるものの、いくつかの注目すべき結果が得られている。

　このうち、藤森ら（2013）では次の知見が指摘されている。

①成人の現在の読書量は高校時代の読書量とより強い関係を示すが、読書への親しみについては中学校以前の読書量とより強く関係している。
②子供の頃の読書量と現在の学歴・収入との間には関連性が見出せない。
　このことは、学歴・収入に関係なく、幅広い階層で読書がなされている

ことを示唆しているともみることができる。

③ただし、高校時代以前に図鑑や自然科学系読み物など、専門的な知識に基づいて書かれた本を読んできた経験がある成人は、そうでない成人よりも収入・学歴が高い。

濱田ら (2016) では、子供の頃の読書と成人の現在における自己意識との影響関係について検証が行われている。それによれば、成人が自らを社会的に有用な存在で意欲的に活動していると感じ、現在の自己を肯定的に評価する心理状態 (以下「成人現在の自信」) にあるとき、過去から現在に至る読書歴がどのような影響を与えているかについて、次の点が示唆されている。

①成人現在の自信に対する子供の子供の頃の読書が与える影響力は、世代差に関係なく現在の個人年収のそれよりはるかに大きい。

② 40–50 歳代の就労年長世代においては、子供の頃の読書の充実が個人年収に対して正の影響を持っている。ただし 20–30 歳代の就労年少世代には明確に認められない。

③就労年長世代においては、現在の読書の充実が成人現在の自信に対して正の影響を与えている。ただし就労年少世代には明確に認められない。

6. まとめと今後の課題

イギリスの National Literacy Trust が行った大規模な調査によれば、子供たちの読書習慣が当人のリテラシーや人格形成にとって有効なものとなり得るかどうかの分水嶺は、月間 4 冊以上の本を読んでいるかどうかであるという (Clark & Poulton, 2011)。読書量の多いことが当人の発達によい影響をもたらすという知見は否定する余地をもたないが、これまでにみた諸研究によれば、読書の豊かさには、どのような目的でどのような種類の本を読んだのかといった質的な要素が深く絡んでおり、一概に数多くの本を読みさえすればよりよい発達が保証されるわけではない。また、電子書籍の普及などに

よって、読書の目的や形態は、今後より多様化するだろう。

　しかし、読書がいかに多様化しようとも、大人になってから豊かな読書習慣を身につけることは、きわめて難しい。立田（2010）、藤森ら（2013）、濱田ら（2016）の指摘に倣えば、人間の生涯発達を支える基本的な枠組は、子供の頃の読書をどう過ごすかによって決まるということになる。

　そのような認識をもって、我々は、初等・中等教育段階での読書教育を再検討する必要があるだろう。

参考文献

秋田喜代美（1992）「大学生の読書に対する捉え方の検討」，『読書科学』，36（1），11–21.

文化庁（2008）平成20年度「国語に関する世論調査の結果について」
　　http://www.bunka.go.jp/kokugo_nihongo/yoronchosa/h20/kekka.html.

Clark, C and Poulton, L. (2011). *Is four the magic number? Number of books read in a month and young people's wider reading behaviour*. London: National Literacy Trust.

藤森裕治・秋田喜代美・濱田秀行・八木雄一郎・肥田美代子（2013）『子供の読書活動と人材育成に関する調査研究【成人調査ワーキンググループ】報告書』青少年教育振興機構.

古屋貴子（2007）「成人の読書活動に関する実態調査レポート」，『社会教育』，62（9），25–29.

國本千裕・宮田洋輔・小泉公乃・金城裕奈・上田修一（2009）「読書行為の次元―成人を対象としたフォーカス・グループ・インタビュー」，『日本図書館情報学会誌』，55（4），199–212.

子どもの読書活動の推進に関する法律（平成13年法律第154号）
　　http://www.mext.go.jp/a_menu/sports/dokusyo/hourei/cont_001/001.htm

濱田秀行・秋田喜代美・藤森裕治・八木雄一郎（2016）「子供の頃の読書が成人の意識・意欲・行動に与える影響―世代間差に注目して」，『読書科学』，58（1），29–39.

林知己夫・竹内郁郎・富永健一（1958）「読書人と非読書人の態度調査」，『読書科学』，2（3），1–41.

平沢薫・城戸浩太郎・裏田武夫・桶本正夫・室伏武（1957）「『読書世論調査』の報告」，『読書科学』，2（1），11–16.

平山祐一郎（2003）「大学生の読書実態の分析」，『読書科学』，47（3），99–107.

平山祐一郎(2013)「これからの大学生の読書について考える」,『読書科学』, 52(4), 200–204.

平山祐一郎(2015)「大学生の読書の変化―2006 年調査と 2012 調査の比較より」,『読書科学』, 56(2), 55–64.

本間康平・古野有隣(1965)「大学生と読書」,『読書科学』, 9(1), 1–12.

石川清治(1967)「大学生の読書材へのアプローチについての調査」,『読書科学』, 10(1), 20–25.

守一雄・川島一夫(1991)「大学生への読書指導の効果―副読本とディスカッションによる読書指導」,『読書科学』, 35(3), 104–110.

室俊司(1964)「成人の読書行動に関する研究〔1〕読書社会学の課題と方法について」,『立教大学心理・教育学科研究年報』, 8, 25–31.

日本読書学会第四研究部会(1956)「読書社会調査中間報告」,『読書科学』, 1(2), 27–29.

日本読書学会読書社会部会(1958)「第四回読書社会調査中間報告」,『読書科学』, 3(2), 34–36.

丸林さちや(2000)「生涯発達論の視座―その方法的態度と発達の概念構造」,『日本女子大学紀要 家政学部』, 47, 25–33.

諸井克美(2017)「女子大学生における日常的思考スタイルが読書動機におよぼす影響」,『読書科学』, 59(1), 1–11.

OECD. (2012) Literacy, Numeracy and problem solving in technology-rich environments: framework for the OECD survey of adult Skills.

岡田滋男(1972)「読書世論史(I)」,『読書科学』, 16(1), 2–17.

鈴木忠・飯牟礼悦子・滝口のぞみ(2016)『生涯発達心理学―認知・対人関係・自己から読み解く』, 有斐閣アルマ.

立田慶裕(2010)「成人の読書活動と読解力の考察―読書へのかかわりの視点から」,『言語力の向上をめざす生涯にわたる読書教育の総合的研究』, 205–224.

塚田泰彦(2014)『読む技術―成熟した読書人を目指して』, 創元社.

裏田武夫(1956)「成人の読書にかんする研究序説」,『読書科学』, 1(1), 23–28.

読売新聞社(2011)「読書」2011 年 10 月面接全国世論調査
http://www.yomiuri.co.jp/feature/fe6100/koumoku/20111022.htm

第2章
読むことの科学

1 文章読解の認知過程

井関龍太

1. 文章を読んでいるときに私たちがしていること

　ふだん文章を読んでいるとき、頭の中で何が起こっているのかを説明できる人は少ないだろう。私たちは文章の言わんとすることについて意識したり想像したりするのであって、受け取ったひとつひとつの単語の意味を考えたり、目の前の文がどんな構文であるのか確認したり、前後の文章のつながりを思い出して著者の意図をくみ取ったりするのではない。もちろん、そうしたことをまったくしないわけではないが、ほとんどの場合、これらの文章を理解するために必要であるはずの作業を意識することなく、内容のみに注意を傾けているはずである。そのような状態こそが流暢な読みが成立している状態であり、望ましい文章理解の過程が働いている場合である。流暢な読みが生じているときに、ほとんど意識されないような形で働いている過程とはどんなものか。また、どのようなメカニズムがそうした過程を支えているのだろうか。

　文章を読んでその内容を理解したといえるには、完全ではないにしても、読んだ内容について説明できることが必要だろう。物語文であれば、どんな登場人物が現れ、どのような状況に置かれ、どんなことをしたのかをある程度は言えるはずである。すると、文章を理解した人の中には文章に基づく情報についての記憶痕跡、すなわち、記憶表象が作られているのでなければならない。このように考えていくと、文章を読んで理解することとは、文章についての記憶表象を構築することであると言い換えることができる (Kintsch, 1998; Zwaan & Radvansky, 1998)。

　文章に基づいて作られる表象には複数のレベルがあると仮定されることが多い。各レベルの名前や分け方は理論家によって異なることもあるが、3つ

のレベルに分けて考えることが一般的である（Fletcher, 1994）。ひとつ目は表層コード（surface code）であり、読み手が受け取ったとおりの視覚または聴覚情報を指す。すなわち、逐語的な言語情報についての記憶表象である。2つ目はテキストベース（textbase）であり、文法構造を解析した後の情報が統合されたものである。ここでは複数の文からの情報が結びつけられ、一体をなした記憶表象となっていると考えられる。3つめは状況モデル（situation model）であり、文章そのものというよりも、文章が述べる事柄についての記憶表象である。定義だけではわかりづらいので、テキストベースと状況モデルを対比することで違いを明確にしよう。たとえば、"そのものは空高く自由に駆け上がるが、つねに地に縛られてもいる"という文を読むと、文としての意味は理解できるが何を言わんとしているのかわからない人が多いだろう（Bransford & Johnson, 1972）。単語も構文も難しくない短い文であり、テキストベースは問題なく構築できるはずである。しかし、何が話題になっているかを理解していないので状況モデルが構築できないのである。この文はたこ揚げについて述べたものであると知らされれば、すぐに状況モデルが作れるだろう。したがって、状況モデルの構築には、文章からの情報だけでなく、読み手の知識も関わっている。あとのレベルになるほど、記憶表象の形成のために読み手の知識が必要とされる度合いが増える。そのため、後半のレベルの表象、特に、状況モデルが形成できることは深い理解を反映すると論じられる。

　浅いものから深いものにわたる表象のレベルという考えには、より浅いレベルの表象が作られたのちにより深いレベルの表象が作られるという想定が暗に含まれていた。また、文章からの情報を知識と結びつけることは、意味を取ろうとする努力を通してなしえることのように思える。しかし、その後の文章読解の認知過程に関する研究はいずれの仮定をも覆すことになった。

2.　知識の活性化

　状況モデルの構築には、単語や文法に関する知識だけでなく、文章の表す

内容に関する世界知識が必要である。そうすると、状況モデルをうまく作り上げることのできる読み手は、文章を読んでいるときに適切な知識を呼び出してそれを表象の構築に役立てているに違いない。このような知識へのアクセスは推論（inference）と呼ばれ、長らく文章読解過程の研究の焦点となってきた。

2.1 整合性は基準になるか

　流暢な読みが進行しているとき、読み手は立ち止まって深く考えたりはしない。そのとき、推論は特別な努力をすることなしに自然に行われているはずである。しかし、ある文章から導くことのできるすべての推論がつねになされているとは考えにくい。そこで、文章の内容を理解するために必要な推論が優先的になされているという理論が主張されてきた（Graesser, Singer, & Trabasso, 1994）。

　どんな推論が理解に必要であるかを判断する目安のひとつが整合性（coherence）である。ここでいう整合性とは、前後の文章に矛盾や飛躍がなく、意味的なまとまりがよいことをいう。読み手はふつう文章の言わんとすることを理解しようとしているはずなので、表象において整合性を確立するために必要な推論は努力を傾けてでも行うものと予想される。特に、直前の1から2文程度の間での局所的整合性を維持するための推論はかなり高い頻度で行われるだろう。たとえば、"バケツの水を火に注いだ。火は消えた"という文章では、"火が消えたのはバケツの水が火を消したからだ"という因果関係は明示されていない（Singer, Halldorson, Lear, & Andrusiak, 1992）。ここで、もし読み手が"何の理由もなく突然火が消えてしまった"と理解したとしたら展開に飛躍が生じることになる。そのような整合性の破綻を避けるためには、読み手は努力してバケツの水と火が消えたことの間の因果関係を推論するはずである。

　一方で、文章ののちの展開を予測することは必ずしも整合性に貢献しない。このような推論を予期的推論という。たとえば、"ウェイトレスは持っていた皿を思いきり壁に投げつけた"という文を読んで"このあと皿は割れ

ただろう"と予測することは、実際の展開と合致するかもしれないし、しないかもしれない。限られた認知資源を割いて当たらないかもしれない予測をすることは読み手にとって利得であるとはいえない。

しかし、その後の実験研究の成果はこのような理論的枠組みに合致しなかった。代名詞の解決のような、ごく基礎的で、整合性を確立するために必須であると考えられた推論であっても、必ずしも読んでいる間に行われない場合があることが報告された (e.g., Levine, Guzmán, & Klin, 2000)。その一方で、予期的推論であっても、先行する文章から特定の結果が明確に予測できる場合には、述べられている状況の理解のために特に必要でなくても読んでいる間に行われることがわかった (e.g., Calvo, Castillo, & Estevez, 1999)。したがって、整合性の確立に必要であるかどうかは、通常の読みの中で推論が行われるかどうかを予測しない。

代わりにこれらの現象を説明するのが記憶の活性化に基づく理論的枠組みである (McKoon & Ratcliff, 1992; Myers & O'Brien, 1998)。文章中のさまざまな情報に出会ったとき、読み手は連想のような形で記憶にある情報を活性化させる。この過程は共鳴過程(resonance process)と呼ばれる。共鳴過程は読み手の特別な努力によらず"考えなし"に起こると考えられている。つまり、目の前の情報に関係しそうな情報であれば、表面上類似しているにすぎない場合でも推論が起こる。共鳴過程には類似性を除けば、整合性を確立するためといった知識アクセスのための基準は存在しない。一方で、情報を逐一詳細に検討しない分、少ない労力ですばやい情報へのアクセスが可能になる。

共鳴過程に基づいて考えると、適切な情報にアクセスすることが難しい場合には整合性を確立するために必要な推論が起こらないことは説明がつく。また、豊富な文脈情報があれば必要でなくても予期的推論が起こることも説明できる。一般に整合性を確立するための推論が行われることが多いのは、それらの推論を行うための手がかりとなる情報が文章中に多く含まれていることによるのかもしれない(井関，2006)。

2.2 何も考えずに再活性化する

　共鳴過程が"考えなし"であることは、読み手の知識へのアクセスである推論だけでなく、文章中に現れた情報を思い出して再度アクセスする際にも明らかになる。文章を読んでいるとき、直前の1から2文よりも前の情報に再度アクセスすることは十分にありえる。たとえば、物語の冒頭で主人公がベジタリアンであると説明されていたのに、あとになってその主人公がレストランで肉類を注文するという描写が現れたとしよう。このような非一貫性を含む文を読むときには、非一貫性を含まない前置き（食行動に関係しない内容の前置き）の文章を読んでいた場合よりも時間がかかることが報告されている（Albrecht & Myers, 1995）。読み時間の遅延は展開の非一貫性を解消しようとする過程、すなわち、再解釈の過程が働くことによるものと考えられる。だが、ここで重要なのはむしろ、非一貫性が感じられるには読み手はこの文章の前のほうでふれられていた主人公の性質に関する情報を思い出さなければならないということである。同様の文章を用いた場合に、非一貫性情報を提示する文よりも前の時点では、主人公の性質に関する情報へのアクセスが生じていないことは実験で確かめられている（Myers, O'Brien, Albrecht, & Mason, 1994）。そこで、主人公の性質に関する情報は、非一貫性情報に出会ったときに即座に再活性化したものと考えられる。

　文章中の先行情報の再活性化においても共鳴過程が働いていることの証拠として、その"考えなし"の性質が挙げられる。再活性化が生じるには、表面的な特徴の類似さえあればよく、深いレベルの解釈は必要とはされない。たとえば、主人公がベジタリアンであったのは過去のことで現在はそうでないとか、仮にベジタリアンだったとしたらと仮定で述べた文章を使った場合も、非一貫性情報に見える情報に出会うとやはり読みの時間は遅くなる（O'Brien, Rizzella, Albrecht, & Halleran, 1998）。その一方で、形容詞が加わるかどうかといった（登場人物が"椅子"に座るか"皮の椅子"に座るかなど）、表面的な類似性のほうが再活性化が起こるか否かを左右する（Albrecht & Myers, 1998）。

　先行情報の再活性化に関する知見も、整合的な意味内容をもつ表象を作り

上げようとする読み手の努力や十分な表象が作れているかを判断するための基準といったものが働いてはいないことを示唆している。むしろ、文章読解の過程は、自発的に生じる連想がそうであるように、文章を読みながら自然とさまざまな情報へのアクセスが次々に起こる過程なのである。

2.3 部分的符号化

共鳴過程を通して読み手の知識や文章中の先行情報へのアクセスがほとんど読み手の努力を必要とせずに起こることをみてきた。ただし、共鳴過程による情報へのアクセスはつねに完全なものとは限らない。ここには、情報の活性化を調べるための方法論が関わってくる。認知過程において情報が活性化しているかを調べるには、テスト語を提示して、それを読み上げるのにかかる時間を測定する方法がとられることが多い。たとえば、"ウェイトレスは持っていた皿を思いきり壁に投げつけた"という文を読んだあとに予期的推論が生じたかを調べるため"割れる"とか"破片"といった単語を提示してできるだけ速く読み上げてもらうなどである。一方で、文章を一文ずつコンピュータ画面に提示してボタンを押しながら読んでもらい、推論と一致しない内容の文が現れたときに読む時間が遅くなることを指標とする方法もある。同じ文章の例を使うならば、皿が割れたであろう展開の後に"ウェイトレスは持っていた皿にサラダを盛りつけた"といった文を提示して、この文を読むのにかかる時間を測るなどである。

推論や再活性化などの現象を扱うとき、これら2つの方法論を用いて得られた実験の結果は必ずしも一致しない（Cook, Lassonde, Splinter, Guéraud, Stiegler-Balfour, & O'Brien, 2014; Cook & O'Brien, 2015）。このことについて、情報が完全に符号化されるのではなく、部分的に符号化されるためであるという解釈が提示されている。予期的推論を例にあげると、情報が不十分な場合、文章の中で次に何が起こるかは確実には予測できない。そこで、"皿が割れた"のように具体的に状況を予測するのではなく、"何か悪いことが起こる"のようなあいまいさを残した推論がなされる。このような部分的符号化が起こった場合には、"割れる"という具体的な単語に対する反応は必

ずしも促進されない。一方、ウェイトレスが何ごともなかったかのようにふるまう様子を述べる文は、"何か悪いことが起こる"というあいまいな予測に合致しないので、読み時間の遅延は生じることになる。

直感的には、推論や再活性化がそれほど具体的な内容を持たず、あいまいな表象であるということは十分にありそうである。しかし、ここで述べた方法論的な違いと符号化の状態の違いが実際に合致しているのかについてはなお議論の余地があると思われる。

3. バランスを取るには

文章読解過程の研究の進展につれて、逐次的・規範的な読みのモデルに対して同時的・受動的な読みのモデルが有力になってきた流れを概観した。表象は浅いレベルから深いレベルに順を追って作られるわけではなく、最低限の整合性を確立するための推論が行われないこともあるし、任意性が高いはずの高度な処理が不必要なときでも生じることがある。また、それらの過程は、意味を取る努力というよりは、情報の表面的な類似性に基づいて働く。

ここまでに紹介した知見をふまえると、文章読解の認知過程は"状況モデルの構築"ということばからイメージするよりは読み手に要求するところが少なく、読み手はむしろ傍観者的な役割に見えるだろう。理論的にも、読解過程について浅い処理の立場が提唱されている (Sanford & Sturt, 2002)。読んでいるとき、読み手は必ずしもすべての詳細を徹底して網羅した完全な表象を作るわけではない。むしろ、そのときどきの課題や文脈に応じて適度な詳細さを持った表象を作るほうが効率的で適応的である。共鳴過程や部分的符号化は、浅い処理を実現するためのメカニズムの候補となりえるだろう。このような見方は、メカニズムの自動性・自律性を強調するために、読み手の役割を軽視するものに思えるかもしれない。

しかし、それは読解過程を捉える際の構図の問題である。過程を分解し、個々の過程に焦点を当てればそれらの働きが目立つ。だが、これらの過程を実現しているのは読み手自身である。読解には、読み手、文章、文脈(課題

や目標、環境を含む）の 3 つの要因が関わる。共鳴過程は必ずしも読み手の意思によらずに働くが、推論を行うには読み手の側に十分な知識が必要である。また、推論や再活性化の速さや精度は読み手のワーキングメモリや実行機能の性能、読解に関わるスキルにも依存する。加えて、文章の難易度やジャンルも推論の起こりやすさに影響する（Millis & Graesser, 1994）。これは、共鳴過程の手がかりとなる情報を提供する程度や提示の什方が文章によって異なるためであろう。さらには、課題や指導者による方向づけによって、推論の向かう方向や部分的符号化となるか否かも変わるかもしれない。

　つまり、状況モデルの構築が一見受動的な、連想的な記憶のメカニズムに支えられているとしても、読解過程が読み手、文章、文脈の相互作用によって成立することには変わりはない。Kintsch（1994）は状況モデルと文章からの学習について論じる際に、Vygotsky の発達の最近接領域に言及してこのことを説明している。たとえば、読み手の知識が十分でない場合には、文章に工夫を加えたり、課題によって方向づけるなどによって理解を助けることができる。読み手の知識が豊富な場合には、文章をやさしくしすぎることや課題による方向づけがかえって枷となることもある。それぞれの要因の領域がちょうど交わるときが最も学習の効果が高まるときである。

　したがって、共鳴過程に基づくモデルにおいても、無際限に記憶のメカニズムが働くままにしていたのでは、整合性を保った状況モデルを作り上げることはできない。読解過程の包括的なモデルには、二段階の過程を仮定するものが多い。たとえば、Kintsch の構築－統合モデルでは、一段階目の構築過程で文章と知識に基づくおおまかな表象を作り、二段階目の統合過程で活性化の伝播をくり返して表象を洗練させる（Kintsch, 1998）。これに対して、Cook らは共鳴過程とそれに関わる知見に基づいて三段階の RI-Val モデルを提案している（Cook *et al.*, 2014; Cook & O'Brien, 2015；図 1 を参照）。このモデルの一段階目は共鳴過程に相当する受動的な情報検索メカニズムである（Resonance）。たとえば、文章を読んで関係する知識を呼び出したり（推論）、先行情報を思い出したりする（再活性化）ことがこの過程の働きに相当する。二段階目に統合が行われる点は構築－統合モデルと同様である

(Integration)。活性化した情報をワーキングメモリの中の表象に結びつける（リンクを作る）働きをする。最後の三段階目には、情報の評価の過程が用意されている（Validation）。ここでは、作成した結びつけ（リンク）が世界知識に照らして妥当なものであるかの評価が行われる。このように、RI-Val モデルでは、読解中にアクセスした情報を表象に統合する過程を明示し、さらに、その統合が適切であるかを再評価する過程を組み込んでいる。この相互的・対話的な情報評価の過程は、充実した状況モデルにおいて期待されるような深い理解を可能にするだろう。

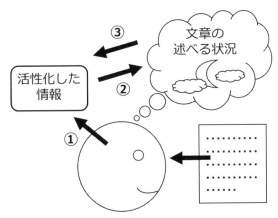

図1　RI-Val モデルに基づく情報アクセスの流れ
矢印は①共鳴、②統合、③評価の過程を表している。

　RI-Val モデルについて、特に、新たに組み込まれた段階の妥当性については今後、実証的に検討していく必要があるだろう。また、図1からもわかる通り、これまでの知見は共鳴過程について多くを明らかにしたが、統合過程についてはそれほど多くの検討や理論化がなされているわけではない。読み手は整合性をめざして読解過程を働かせているわけではないが、整合性が必要でなくなったわけではない。整合性は基準ではなく実現された結果である。共鳴過程のような自律的なメカニズムが働いた結果として、どのように整合性が実現されるのかを問わなければならない。

参考文献

Albrecht, J. E., & Myers, J. L. (1995) Role of context in accessing distant information during reading. *Journal of experimental psychology: Learning, memory, and cognition*, 21, 1459–1468.

Albrecht, J. E., & Myers, J. L. (1998) Accessing distant text information during reading: Effects of contextual cues. *Discourse processes*, 26, 87–107.

Bransford, J. D., & Johnson, M. K. (1972) Contextual prerequisites for understanding: Some investigations of comprehension and recall. *Journal of verbal learning and verbal behavior*, 11, 717–726.

Calvo, M. G., Castillo, M. D., & Estevez, A. (1999) On-line predictive inferences in reading: Processing time during versus after the priming context. *Memory & Cognition*, 27, 834–843.

Cook, A. E., Lassonde, K. A., Splinter, A. F., Guéraud, S., Stiegler-Balfour, J. J., & O'Brien, E. J. (2014) The role of relevance in activation and instantiation of predictive inferences. *Language, cognition and neuroscience*, 29, 244–257.

Cook, A. E., & O'Brien, E. J. (2015) Passive activation and instantiation of inferences during reading. In E. J. O'Brien, A. E. Cook, & R. F. Lorch, Jr. (Eds.), *Inferences during reading* (pp. 19–41). Cambridge, UK: Cambridge University Press.

Fletcher, C. R. (1994) Levels of representation in memory for discourse. In M. A. Gernsbacher (Ed.), *Handbook of psycholinguistics* (pp.589–607). New York: Academic Press.

Graesser, A. C., Singer, M., & Trabasso, T. (1994) Constructing inferences during narrative text comprehension. *Psychological review*, 101, 371–395.

井関龍太（2006）「テキスト理解におけるオンライン推論生成の規定因―整合性とアクセス可能性の比較」,『認知科学』, 13, 205–224.

Kintsch, W. (1994) Text comprehension, memory, and learning. *American psychologist*, 49, 294–303.

Kintsch, W. (1998) *Comprehension: A paradigm for cognition.* New York: Cambridge University Press.

Levine, W. H., Guzmán, A. E., & Klin, C. M. (2000) When anaphor resolution fails. *Journal of memory and language*, 43, 594–617.

McKoon, G., & Ratcliff, R. (1992) Inference during reading. *Psychological review*, 99, 440–466.

Millis, K., & Graesser, A. C. (1994) The time-course of constructing knowledge-based inferences for scientific texts. *Journal of memory and language*, 33, 583–599.

Myers, J. L., & O'Brien, E. J. (1998) Accessing the discourse representation during reading. *Discourse processes*, 26, 131–157.

Myers, J. L., O'Brien, E. J., Albrecht, J. E., & Mason, R. A. (1994) Maintaining global coherence during reading. *Journal of experimental psychology: Learning, memory, and cognition*, 20, 876–886.

O'Brien, E. J., Rizzella, M. L., Albrecht, J. E., & Halleran, J. G. (1998) Updating a situation model: A memory-based text processing view. *Journal of experimental psychology: Learning, memory, and cognition*, 24, 1200–1210.

Sanford, A. J., & Sturt, P. (2002) Depth of processing in language comprehension: Not noticing the evidence. *Trends in cognitive sciences*, 6, 382–386.

Singer, M., Halldorson, M., Lear, J. C., & Andrusiak, P. (1992) Validation of causal bridging inferences in discourse understanding. *Journal of memory and language*, 31, 507–524.

Zwaan, R. A., & Radvansky, G. A. (1998) Situation models in language comprehension and memory. *Psychological review*, 123, 162–185.

2 読書活動への脳科学的アプローチ

森慶子

1. 背景

　1990年頃に、脳機能イメージングの手法が開発され、非侵襲的に脳の活動が計測できるようになり、脳や心のメカニズムが分かるようになってきた。このことをきっかけに、「脳科学と教育」の研究分野が注目されるようになり、今日まで心理・発達やその教育に関連した脳機能研究が進んでいる（小泉，2010）。読書活動に関連する研究では、機能的磁気共鳴描画法（functional Magnetic Resonance Imaging 以下 f-MRI）[1]、近赤外光スペクトロスコピー（near-infrared spectroscopy 以下 NIRS）[2] を使用し、音読、黙読によって脳の血流が増え、いわゆる脳が活性化する（川島・安達，2004）状態にあるといった報告が見られ注目を浴びた。しかし、川島・安達（2004）では、音読したときの NIRS 計測において前頭前野の血流が増加することを示している一方で、漢詩に熟達した者が朗々と音読したときの NIRS 計測では、前頭前野の血流が減少していることを報告しており、「これまでに行った脳計測では、気持ちが落ち着くような刺激を与えると、被験者の前頭前野の血流がすっと下がることを観察しています。心が癒されることイコール前頭前野の血流がさがることなのです。」と述べられている（川島・安達，2004）。このように、同じ音読という読書活動によって、血流が増加する場合だけでなく、減少する場合もあるという相反する結果が得られていることは、脳科学的アプローチとして読書活動を解明する上で非常に示唆深いことである。つまり、黙読・音読・読み聞かせ聴取といった読書活動において、それらの読書活動に対する熟達や習慣化など、個人の特性により、脳活動が異なることが想定されるのである。

　本節では、読書活動に関する脳科学的アプローチについて、脳機能イメー

ジングのこれまでの先行研究をまとめるとともに、実験を通して新たに得られた知見をもとにそれぞれの脳活動の特徴について示すものである。

2. 読書活動に関する脳機能イメージング研究

2.1 読書活動と脳の言語処理機能

　これまでの研究においては、感想文の分析や、教師等による経験的・主観的な観察により読書活動が捉えられてきた。また、脳科学的アプローチでは、読書活動のうち音読に焦点が限られ、黙読や読み聞かせについては、あまり言及されていない。そこで、音読、黙読や、読み聞かせ聴取といった読書活動に関してどのような脳活動が起こっているのか検討するために、脳の構造と機能を先行研究よりまとめる。

　人間の脳における言語処理については、これまで、失語症研究によりその部位と脳機能が同定されてきた。小泉(2011)によると、言語処理機能については、調音したり発声したりする前頭葉における制御がブローカ野(Broca's area)にあり、側頭葉におけるウエルニッケ野(Wernicke's area)で言葉の意味

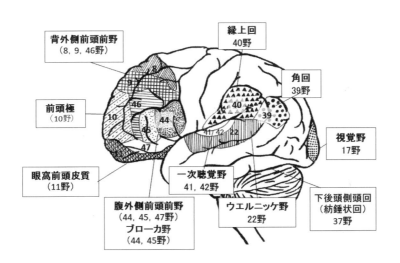

図1　言語処理に関連する脳の機能局在(数字はブロードマンエリア(BA)を表す)

100　第2章　読むことの科学

を理解し、頭頂葉における角回では文字を音韻として認識することに関係することが述べられている。

　脳の部位は、ブロードマンにより脳地図に番号がふられ（Brodmann, 1909）、脳機能を説明するときに利用されている。その番号のついた部位をブロードマンエリア（BA）とその番号で呼ぶ。図1に言語処理に関連する部位を示す（脳部位はBrodmann（1909）をもとに、筆者が作図）。

　読み聞かせ聴取などの聴覚性言語の場合、音声情報（言葉）は、側頭葉の一次聴覚野（BA41、42野）に入り、ウエルニッケ野（BA22野）へ送られ、意味のある言葉として理解される（飛松・川村・松村，2011）。

　黙読や音読などの視覚性言語の場合では、目から入力した視覚情報（文字）が、まず視覚野へ伝わる。左角回（BA39野）にて視覚情報（文字）が音声情報に変換され（音韻処理：文字を対応する読み方に解読すること、decoding）、ウエルニッケ野（BA22野）へ送られ、意味のある言葉として理解される（飛松・河村・松村，2011）。一方で視覚野からの文字情報が、下後頭側頭回（BA37野）（紡錘状回）にも送られ、単語や語句をひとまとまりとして認識（chunking）したり（小枝・関・内山，2010: 51）、漢字など文字の形態を認識したり（児島，1997）して、ウエルニッケ野（BA22野）へ送る経路もある。

　音読の際、視覚性言語情報は運動性言語野であるブローカ野（BA44・45野）にも送られて音声言語が作られ、前頭葉の補足運動野、顔や口の筋肉運動を支配している運動野を働かせ（川島・安達，2004）、構音器官が運動して音声言語が表出される（児島，1997）。ブローカ野は、黙読における内言語生成および発話の予行行為にも関係していることが示唆されている（児島，1997）。また、言語の文法中枢はブローカ野にある（酒井，2009）等の指摘もあり、ブローカ野は、理解と発語の両方で働いている（酒井，2011）。つまり、文章の理解や文法処理等の課題が課せられれば、音読でも黙読でもブローカ野は活動すると考えられる。

　これらの脳部位とその機能の研究は、発達性ディスレクシア（読み書き障害）に関連して多くの研究がなされており、習熟の度合いと脳活動の強さの関係が検討されている。文字の学習初期には、主に大脳頭頂葉の角回（BA39

野)を使って一字一字解読しながら読むので拾い読みになり、習熟してくると両側の下後頭側頭回(紡錘状回)が働いて単語や語句をひとまとまりとして認識(chunking)することができるようになるので、正確に早く読めるようになる(小枝・関・内山，2010)。角回での音韻処理(decoding)が苦手な発達性ディスレクシアの場合、音読の際、ブローカ野が代償的に強い活動を示すことが報告されている(関・小枝，2010)。ブローカ野は音韻処理に補助的にかかわるとされ、ブローカ野における強い活動は、文章を読むことが困難な場合に努力して読んでいる状態を反映していると推測される。

2.2 これまでの脳機能イメージングによる計測

　NIRSによる計測では、何らかの課題を行い、神経細胞が活動した時、その賦活した領域にて酸素化ヘモグロビン(以下 oxy-Hb)濃度が増加することを測定する。このため脳活動の指標として oxy-Hb 濃度の変化量が使用される。先行研究より認知活動における oxy-Hb 濃度変化を、下記の表1にまとめた。

表1　前頭葉血流動態の先行研究のまとめ

		機器	計測部位	課題	血流動態	
川島隆太ら	2004	NIRS	前頭前野	黙読時・音読時	oxy-Hb	増加
				漢詩の熟達者が気持ちよく朗読	oxy-Hb	減少
片寄晴弘ら	2004	NIRS	前頭前野正中部	音楽聴取にて没入感・音楽的気持ちよさ	oxy-Hb	減少
須田一哉ら	2006	NIRS	前頭前野正中部	好きな音楽聴取	oxy-Hb	減少
				嫌いな音楽聴取	oxy-Hb	増加
下茂円ら	2008	NIRS	前頭葉	音楽の受動・能動聴取・集中・リラックス	oxy-Hb	減少
泰羅雅登	2009	NIRS	前頭前野	絵本の読み聞かせ聴取	oxy-Hb	減少
星詳子	2010	NIRS	左側外側前頭前野	快感情を引きだす写真を見る	oxy-Hb	減少
				不快感情を引きだす写真を見る	oxy-Hb	増加
萩原裕子	2011	NIRS	Broca野,角回,縁上回	日本語の習得、習熟とともに	oxy-Hb	減少
斎藤忠彦ら	2012	NIRS	左右側頭部	音楽聴取・プラスイメージ	oxy-Hb	減少
				音楽聴取・マイナスイメージ	oxy-Hb	増加
奥野雅子	2012	NIRS	前頭前野右下部	ペットの死を想像	oxy-Hb	増加
				問題解決のひらめき・納得	oxy-Hb	減少
田所克俊ら	2014	NIRS	前頭前野	音楽の歌唱・聴取	oxy-Hb	減少
				聴取後安静状態	oxy-Hb	増加
黒田恭史ら	2015	NIRS	左前額部	算数課題　最後まで解けない	oxy-Hb	増加
				算数課題　最初から解ける	oxy-Hb	減少
				算数課題　始めとけず 途中解けたとき	oxy-Hb oxy-Hb	増加➡ 減少

102　第2章　読むことの科学

　これによると、同様の活動であっても、熟達度や習慣化、快・不快、好き嫌いなどの個人的特性により、oxy-Hb濃度変化量が増加する場合と減少する場合があるという相反する結果が得られている。

　また、酒井（2009）では、第二言語の学習場面において、学習の初期段階で成績が向上するほど脳の活動が活性化するが、熟達度が高い段階では成績が向上するほどブローカ野にある文法中枢の活動が抑制されると指摘している。

　つまり、何らかの課題について、脳の関係部位に負荷がかかれば、oxy-Hbが増加するが、課題に熟達し、課題遂行に際し脳の関係部位に負荷がかからない状態（楽に行える状態）であれば、oxy-Hbは減少するという仮説を立てることができる。これらの先行研究から、読書活動では、黙読時、音読時、読み聞かせ聴取時の脳活動の計測により、それらの活動の脳科学的特徴を示すことができると考えられる。

3.　読書活動に関する脳計測の実際

　森（2017）は、中・高・大学生（15–36歳）を対象にし、ブローカ野を含む前頭前野を中心に左右各17チャンネル（ch）にて黙読時・音読時・絵本の読み聞かせ聴取時の脳血流動態をNIRSにより計測し比較検討した。

　課題は黙読・音読・絵本の読み聞かせ聴取であり、使用したテキストは、ひらがなで書かれている絵本『だいじょうぶだいじょうぶ』（いとうひろし、2006、講談社）であった。

　実験の結果、黙読速度が遅い実践参加者では、黙読時・音読時ともブローカ野付近にてoxy-Hb濃度変化量が顕著に増加している（図2左上段、楕円で囲んだ部分：濃い部分、マッピング画像では赤）。黙読速度が速い参加者は、ブローカ野において、oxy-Hb増加が認められず（図2左下段、楕円で囲んだ部分：マッピング画像では緑）、前頭前野正中部（前頭極）にてoxy-Hbの減少がみられている（図2左下段点線で囲んだ部分：マッピング画像では水色）。

2 　読書活動への脳科学的アプローチ　103

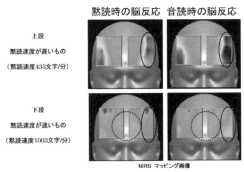

図2　NIRS　oxy-Hb マッピング画像

マッピング画像では、oxy-Hb 濃度変化量の増加を赤で、減少を青で表し、その程度を赤から青までの無段階の色彩変化で表示する。

　黙読時、脳血流動態測定と同時に、黙読速度(文字数／分)の計測も行い、黙読時および音読時におけるブローカ野(ch27)の oxy-Hb 濃度変化量と、黙読速度(文字数／分)との間には負の相関関係の存在が示されている(図3)。

　また、絵本の読み聞かせ聴取時は全例で前頭前野の広範囲にて oxy-Hb 濃度が減少し、特に前頭前野正中部(前頭極)にてその減少の度合いが顕著であったと報告されている(図2右、点線で囲んだ部分：濃い部分、マッピング画像では青)。これらの oxy-Hb 濃度の変化は、一体何を意味するかについて、次項以降で考えることとする。

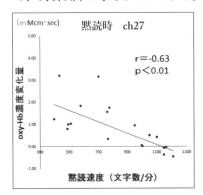
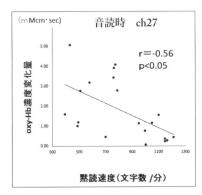

図3　oxy-Hb 濃度変化量と黙読速度の相関図

4. 脳科学的アプローチが示唆するもの

4.1 黙読と音読による脳機能の違い

　3. の結果として、黙読と音読においては、黙読速度の違いで、相反する結果が得られている。黙読速度が遅い場合、発声を伴わない黙読であってもブローカ野において血流増加が認められた。このことは、脳の中で声を出して読んでいることを示唆し、ブローカ野にて角回の音韻処理を補助することによる負荷があると思われる。黙読速度の速いものは、黙読が得意なものとみなすことができ、逐次読みをするのではなく、言葉をまとまりとしてとらえ意味をつかんでいるため、音韻処理が省力化されている。したがって、読むことが得意で流暢に読める場合は血流が増加しないが、読むことに不慣れであるか、読むときに努力を要する場合は血流が増加する。黙読・音読時のブローカ野における oxy-Hb 濃度変化は、個人の読字能力に関連しており、黙読・音読ともに熟達や習慣化によってブローカ野の血流増加が抑制されることが示唆されていると考えることができるであろう。

4.2 絵本の読み聞かせ聴取時の脳機能

　また、絵本の読み聞かせ聴取時には、全例で前頭前野の広範囲において、血流の減少が認められた。先行研究で、音楽聴取の際前頭前野の血流が減少した（片寄，2004）との報告や、漢文の熟達者が漢詩を朗読したときの前頭前野の血流減少は、先の川島・安達（2004）の報告を踏まえると、絵本の読み聞かせ聴取は「心が癒されている」状態であることが示唆されている。黙読速度が遅く、黙読・音読時にブローカ野の血流が増加していた例であっても、絵本の読み聞かせ聴取したときには全例で前頭前野の血流が減少している。つまり、黙読・音読でストレスを感じていた場合でも、読み聞かせ聴取においてはストレスを感じなかったという可能性がある。発達性ディスレクシア等の読みに困難を伴う場合の読書に関して、物語の読み聞かせが言葉のネットワークを豊かに張り巡らせるのにも役立つし、流暢な音読にとっても重要な意味を持つとの指摘もある（小枝・関・内山，2010）。したがって、

字を読むのに一生懸命で話の内容が頭に入らない場合や、黙読や音読が苦手で読書嫌いや活字離れという現象を引き起こしてしまう場合でも、読み聞かせという方法で、ストレスなく物語世界を堪能できることを示唆しているものと思われる。

4.3　読書活動とデフォルトモードネットワーク

前頭前野正中部（以下前頭極）にて血流減少の度合いが顕著であることについては、デフォルトモードネットワーク（Default Mode Network 以下DMN）との関連が示唆される。越野・苧阪・苧阪（2013）によると、DMNは、安静時に活動をしていることで知られるネットワークであり、その機能はマインドワンダリング（課題とは無関係な雑多な思考）、エピソード記憶の検索、将来の出来事の期待、計画展望等とされている。安静時には社会生活に必要な思考を行っているが、DMN の過剰な働きは自己参照機能における負の感情生成により、うつなどの精神症状との関連が深い（Sheline, Barch, Price, Rundle, Vaishnavi, Snyder, Mintun, Wang, Coalson,and Raichle, 2009）ともいわれている。前頭極（BA10 野）は、DMN の主要な構成部位の一部と考えられており、前頭極の血流の計測だけで、DMN の脳活動全体をとらえることはできないが、前頭極の血流減少は DMN の活動抑制を示唆している。

3. で示されたように、絵本の読み聞かせ聴取時において全例で前頭極のoxy-Hb 濃度減少がみられ、黙読・音読時においても、熟達者では前頭極のoxy-Hb 濃度減少がみられている。これは、物語に没入することによるDMN の活動の抑制を反映していることを意味する。すなわち物語に集中し没入することで DMN の活動が抑制されると、安静時におけるマインドワンダリング等の日常生活で起こりうる雑多な思考が一時的に抑制され、物語の内容に関して新たな視点で物事を客観的にとらえなおしている可能性を示唆する。物語の鑑賞としての読書をするためには、むしろ一度 DMN が抑制され、物語とは関係のない思考が無くなった状態に切り替えられた方がより深く物語世界を楽しむことができるのである。

4.4 読書活動とマインドフルネス

　読み聞かせ聴取や黙読・音読等において物語に没入し、DMN の抑制された状態は、マインドフルネスの状態（杉浦，2008）と類似の状態と考えられる。マインドフルネスは、自分の呼吸や身体の状態に集中・没入し瞑想をした際、DMN の活動を一時的に抑制し、過剰な自己内省を起こさない状態にし、ストレスから守る方法であるが（Brewer, Worhunsky, Gray, Tang, Weber, and Kober, 2011）。しかし、瞑想によるマインドフルネスは専門知識も必要となり、誰でも容易とは限らない。これに対して絵本の読み聞かせ聴取や、容易さの高い黙読や音読などは、年齢や熟達度に合わせて行えるという利点がある。読書活動を通じて、うつなどの精神疾患や、学校における不登校などを引き起こす児童生徒のメンタルヘルスなどが改善される可能性もある。実践例として、谷木（2011）は、毎朝、全教員が絵本の読み聞かせを行い、不登校が改善されたという報告している。また村中・西（2016）は、絵本の読みあいによる長期入院児と家族の心を支えるプログラムによる支援の報告をしている。

4.5 読書活動と教育

　黙読・音読・読み聞かせ聴取という読書活動における、前頭前野の血流増加や減少は、読字能力による個人差や、読書活動の方法の違いによるものと考えられる。

　小学校に入学し字が読めるようになっても、逐次読みの段階にある場合は、語のまとまりで意味をつかむ chunking 能力を高めるようにするために、毎日の読み聞かせや、慣れてくれば音読をするといった、年齢や個人の能力に応じた読書活動を取り入れることも重要である。黙読優位になるのは、個人差があるが、平均して小学校 4 年生頃であり（高橋，2013）、この頃までは、聴解能力が読解能力よりも勝るため、読書能力を高めるためには、毎日の読み聞かせや、音読が有効である。

　また、文法処理等を行った時にブローカ野の血流が増加したという酒井（2009）の例からすると、読書の際に学習に関する指示を与えると、脳に負

荷がかかり、血流が増加すると考えられる。読書活動には、読解のように課題を遂行する際に前頭前野の活動を増加させるような活動と、鑑賞のための読書のように没入することで血流が減少する活動がある。教育の場における読書活動として、課題を遂行するような読解活動と、楽しみのための読みのような鑑賞活動とがバランスよく採り入れられることの重要性が脳科学的に示唆される。特に、様々なストレスにさらされている状況においては、年齢にかかわらず、マインドフルネスにつながるような、没入感のある読書や絵本の読み聞かせが有効である可能性がある。

5.　今後の課題

　読書活動における脳科学的アプローチは、まだ研究の端緒についたばかりである。今後、f-MRI を用いて、脳深部の働きをより詳しく検証する必要があるだろう。

　また、黙読・音読・読み聞かせ聴取など読書活動の全体を捉えるべく、各活動に特化したアプローチや、それぞれの活動を関連させるようなアプローチが重要と思われる。さらに、発達段階にある子どもの脳の計測を行い、読書活動における脳機能について、発達に即した検証が望まれるだろう。

注
1　1991 年に開発。磁気を使い、非侵襲的に脳機能を断層撮影する機器。
2　1995 年に開発。近赤外光を使い、脳表面の脳血流変化を計測する機器。

参考文献

Brewer J.A., Worhunsky P.D., Gray J.R., Tang Y.Y., Weber J., Kober H. (2011) Meditation experience is associated with differences in default mode network activity and connectivity. *Proceedings of the national academy of sciences* 108. 50, 20254–20259.

Brodmann K. (1909) Vergleichende Lokalisationslehre der Grosshirnrinde. Leipzig: Barth, JA.

萩原裕子（2011）「言語の発達・脳の成長・言語教育に関する統合的研究」社会技術研究開発事業　研究開発領域「脳科学と社会」研究開発プログラム「脳科学と教育」タイプⅡ　研究開発プロジェクト　研究開発実施終了報告書（http://ristex. jst.go.jp/result/brain/program/pdf/fin_hagiwara.pdf）

星詳子（2010）「気分の担う前頭葉の働き」，『体育の科学』，60(4), 250–254

片寄晴弘（2004）「音楽とエンタテイメント」，『日本バーチャルリアリティ学会誌』，9(1), 20–24.

片寄晴弘・橋田光代・豊田健一・野池賢二・奥平啓太（2004）「音楽認知情報処理に関する3つのアプローチ」，『情報処理学会研究報告音楽情報科学（MUS）』，2004 (111 (2004-MUS-057)), 41–46.

川島隆太・安達忠夫（2004）『脳と音読』，講談社.

小枝達也・関あゆみ・内山仁志（2010）「Ⅰ章　特異的読字障害　G治療的介入　2. 鳥取大学方式」，稲垣真澄編，『特異的発達障害診断・治療のための実践ガイドライン―わかりやすい診断手順と支援の実際―』，診断と治療社，pp.50–54.

小泉英明編（2010）『脳科学と学習・教育』，明石書店.

小泉英明（2011）『脳の科学史』，角川マーケティング.

児島久剛（1997）「Ⅳ大脳皮質における言語の表出　2文章を読むときの脳活動」本庄巖編著『脳から見た言語　脳機能画像における医学的アプローチ』，中山書店，pp.48–78.

越野英哉・苧阪満里子・苧阪直行（2013）「デフォルトモードネットワークの機能的異質性」，『生理心理学と精神生理学』，31(1), 27–40.

黒田恭史・岡本尚子・前迫孝憲（2015）「NIRSを用いた脳活動計測技術がもたらす教育神経科学の可能性」，『日本レーザー医学会誌』，36(2), 176–185.

森慶子（2017）「絵本の読み聞かせの教育的効果の研究―NIRSによる脳反応の解析と学校における実践の質的分析を中心に―」兵庫教育大学大学院連合学校教育学研究科（博士論文）（http://hdl.handle.net/10132/17570）

村中李衣・西隆太朗（2016）「長期入院児のための絵本の読みあい―支援プログラムの実際とこれから（第1回）入院児と家族の心を支える―プログラムの概要と意義」，『児童心理』，70(10), 116–123.

奥野雅子（2012）「脳科学が心理臨床に与えるもの―光トポグラフィー（NIRS）による探索的実験」，『安田大学紀要』，40, 67–80.

齋藤忠彦・小野貴史（2012）「音楽聴取時の心理的指標と生理的指標の比較―NIRSを用いた脳活動計測を通して」，『日本感性工学会論文誌』，11(3), 427–434.

酒井邦嘉（2002）『言語の脳科学』，中央公論新社.

酒井邦嘉（2009）『脳の言語地図』，明治書院.

酒井邦嘉（2011）『脳を創る読書』，実業之日本社.

関あゆみ・小枝達也 (2010)「Ⅰ章　特異的読字障害　C病態3　機能障害部位」稲垣真澄編『特異的発達障害診断・治療のための実践ガイドライン―わかりやすい診断手順と支援の実際』，診断と治療社，pp.29–32.

下茂円・菅生恵子・揚原祥子・杉田克生・石井琢郎・岩坂正和 (2008)「NIRS計測による脳血流パターンを指標とした音楽のリラクゼーション効果の評価」，『千葉大学教育学部研究紀要』，56, 343–348.

Sheline Y.I., Barch D.M., Price J.L., Rundle M.M., Vaishnavi S.N., Snyder A.Z., Mintun M.A., Wang S., Coalson R.S., Raichle M.E. (2009) The default mode network and self-referential processes in depression. *Proceedings of the National Academy of Sciences*, 106(6), 1942–1947.

須田一哉・森悠太・山岡晶・八田原慎吾・片寄晴弘 (2006)「f-NIRSによる音楽聴取時の没入感に関する検討」，『情報処理学会研究報告』，2006(19), 41–46, 社団法人情報処理学会.

杉浦義典 (2008)「マインドフルネスにみる情動制御と心理的治療の研究の新しい方向性」，『感情心理学研究』，16(2), 167–177.

田所克俊・鈴木桂輔 (2014)「音楽の歌唱や聴取の繰り返しパターンが脳機能の活性化に与える影響」，『ライフサポート』，26(3), 89–99.

泰羅雅登 (2009)『読み聞かせは心の脳に届く』，くもん出版.

高橋麻衣子 (2013)「人はなぜ音読するのか―読み能力の発達における音読の役割」，『教育心理学研究』，61, 95–111.

谷木由利 (2011)「提案3 人と学力を育てる絵本の読み聞かせ（ことばの力を育てる絵本と国語教育，秋期学会 第119回 鳴門大会）」，『国語科教育』，69(0), 9–10, 全国大学国語教育学会.

飛松省三・河村満・松村讓兒 (2011)「大脳皮質」医療情報科学研究所編『病気がみえる　vol.7 脳・神経』，メディックメディア，pp.16–33.

3 ジャンルと読み

岸学

1. 読みに影響する要因：ジャンル

1.1 影響要因としてのジャンルの位置づけ

　第2章「読むことの科学」で取り上げるのは、文章読解の認知過程と読書への脳科学的アプローチ、ジャンル、複数テキスト、電子メディア、感情、熟達であり、いずれも、読みに影響を与える要因、読解の程度や読解内容を変動させる可能性がある要因として取り上げられている。その中で本節の「ジャンルと読み」では、読みの対象となる文章のジャンルによって読解にどのような影響があるか、どのようなジャンル区分の影響が大きいかに焦点をあてていく。

　もともと、文章全般を理解する過程については、van Dijk & Kintsch(1983)、Kintsch(1994) などによる状況モデル(situation model)、さらに Kintsch(1998) による構築・統合モデル(construction-integration model) によって、理解の流れと理解のためのシステムを中心に解明が続いている (モデルについては、川崎(2014) が詳しい)。これらのモデルは、文章全般に対して説明可能、すなわち総論的には有用であるものの、各論、すなわち特定の目的を持った理解、特定の発達段階における理解、学習指導における理解などへの説明にあたっては、さまざまな理解場面に対応した知見が必要になってくる。ジャンルの検討はまさにこの枠組みで行われる研究であり、構築・統合モデルを構成する多様なパラメータの中でジャンルが変わるとパラメータ値がどのように変動するか、という観点からとらえることができよう。

1.2 どのようなジャンルを検討するのか？

　文章にはさまざまなジャンルの区分があり、その研究も多彩な拡がりをみ

せている。たとえば、足立（2017）は国語教育の読書活動を展開するために、Fountas & Pinnell（2012）のジャンル研究を紹介し、フィクションの分類とともに、ノンフィクションの分類の内容を図1のように示している。

このフィクションとノンフィクションの分類について、上田・猪原・塩

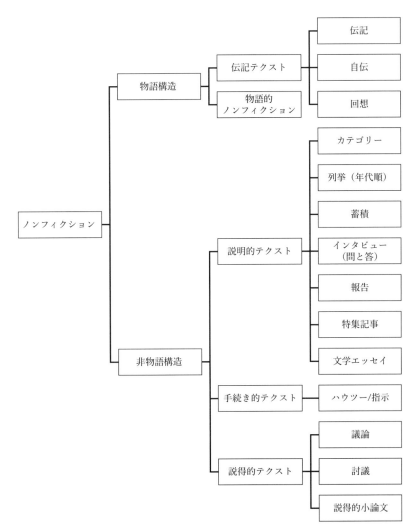

図1　Fountas & Pinnell によるジャンル分類（ノンフィクション）
足立（2017）による Fountas & Pinnell（2012）p.129 の翻訳による

谷・小山内（2017）では興味深い調査結果を示している。調査では、小学校3年生の図書の貸し出し数を指標に、フィクション・ノンフィクション・絵本の数を集計し、語彙力と文章理解力を従属変数として関係を分析している。その結果、文章理解力に対してノンフィクションの読書の正の効果がみられており、このタイプのジャンルが影響要因として位置づけられることを示している。

　ところで、ジャンルの違いによる読解の違いに関して、主に教育心理学、認知心理学の分野からの研究では、国語教育の説明的な文章と文学的な文章の区分に則った理解の特徴づけと理解のモデル化、教育実践への適用が多数行われている。そして、両ジャンル間の理解比較、さらには各ジャンル内での理解比較も知見が重ねられている。そこで、ここからは、説明的文章と文学的文章のジャンルに焦点を絞り、どのような特徴、どのような理解差、どのような個人差や発達差があるかを明らかにしていくとする。特に、同一個人が異なるジャンルの文章を理解するとき、予めジャンル固有の理解過程に関する知識や処理方法を持っているのか、それとも何か共通の処理方法があるのか、それはどこでどのように学習するのか、ジャンル間の理解程度の落差は個人内でどの程度存在するのか、など、多数の論点、疑問点が挙がってくるのである。

　このような疑問の一端に対する研究として、梅澤・岩永（1994）では、小学2年生段階で説明文と物語文というジャンルの違いを認識している可能性、岩永（1990）は、実験的な授業実践から小学校3年の一年間に児童の説明スキーマが大きく変貌することを観察した研究があり、ジャンルによる理解の違いの発現を探る手がかりになると思われる。

2.　説明的な文章と文学的な文章

2.1　ジャンルの構成要素

　説明的な文章と文学的な文章は小学校・中学校の学習指導要領での区分名である。それに教育心理学や国語教育の下位区分を付加すると、説明的な文

表 1　説明的な文章と文学的な文章の構成内容

説明的な文章	説明文 (expository text) ⇒あるもの・ことに関する知識・情報を、間違いなく(正確に)、しかもわかりやすく人に伝え、知らせようとする文章(田近，1984)	宣言的説明文 (declarative text) ⇒文章内容が宣言的知識すなわち概念や事実を説明する文章(岸，2004)
		手続き的説明文 (procedural text) ⇒文章が手続き的知識すなわち操作方法や手順などを説明する文章(岸，2004)
	論説文 (editorial article) ⇒特定の事柄についての意見が書かれた文章(犬塚，2013)	
	評論文 (critical essay) ⇒筆者独自の価値判断を論理的な方法によって読者を説得する文章(篠崎，2014)	
文学的な文章	物語文 (story) ⇒小説・日記文・生活文など。エピソード的知識を伝える文章(岸，2004)	

章は説明文・論説文・評論文の下位区分、文学的な文章は物語文を中心とした区分が一般的である。さらに、説明文は宣言的説明文と手続き的説明文に区分される。分類とその説明は表 1 に示す。その他、説明文には報告文や状況的説明文(古屋・岸，2016)というタイプも提案されている。

　これらの説明文、物語文は当然ながら国語の教科書の代表的な教材区分であり、理解・指導に関する多くの実証的研究や理解モデル・方略研究が存在している。そして、研究が示すのは、ジャンルの特質や違いが理解に影響を及ぼしていることである。それらの内容について紹介していく。

2.2　説明文と物語文との違い

　では、説明文と物語文とでは、どのように違うのであろうか。この点について Graesser & Goodman (1985) による 8 つのまとめが知られており、両者の理解過程を比較するために有用な内容となっている。さらに、井関・川﨑(2006)では物語文と説明文の状況モデルの形成について実験的に検討し、両者の特徴を明確に説明している。そこで、Graesser らの (1)–(8) のまとめを示しつつ(なお、翻訳は岸(2004)からの引用で、「」で示す部分である)、井関・川﨑の研究による情報の更新や、他の関連する研究を紹介していく。

　(1)「記述されている情報の真偽に対する疑念：読み手は、説明文の記述

内容は真であると仮定して読むが、物語文では真偽の疑念を持たずに読む（p.5）。」

　これは文章理解の目的の違いを示しており、説明文は新たな知識獲得や既知の知識に新たな関連づけや情報の追加などの精緻化を目的で読むが、物語文は作者や登場人物の心情や考え方をとらえるのが目的となる。では、両者の区分はいつ頃からどのような学習で成立するのだろうか。小学校1年生はおむすびとおじいさんがねずみの穴に入ってもなぜ「間違っている！」と言わないのだろうか。先述の梅澤・岩永（1994）によれば、小学校2年生段階で説明文と物語文というジャンルの違いを、「お話だったらウソを書いてもかまわないが説明だったらウソを書いてはいけない」ととらえ、文章に接したときにそれを区別できる、としている。では、どのような学習によってこれが可能になるのか、これができることはどのような意味があるかについては興味深いテーマである。

　(2)「時間的・空間的枠組み：物語中のエピソードは特定の時間や空間の中で起こっているが、説明文では一般的な枠組みの中で述べられることが多い（p.5）。」

　Mayer（1985）は、伝達する知識のタイプを3つに分類している。その分類と文章を対応づけると、宣言的知識を伝える宣言的説明文、手続き的知識を伝える手続き的説明文、そしてエピソード的知識を伝える物語文や生活文となる。エピソード的知識の構成要素には時間・空間・対人などの情報が必須であり、物語文や生活文は本来このような情報の元で構成される。ただし、井関・川﨑（2006）では、物語文読解から状況モデルを形成するという観点では空間性の次元が果たす効果は一貫して小さいと指摘している。一方、説明文は、もちろん時間・空間・対人の情報も含まれるが、その存在は必須ではない。

　(3)「書きことばと日常のことば：説明文は日常のことばで語られることは少なく、教科書や文書にみられる文体で書かれる（p.5）。」

　書きことばと日常のことば（話しことば）の違いは理解に何らかの影響を及ぼすのであろうか。岸・森澤（2013）では、文体（書きことば・話しことば）

×呈示モダリティ(文字呈示・音声呈示)の4条件で説明文理解を比較し、話しことばを音声で説明したとき、解答でも同じ文体とモダリティにするのが重要である、書きことばで書かれた説明を読んでその解答を音声で行うと誤答が増える、など、文体が呈示モダリティと交互作用をなしながら影響要因となっていることを示した。

(4)「概念構造：説明文は記述的な概念化がなされており、内的状態、物理的状態、状態間の特性を示す表現などが多くみられるが、物語文は目標志向的な概念化がなされ、時間的、因果的関係に従って記述されている場合が多い(p.5)。」

これは(2)と関連し、双方の文章で主に記述に使用されている表現の特徴をもとに、カテゴリー分けしているものである。先述の井関・川﨑(2006: 472)では、「因果性は(※筆者補記：意図性と)同様に連合を強化する作用を示した。しかし、このことは物語文における因果と説明文における因果がまったくの同質であることを意味しない」としており、さらなる検討の余地があると指摘している。

(5)「推論の数：Graesser(1981)によれば、物語文では説明文の約3〜4倍の推論が必要である(p.5)。」

この(5)は、そもそも物語文が持つ固有の特徴であり、文や台詞の間の飛躍を読者が自由に埋めていくこと自体が面白さの源である。文間をすべて記述してしまえば、解釈は一義的に決まるが、それでは物語文というよりも説明文の表現に近づいてしまい、興醒めになるであろう。

(6)「文章の伝達機能：一般的な傾向ではあるが、説明文は真実を伝えようとするのに対し、物語文は読み手を楽しませる目的で書かれる(p.5)。」

これは(1)と関係するが、文章の書き手の視点に立った比較であり、説明文を書く場合は、正しい情報をわかりやすく伝えるのが主眼である。近年、わかりやすく伝える能力やスキルを解明する手がかりとして、読み手意識(audience awareness)に関する研究が注目されている(McCutchen, 2006; Sato & Matsushima, 2006; 岸・辻・籾山、2014など)。

(7)「修辞上の特徴：物語文では、読者の興味を惹くためにさまざまな修

辞上の工夫がなされ、サスペンスや驚きの要素を盛り込んだり、話の順序の変更などがみられる。一方、説明文ではピラミッド型に話が展開し、話題の全要素を提示した後に、各要素について段落単位で説明を加えていくパターンが多い(p.5)。」

　これは(6)の伝達機能を果たすために修辞的な工夫をどのように組み込むのかを説明したものである。

　(8)「接続詞、つなぎのことば、関係を示す方法：物語文では接続詞やつなぎのことばは、説明文に比べて重要性が低い。一方、説明文の場合、これらのことばや表現は、論理の流れを正確に追うために不可欠であり、文章内容の理解に大きく関与する(p.6)。」

　接続詞やつなぎのことばは、論理の流れや因果関係を明示し、段落間構造を明らかにする役割がある。難解な説明文の読解では自立語の意味が曖昧や未知であっても、接続詞やつなぎのことばを手がかりに意味を推論していくのであり、その役割は極めて大きい。また、村田(2000)では、論文や専門教科書と文学作品とでは接続語句・助詞相当句の使用傾向が異なるデータを示し、これらの句が文章のジャンルを識別できる機能を解説している。

3.　説明文のジャンルとその読解

3.1　宣言的説明文と手続き的説明文の比較

　表1で紹介したように、説明文は、さらに宣言的説明文・手続き的説明文・論説文・評論文のジャンルに下位区分されている。これらの下位区分は、理解の過程や影響要因に相違点があるとともに、それらについていろいろ研究が積み重ねられている。

　そのうち、2.2の(2)で紹介したように、宣言的説明文と手続き的説明文は、Mayer(1985)による分類すなわちそれぞれ宣言的知識と手続き的知識を伝達するための文章として定義づけられている。

　岸(2004)では、宣言的説明文と手続き的説明文の特徴を比較し、表2のようにまとめている。もちろんすべての説明文がこれらの特徴で明確に区分

表 2　宣言的説明文と手続き的説明文の違い（岸，2004）

	内容	説明文	
		宣言的説明文	手続き的説明文
1	具体例	論説文・論文・新聞記事など	マニュアル・操作説明書など
2	記述文体	命題型記述が主体	プロダクション型記述が主体
3	伝達する知識	宣言的知識	手続き的知識
4	結束性	指示関係，因果関係	時間関係・空間関係
5	接続語の機能	数が多く，文章構造を表現	時間順序関係表現が主体
6	文脈規定性	接続語・指示語で規定	記述順序で規定
7	段落間関係	意味的・論理的関係	時間順序関係
8	文章の全体構造	構造特定可能	全体構造は不明確
9	図表との関係	文章理解の補助手段	図表の説明を文章で補う
10	理解程度の確認	主観的：納得や理解感	客観的：操作や動作の確認
11	文章の機能	論説	情報伝達

できる訳ではないが違いを強調すると表2のようになろう。

　宣言的説明文の特徴は「～は～である」のような命題型記述が主体で、文間のつながり（結束性）は主に指示関係や因果関係である。文章には接続語が多く、文間・段落間連接関係を明示する機能を果たす。2004年段階で図表は文章理解の補助手段としていたが、近年は、国際学力調査（PISA）の影響で、非連続型テキスト（non-continuous text）の研究が起こり、その成果として、図表とテキスト部分とをどのように統合するかは個人差が大きいことなどが明らかになりつつあり（たとえば岸・中村・相澤，2011）、補助手段以上の重要性が指摘されている。表2の11の文章の機能について、市毛（1985）は説明文を論説機能と情報伝達機能とに分類し、前者の論説機能には意見・主張・論説があると指摘しており、これが宣言的説明文としてカテゴリー化されるものに相当する。

　手続き的説明文の特徴は、「～ならば～しなさい」のプロダクション型の記述が主体で、文の間のつながりは時間順序や空間的位置関係による。つながりを表す接続語は順序や空間の関係を表すものになる。また、文の順序関係が手続き的説明では最も重要であって、順序を入れ替えると説明を誤る場合が多い。図表との関係は、宣言的説明文と同様、非連続型テキストの研究成果が重要となり、図表とテキストとの照合のしやすさ、明確さが理解しやすさを左右する。なお、市毛（1985）の分類では後者の情報伝達機能に相当

118　第 2 章　読むことの科学

し、記録・報告・説明などの文章がこのカテゴリーに含まれる。

　手続き的説明文に関しては、理解に影響する要因がいろいろ研究されてき
ている。たとえば、望月・内藤（2010）では、手続きの情報が重要なのはもち
ろんだが、手続きに関連する情報も理解を促進することや、操作結果の確認
が大きな促進要因になっていることを示している。また、畠岡・中條（2013）
では手続き的説明文の読解方略と作業記憶の関係を検討しており、言語的作
動記憶と空間的作動記憶が読解方略と交互作用をなすことを示している。さ
らに、山本・島田（2006）も高齢者の手続き的説明の理解における文章内の
標識化の効果を明らかにしており、さまざまな要因について明らかになって
きている。

3.2　論説文と評論文

　田近（1984）は、説明文の機能を記録性、説明性、論述性に分けている。
そのうち論述性が強い文章として論説文・評論文・論文に区分している。論
説文について、犬塚（2013: 162）では、「特定の事柄についての意見が書かれ
た文章」、評論文については篠崎（2014: 32）が「筆者独自の価値判断を論理
的な方法によって読者を説得する文章」と定義している。論説文と評論文に
ついては、宣言的説明文のカテゴリーの範囲で、両タイプの文章の理解にど
のような固有性や特徴があるのかについて多くの知見が示されているとは言
えない。その中で安田（2017）の研究は、高校の授業での評論文読解を対象
に、動機づけの視点からの読解過程を検討している。研究では、評論文の読
解を「持続的読解」「対処的読解」「熟慮的読解」の 3 段階に分けている。そ
して、それぞれの段階ごとに、影響する動機づけ要因が異なっており、持続
的読解では期待の要因、熟慮的読解では価値の要因の影響を示している。今
後は、いろいろな文章ジャンルと、その読みに影響する要因を明らかにする
ことで、効果的な読解指導に繋がることが期待でき、その先駆けの研究とし
て興味深い。

参考文献

足立幸子 (2017)「ジャンルに基づいたノンフィクションの読書指導―Fountas & Pinnell (2012) Genre Study を対象として」,『新潟大学教育学部研究紀要』, 10(1), 1–8.

Fountas, I.C. & Pinnell, G.S. (2012) *Genre study: Teaching with fiction and nonfiction books.* Portsmouth, NH: Heinemann. (足立 (2017) より引用)

古屋由貴子・岸学 (2016)「状況説明文の産出技能におけるわかりやすさ向上の検討」,『東京学芸大学紀要　総合教育科学系 I』, 67, 125–136.

Graesser, A.C. (1981) *Prose comprehension beyond the word.* New York: Springer-Verlag.

Graesser, A.C. & Goodman, S.M. (1985) Implicit knowledge, question answering and the representation of expository text. In Britton, B.K. & Black, J.B. (Eds.), *Understanding expository text.* (pp.109-171). Hillsdale, NJ: Lawrence Erlbaum Associates.

畠岡優・中條和光 (2013)「手続き的説明文の読解方略の使用と作動記憶の関係」,『日本教育工学会論文誌』, 36(4), 339–350.

市毛勝雄 (1985)『説明文の読み方・書き方』, 明治図書.

犬塚美輪 (2013)「読解方略の指導」,『教育心理学年報』, 52, 162–172.

井関龍太・川﨑惠里子 (2006)「物語文と説明文の状況モデルはどのように異なるか―5 つの状況的次元に基づく比較」,『教育心理学研究』, 54, 464–475.

岩永正史 (1990)「ランダム配列の説明文における児童の文章理解」,『読書科学』, 34, 26–33.

川﨑惠里子 (編) (2014)『文章理解の認知心理学』, 誠信書房.

Kintsch, W. (1994) Text comprehension, memory, and learning. *American psychologist,* 49, 294–303.

Kintsch, W. (1998) *Comprehension: A paradigm for cognition.* Cambridge: Cambridge University Press.

岸学 (2004)『説明文理解の心理学』, 北大路書房.

岸学・森澤創 (2013)「説明文の呈示モダリティと解答モダリティが内容理解に与える影響」,『日本教育工学会論文誌』, 37(Suppl.), 57–60.

岸学・中村光伴・相澤はるか (2011)「非連続型テキストを含む説明文の読解を促進するには？―眼球運動測定による検討」,『東京学芸大学紀要　総合教育科学系 I』, 62, 177–188.

岸学・辻義人・籾山香奈子 (2014)「説明文産出における『読み手意識尺度』の作成と妥当性の検討」,『東京学芸大学紀要　総合教育科学系 I』, 65, 109–117.

Mayer, R.E. (1985) Structural analysis of science prose: Can we increase problem-solving performance? In Britton, B.K. & Black, J.B. (Eds.), *Understanding expository text.* (pp.65–87). Hillsdale, NJ: Lawrence Erlbaum Associates.

McCutchen, D. (2006) Cognitive factors in the development of children's writing. In C.

MacArthur, S. Graham & J. Fitzgerald (Eds.) *Handbook of writing research*. (pp.115–130).New York: The Guilford Press.

望月正哉・内藤佳津雄 (2010)「手続き的説明文理解に説明的情報と操作確認が与える影響」,『日本教育工学会論文誌』, 34(Suppl.), 25–28.

村田年 (2000)「多変量解析による文章の所属ジャンルの判別―論理展開を支える接続語句・助詞相当句を指標として」,『統計数理』, 48(2), 311–326.

Sato, K. & Matsushima, K. (2006) Effects of audience awareness on procedural text writing. *Psychological reports*, 99, 51–73.

篠崎祐介 (2014)「教材としての「評論文」を定義する―「アブダクション」によって「ディスクルス」を志向する文章」,『教育学研究ジャーナル』, 15, 31–40.

田近洵一 (1984)「説明的文章の指導」井上尚美・田近洵一・根本正義編『国語科の評価研究』, 教育出版, pp.42–56.

上田紋佳・猪原敬介・塩谷京子・小山内秀和 (2017)「語彙力・文章理解力の発達に及ぼす読書のジャンルの影響―小学生 3 年生を対象とした縦断研究」,『読書科学』, 59(3), 121–133.

van Dijk, T.A. & Kintsch, W. (1983) *Strategies of discourse comprehension*. New York: Academic Press.

梅澤実・岩永正史 (1994)「小学校 2 年生は説明文をどのように読むのか―「つばめ」(教育出版 2 年上)の場合」,『山梨大学教育学部研究報告』, 45, 104–112.

山本博樹・島田英昭 (2006)「手順文の記憶に及ぼす標識化効果の認知加齢メカニズム」,『心理学研究』, 77, 278–284.

安田元気 (2017)「高校の授業における評論文読解とその動機づけについての量的検討―段階的読解に対する期待と価値の影響」,『読書科学』, 59(3), 95–102.

4　複数テキストの読み

中村光伴

1.　テキストの分類

　OECD が 2000 年より実施している国際学力調査（PISA）では、義務教育修了段階の生徒を対象に、読解力、数学的リテラシー、科学的リテラシーの 3 分野に関し、持っている知識や技能を、どの程度、実生活の様々な場面へ活用できるかについて調査している。このうちの読解力とは、自らの目標を達成し、自らの知識と可能性を発達させ、効果的に社会に参加するため、書かれたテキストを理解し、利用し、熟考し、これに取り組む能力であるとしている（国立教育政策研究所，2016）。PISA の中で扱われるテキストは、連続型、非連続型、混成型、複合型に分類される（国立教育政策研究所，2010；表 1）。

表 1　PISA でのテキストの分類（国立教育政策研究所，2010）

連続型テキスト	文と段落から構成。物語、解説、記述、議論・説得、指示、文書または記録など
非連続型テキスト	データを視覚的に表現した図・グラフ、表・マトリクス、技術的な説明の図、地図、書式など
混成型テキスト	連続型テキストと非連続型テキストを組み合わせたもの
複合型テキスト	独立したテキスト・データを組み合わせたもの ウェブサイト の情報など

　認知心理学、教育心理学の分野では、PISA で読解力として言及される以前から、複数の連続型テキストと説明文に図表を付した混成型テキストの読みに関する研究が数多く行われてきた。今回、複数テキストの読みに関し、複数の連続型テキストと混成型テキストに分け、検討していく。

2. 複数の連続型テキストの読み

　これまで認知心理学分野で、単独の連続型テキストを対象とし、様々な実験的研究が行われてきた。しかし、1990 年以降、欧米を中心に複数の連続型テキストを扱った読みに関する研究が行われるようになった。

　複数の連続型テキストは、読解時にテキスト間で矛盾や対立している情報を理解し、内容の差異を指摘できるような批判的統合が求められる論争的テキスト（小林，2013a など）と複数のテキストが互いの内容の相補的統合が求められる相補的テキスト（大河内・深谷，2007 など）に分類できる。

　なお、複数の連続型テキストの読みを行う際には、テキストごとにその理解過程において処理の深さが異なる 3 水準の心的表象（逐語的表象、テキストベース、状況モデル）が構築される（構築－統合モデル：Kintsch, 1988, 1998）。そのうちの、テキストにより描かれる状況の表象である状況モデルは、テキスト内情報や知識が結合され、精緻化された表象であり、得られた情報や知識を別のテキストに統合できる状態にあるとされている。

　複数の連続型テキストを扱った研究は、歴史学を中心に、法律、文学、科学など幅広い分野について、欧米を中心に行われてきたが、日本における研究はまだまだ少ないといえる。主に、批判的統合が求められる論争的テキストの読みに関する研究についてみていきたい。

2.1 論争的テキストの読み（批判的統合）

　論争的テキストは、様々な社会的問題（政治、科学、歴史や教育など）を巡る論争について、異なる著者により産出された複数のテキストを指す（小林，2012）。ここでいう論争とは、ある争点について対立する複数の考えや意見が、それぞれ別の立場から示されている場合のことを指している（小林，2010）。複数のテキスト間で対立する論点、考え、意見について、批判的統合を行うことにより、論争的テキストは理解される。批判的統合とは、「複数テキストを批判的に吟味し関連づけながら、それらのテキストに描かれた事象を推埋したり論点に関して判断を卜したりする過程とその所産（心

的表象や文章など)」のことである(小林, 2010: 504)。

　これまで、論争的テキストに関しては、歴史分野を中心に、熟達者(歴史家)の歴史的リテラシーとしての批判的統合に関し、初心者(高校生や大学生)と比較する中で様々な研究が行われてきた。大河内(2006)のように、自然科学分野のテキストを取り扱ったものもあるがその数はまだまだ少ない。

　論争的テキストの読解研究から、小林(2010)は、大学生であってもテキスト間情報を適切に関連づけられないこともあるなど、批判的統合の難しさを指摘している。テキスト間の記述の信頼性に関する比較をほとんど行わないこと(Wineburg, 1991)、テキスト間の情報の矛盾に気づかないこと(Britt & Aglinskas, 2002)、自分の信念と矛盾した情報を受け入れないこと(平山・楠見, 2004)、議論の対比や歪曲(小林, 2009a)や主題に関する既有知識不足(Kobayashi, 2009b)などにより、批判的統合が阻害されると指摘されている。

　では、批判的統合を行う際には、読み手はどのように表象を構築し、処理しているのか。小林(2013a)は、論争的テキスト処理における、記憶表象に関する理論的枠組みとして、複数文書モデルを紹介している(図1)。

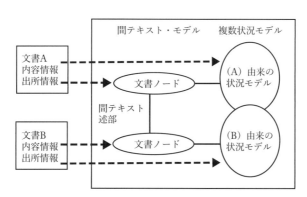

図1　複数文書モデル(Britt & Rouet(2012 を一部改編):小林, 2013a より引用)

　この複数文書モデルは、テキスト間関係、各テキストと(複数テキスト上に描かれた)状況の関係、各テキストの出所を表象している"間テキスト・

モデル"と、複数テキストに描かれた複数の状況（異なる理解や解釈、説明、論証）を統合した表象である"複数状況モデル"の2つのコンポーテントからなるとし、複数テキストの読解を通しての記憶表象である複数文書モデルが構築される（詳しくは小林（2013a）を参照されたい）。なお、小林（2014）では、この複数文書モデルの枠組みに基づいた検討を行っている。

　また、相補的テキストに関しては、大河内・深谷（2007）が、論争的テキストとは読解過程や構築される表象が異なると考え、科学分野の相補的テキストにて検討を行っている。その結果、他テキストの情報利用や重要情報への注目が統合的理解の成功に影響しており、そこには個人差がみられることを明らかにしている。また、読解過程での活動の違いにより、形成される表象にも個人差がみられた。相補的テキストの統合的理解を行うためには、各テキスト内の重要情報へ注目させる読み方が効果的である。今後、さらなる相補的統合テキストでの検討が必要であるだろう。

3. 混成型テキストの読み

　「図表が文章（説明文）に付されることにより、文章理解が促進される」という先駆的な研究結果（岩槻, 1998a; Mayer, 2001 など）のもと、混成型テキストの理解に関しては、主に非連続型テキスト（図表や図解など）が連続型テキスト（説明文）の内容理解を補うという、相補的統合に関する研究が数多く行われてきた。

　岩槻（1998a）は、架空薬に関する説明文に、薬の要点（種類と特徴）をまとめた図表を付することにより、文章理解が促進されることを明らかにした。これは、図的表現は、情報を複数かつ近接した位置に提示でき、同内容を文章で表現するよりも明示的であり、さらに理解時においては認知的負荷が少なく、処理効率性がよいからと解釈できよう（Larkin & Simon, 1987）。また、鈴木・栗津（2010）は、図解にて用いられる囲み枠や矢印などの図的要素により、概念間の関係づけが行われ、関係理解の認知的負荷が軽減されるため、内容理解が促進するとしている。

このような図の提示法に関しては、岩槻（2006）は、説明文のみから表象を構築できない読み手は、図を提示することで内容理解が促進されることを示している。しかし、構築できる読み手は、後に図を提示しても内容理解促進効果は見られなかったため、文章のみから構築することのできるはずの表象を、図から構築した表象により補っていることが確認できる。この結果は、Verdi, Johnson, Stock, Kulhavy, & Whitman-Ahern（1997）による、文章よりも先に図を学習することによる学習促進効果を支持するものである。

混成型テキストの読解処理過程に関しては、岩槻（2003b）が発話プロトコル法により、読み手は文章とグラフを対応づけた読みを行っていることを確認し、グラフから文章内で明示されていない関係の情報を読み取っている可能性を示唆した。Mayer（2001）と同様、読み手はグラフによる表象と文章の表象を統合した読解を行っていることが確認できる。

さらに、グラフに関する表示慣習知識（縦軸は量を表し、横軸は時間を表すなど）も読み方に影響する。表示慣習知識を持つ読み手はグラフの積極的な利用を行い、持たない者は文章を重視した読みを行っていた（岩槻, 2003a）ことからも、非連続型テキスト内の情報を正しく理解することの重要性が確認できる。

では、混成型テキストはどのように読解されているのだろうか。混成型テキストとして学校教育で使用される教科書を材料に用いた研究、そして、混成型テキストの読解過程を探るために眼球運動を指標とした研究から、混成型テキストの読解の様相と影響する要因についてみていく。

3.1　混成型テキストの読み（教科書を材料に用いた研究）

PISA の問題にて、混成型テキスト内での非連続型テキストの読み取りと活用が出題され、その理解過程が教育場面で注目されるようになった。私たちに馴染みの深い混成型テキストとして、考えられるのは教科書であろう。特に社会科教科書紙面は、連続型テキストを囲み、イラスト・図表・写真など様々な非連続型テキストが配置されている（図2）。

しかし、その種類による配置の統一性はみられない上に、図などに見出し

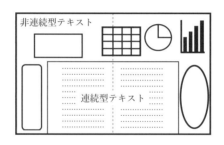

図2　社会科教科書のレイアウト例

が無い場合もあり、関連づけがしにくい(向後・向後, 1995)。さらに、本文情報と非連続型テキストの内容は、重複関係であったり、相補関係であったりもする。教科書は指導用教材であるため、指導時に文章と図表の読み方(参照)指導を行うことができるよう、作成者が"意図的"に見出しの不掲載や自然な関連づけがしにくい配置を行っているとも考えられるが、実際にはそれらの読み方の指導は行われていないことが多いと思われる。

このような社会科教科書での特徴をふまえ、文章と欄外情報の参照に注目した混成型テキストの読み方について検討した研究がある。大河内・深谷・秋田(2001)は歴史教科書本文に関連する非連続型テキストへの注意喚起信号(「右のような、左下の」など)を挿入することにより、本文と関連づけた記憶がなされ、テキストを記憶・理解しようとする際の欄外情報に対する読み手の比重の置き方が変化する可能性を示唆している。信号を付すことにより読み方が誘導されることは、深谷・大河内・秋田(2002b)でも確認されている。また、作業記憶は読解力と比較的よく関連すると指摘されているが(苧阪・苧阪, 1994；苧阪, 2002など)、本文と非連続型テキストが相補関係にある社会科教材に注意喚起信号を挿入することにより、作業記憶容量が少ない読み手の内容理解が向上することを明らかにしている(中村・岸・松井, 2015)。

なお、読み方には図表と本文の配置も影響しており、図表を主体とした配置で提示した場合、読解中に文章を主体とした配置よりも長い時間、図表を参照していた(中村・岸・赤城, 2018)。図表直後に対応した文章を配置す

ることで、読み手に図表を参照させる読み方を誘導することができる。

　このように文章中の信号の有無や文章と図表の配置により、図表をどの程度参照させるかが誘導可能である。電子黒板やデジタル教科書では紙面を自由に配置して提示することが可能であるため、統合に有効なレイアウトについても検討する必要があるだろう。

3.2　混成型テキストの読み方（眼球運動を指標とした研究）

　では、私たちは混成型テキストをどのように読み進めているのだろうか。読み手の事後報告（深谷・大河内・秋田，2000a）や読解時の発話プロトコル（岩槻，1998b, 2003b など）により、読解過程を推察している研究もあるが、読み手の記憶や自己モニタリング能力がその結果に影響すると考えられ、読み手によっては正確な情報とはなっていない可能性が指摘できる。

　そこで、言語報告によらない混成型テキストの読解過程を探るため、読解時の眼球運動を指標とし、読解中の活動やその内容理解について、個人差（読み方や作動記憶容量）の側面からも検討している研究がある。

　中村・岸（2009）は、歴史教科書読解時の眼球運動軌跡の分析により、非連続型テキストに注目した読み方をすることで、内容理解が促進されることを明らかにした。しかし、その参照方法は読み手により大きく異なっていた。この結果からは、歴史教科書における本文と非連続型テキストとの相互補完関係（大河・深谷・秋田，2001）が確認でき、本文との関係性が明示的でない非連続型テキストを統合した読みの重要性が指摘できる。しかし、その読み方は、成人であっても固定的であり共通した方略を獲得しているわけではない。なお、混成型テキストの読解方略について、畠岡・中條（2013）は、“図表の活用方略”、“標識の活用方略”の重要性を指摘している。

　また、読み方の違いは内容理解にも影響している。岸・中村・相澤（2011）は、眼球運動軌跡より読み手には図表先行型（図表を見てから本文を読み始める）と本文先行型（図表を参照せずに本文を読み始める）の存在を明らかにした。そこで、本文先行型の者に図表先行型の読み方を行わせたところ、内容理解が促進した。さらに、図の内容が具体図（具体的な物体）の場合には先

に図を見ることで、抽象図（概念関係）の場合には図を参照しながら本文を読むことで内容理解が促進した。

　そして、学習者の作業記憶容量も非連続型テキストの参照に大きく影響している。岸・中村・亀井（2013）は、作業記憶容量の違いにより、混成型テキストの読み方は変動し、その変動は文章と非連続型テキストとの関係性によって変化する可能性を示している。なお、作業記憶容量が少ない読み手に、本文内容と重複する非連続型テキストを提示した場合には、内容理解が阻害されてしまうという指摘もある（中村・岸・小岩，2013）。

　混成型テキスト読解時には、読み手に対し、事前に有効な読解方略（非連続型テキストの内容を把握し、どこから、どのように読むのか）を提示したり、読解中にその読解方略を意識させるような働きかけ（教師による声かけなど；福屋・森田，2013）などにより、非連続型テキストと本文の適切な関連づけがなされれば、読み手にとっては理解処理時に認知的負荷が少なくてすむため、内容理解が促進される可能性がある。

　しかし、文章と図表部分の参照は、文章と図表の配置や関係性（重複－補完）だけでなく、作業記憶容量にも影響されているようである。読解能力の向上だけでなく、個人の能力特性に応じた適性処遇交互作用（ATI）に配慮し、紙面レイアウトや情報の図表化に関しても、十分な配慮が必要となるだろう。

　だが、これまでの研究では児童・生徒の読解の様相に関する基礎的な知見はほとんど存在していない。中村・岸（2014）は、小学校3年生は社会科教科書の読解時に、欄外情報の挿絵にまず注目してしまう傾向があり、どの題材でも同じ参照方法を用いる傾向があると指摘している。混成型テキストの読解指導を検討するにあたり、その裏づけとなる発達的知見の無さは問題であろう。混合型テキストの読みに関する発達的観点からの研究に期待したい。

4. 複数テキスト研究への期待

　近年、さまざまな学力調査や入学試験にて問題解決のための批判的統合を求める課題が出題されている。学力観が大きく変化しつつある現在、複数のテキストを用いた出題がこれまで以上に増えてくると考えられる。

　しかし、学校教育の各教科での複数テキストの読解に関する体系的な学びはまだ行われていない状況といってよいだろう。小林（2013b）は、小学校から高等学校までの学習指導要領解説の分析から、国語科では「情報探索・統合」と「比べ読み」を目的とした複数テキスト教材が（ある程度）段階的に用意されていることを示した。だが、子どもの読みの発達との関連は示してはおらず、国語科で題材として指導するのみで、複数テキストから相補的－批判的統合が可能となるわけではない。子どもの読みの発達を考慮した体系的な指導が可能となるためにも、更なる基礎的な知見を示す研究を期待したい。

　今後、相補的統合が必要となる複数の連続型テキストや批判的統合が必要とされる混成的テキストを用いた出題がされることになるだろう。このような変化に対応できるよう、様々な分野からの早急な検討が望まれる。

参考文献

Britt, M.A. & Aglinskas, C. (2002) Improving students' ability to identify and use source information. *Cognition and instruction*, 20, 485–522.

Britt, M.A., & Route, J, -F. (2012) Learning with multiple documents: Comporment skills and their acquisition. In J.R. Kirby, & M.J. Lawson (Eds.), Enhancing the quality of learning: Dispositions, instruction and learning processes (pp.276–314). New York: Cambridge University Press.

深谷優子・大河内祐子・秋田喜代美（2000a）「小学校歴史教科書における談話構造が学習に及ぼす影響」, 『読書科学』, 44(1), 1–10.

深谷優子・大河内祐子・秋田喜代美（2000b）「関連する情報への注意喚起の信号が歴史教科書の読み方に及ぼす影響」, 『読書科学』, 44(4), 125–129.

福屋いずみ・森田愛子(2013)「非連続型テキストを含む説明文研究の現在」,『広島大学心理学研究』, 13, 83–90.

畠岡優・中條和光(2013)「手続き的説明文の読解方略の使用と作動記憶の関係」,『日本教育工学論文誌』, 36, 339–350.

平山るみ・楠見孝(2004)「批判的思考態度が結論導出プロセスに及ぼす影響―証拠評価と結論生成課題を用いての検討」,『教育心理学研究』, 52, 186–198.

岩槻恵子(1998a)「説明文理解における要点を表わす図表の役割」,『教育心理学研究』, 46, 142–152.

岩槻恵子(1998b)「説明文理解における図表形式の要約の影響―発話プロトコル法による理解過程の検討」,『読書科学』, 42, 135–142.

岩槻恵子(2003a)「グラフの読解と利用における表示慣習知識の役割」,『読書科学』, 47, 1–11.

岩槻恵子(2003b)「説明文読解時の表象構築過程におけるグラフの役割」,『読書科学』, 47, 79–87.

岩槻恵子(2006)「説明文理解時の状況モデル構築におけるグラフの役割―なぜ図は理解を促進するのか」,『心理学研究』, 77, 342–350.

Kintsch, W. (1988) The role of knowledge in discourse comprehension: A construction-integration model. *Psychological review*, 95 (2), 163–182.

Kintsch, W. (1998) Comprehension: A paradigm for cognition. New York: Cambridge University Press.

岸学・中村光伴・相澤はるか(2011)「非連続型テキストを含む説明文の読解を促進するには?―眼球運動測定による検討」,『東京学芸大学紀要 総合研究科学系』, 62, 177–188.

岸学・中村光伴・亀井裕(2013)「非連続型テキストを含む説明的文書の読解における作業記憶容量の影響」,『東京学芸大学紀要 総合研究科学系 I』, 64, 225–232.

向後智子・向後千春(1995)「日本の小学校・中学校の教科書における説明図を検討する」,『富山大学教育実践研究指導センター』, 13, 9–15.

小林敬一(2009a)「論争的な複数テキストの理解(2)―誤りの分析」,『静岡大学教育学部研究報告(人文・社会・自然科学篇)』, 59, 139–152.

Kobayashi, K. (2009b) The influence of topic knowledge, external strategy use, and college experience on student's comprehension of controversial texts. *Learning and individual differences*, 19, 130–134.

小林敬一(2010)「複数テキストの批判的統合」,『教育心理学研究』, 58, 503–516.

小林敬一(2012)「大学生により書かれた論争への参加―テキスト間関係の理解が果たす役割」,『教育心理学研究』, 60, 199–210.

小林敬一（2013a）「書かれた論争からの学習―文献レビュー」,『静岡大学教育学部研究報告（人文・社会・自然科学篇）』, 63, 86–98.

小林敬一（2013b）「初等・中等教育における複数テキストの利用―新学習指導要領（国語）とその解説の分析」,『静岡大学教育学部研究報告（教科教育学篇）』, 43, 55–70.

小林敬一（2014）「複数テキストからの学習に及ぼす読解課題の効果」,『心理学研究』, 85(2), 203–209.

国立教育政策研究所（2010）PISA2009 年調査 国際結果の分析・資料集 上巻―分析編 (http://www.nier.go.jp/kokusai/pisa/pdf/pisa2009_1.pdf:2018/01/31 確認済)

国立教育政策研究所（2016）OECD 生徒の学習到達度調査―2015 年調査国際結果の要約 (http://www.nier.go.jp/kokusai/pisa/pdf/2015/03_result.pdf:2018/01/31 確認済)

Larkin, J.H. & Simon, H.A. (1987) Why a diagram is (sometimes) worth ten thousand words. *Cognitive Science*, 11, 65–100.

Mayer, R.E. (2001) Multimedia learning. New York: Cambridge University Press.

中村光伴・岸学（2009）「非連続型テキストを含む文章の読解過程―眼球運動を指標として」,『熊本学園大学論集「総合科学」』, 15(2), 23–37.

中村光伴・岸学（2014）「非連続型テキストを含む文書の読解の様相―小学 3 年生について」,『日本教育心理学会総会発表論文集』, 56, 815.

中村光伴・岸学・赤城慎弥（2018）「非連続型テキストのレイアウトが読解過程に与える影響」,『熊本学園大学論集「総合科学」』, 23, 77–85.

中村光伴・岸学・小岩彩菜（2013）「非連続型テキストを含む文書の読解リテラシーについて―図表と文章の関係性からの検討」,『日本教育心理学会総会発表論文集』, 55, 522.

中村光伴・岸学・松井裕大（2015）「非連続型テキストを含む文書の読解リテラシーについて（2）―非連続型テキストへの注意喚起信号の挿入とワーキングメモリの影響」,『日本教育心理学会総会発表論文集』, 57, 151.

大河内祐子（2006）「議論が対立する 2 つのテキスト間の矛盾の発見」,『読書科学』, 50, 59–71.

大河内祐子・深谷優子（2007）「複数テキストはいかに統合的に理解されるか―読解中の活動に注目して」,『認知科学』, 14, 575–587.

大河内祐子・深谷優子・秋田喜代美（2001）「信号が歴史教科書の記憶と理解に与える効果―本文と欄外情報を関連づける信号の挿入」,『心理学研究』, 72, 227–233.

苧阪満里子（2002）『脳のメモ帳　ワーキングメモリ』, 新曜社.

苧阪満里子・苧阪直行（1994）「読みとワーキングメモリ容量―日本語版リーディングスパン・テストによる測定」,『心理学研究』, 65, 339–345.

鈴木明夫・栗津俊二（2010）「文章理解を補助する図解における図的要素全体提示の重

要性」，『心理学研究』，81, 1–8.

Wineburg, S.S. (1991) On the reading of historical texts: Notes on the breach between school and academy. *American educational research journal*, 28, 495–519.

Verdi, M.P., Johnson, J.T., Stock, W.A., Kulhavy, R.W. & Whitman-Ahern, P. (1997) Organized spatial displays and texts: Effects of presentation order and display type on learnig outcomes. *The jornal of experimental education*, 65(4), 303–317.

5 電子メディア・電子書籍と読み

荷方邦夫

1. はじめに

　書籍や文書、新聞、雑誌など紙媒体による印刷メディア、ラジオやテレビなどに代表されるマスメディアなど、従来からのメディアに対して、コンピュータをはじめとするデジタル機器によって、デジタルデータを介して提示されるメディアをデジタルメディア、あるいは電子メディアとよぶ。また近年では、通信機能を伴うネットワークがこれと密接に関わり、ICT（情報通信技術：Information and Communication Technology）と総称される情報処理や通信に関連する技術、産業、設備、サービスなど一連の領域を構成している。ICT は従来使われていた IT（Information Technology）という概念に比べ、通信やコミュニケーションの観点が強調されている。

　90 年代からの情報通信技術の高度化は、人の情報行動、そして人と人との情報伝達の仕組みを大きく変化させた。PC やスマートフォンといった情報端末の発展は、個人が時や場所にかかわらず、自由に情報を獲得し、その質量も圧倒的に増加するという結果をもたらした。ICT 化は情報に対する常時アクセス、情報の即時的（real-time）・オンデマンドな処理を実現し、また、情報の利用もその時々の文脈や環境に合わせ比較的自由に実現されるようになった。

　読み（reading）の研究を考える時、われわれが思い起こすことができる典型的な電子メディアとして電子書籍やワールドワイドウェブ（WWW）、スマートフォンなどの情報端末がある。これらは従来のテキスト中心の印刷メディアとは異なるタイプや性質の読みの特徴がある。本節では電子メディアや電子書籍の特徴やその読みの特徴について説明し、関連する読みの研究について紹介する。最後に、学校教育での読みの教育で電子メディアが用いら

れている実践とその課題について論じることとする。

2. 電子メディアを理解するキーワード

アナログメディアであれ電子メディアであれ、メディアがわれわれに提示しているものは情報（information）である。電子メディアは、この情報の提示されている形式や方法の点で、アナログメディアとは異なる特徴がある。

2.1 マルチメディア性とハイパーテキスト

電子メディアにおける最も顕著な特徴は、マルチメディアという特質をもつ情報メディアであることである。Mayer（2001, 2005）はマルチメディアを言語（ナレーション、文章）と図（絵、写真、図表、動画）を同時提示する方法と定義し、複数の情報が同時に提示されるとしている。この際、情報は視覚および聴覚、あるいは他の感覚を通した複数の感覚（モダリティ・チャネル）によって同時に提示され、人間の複数の認知システムで同時に処理されるような形態で提示される。これらを説明する理論としては Paivio（1971, 1986）の二重符号化理論がある。人間の読みには言語的符号化とイメージの符号化の双方があり、それぞれが異なる表象をもつことで相補的な機能を果たし、理解や記憶を促進するよう働くことが知られている。

この複数表象による処理は、電子メディア上で複数のコンテンツが（文章や画像など）相互に関連づけられ、自由に引き出されるような形式で表示される時に頻繁に観察される。このような電子メディアのコンテンツをハイパーテキストとよんでいる。現代の電子メディアは、このマルチメディア性やハイパーテキストの発想の上に成り立っているものが主となっている。

Reinking（1992, 1997）は印刷されたテキストと電子メディアやハイパーテキストの違いについて論じている。ハイパーテキスト独特の特徴として、テキストと読者との間に相互作用が作り出され、非連続的に情報が整理されアクセスされることや、自由で広い記号要素を使用して意味を伝えることができ、従来のテキストの慣習などが変化することなどがあるとしている。

Leu（2000）は従来の書物による読みのリテラシーに対して、電子メディアやICTを用いた機器のリテラシーについて、情報の収集や統合、評価、あるいは伝達などを含んだより幅広い概念であることを指摘している。同時に読み手には複数のリテラシーが求められることや、読みの学習が社会的な状況のもとで構成されること、あるいは時間や空間によって受け取るべき意味が変化するという直示的（deictic）性質をもつことなどの指摘を行っている。また先述のMayer（2001）も同様に、メディア・コンテンツを通した読み書きの活動に、これまでの読み書きの活動とは異なるリテラシーが存在することを指摘している。

　たとえば、電子メールと従来の手紙との間には、その形式や理解について、異なる性質やコンテキストを見出すことができる。手紙は基本的に記述の内容も、記述の形態も散文の形式をもつ。たとえば、1つのまとまった内容が1つの段落に記述され、一般的な文章の形式で書かれることが多い。これに対して、スマートフォンでのメールでは口語的なコミュニケーション、画面の制約などからより短いセンテンスで改行がなされたりと、従来の手紙とは異なる特徴をもつ。これらが利用者にこれまでの手紙がもつルールやイメージとは異なる視点からの理解を求める。したがって同時に従来とは別のリテラシーを求める。

2.2　情報提示の非連続性

　書籍であれテレビであれ、アナログメディアは情報が時間空間的に連続した形で提示されるのが主である。ただし、アナログメディアであっても図表やグラフなどは文字や図形などの情報が多次元的に提示され、その読み方の連続性（順序）も比較的自由である。このようなものを非連続型テキストという。非連続型テキストはデータを視覚的に表現した図・グラフ、表・マトリクス、技術的な説明などの図、地図、書式（国立教育政策研究所，2010）を指すものとされている。一例として図1のような情報コンテンツ（Webを利用したソフトウェア）をあげる。複数の画面には、それぞれ伝達されるべき情報がリストとして並べられている他、それぞれの画面には複数のタブとよ

ばれる画面が重ねて配置されており、必要に応じてそれぞれのタブをめくって表示させることにより、画面が新しい画面に切り替わる(遷移する)ことなく処理をすることが可能になっている。

　一度に見ることができる画面上には、お知らせ、スケジュールやデータベースなどいくつもの情報が別々の区切られた領域に示されている。われわれはこの情報のどこからでも参照することが可能であり、参照先からはさらに別の情報が提示される。このような形態が非連続型のテキスト・コンテンツ設計である。

　この非連続性をもった情報の提示では、一度に大量の情報が提示されることが多い。情報が1つの画面に集積されていくことをマッシュアップという。マッシュアップされた情報コンテンツは、ともすると人間の情報処理の容量を超え、理解が困難になることも少なくない。そのため、認知的な観点

ポータルシステムはインターネットの「入口」として、社員や会員などに対し個別に情報を提供するシステム。このシステムは4画面に分かれ、それぞれの画面ではスケジュールやメッセージ、データベース情報などが同時に提供される。さらに1つの画面でもタブ表示によって複数の機能を切り替えて表示できるほか、切り替えられてない画面の新着情報数がわかるなど、ひと目で大量の情報を同時に閲覧・処理することが可能。

図1　情報の集積(マッシュアップ)が高いメディア・コンテンツ
　　　(ディサークル社、ポータルソフトウェア PowerEGG)

から様々な配慮と支援が行われる。代表的なものとして、情報のレイアウトやツールの操作手順などにおいて、個人が既に自己の中で確立したイメージであるメンタルモデルに沿うよう設計することや、情報量のコントロールとして、情報の精緻化や体制化、一度に提示される情報量の調整を行ったりすることがよく知られている。一方、受け手となる読み手も、非連続性を利用して書籍などとは異なる情報のアクセスを行う。

2.3　インタラクションとコラボレーション

ICT によってもたらされた顕著な特徴として、情報に対する相互作用的な活動の増加と、ICT によって結びつけられた個人や情報との間におこる協働的な活動の増加がある。前者はインタラクション、後者はコラボレーションとよばれる。提供された情報、あるいは情報ツールに対して受け手である利用者が自ら働きかけ、情報のさらなる取得や改変といった双方向的、相互作用的な情報活動が多く見られることは、従来のメディアに対する情報行動とは明らかな違いを見てとることができる。また、通信手段によって結びつけられた個人間でのインタラクティブな活動、あるいは活動に参加する個人同士によって協働的な活動が頻繁に発生し、従来のメディアとくらべ多様な活動を提供する。Eldered & Hawisher (1995) や Schofield (1997) など、電子メディアを介した学習に関する多くの研究が、電子メディア利用を伴う読みや書きに関する場面で、メディアの利用者間でのインタラクションやコラボレーションが高頻度かつ多様に繰り広げられることを指摘している。

インタラクションについては、幼児に対する絵本の読み聞かせに関する紙媒体とデジタルコンテンツの比較研究がある。紙媒体のほうが親子の相互作用に優れ（呉，1997）や物語の流れの理解にも促進的な効果を与える（藤後・磯友・坪井・坂元，2011）という報告が見られるが、佐藤・佐藤 (2013) はデジタルコンテンツの方が絵本に対する接触時間が長く、子どもからの発話も増加することを指摘している。また竹中・稲垣・山口・大島・大島・村山・中山 (2004) は、小学校の理科の授業の中で CSCL（コンピュータによる協調学習）システムを使った実践を行い、参加者相互の情報共有が理解の深化を

実現すると結論づけている。

　この ICT がもたらすインタラクティブな側面、コラボレーティブな側面は、われわれが電子メディア上で積極的な関わりをもたせる大きな効果をもっている。これらの側面をもっとも内包する電子メディアとして、SNS（Social Networking Service）を中心とするソーシャルメディアがある。総務省の平成 23 年度版情報通信白書（2011）でも、若い人を中心にテレビやラジオなどの既存のメディアから、SNS を中心とする新しいメディアへの移行が顕著であることが指摘されている。ソーシャルメディアの利用者は積極的かつ能動的に活動に参加し、参加に対する高い動機づけを示す。この動機づけが、電子メディア利用の頻度や関与の高さの基盤となっており、結果として活動の促進を支えている。

3.　デジタルメディアの読みの特徴

3.1　タブレットと紙媒体でのテキストの読み

　デジタルメディアの読みの特徴は、主に機器の性質によって起こる変化と、デジタルメディアという新しい環境が、異なる読みのリテラシーを与えるようになるために起こるものとに分かれる。

　たとえば、機器の性質によって起こる変化として、表示のスタイルが従来の紙メディアと異なるためにそもそもの見えが変化するといったものである。一例として氏間（2017）はデジタルメディアツールにおけるテキストの表示形式と読みやすさについて検討した。氏間はデジタルメディアには、画面上でテキストの拡大・縮小自体が可能なため、画面上のテキストを自分で動かす（スクロール）ことができるものや、拡大・縮小に合わせて画面上の表示自体が変化するリフロー形式など複数の表示形式があり、形式の異なりが読みのスピード、見やすさなどに影響をあたえることを指摘している。

　赤堀・和田（2012）は紙媒体とタブレットでの学習実験を行い、双方の比較を行っている。彼らの実験では、その結果、紙では知識・理解を問う問題、多肢選択のような形式の問題で優れた成績を導くのに対し、タブレット

では、記述のような形式の問題、応用的問題、理解・総合問題に優れるとしている。また、タブレットは飽きにくく、紙は飽きやすいというアンケート結果も同時に得られている。

また赤堀（2013）は、紙は文章が思い出しやすい、下線がひきやすい、学習した実感があるなどの報告が多くなされること、タブレットでは写真の対象物が数えやすい、写真が思い出しやすい、もう一度やってみたい、退屈しにくいなどが報告されることを示している。

3.2　テキストに自分で改変を行う

電子メディアのコンテンツでは、自分で学習においてコメントを書いたり、メモをしたり、ハイライトをしたり、小さな図を書いたりする行為がしばしば見られる。また、それらの行為ができるよういくつかの機能が備えら得ていることが多い。このような書き込みをアノテーション（注釈）という。

伊藤・柳沢・赤堀（2006）ではWebにおけるアノテーションと学習の関連をみたところ、1週間後にはアノテーション群の記憶成績が高かった。また安藤・植野（2011）はタブレットPCを用いた学習活動において、手書きおよびキーボードを用いたアノテーションが、書き込みにかかる外的認知負荷を低下させ、学習者の理解・記憶を促進することを報告しており、学習者の積極的な学習活動を支援するという点で効果的であることを指摘している。Shipman *et al.*（2003）は、裁判の判決資料に記されたアノテーションについて検討を行い、アノテーションと判決に強い相関がある、つまりアノテーションされた判例や要点が判決に関連することを指摘している。

4.　学校教育における電子メディアと読み

島田（2017）は学校教育におけるICTの導入について、Sawyer（2006）が示した伝統的な教授主義の学習観と、学習者の主体性を重視した学習者中心主義の学習観の双方において学習環境を提供すると指摘している。また、ICTによって提供が可能になったVR（仮想現実）やロボット・エージェント、

ビッグデータと人工知能による情報処理が新しい学習環境をもたらすと予想している。ここではこれを踏まえ、読みの教育、あるいは国語教育における電子メディア利用の実情や議論を紹介する。

近年国内でも、2020 年度を目標として整備されているデジタル教科書の導入の流れを受け、デジタルコンテンツの積極的な利用への変化が見られる。国語教育を中心とした読みの教育でも、デジタル教科書を活用した事例、研究が報告されつつある。中橋・中川・佐藤・青山 (2016) はデジタル教科書の機能であるマーカー機能などの書き込み機能を用いて、文章を構造化する学習活動を促進するという実践から、授業改善に活かす指導方略の展開を提案している。同様に渡邉 (2018) も、デジタル教科書が編集可能なテキストツールであることや、動画など従来の紙媒体では用いることのできなかったコンテンツが活用できることなどを指摘し、デジタル教科書の可能性について論じている。

学校教育に電子メディアによる読み・書きが導入された早い時期から、多くの教師や児童・生徒にとってこれらに対する興味や態度が高い水準で評価されるという指摘がなされてきた (U.S. Congress Office of Congressional Assessment, 1995；Reed, Ayersman, and Leu, 1995)。先の赤堀 (2013) でも電子メディアによる学習が動機づけの観点において優れていると指摘している。これは電子メディアのコンテンツが、テキストや図版だけでなく、動画や音声、あるいはインタラクティブな情報の提供を可能にすることによるものと考えられる。

望月ら (2014) は、知識を関連づけながら自己の意見や知識を形成していくという対話的理解を基盤とし、大学生の読解リテラシーの獲得・利用を支援する学習ツール MEET eJournalPlus を開発した。eJournalPlus は文章の読みの中で、下線・アノテーション、そしてこれらを用いてコンセプトマップを作成する機能、意見文を書くエディタをもったツールであり、文章と既有知識から知識構築を支援することを目的としている。これを用いた大学生に対する実験授業において、自己の意見の形成に促進的な機能を果たすことが示されている。

先述の渡邉（2018）は電子メディアを用いた読みのツールを学校教育で使用することのデメリットについて、ライセンスやツールの未整備、他のソフトとの連携の難しさなど、現時点での制度・システム上の問題点についてもふれている。Kamil, Intrator, and Kim（2000）も、コンテンツ作成のコストが紙媒体などを使用した時と比較して大きすぎる場合には、それだけで使用の大きな障害となることを指摘している。

　結語として電子メディアを介した読みは、従来のメディアコンテンツとは異なる可能性を示す一方で、特有の認知的・社会的な制約を与え、適応的に利用するための新たな取組や見方も必要となることが示された。今後の利用の広がりとともに、これら諸課題を解決する研究の広がりもまた期待される。

参考文献

赤堀侃司（2013）「インターフェースの比較による紙・PC・タブレット型端末の認知的効果」，『白鷗大学教育学部論集』，7(2), 261–279.

赤堀侃司・和田泰宣（2012）「学習教材のデバイスとしての iPad・紙・PC の特性比較」，『白鷗大学教育学部論集』，6(1), 15–34.

安藤雅洋・植野真臣（2011）「e ラーニングにおけるタブレット PC を用いた書き込みの効果分析」，『日本教育工学会論文誌』，35(2), 109–123.

Eldred, J.C., & Hawisher, J.(1995) Researching electronic networks. *Written communications*, 12, 330–359.

呉淑琴（1997）「幼児のマルチメディア絵本の読み過程に関する一考察」，『日本保育学会大会研究論文集』，50: 520–521.

伊藤清美・柳沢昌義・赤堀侃司（2006）「Web 教材への書き込みを可能とする WebMemo システムの開発と評価」，『日本教育工学会論文誌』，29(4), 491–500.

Kamil, M.L., Intrator, S.M., & Kim, H.S. (2000) The effects of other technologies on leteracy and literacy learnning. Kamil, M. L., Mosenthal, P. B., Pearson, P. David, Barr, R. (Eds.), *Handbook of reading research*, Vol. III (pp.743–771). Mahwah, NJ: Erlbaum.

Leu, D.J. (2000) Literacy and technology: Deictic consequences for literacy education in an information age. Kamil, M. L., Mosenthal, P. B., Pearson, P. D., Barr, R. (Eds.),

Handbook of reading research, Vol. III (pp.719–742). Mahwah, NJ: Erlbaum.

Mayer, R. E. (2001) *Multimedia Learning.* New York: Cambridge University Press.

Mayer, R. E. (2005) *The cambridge handbook of multimedia learning.* New York: Cambridge University Press.

望月俊男・西森年寿・椿本弥生・大浦弘樹・佐藤朝美・渡部信一・ヨハンソン　ヘンリク・中原淳・山内祐平 (2014)「読解リテラシーの実践を支援するソフトウェア eJournalPlus の開発」,『日本教育工学会論文誌』, 38(3), 241–254.

中橋雄・中川一史・佐藤幸江・青山由紀 (2016)「国語科学習者用デジタル教科書のマーカー機能と授業支援システムの画像転送機能を活用して言葉を検討させる授業における指導方略」,『日本教育工学会論文誌』, 40 (Suppl.) , 105–108.

荷方邦夫 (2009)「情報の理解を促す知識の性質とその獲得—知識の利用可能性に関する研究」,『読書科学』, 52 (1) , 27–34.

Paivio, A. (1971). *Imagery and verbal processes.* New York: Holt, Rinehart & Winston.

Paivio, A. (1986). *Mental representations.* New York: Oxford University Press.

Reed, W.M., Ayersman, D.J., & Leu, M. (1995) The effect of hypermedia instruction on stage of concern of students with varying authoring language and pripr hypermedia experience. *Journal of research computing in education, 27,* 297–317.

Reinking, D. (1992) Differences between electronic and printed texts: An agenda for research. *Journal of educational multimedia and hypermedia,* 1(1), 11–24.

Reinking, D. (1997) Multimedia learning me and my hypertext: A multiple digression analysis of technology and literacy. *The Reading teacher,* 50, 626–643.

佐藤朝美・佐藤桃子 (2013)「紙絵本との比較によるデジタル絵本の読み聞かせの特徴の分析」,『日本教育工学会論文誌』, 37(Suppl.), 49–52.

Sawyer, R.K. (Ed.) （2006）*The cambridge handbook of the learning sciences.* Cambridge: Cambridge University Press. 森敏昭・秋田喜代美 (監訳) (2009)『学習科学ハンドブック』, 培風館.

Schofield, J. W. (1997). Computers and classroom social processes–A review of the literature. *Social science computer review.* 15, 27–39.

島田英昭 (2017)「情報通信技術 (ICT) と学習」日本児童研究所 (監修)『児童心理学の進歩 2017 年版』, 56, 138–155.

Shipman, F.; Price, M.N.; Marshall, C.C.; Golovchinsky, G.: *Identifying useful passages in documents based on annotation patterns.* In T. Koch and I. T. Sølvberg (Eds.), *Proceedings of ECDL 2003.* (pp. 101–112).

総務省 (2011)「平成 23 年度版情報通信白書」http://www.soumu.go.jp/johotsusintokei/whitepaper/ja/h23/pdf/index.html.

竹中真希子・稲垣成哲・山口悦司・大島純・大島律子・村山功・中山迅 (2004)「CSCL

システムを利用した小学校の理科授業に関する実践的研究―オンライン上の相互運用用とオフライン上の相互運用用の分析」,『日本教育工学会論文誌』, 28(3), 193–204.

藤後悦子・磯友輝子・坪井寿子・坂元昂 (2011)「絵本の読み聞かせとビデオ絵本の視聴による物語理解」,『こども環境学研究』, 7(3): 48–52

U.S. Congress, Office of Congressional Assessment.(1995). *Teachers and technology: Making the connection.* Washington D.C. Government Printing Office.

氏間和仁 (2017)「デジタル・リーディングにおける読速度―表示形式と文字サイズの効果」,『読書科学』, 59(1), 24–32.

渡邉光輝 (2018)「学習者用デジタル国語教科書の可能性―デジタル化で編集可能なマルチメディアテキストへ」,『学習情報研究』, 260, 18–19.

6 読みと感情

福田由紀

1. はじめに

　私たちは書かれている内容を読んで理解するだけではなく、登場人物の気持ちも含めて、文章が表している世界を理解している。日本の学校教育でも、2017（平成29）年3月に改訂された文部科学省の学習指導要領で、国語の3・4年生の読むことの事項として、登場人物の気持ちの理解が重要な指導対象となっている（文部科学省，2017）。

　しかしながら、読み手は文章を読んで登場人物の感情を推測しているだけではない。私たちは、文章を読んで面白がったり、感動したりといった物語の世界に没入する体験もする（小山内，2017）。つまり、読むことにより様々な感情が引き起こされている。この読み手の感情にも、教育への応用の示唆があると考えられる。

　そこで、本節では、登場人物の感情理解と読み手の感情に注目する。このような経験を引き起こす文章のジャンルは、本章第3節で紹介された物語文である。そのため、物語文に分類される文章の読みと感情の研究を、本節では主に概観する。なお、理論的な枠組みの詳細に関しては、米田・楠見（2007）を参照されたい。

2. 読み手はいつ感情体験をするのか

　私たちは文章を読みながら、頭の中で文章の世界を自動的にそして意識的に作りつつ読んでいる。このような頭の中に作られる文章の世界に関する心的表象を状況モデルと呼ぶ。この状況モデルは、本章第1節で説明されたように、読んでいる最中に自動的に更新されていく（図1）。

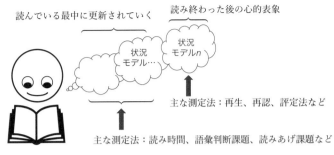

図1　読書中に更新される状況モデルのイメージ

　心理学の分野では、研究対象としている認知過程を検討するために様々な測定方法が用いられている（研究方法に関しては福田（2012）を参照）。文章を読んでいる最中の認知過程における様々な処理は、オンライン処理と呼ばれる。この検討には、読んでいる最中の文の読み時間を測定する方法が主に用いられる。また、文章を読んでいるときに、「たのしい」「びいさし」などの文字列を提示し、それが日本語の単語か否かを尋ねる語彙判断課題における正答率や反応時間のデータも用いられる。これは、ポジティブな感情状態にある場合、ポジティブな事象の記憶想起や判断が促進されるといった気分一致効果に関するプライミング研究の枠組みを利用している（詳細は北村（2013）を参照）。例えば、楽しさを表現している文章を読んでいるときは、読み手の感情もポジティブな状態となり、「かなしい」というネガティブな感情価を表している単語の語彙判断よりも、「たのしい」というポジティブな感情価を表しているそれの判断の方が速くなるといったプライミング効果が期待できる。この枠組みによって、読み手がどのような感情状態にあるのか、オンラインで測定できる。

　一方、文章をすべて読み終えた後に、登場人物の気持ちや自分の感情を考える場合もあり、これらはオフライン処理と呼ばれる。オフライン処理の検討では、文章を読み終わった後に、登場人物や読み手の感情について、当てはまる選択肢を選ばせたり、書かせたりする方法が主に用いられる。

3. 読んでいる最中の感情

3.1 オンライン処理における登場人物の感情の理解

登場人物の感情の理解は感情推論(emotional inference)と呼ばれ、1990年代頃から、感情語が明示されていない物語を用いて主に成人を対象に研究がなされている。その研究分野では、Gernsbacher らの一連の研究が有名である(Gernsbacher, Goldsmith, & Robertson, 1992; Gernsbacher & Robertson, 1992; Gernsbacher, Hallada, & Robertson, 1998)。それらの研究では、実験参加者のペースで次のような物語を最初に読ませた。親友が勤めているコンビニに買い物に行った主人公がレジからお金を盗み、そのせいで親友が店を首にされた、と後で聞いたといった内容である。もし、読み手が主人公は罪悪感を覚えるであろうと推測していたならば、物語に引き続く文がその内容と一致していない場合、一致している場合よりも読み時間は長くなると予想できる。実際に、続きの文として「それを聞いて、主人公は満足感(proud)を覚えた」といった読み手の推測に一致しない文の読み時間は、一致している「それを聞いて、主人公は罪悪感(guilty)を覚えた」という文よりも遅かった。つまり、読み手は読んでいる最中から主人公の感情を自動的に推測しており、それと一致しない文を読んだ場合にはそれまでに構築した状況モデルに適合しないため、一貫性のある心的表象を作るために時間がかかると考えられる。また、彼らは、読み手はポジティブなどの広い範囲の感情価ではなく、罪悪感などの特定の感情を推測しているとした。

これらに対して、Gygax, Oakhill, & Garnham (2003)では、文章に一致する単語(例 happy)を含む文と不一致な単語(例 depressed)を含む文だけではなく、一致する同義語(例 pleased)と一致する類義語(例 proud)を含んだ文の読み時間を比較した。その結果、不一致な単語を含む文は、他の3つの文の読み時間よりも長くなった。一方、一致している単語と同義語、類似語を含んだ文の読み時間には差がなかった。これらの結果より、読み手は特定の感情を推測するというよりも、ポジティブやネガティブといった、より広い感情価を推測しているとした。この解釈のほかにも、Sanford & Emmot(2012)

は、読み手が複数の特定の感情を自動的に推測している可能性も指摘している。

　子どもを対象としたオンライン処理の感情推論に関して、Diergarten & Nieding（2016）は、小学生と大学生を対象に音読を用いた実験を行った。その結果、8歳からオンライン的に登場人物の感情推論をしていることがわかった。しかし、8歳では広い感情価を、他方、10歳や大人は特定の感情を推測していた。また、10歳以上の場合、情報を更新するワーキングメモリ容量の大きい参加者の方が正しく感情推論ができていた。加えて、Mouw, Leijenhorst, Saab, Danel, & van den Broek（2017）でも、10歳程度でオンライン的に感情推論をしていることを示した。ただし、子どもの方が、大人よりも登場人物の感情を処理したり、一貫性のある心的表象を作るための時間は長くかかった。

　以上のように、私たちが読んでいる最中に登場人物の感情推論を行っていることは多くの研究で一致しているが、推測される感情の内容に関しては一致しているとは現状ではいえない。また、発達的な視点で行われている研究はまだ少ないが、少なくとも8歳くらいからは自動的な感情推論が行われている可能性がある。しかし、その精度は低く、加えて、子どもの感情推論にはワーキングメモリ容量など他の認知能力が影響していると考えられる。

3.2　オンライン処理における読み手の感情

　オンライン処理における読み手の感情を測定した研究はあまり多くない。その中で、Morishima, Fukuda, & Tsunemi（2014）は喜び感情、あるいは悲しみ感情を暗示的に示す物語を読んだ直後に、感情語についての語彙判断課題を用いて反応時間を検討した。その結果、喜び感情を表す文章を読んだ後では、「うれしい」のようなポジティブな感情語に対する語彙判断の反応時間は「かなしい」のようなネガティブな感情語に対する反応時間よりも有意に速く、プライミング効果が確認された。つまり、実験参加者は提示された文章と同じ感情状態にあったと考えられる。

　また、文章ではないが、互いに独立している文のリストを実験参加者に

148　第 2 章　読むことの科学

読ませ、脳活動を測定した Takahashi, Matsuura, Koeda, Yahata, Suhara, Kato, & Okubo（2008）の実験も興味深い。「私は宝くじにあたった」のようなポジティブな文のリストを読んでいるときは、「私は寝る前にパジャマに着替えた」といったニュートラルな文のリストを読んでいるときと比較して腹側線条体が活性化した。それは、ポジティブな感情状態にあるときに活性化する脳部位である。つまり、ポジティブな文のリストを読んでいる参加者は、それと同じ感情状態になっていることが示唆される。

　さらに、Komeda & Kusumi（2002）は、参加者に物語を一文ずつ提示し、その都度、連想した単語を書かせた。連想語を分析した結果、物語の展開に沿って、読み手の感情が変化していることを示した。この方法では、読み手は物語の読みをいったん止めることになり、厳密には読み手の感情に関するオンライン処理を測定しているとは言い難い。しかし、読んでいる最中に読み手の感情が変化していることが示されたことにより、読み手の感情の喚起も感情推論と同様に自動的に行われている可能性を示し、かつ、文章の内容によって変化していることが示された点は重要である。

　以上より、オンライン処理での読み手の感情を測定した研究はあまり多くない。しかし、登場人物の感情を推測する場合と同様に読み手の感情も自動的に喚起されている可能性は高い。

3.3　オンライン処理における相互作用

　前述のように、読んでいる最中の登場人物の感情理解や読み手の感情は、それぞれの研究分野で検討がなされているが、互いに影響しあっている可能性は高い。例えば、Havas, Glenberg, & Rinck（2007）は、顔面フィードバックを用いた実験を行った。具体的には、実験参加者に歯でペンをくわえさせ、笑顔を作ることでポジティブな気分を、唇でペンをくわえさせ、口をへの字にさせる表情からネガティブな気分を誘導した。このような方法で気分を誘導された参加者は、ペンをくわえたままの状態で文章を読んだ。その結果、そのときの気分と一致した文の読み時間が不一致の文よりも速いことを見出した。読んでいる最中の気分を表情から誘導した Havas *et al.*（2007）

と、読み手は文章によって特定の感情状態になることを示した Morishima *et al.*(2014) の研究結果とを併せると、読み手は文章によって特定の感情状態になり、その感情状態と一致している文章の読みが促進されるという相互作用が生じている可能性が考えられる。

このような研究は、私たちが文章を読んでいる最中に登場人物の感情を自動的に推測し、同時にその感情と同じ感情価の状態を体験し、それらがお互いに影響していることを示している。このような相互作用に関する研究が増えることにより、読んでいる最中に感情がどのように状況モデルの構築に影響しているのかが明らかになるであろう。

4. 読み終わった後の感情

4.1 オフライン処理における登場人物の感情の理解

国語科などで行われる物語の読解テストでは、登場人物の気持ちが問われることが多い。これは、読み手が感情推論のオフライン処理をしていることを前提としている。このような登場人物の気持ちの理解は、幼児期から可能である。例えば、5歳児でも主人公が失敗するお話を聞いて、主人公の怒りと悲しみを理解することができる (Levine, 1995)。児童期になると、登場人物の気持ちの理解には視覚的イメージの視点取得能力が影響する (福田, 1996)。登場人物2人が対面し、そのうちの1人のみが挿絵になっている場面を実験参加者に読ませた。その結果、小学校3年生では挿絵人物の表情に影響され、挿絵人物の気持ちを深く理解するが、一方、5年生や大人では挿絵人物を見ている別の登場人物の気持ちについても多く言及した。

要するに、物語を聞く場合には年長児から、自分で読む場合には小学生から、物語終了後に登場人物の感情について答えることができる。ただし、その推測する程度や内容は大人とは異なり、他の認知能力の発達が影響している可能性がある。特に、幼児期から児童期において登場人物の感情を推測するには、文章に関連する知識を様々な角度から広く探索する推論の必要性が指摘されている(上原, 2012)。

4.2 オフライン処理における読み手の感情

　読み終わった後の読み手の感情に影響する要因の一つとして、文章自体が表している感情価が考えられる。例えば、森田・菅村（2014）は、ポジティブな詩を黙読するとゆったりした気分になりやすく、ネガティブな詩を黙読すると重苦しい気分になりやすいことを明らかにした。また、福田・佐藤（2017）は、ニュートラルな文章と比較して、ポジティブな文章を読んだときのみ、読み手の肯定的感情得点が有意に高くなったことを示した。一方、前述した Mouw *et al.*（2017）では、オンライン処理における感情推論だけではなく、発達的観点から読み手の感情状態についても検討している。その結果、自分の感情状態を子どもはより中立的に、それに対して、大人は登場人物のネガティブな感情状態に近い評価をしていた。つまり、子どもが読み手の場合には、文章によって表される感情による影響の程度は大人よりも小さい可能性がある。しかし、この点に関する研究数は少なく、結論は他の研究結果を待ちたい。

　また、文章の内容が表している感情価ではなく、そこに書かれている出来事の順番も読み手の感情に影響している。例えば、福田・土清水・荒井（2016）では、内容は同じにも関わらず、場面が転換し状況モデルの更新数が多い物語の方が、場面の転換が少ないそれよりも読み手はより面白いと感じた。また、加藤・村田（2017）は物語中の別れの描写によって、読み手は登場人物間の愛情といった価値を見出し、その結果として読み手の感動が高まったことを示した。加えて、文章の構成は読み手としての子どもの感情にも影響を与えている。例えば、秋田（1991）は、物語の描写を詳しくすること、特に筋の展開を詳しく述べることによって、子どもが物語をより面白いと感じることを示した。

　さらに、読み方も読み手の感情に影響する要因である。福田・楢原（2015）では、発声に抑揚や強弱があり、登場人物に即した声色で明確に発声される読み方を朗読、明確に発声されているだけの読み方を音読とし、比較検討した。その結果、ポジティブな物語を朗読すると、音読したときに比べ読み手の気分は良くなった。

まとめると、読み手の感情は文章自体の内容やその構成、さらに、読み方によっても影響されることがわかる。教育への応用を考えれば、子どもを対象とした読み手の感情の研究が多くなされることが望まれる。

4.3　オフライン処理における相互作用

　登場人物の感情理解と読み手の感情の相互作用に関して、直接実証している研究はほとんどない。そのため、ここでは読み手の特性に注目した研究を紹介する。Komeda, Kawasaki, Tsunemi, & Kusumi（2009）は、外向性の高い読み手は外向性の高い主人公の喜びを、外向性の低い読み手は同じ主人公の怒りや嫌悪、不安といったネガティブな感情を推測しやすいことを明らかにした。つまり、読み手の性格特性により登場人物への共感の程度が異なり、それによって読み手の推論する感情の種類が影響を受けると考えられる。また、登場人物の感情の理解を測定しているわけではないが、佐々木（1999）は、小学校6年生を対象に、登場人物と読み手自身とが同一化しやすい材料とそうでない材料を用意し、読み手の感情を検討した。その結果、同一化しやすい物語を読んだ場合の方がそうでない場合よりも、物語の内容と一致する感情がより強く喚起された。

　このように、読み手の特性や感情状態と登場人物の感情に対する推論はお互いに影響している可能性があるが、まだ研究数が少ないのが現状である。今後の研究の結果の蓄積を期待したい。

5.　まとめと今後の展望

　私たちは、読んでいる最中にも読み終わった後でも、登場人物の感情を推測し、自らも様々な感情を経験している。私たちにとって、読むことが現実の世界の代理経験であることを考え併せると、次のことがいえるだろう。

　私たちが直接経験できる事柄には制限がある。それを超えて、読書によって他者の気持ちの理解を深め、同時に読み手自身も様々な感情を体験することができる。それによって、新規の対人場面に遭遇したときでも、相手に配

慮し、自分の気持ちを理解しながらコントロールしつつ、適切に対応ができるようになるであろう。教育で物語を題材として取り上げ、登場人物の気持ちの理解を学習の目的とする意味もここにあると考えられる。さらに、物語を読んだときの自分の感情にも目を向けさせることにより、より高い教育的な効果が得られるだろう。

また、文章を読むと読み手の感情状態も変化するということは、読書活動を推進する教育的活動へ貢献できる可能性がある。例えば、福田・佐藤（2017）も示唆しているように、読書によってポジティブな感情状態になった体験が動機づけとなり、次の読書につながるだろう。しかしながら、その点に関しては未だ実証されておらず、今後の検討課題である。

さらに、感情は人間のあらゆる認知や行動に伴っており（大平，2010）、認知活動において非常に重要な役割をもっている。例えば、小森（2016）は説得的コミュニーション研究という枠組みの中で、物語が読み手の感情に影響を与え、態度変容を起こす効果について指摘している。このように、文章を読んだときに行われる登場人物の感情推論や、喚起される感情の効果は、教育的な文脈だけにとどまらない。今後の文章理解研究において、登場人物に関する感情推論と読み手の感情喚起、そしてそれらの相互作用のプロセスがより詳細に解明されることにより、教育だけではなく様々な場面への応用が期待される。

参考文献

秋田喜代美（1991）「物語の詳しさが児童の理解と面白さに及ぼす効果」，『読書科学』，35（2），55–65.

Diergarten, A. K., & Nieding, G. (2016) Online emotional inferences in written and auditory texts: a study with children and adults. *Reading and writing*, 29, 1383–1407.

福田由紀（1996）『物語理解における視覚的イメージの視点の役割』，風間書房.

福田由紀（2012）「言語心理学の研究方法とその考え方」，福田由紀編『言語心理学入門―言語力を育てる』，培風館，pp.71–85.

福田由紀・佐藤志保（2017）「ポジティブな文章を読むと気分が良くなるのか？」，『読書科学』，59（4），161–171.

福田由紀・楢原拓真（2015）「朗読をすると気分がよくなるのか？―音読と比較して」，『読書科学』，57（1・2），23–34.

福田由紀・土清水咲菜・荒井弘和（2016）「状況モデルの更新回数は物語の面白さを促進するのか？―移入尺度を用いた実験的検討」，『法政大学文学部紀要』，73，99–108.

Gernsbacher, M. A., Goldsmith, H. H., & Robertson, R. R. W. (1992) Do readers mentally represent characters' emotional states? *Cognition and emotion*, 6, 89–111.

Gernsbacher, M. A, , & Robertson, R. R. W. (1992) Knowledge activation versus sentence mappingwhen representing fictional characters' emotional states. *Language and cognitive processes*, 7, 353–371.

Gernsbacher, M. A, , Hallada, B. M., & Robertson, R. R. W. (1998) How automatically do readers infer fictional characters' emotional states? *Scientific studies of reading*, 2, 271–300.

Gygax, P., Oakhill, J., & Garnham, A. (2003) The representation of characters' emotional responses: Do readers infer specific emotions? *Cognition and emotion*, 17, 413–428.

Havas, D. A., Glenberg, A. M., & Rinck, M, (2007) Emotion simulation during language comprehension. *Psychonomic bulletin & review*, 14, 436–441.

加藤樹里・村田光二（2017）「友情をテーマとする小説における別れの描写は感動を強めるか？―社会的価値の見出しによる媒介効果の検討」，『感情心理学研究』，24（2），82–91.

北村英哉（2013）「社会的プライミング研究の歴史と現況―特性プライミング，目標プライミング，評価プライミング，感情プライミング，マインドセット・プライミングの研究動向」，『認知科学』，20（3），293–306.

米田英嗣・楠見孝（2007）「物語理解における感情過程―読者－主人公相互作用による状況モデル構築」，『心理学評論』，50（2），163–179.

Komeda, H., Kawasaki, M., Tsunemi, K., & Kusumi, T. (2009) Differences between estimating protagonists' emotions and evaluation readers' emotions in narrative comprehension. *Cognition and emotion*, 23, 135–151.

Komeda, H., & Kusumi, T. (2002) Reade's changing emotions related to the construction of a situational model. *Tohoku psychologica folia*, 61, 48–54.

小森めぐみ（2016）「物語はいかにして心を動かすのか―物語説得研究の現状と態度変化のプロセス」，『心理学評論』，59（2），191–213.

Levine, L.J. (1995) Young children's understanding of the causes of anger and sadness. *Child development*, 66, 697–709.

文部科学省 (2017)「小学校学習指導要領」http://www.mext.go.jp/component/a_menu/education/micro_detail/_icsFiles/afieldfile/2017/05/12/1384661_4_2.pdf

Morishima, Y., Fukuda, Y., & Tsunemi, K. (2014) Readers' viewpoint shifts as a function of grammatical person of a protagonist during online narrative reading. *The 14th conference of the international society for the empirical study of literature and media*, 19. Turin, Italy.

森田晴香・菅村玄二 (2014)「詩の黙読が感情状態と気晴らしに与える効果」,『心理学研究』, 85(5), 437–444.

Mouw, J. M., Leijenhorst, V. L., Saab, N., Danel, M.S., & van den Broek, P. (2017) Contributions of emotion understanding to narrative comprehension in children and adults. *European journal of developmental psychology*, Advance online publication. DOI: 10. 1080/17405629. 2017. 1334548

大平英樹 (2010)「感情心理学事始め」, 大平英樹編『感情心理学・入門』, 有斐閣アルマ.

小山内秀和 (2017)『物語世界への没入体験―読解過程における位置づけとその機能』, 京都大学学術出版会.

Sanford, A. J., & Emmott, C. (2012) *Mind, brain and narrative.* UK: Cambridge University Press.

佐々木良輔 (1999)「児童の「思いやりの気持ち」に及ぼす読書の影響」,『読書科学』, 43 (3), 105–112.

Takahashi, H., Matsuura, M., Koeda, M., Yahata, N., Suhara, T., Kato, M., & Okubo, Y. (2008) Brain activation during judgment of positive self-conscious emotion and positive basic emotion: Pride and joy. *Cerebral cortex*, 18, 898–903.

上原友紀子 (2012)「物語理解における感情理解―探索的推論の視点から」,『読書科学』, 54 (1・2), 21–28.

7 読みの熟達

沖林洋平

1. 背景

　本節では読解の熟達について検討する。熟達とは、ある領域での長期にわたる経験によって多くの知識や優れた技能を獲得し、その領域での課題について非常に優れた問題解決ができるようになること（大浦，2007）とされている。我々が日常生活をストレスなく行うことができるのは、我々自身が日常生活に必要なスキルの多くに熟達しているからであると考えられる。

　大浦（2007）は、Glaser & Chi（1988）や Ericsson & Smith（1991）などの先行研究に基づいて、熟達に関する研究の必然性には次の2つの側面があったと述べている。第1は、少数の人が示す優れた遂行は個人差、つまり、それらの人たちの一般的知能や基礎的な認知・知覚的能力の高さ、あるいは人格特性によっては十分説明できないことが明らかになったこと、第2は、人間の問題解決過程を、基礎的で領域を超えた一般性を持つ処理（情報の出入力、消去、変換、生成など）を用いて発見的探索をしていく過程として理論化する試みが十分な成果を上げえないことが徐々にはっきりしてきたことである。本節では読解の熟達にはどのような特徴があるのかについて検討する。

2. 読解の熟達と高次リテラシーの領域固有性

　高次リテラシーとは、(a)高度職業専門人に必要とされる能力と、(b)市民として高度知識社会に参加したりそうした社会の中で生涯学習を続けたりするために必要な能力、の2つを指すとされている（小林，2010）。楠見（2015）は、高度知識社会に参画する市民に必要な能力としての市民リテラシーを、批判的思考のスキルを土台として、市民生活に必要なメディア・ネットなど

のテクノロジーに関するリテラシーや科学・数学、経済、法律、健康などの領域のリテラシーからなると述べている。このように、高次リテラシーや市民リテラシーには、科学、経済、法律、健康などの各領域に特殊的なスキルと批判的思考のスキルのような領域に一般的なスキルがあると考えられる。熟達に関する実験的研究においても、専門領域に関係する材料を用いて初心者と熟達者の比較がされる。ワトソン・グレーサー批判的思考力テストや批判的思考態度（平山・楠見，2004）は、適用される専門領域を想定しない一般的な能力や態度であるだろう。なお、領域一般的な批判的思考力と態度には次のような関連がある。先行研究においては、批判的思考の能力と態度の相関係数は低いとされる（e.g. 平山・田中・川﨑・楠見，2010；West, Toplak, & Stanovich, 2008）。これら先行研究は、批判的思考の能力と態度は比較的独立に機能するということを示唆している。一方、批判的思考の能力と一般的な認知能力は、中程度の相関が得られるとされる。すなわち、一般的な認知能力と関連すると考えられるのは、個人特性のような行動傾性的側面よりも、結論の導出に適用される推論などの能力的側面であるだろう。学習指導要領の改訂（文部科学省，2017）に伴って高次リテラシーの育成が重視されるようになったのは、科学や健康などの問題に対して、個人が市民として適切な意思決定をするための資質や能力に対する教育的重要性を示唆するものと考えられる。

リテラシーが教育に関する用語である（OECD, 2010）ことを踏まえ、高次リテラシーとしての批判的読解力の熟達化研究について確認しよう。批判的読解力の育成に関する領域固有の熟達化研究としては、Zeitz（1994）があげられる。Zeitz は、文章理解の熟達化に関係する能力を拡張すると問題提起している。Zeitz は、初心者として高校生、エンジニアリングの PhD、英文学の PhD がそれぞれ、詩、科学に関する文章を読んだ結果について分析した。その結果、初心者はどちらの文章材料に対する逐語的記憶成績および要約課題成績も熟達者に比べて低かったこと、熟達者は初心者よりも課題成績が良かったこと、また、熟達者は、それぞれが専門とする領域について、対する領域の熟達者よりも課題成績が良かったことを示した。Chase & Simon

(1974) などは、熟達者は、熟達した領域における再生成績が初心者よりも良いことを示しているが、先述の Zeitz (1994) は、逐語的記憶成績だけでなく、要約課題にも熟達化の影響があることを示した。ここでの要約課題は、専門的な内容における、重要な情報の選択と要約、そして予期など、高次リテラシーに深く関係する能力である。この研究は、これまでにも大学や大学院で、高次リテラシーに関わるような読解力の育成は行われていることを明らかにしたが、どのような領域にどのような高次リテラシーの特徴があるのか、また、どのように育成することが効果的であるのかという育成プログラムの開発研究についても、その必要性を示唆するものである。

3. 読解の熟達における複数テキスト理解

　近年、読み手をより現実的な状況に位置づけることで高次リテラシーの育成を目指すアプローチとして、複数テキストの批判的統合アプローチが提案されている。小林 (2010) は、複数テキストを関連づける際、複数テキストを批判的に吟味し関連づけながら、それらのテキストに書かれた事情を推理したり論点に関して判断を下したりする過程とその所産（心的表象や文章など）を、特に批判的統合としている。小林 (2010) は「テキストの評価」「テキスト間関係の理解」「裁定」という読解過程を設定して批判的統合に対する教授介入の対象領域を示している。「テキストの評価」とは、目的に応じて参照したテキストを取捨選択する機能と、その後の利用に対する予期的判断からなるとされている。「テキスト間関係の理解」は、複数テキスト間の、とりわけ矛盾や対立に気づく過程であるとされている。「裁定」は、テキスト評価とテキスト間関係の理解を踏まえて、事象を推理したり論点に関する判断を下したりする過程とその所産であるとされる。これは複数テキストの批判的統合アプローチに対する教授介入の対象領域を示したものであるが、これは複数テキストの理解に対する熟達の観点を示していると考えることもできるのではないだろうか。

　複数テキスト理解については、Bråten, Britt, Strømsø & Rouet (2011) が、

認識論的信念と複数テキスト理解の関係を示している。Bråten ら（2011）によると、複数テキスト理解に関わる認識論的信念には「単純性」、「確実性」、「ソース」、「ジャスティフィケーション」の 4 つの次元があるとされる。単純性次元の信念は、知識は理論的であり複雑なものであるとされる。確実性次元の信念は、知識は暫定的であり進化的なものであるとされる。ソース次元の信念は、知識は熟達者から伝達されるものであるとされる。ジャスティフィケーション次元の信念は、知識は理解や探究過程、複数の知識ソースの相互チェックを経て正当化されるものであるとされる。Bråten らは、信念は、複数テキスト理解で獲得する知識のジャスティフィケーションにも関係するとし、とりわけ、異なる情報の一貫性評価に重要な役割を果たすとした。複数領域にまたがる情報の一貫性評価過程を経ることによって、読み手は何に同意するか、何に注意するか、何が矛盾するかを理解する。このような一貫性評価過程は、読解における信頼性判断を助けることとなるだろう。West ら（2008）は、脱バイアスには認知欲求や開放性のような多面的な情報の評価過程が関連すると考えている。複数テキスト理解におけるジャスティフィケーション次元は、推論研究における認知欲求や開放性といった特性と関連することが推察される。複数の情報に基づいて結論を導出する過程における信念と批判的思考態度の関連については、平山・楠見（2004）の研究があげられる。ここでは、環境ホルモンが人体に悪影響を及ぼすかどうかについて、複数の情報を吟味した後に結論を導出するという課題が実施された。このうち、「不確実」「曖昧」という情報に対する正しい結論を導出できたものは 37％であった。平山・楠見における結論導出プロセスを、回帰分析を用いて図式化したのが図 1 である。図 1 によると、結論導出プロセスにおける情報の評価段階、すなわち信念矛盾情報の受け入れに対して批判的思考態度の「探究心」が関わっていることが分かる。この探究心の項目としては「いろいろな考え方の人と接して多くのことを学びたい」「自分とは違う考え方の人に興味を持つ」というような、Bråten らにおける、ジャスティフィケーション次元に対応するような項目として構成されている。Bråten らは、ジャスティフィケーションを一貫性評価に関する志向性として位置付けている一

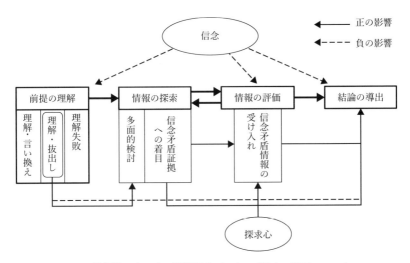

図 1　批判的思考による結論導出プロセス（平山・楠見, 2004）

方、平山・楠見（2004）は探究心を態度として位置付けているという違いはあるが、結論導出に至るプロセスにおいて、複数の情報における一貫性評価の過程が重要な役割を果たすことでは一致している。

4. 読解の熟達とインターネット情報

本節では、読解の熟達の構成要素について述べてきた。近年、リテラシーの教育的支援に関するとらえ方が多様になったことを反映して、読解材料も多様化している。その一つに、いわゆるインターネット上の情報の読解が挙げられる（Strømsø & Bråten, 2014; Bråten, Strømsø, & Andreassen, 2016）。Brand-Gruwel, Wopereis, & Vermetten（2005）は、インターネットに掲載された情報に関する問題解決は次のような要因によって構成されるとしている。問題の定義、情報のリソースの選択、情報検索と発見、情報処理、情報の組織化と提示、である。Brand-Gruwel, Wopereis, & Vermetten（2005）は、熟達者として大学院の博士課程 5 名、初心者として大学の学部 1 年生を対象として、インターネットの情報検索を利用した 400 語のレポート作成課題を

実施した。レポート作成時のプロトコルを分析した結果、熟達者は初心者に比べて、問題の定義、情報の走査、内容の精査、問題の定式化などの過程に多くの時間を費やしていた。また、作成されたレポートでは、熟達者は、初心者よりも情報源を多く引用していたことが示された。すなわち、初心者に比べて熟達者は単なる情報検索ではない情報に対するモニタリングや関連付けを多く行っていることを示唆するものであり、これは専門領域に熟達することが複数のテキスト内容や主張を統合することにつながることを示している。この結果を踏まえて、Brand-Gruwel, Wopereis, & Vermetten（2005）は、表 1 のようなインターネット情報の問題解決スキル教育に関するガイドラインを提案している。表 1 は、インターネット上の情報に関する読解の熟達を支援する観点としても有用であるだろう。

　Brand-Gruel ら（2005）の 情 報 処 理 の 枠 組 み に 基 づ い て、Kiili, Leu, Marttunen, Hautala, & Leppanen（2017）は、6 年生を対象に情報信頼性を判断させた実験を行った。健康に関する問題について、学術的リソースと商業的リソースを用いて批判的に評価する課題を実施した。学術的リソースは、研究者が保護者に対してエナジードリンクに関する質問に答えるという形式であった。また、エナジードリンクの使用に関連した健康問題に関する情報を提供するが、それに反対する意見は述べないというものである。商業的リソースは、新しいエナジードリンクの販売を促進するための架空のメーカーによって発行されたプレスリリースという形式で作成されており、その使用に対する懸念に関しても記述されていた。インターネット上の情報として作成された材料の読解をオンラインの読解、紙媒体の材料の読解をオフラインとして、2 種類の材料を用いて情報信頼性評価の課題が行われた。その結果、商業的リソースは、事前テストやオフラインの読解力とは部分的な関連しか示さなかったこと、51％の生徒が商業的リソースの信頼性に対して疑問を抱いたこと、19％の生徒が商業的リソースのバイアスを完全に理解していたことを明らかにした。さらに興味深いことに、評価課題と既有知識には関連が見られなかった。このことは、児童生徒を対象としたオンラインの情報に対する批判的な評価の教育的支援の必要性を示唆するものといえる。ま

表1　情報に関する問題解決スキルの指導のためのガイドラインの概要
（Brand-Gruwel, Wopereis, & Vermetten, 2005）

指導に関するガイドライン
1. 下位のスキルとトレーニングする必要のないスキルを決める
2. 課題に対して全体的アプローチを用いる，シンプルなスキルから始めて，学習者が熟達するにつれて課題の複雑性を上げる
3. 重要な下位のスキルをトレーニングする： 問題を定義すること，情報源や関連する情報の信頼性を判断すること，収集した情報の深い処理
4. 認知的徒弟制などによって情報処理の規定に注意を払うこと
5. 転移をシミュレーションするために他の領域の情報に対する問題解決をトレーニングする

た、オンラインとオフラインの読解は異なる形質であることが指摘されている（Afflerbach & Cho, 2010）一方で、オンラインとオフラインの読解力に関連を示す研究もある（Coiro, 2011）。

　これに関して Bråten, Ferguson, Strømsø & Anmarkud（2014）は、複数テキストから理論的枠組みを構築する際に材料を意味的内容の情報源として位置付けるドキュメント・モデル・フレームワーク（Britt, Rouet, & Braasch, 2013; Strømsø, Bråten, Britt, & Ferguson, 2013）を拡張させて、文書自体の情報源だけではなく、埋め込まれているあるいは引用されている情報源にも注意を払う必要があることを強調している。とりわけインターネットの情報処理の批判的評価については、関連する情報も含めた情報信頼性の影響についても検討することが求められる。

　児童生徒を対象とした、インターネット上の情報を適切に扱うことや、インターネットに情報を適切に掲載することの教育については、日本では今後さらに重要になるものと考えられる（文部科学省，2009; 2015）。これは、さまざまな立場に基づいて発信される複数の情報を適切に処理するという意味においての批判的読解力あるいは高次リテラシーの育成に関する教育的意義が高まることであるといえる。小林（2014）は、日本におけるインターネット上の情報を含めた複数のテキストの処理過程に関する研究として、いじめの事件を材料として、各テキストの内容を工夫し、テキスト間統合を適切に行えば、事件までの経緯に関して対立する2つの主要な見解が浮かび上がる

ように構成した課題を設定した。その結果、要約課題の方が評価課題よりも記憶成績が高かったこと、要約課題条件の場合、評価課題条件では、状況理解と記事–見解の出所記憶の間に正の相関がみられることを明らかにした。この結果について、批判的統合が求められる課題文脈では、熟達した読み手ほど出所を積極的に考慮し複数テキストに描かれた状況・議論の理解や解釈に活かそうとすると考察されている。

5. 読解の熟達に関係する要因

本節では、読解の熟達に関係する要因について検討してきた。熟達における領域固有性の重要性は先行研究において指摘されてきたことである。例えば、Nakatani & Yamaguchi（2014）は、将棋のプロとアマチュアの場面のコマの配置の記憶成績を比較した。その結果、実際に見られる場面だけではなくランダムなコマの配置においてもプロの方がアマチュアよりも良い成績であった。このように、記憶成績を指標とした場合、Sala & Gober（2016）は、熟達者の成績の優位性がチェスや音楽などの領域で確認されることをメタ分析により明らかにしている。このような、熟達の効果の領域一般性について、Sala & Gober は、熟達者は記憶検索に対する労力が初心者よりも大きいことと熟達者の方が初心者よりも優れたワーキングメモリを有している可能性を指摘している。

また、高次リテラシーとしての複数テキストの読解の熟達については、情報源の信頼性評価だけではなく、どのような題材を用いるかについても検討する必要があるだろう。Kiili ら（2017）において、商業的リソースのバイアスを回避することが難しかった理由として、題材が実験参加者にとって親しみやすい形式である可能性もあるだろう。道田（2001）は、大学生にとって日常的な題材を用いた批判的評価課題を実施した結果、批判が要請され、意識的に批判的思考を行うべき場面でも論理よりも信念に基づいて考えていることが多いことを明らかにしている。

また、高次リテラシーとしての読解力の育成や熟達には、どのような読解

材料違いとしての領域固有性だけでなく、その背景には問題が示す知識に対する読み手の理解や知識など、いわゆる状況論的にとらえる観点もあるだろう。このような、読解の熟達に関する社会文化的な要因に関する研究は、高木（2016）による中央教育審議会答申の分析や、塚田（2016）による学習者論による国語科教育のとらえなおしなどに見ることができるが、読解の熟達化研究や、適応的な熟達を促す教育指導に関する研究に新たな視点を提供するものであるだろう。

参考文献

Afflerbach, P., & Cho, B.Y. (2010) Determining and describing reading strategies: Internet and traditional forms of reading. In H. S. Waters & W. Schneider (Eds.), *Metacognition, strategy use, and instruction* (pp. 201–225). New York, NY: Guilford.

Brand-Gruwel, S., Wopereis, I., & Vermetten, Y. (2005) Information problem solving by experts and novices: Analysis of a complex cognitive skill. *Computers in human behavior*, 21, 487–508.

Bråten, I., Britt, M. A., Strømsø, H. I., & Rouet, J. F. (2011) The role of epistemic beliefs in the comprehension of multiple expository texts: Toward an integrated model. *Educational psychologist*, 46, 48–70.

Bråten, I., Ferguson, L.E., Strømsø, H. I., & Anmarkud, O. (2014) Students working with multiple conflicting documents on a scientific issue: Relations between epistemic cognition while reading and sourcing and argumentation in essays. *British journal of educational psychology*, 84, 58–85.

Bråten, I., Strømsø, H. I., & Andreassen, R. (2016) Sourcing in professional education: Do text factors make any difference? *Reading and writing*, 29, 1599–1628.

Britt, M. A., Rouet, J. F., & Braasch, J. L. G. (2013) Documents experienced as entities: Extending the situation model theory of comprehension. In M. A. Britt, S. R. Goldman, & J. F. Rouet (Eds.), *Reading from words to multiple texts* (pp.160–179). New York: Routledge.

Chase, W. C., & Simon, H.A. (1974) Perception in chess. *Cognitive psychology*, 4, 55–81.

Coiro, J. (2011) Predicting reading comprehension on the internet: Contributions of offline reading skills, online reading skills, and prior knowledge. *Journal of literacy research*, 43, 352–392.

Ericsson, K. A., & Smith, J (1991) Projects and limits of the empirical study of expertise: An introduction. In K.A. Ericsson., & J.Smith. (Eds.), *Toward a general theory of expertise: Prospects and limits.* Cambridge University Press.

Glaser, R & Chi (1988) Overview. In M.T. H. Chi, R. Glaser., & M. J. Farr (Eds.), *The nature of expertise.* Hillsdale, NJ: Lawrence Erlbaum Associates.

平山るみ・楠見孝 (2004)「批判的思考態度が結論導出プロセスに及ぼす影響―証拠評価と結論生成課題を用いての検討」,『教育心理学研究』, 52 (2), 186–198.

平山るみ・田中優子・川﨑美保・楠見孝 (2010)「日本語版批判的思考能力尺度の構成と性質の検討―コーネル批判的思考テスト・レベル Z を用いて」,『日本教育工学会論文誌』, 33 (4), 441–448.

Kiili, C., Leu, D. J., Marttunen, M., Hautala, J., & Leppanen, P. H. T. (2017) Exploring early adolescents' evaluation of academic and commercial online resources related to health. *Reading and writing*, s1- 25. doi: 10.1007/s11145–017–9797–2

小林敬一 (2010)「複数テキストの批判的統合」,『教育心理学研究』, 58(4), 503–516.

小林敬一 (2014)「複数テキストからの学習に及ぼす読解課題の効果」,『心理学研究』, 85, 203–209.

楠見孝 (2015)「批判的思考とリテラシー―リテラシーの四つの区分」楠見孝・道田泰司編著『批判的思考― 21 世紀を生きぬくリテラシーの基盤』, 新曜社, pp.182–187.

道田泰司 (2001)「日常的題材に対する大学生の批判的思考―態度と能力の学年差と専攻差」,『教育心理学研究』, 49, 41–49.

文部科学省 (2009)「第 5 章情報モラル教育」 http://www.mext.go.jp/b_menu/shingi/chousa/shotou/ 056/shiryo/attach/1249674.htm　最終アクセス　2018 年 1 月 31 日

文部科学省 (2015)「情報モラルに関する指導の充実に資する〈児童生徒向けの動画教材，教員向けの指導手引き〉・〈保護者向けの動画教材・スライド資料〉」等 http://www.mext.go.jp/a_menu/shotou/zyouhou/1368445.htm　最終アクセス 2018 年 1 月 31 日

文部科学省 (2017)「幼稚園教育要領、小・中学校学習指導要領等の改訂のポイント」 http://www.mext.go.jp/a_menu/shotou/new-cs/__icsFiles/afieldfile/2017/06/16 /1384662_2.pdf　最終アクセス　2018 年 2 月 28 日

Nakatani, H., & Yamaguchi, Y. (2014) Quick concurrent responses to global and local cognitive information underlie intuitive understanding in board-game. *Scientific reports*, 4:5894. DOI: 10.1038

OECD(2010)Education today 2010: The OECD perspective. Organization for Economics. OECD Publishing.

大浦容子 (2007)「初心者と熟達者の違い」稲垣佳世子・鈴木宏昭・大浦容子編著『新訂　認知過程研究—知識の獲得とその利用』，放送大学教育振興会，pp59–69.

Sala, G., & Gober, F. (2016) Do the benefits of chess instruction transfer to academic and cognitive skills? A meta-analysis. *Educational research review*, 18, 46–57.

Strømsø, H. I., Bråten, I., Britt, M. A., & Ferguson, L. E. (2013) Spontaneous sourcing among students reading multiple documents. *Cognition and instruction*, 31, 176–203.

Strømsø, H. I., & Bråten, I. (2014) Students' sourcing while reading and writing from multiple web documents. *Nordic journal of digital literacy*, 9, 92–111.

高木まさき (2016)「中央教育審議会答申から見た国語教育の現状と課題」，『読書科学』，58, 147–157.

Toplak, M. E., & Stanovich, K. E. (2002) The domain specificity and generality of disjunctive reasoning: Searching for a generalizable critical thinking skill. *Journal of educational psychology*, 94, 197–209.

塚田泰彦 (2016)「国語科教育におけるテクストと考えることの関係の再定位」，『読書科学』，58, 157–169.

West, R. F., Toplak, M. E., & Stanovich, K. E. (2008) Heuristics and biases as measures of critical thinking: Associations with cognitive ability and thinking dispositions. *Journal of educational psychology*, 100, 930–941.

Zeitz, C. M. (1994) Expert-novice differences in memory, abstraction, and reasoning in the domain of literature. *cognition and instruction*, 12, 277–312.

第 3 章
読みの教育

1 読解指導と読書教育

八木雄一郎

1. はじめに

「読解」と「読書」とは相互浸透的に関連していて、その両者は言語活動によって媒介されている。本節はその関連と媒介のあり方を問うことを目的とするものである。

「読むこと」の学習には、「学習的」「分析的」といった意味合いをもつ「読解指導」の側面と「生活的」「総合的」といった意味合いをもつ「読書教育（指導）」の側面とがあるとされ、国語科の教科書やそれに基づく授業も、いずれかの側面を前景化しながら構成され、展開されることが多い。

しかし両者は、決して個々別々に存在するものではない。国語科教育学の用語辞典類を繙けば、「読解指導」と「読書指導」とは別項として立てられていながらも、そこには必ず両者の関連性についての言及がある（日本国語教育学会編，2001 など）。両者とは別に「読解・読書」という項を立て、両者の関連性を解説する辞典類も複数確認できる（大槻編，2001；髙木・寺井・中村・山元編，2015）。

本節が着目するのも、この両者の関連性についてである。もちろん「読解」も「読書」もそれぞれ独自の内容や方法を有することは言を俟たないが、それぞれの理論と実践の蓄積については本書の他の論考群において詳述されているため、そのいずれかに傾斜した論述はここでは避ける。そして本節は、両者がどのようにつながると考えられているのか、あるいはどのようなつながりが試みられているのかといったところに論点を絞り、考察していく。

なお、詳細は本稿中に示すことであるが、「読解」と「読書」との関連のあり方を問うことは、必然的に「読むこと」における言語活動のあり方を問うことになる。両者の媒介となるものが言語活動だからであり、その媒介に

170　第 3 章　読みの教育

よってこそ両者の関連は成立するからである。

2.　「読解」と「読書」の関連の実際─国語教科書調査より

2.1　「読解教材・単元」と「読書教材・単元」

　本項では、現行 (2008 (平成 20) 年度版) の学習指導要領 (以下、「CS」と略記) 下で検定を通過した小学校国語教科書において「読解」と「読書」との間にどのような関連が図られているのか、その実際を明らかにする。

　冒頭でも述べたように、「読むこと」の教科書教材はいずれの出版社においても、おおむね「読解教材・単元」と「読書教材・単元」とに区別することができる構成が取られている。前者は「音読」「効果的な読み方」「説明的な文章の解釈」「文学的な文章の解釈」「自分の考えの形成及び解釈」に関する指導事項を中心に構成された教材であり、後者は「目的に応じた読書」に関する指導事項を中心に構成されたそれである。しかし両者の教材には、構成上の区別が見られる一方で、他方への接続 (「読解」は「読書」へ、「読書」は「読解」へ) を企図した活動や観点の記述がなされていることが多くの教科書において確認できる。

　そこで本項では、「読解教材」において「読書」の活動を促す内容と、「読書教材」において「読解」の活動を促す内容とに分けて、それぞれにどのような分類があり、そしてそれぞれの関連・接続がどのような「読むこと」の学びを展開し得るものかについて考察していく。

2.2　「読解」から「読書」へ

　各社の「読解教材」の末尾に掲載されるいわゆる「学習の手引き」には、必ずその教材・単元に関連した図書が紹介されている欄がある。ここで紹介図書に添えられているリード文に、「読解から読書へ」に関する各社の試みを見出すことができる。そこには、その図書の要旨やあらすじばかりではなく、どのような意図や目的をもってその図書を読むとよいのかについての一種のガイドが示されているものがあるからである。

さらにこのガイドの多くは、その教材の単元名（＝その教材における中心的な言語活動や学習課題）を踏まえた記述となっている。つまりここでのリード文には、「読解」的な単元における言語活動をどのように「読書」という活動とつなげようとしているのかということについての学習プロセスの構想が端的に表現されているのである。

各教科書の図書紹介欄におけるリード文を集約した結果、それらは①「テーマ・設定つながり」、②「作者・シリーズつながり」、③「作品ジャンルつながり」、④「言語活動つながり」の４種に分類できると判断した（実例は後掲【資料１】参照）。

①は、教材において採り上げられている話題（「たんぽぽ」など）や設定（「戦争」「人物関係」など）において共通する図書を紹介するものである。４分類のうち、割合としてはこの①がもっとも高く、説明的・文学的文章の双方においてこのつながりに基づく図書紹介がなされている。当該教材を通して得た読み（読解）の方法知を他のテクストにおいて活用する際に、単元名（＝主たる活動や課題）とも深く関わる教材テーマ・設定の共通性がその活用をよりスムーズにすることが期待されていると考えられる。

②は文学的文章に多いつなげ方であり、そのほとんどは新見南吉、宮澤賢治、あまんきみこ（白いぼうし＝「松井さん」シリーズ）といった、いわゆる定番作者・定番教材の末尾に付されている。単元名とは一見直接的に関わらないつなげ方であるが、同一作者・同一シリーズであることによる文体や世界観の共通性が読みの知識・技能の活用を円滑にすることを想定しているとも解釈できよう。

③は「地域の昔話・伝承」「脚本」「伝記」といった、作品・文章ジャンルにおいて共通性のある図書を紹介するものである。当該教材自体は「読解」的な活動によって構成し、そこでの学習が当該ジャンルの他の図書の読書へ展開していくことを促すという流れが見て取れる。

④は、単元名において活動（「音読」など）自体が目的となっていたり、読み方（「物語の山場をとらえる」など）自体が主題化されている教材に見られるつなげ方である。そこでの活動や学んだ読み方を教科書外の図書を読む際

にも意識的に活用させようという試みといえる。

2.3 「読書」から「読解」へ

　本稿における「読書教材」とは、テクスト(物語や説明文)が掲載され、か
つその前後に本や読書に親しむための活動の手引きが掲載されている、とい
う2つの条件を備えた教材とする。本や読書に関する教材としては、他にも
図書館利用の意義や方法を解説するもの、学年ごとの推薦図書の一覧、著名
人による読書体験に関するコラムなど種々存在するが、ここではそれらにつ
いては言及しない。本稿においては「読解」と「読書」とを媒介する言語活
動の諸相に着目しているためである。

　本稿で考察対象とした「読書教材」において提示された言語活動を分類す
ると①「紹介・推薦的な交流活動」、②「ゲーム的な交流活動」、③「解釈・
鑑賞的な交流活動」の3種に分類できると判断した(後掲【資料2】参照)。

　①は児童たちが読んだ作品(教材の場合もあるし、自由に選書させる場合
もある)の内容をまとめ、他の児童たちに紹介するという活動である。その
まとめ方にも、あらすじを書かせるものや「面白いところ」「印象に残った
ところ」を中心に整理させるものなど多様にあるが、いずれにしてもその
「紹介し合う」「推薦し合う」という交流活動に向かう過程において、まずは
当該のテクストを読み、その内容を把握し、大事な部分をおさえたり抽出す
るという、多分に「読解」的な活動や思考が求められることになる。

　②は、教材をもとにクイズを作成したり、ロールプレイを行うといったも
のである。実際にその授業が行われる際には、一見クイズやロールプレイと
いった「遊び」の側面が際立つことが想定されるが、しかしそうした「遊び」
が可能となるには、教材の内容把握や登場人物の関係・心情理解ができてい
ることが前提となる。児童たちはクイズを作る過程や登場人物になりきる過
程において、自然々々とテクストの「読み」を進めるのである。「遊び」の
過程に「学び」(=読解)が潜んでいる単元といえる。

　③は、読書単元の中ではテクスト理解・把握といった「読解」的な側面が
明示されている度合いが比較的高いものといえる。しかし後掲資料において

例示した 3 件にも示されているように、教材の「好きなところ」「面白さ」あるいは「本との関わり」など、理解や表現における自由度が高い課題設定がなされているところに配慮が見られる。そしてこれも上記の①②と同様に、「話し合い」「報告」「作文」といった活動に向かう過程で、「読解」的な活動がなかば潜在的に展開されている。さらにその交流を通して、学習者の「読み」が更新され、洗練されていくことも期待されるのである。

3. 「読解」「読書」分化の過程と本来

　倉澤 (1956) は、「読解指導」というものが議論の対象として注目されるようになったのは 1953（昭和 28）年頃からだったと指摘する。昭和 20 年代の国語科が単元学習や「生活に即する読み」の重視に傾いたことへの反省として「文章に即して忠実に読み取る必要」「くわしく中味を読み取ることの必要」の再認識が生じたことがその背景にあるとする（倉澤，1961）。

　しかし、井上 (1969) によれば、1958（昭和 33）年度版 CS における「読むこと」の指導事項が「文章を段落ごとにまとめて読むこと」「文章の叙述に即して正確に読むこと」といったような「分析的・微視的」な「読解指導」を要請するものであったことに対し、今度はその「アンチテーゼ」として「全一的・巨視的」な「生活的読み」の指導（＝読書指導）の必要性が次第に強調されることになった。

　そうした中で改訂された 1968（昭和 43）年度版 CS は、その方針として「国語科読書指導の計画的組織的位置づけ」「読解指導の内容の精選／指導の徹底」の二点を強調するものであり、この際に取られた「読解指導」から「読書指導」を分離・独立させるという措置（指導事項が別立てとなった）がきっかけとなって「読解指導か読書指導か」という論議が起こることになった（佐藤，1995）。

　『読書科学』のバックナンバーをたどると、「読解」「読書」の両者をその題目に含めた論考がこの時期に集中的に掲載されていることがわかる（嶋路，1970；岩坪，1970；早津，1971）。三者はいずれも「読解」と「読書」

の二元論的対置に疑義を呈し、両者の「関連」や「接続」を追究した実践的研究である。「従来の読書指導に、教科書教材を結びつけ、読解指導を直結させて、底の浅さを清算しなくてはならない」(嶋路)「読む活動にみられる児童の能力的なかたよりの実態が従来の分析精査的な読解指導だけでは望ましい学習効果を期待できない必然性を秘めていた」(岩坪)などと述べられているように、しばしば「読解」と「読書」とに分化し片方に傾斜してしまうことの多い国語科の授業を見つめ直し、両者の統合や往還によって総合的に「読むこと」の学習が展開することを企図した論考群である。

　このような過程からは、「読解」と「読書」との分化は決して普遍的なものではなく、「経験(活動・生活)か能力(知識・技能)か」という戦後思潮の揺らぎによって生起した一種の歴史的概念(およびその対置)であることが見えてくる。「能力」の主張が盛んになれば「読解」が浮上し、「経験」の重要性が提起・再提起されれば「読書」が浮上するといった具合にである。

　それならば、両者をめぐる議論がその「関連」や「接続」といった方向に向かってきたことは、ほとんど必然のことと言えるだろう。「経験」と「能力」とは両者を一体として育んでいくものであることは、国語科教育において恒常的に求められてきた理念だからである。今日の国語科の学力観を検討する上で不可欠な存在となっているPISAにおいても、「読解力」の定義は「自らの目標を達成し、自らの知識と可能性を発達させ、効果的に社会に参加するために、書かれたテキストを理解し、利用し、熟考し、これに取り組む能力」とされている。読みの知識・技能面のみではなく、「読書に対する興味・関心」や「読書の社会的な側面に関わったり、読書を多面的にまた頻繁に行っているなどの情緒的、行動的特性」といった「読みへの取り組み」をも含めて「読解力」として捉えられているのである。「読解」は「読書」へ、そして「読書」は「読解」へ。そのつながりは現行の教科書中においても多様に試みられていることは、本稿において確認した通りである。

　それにもかかわらず、今日においても「読書」と「読解」とが別個に存在するように見え、国語教科書の多くも両者のいずれかを前景化する教材構成となっているのは、やはりCSの指導事項が「読解」と「読書」とを分け

て記述する形式を取ってきたことにその構造的な要因があるといえよう。2008（平成20）年度版 CS においても「読むこと」は「音読」「効果的な読み方」「説明的な文章の解釈」「文学的な文章の解釈」「自分の考えの形成及び解釈」「目的に応じた読書」に関する指導事項によって構成されており、「読書」面は「読解」面とは個別に（かつ応用的・発展的に）設定されているように見える配列となっている。

　もちろん、多岐にわたる「読むこと」領域の学習内容を整理し体系的に記述する上では、このような形式には一種の合理性があるともいえよう。しかし、だからこそ、「読解」と「読書」との関連や接続をここであらためて問うておく必要がある。「読解」と「読書」とは決して分離されるものではなく、その関連性において捉えられるものであることがその本来だからである。

　なお、2017（平成29）年告示の新 CS において、「読書の意義や効用などに関する事項」は「資質・能力の三つの柱」のうち〔知識及び技能〕の内容として設置されることになり、〔思考力・判断力・表現力等〕の内容である「読むこと」とは別欄における記述となった。これは「各学年において国語科の学習が読書活動に結び付く」ことを目指しての措置であるとされる。「読解」と「読書」の関連のあり方は新 CS においても意識され、模索されているのである。

参考文献

早津秀雄（1971）「読解指導と読書指導の有機的な関連をはかるために―『瘤取り』」『読書科学』14（1・2），52–57.

井上敏夫（1969）「読解指導と読書指導」，『国語科教育』，16，29–36.

岩坪明子（1970）「読む力を高めるために読解指導と読書指導をどうつなぐか―高学年の実践を通しての一考察」『読書科学』13（1・2），66–75.

国立教育政策研究所（2010）『生きるための知識と技能 4』，明石書店，p.v.

倉澤栄吉（1956）『読解指導』（『倉澤栄吉国語教育全集 7』所収，角川書店，p.9.）

倉澤栄吉（1961）『読解指導の方法』（同上，pp.274–275.）

日本国語教育学会編（2001）『国語教育辞典』，朝倉書店，p.291.

大槻和夫編（2001）『国語科重要用語300の基礎知識』，明治図書，p.133.

佐藤洋一（1995）「読書指導実践の広がり」，『戦後国語教育50年史のキーワード』，明治図書，pp.137–140.

嶋路和夫（1970）「読書指導をより確かにするための指導法の改善―読書指導と読解指導の接点を求めて」『読書科学』13（1・2），57–65.

髙木まさき・寺井正憲・中村敦雄・山元隆春編（2015）『国語科重要用語事典』，明治図書，p.123.

【資料1 「読解」教材における「読書」への展開例】

各教材の項目については、【年】＝学年、【社】＝出版社名【単】＝単元名、【教】＝教材名、【文】＝紹介図書に添えられたリード文をそれぞれ意味する。また出版社名については、光＝光村図書、東＝東京書籍、学＝学校図書、三＝三省堂、教＝教育出版の略である。

1 「テーマ・設定つながり」の例

・【年】2【社】東【単】たんぽぽのひみつを見つけよう【教】たんぽぽ（説明）【文】たんぽぽやいろいろな草花についての本を読んでみましょう。

・【年】3【社】光【単】場面のうつりかわりをとらえて、感想をまとめよう【教】ちいちゃんのかげおくり【文】せんそうについて書かれた本を読んでみましょう。

・【年】6【社】光【単】登場人物の関係をとらえ、人物の生き方について話し合おう【教】海の命（文学）【文】本を読むと、たくさんの人物に出会うことができます。読んで、さまざまな考え方や生き方にふれましょう。

2 「作者・シリーズつながり」の例

・【年】2【社】東【単】ばめんごとに読もう【教】お手紙（文学）【文】がまくんとかえるくんが出てくるほかのお話も読んでみましょう。

・【年】3【社】学【単】物語をしょうかいしよう【教】モチモチの木（文学）【文】❸　同じ作者の本を読んで、❷の②のような一文で物語をしょうかいしましょう。

・【年】5【社】光【単】特色をとらえながら読み、物語をめぐって話し合おう【教】わらぐつの中の神様（文学）【文】杉みき子さんの他の作品を読んでみましょう。

3 「作品ジャンルつながり」の例

・【年】2【社】光【単】お話を、そうぞうしながら読もう【教】スーホの白い馬【文】いろいろな国のむかし話や、その土地につたわるお話を読んでみましょう。

・【年】4【社】東【単】音読げきをしよう【教】木竜うるし【文】ほかにもきゃく本を読んでみましょう。

・【年】5【社】光【単】伝記を読んで、自分の生き方について考えよう【教】百年後のふるさとを守る【文】興味をもった人物の伝記を選び、今の自分と関わらせながら読もう。次の本を読んでもよいだろう。

4 「言語活動つながり」の例

・【年】2【社】東【単】こえに出して読もう【教】風のゆうびんやさん【文】こえに出して、読んでみましょう。

・【年】5【社】東【単】物語の山場をとらえよう【教】世界でいちばんやかましい音【文】物語を通して、何が大きく変化するのかを考えながら読みましょう。

【資料2 「読書」教材における「読解」活動への展開例】

項目は前項の区分に加え以下を設けた。【活】＝教材に示された言語活動の概要。

1 紹介・推薦的な交流活動

・【年】1【社】光【単】本はともだち（本をえらんでよもう）【教】ずうっと、ずっと、大好きだよ【活】教材を読んで好きなところや、面白かったところをカードに書いて友達に知らせる。（みんなのカードを集め「おはなしの森」を作る）

・【年】4【社】東【単】世界の物語をしょうかいしよう【教】はりねずみと金貨【活】教材のあらすじをまとめる。色々な国や地域の物語を読む。読んだ物語を「しょうかいカード」に書いて友達に紹介する。

・【年】5【社】教【単】本のすいせんをしよう（「図書すいせん会」を開こう）【教】雪わたり【活】「図書すいせん会」を開き、自分が読んで特に印象に残った本を、推薦し合う。

2 ゲーム的な交流活動

・【年】2【社】光【単】本はともだち（お話クイズをしよう）【教】ミリーのすてきなぼうし【活】教材内容に関わるクイズをお互いに出し合う。教材以外の作品を図書館で探し、そのクイズを作り、お互いに出し合う。

・【年】4【社】東【単】どうぶつのひみつをみんなでさぐろう【教】ビーバーの大工事（説明）【活】教材以外の色々な本を図書館で調べ「どうぶつのひみつクイズ」を作り、お互いに出し合い、答えを探し合う。

・【年】5【社】学【単】読書を楽しもう（物語の人物が答えます）【教】注文の多い料理店【活】「物語の人物が答えます」ゲーム（読者が各登場人物の役を割り振られ、登場人物の行動や心情などで疑問を感じたことを質問し合う）を行う。

3 解釈・鑑賞的な交流活動

・【年】1【社】東【単】いろいろなおはなしをよもう【教】おとうとねずみチロ【活】登場人物の好きなところを見つけ、どのようなところが好きなのか、友達と話し合う。

・【年】3【社】学【単】読書を楽しもう（おもしろさを話し合おう）【教】あらしの夜に【活】教材の面白さについて話し合い、出てきた「面白さ」をグループ分けし、チームごとに報告する。

・【年】6【社】光【単】本は友達（私と本）【教】森へ【活】最も心に残っている本について文章にまとめる。それを友達と読み合い、本との関わりについて感じたことや考えたことを伝え合う。

2 就学前における読みの教育

山元悦子

1. 本稿の目的

1.1 就学前幼児の読みとは何を指すのか

　本稿で対象とする就学前とは、小学校に入学する前の3歳から5歳の幼児を指している。この年齢の幼児は、言うまでもなく文字を読むことに習熟していないため、ここで扱う読みの教育とは、活字を読むことを指してはいない。活字読書へつながる連続発展の中に、就学前の「人に読んでもらう」行為を位置づけ、考察していきたい。

　紙に活字が印刷された書物を読む、この活字読書へ幼児を誘う読む活動として、絵本を誰かに読んでもらう活動があげられる。ここでいう絵本とは、紙によって作られ、頁の形態をとった表現物を指す。本稿ではこの、絵本を読むまたは読んでもらう行為を取り上げ、次のような行為を行っている状態を「読む」と捉えて考察を進めていきたい。

　①一人で読む(眺める)／②誰かが声を出して読んでいるのを聞きながら絵本を見る。／③誰かが集団に対して読んでいるのを集団の一員として聞く。

　この就学前の読む行為は、就学後の読むことの教育にどう収斂されていくのだろうか。これが本稿の問題意識である。また本稿では、就学前の幼児の読む行為を考察の対象とするが、人間形成を見据えた成長の連続性を念頭に置き、幼児期から児童期にかけてどのような連続性を持たせたらよいかについても述べていきたい。

2. 就学前幼児の読む（読んでもらう）行為とはどのようなものか

2.1 読む対象

　幼児を取り巻く言語環境は著しい変化を見せている。3歳から5歳児の接する言葉や物語は、まず、音声や映像から入ってくる。それは親しい人の発する言葉であったり、携帯端末、TV・DVDなどのメディアを通して入ってくるものだ。現在では、幼児を対象した様々なアプリが作られ、生活習慣づくり、知育のため、楽しみのために利用されている。絵本はそれらの言語環境の中の一つに過ぎないのである。

　絵本についても、映画のリライト版など形態は多様化している。本稿では、様々な形態の絵本の中で、言葉の育ちに着目する立場から、絵本を肉声で読んでもらう行為に関して考察する。絵本を肉声で読んでもらう過程で幼児に何が起こり、それは幼児の成長にどのように作用するのか。この問題に関して、絵本の読み聞かせの実態を事例を元に考察していきたい。

2.2 読む行為の実態

事例1　読み聞かせの過程で生まれた幼児の言葉と行動

　下の写真および発話記録は、絵本『なにをたべてきたの』（岸田衿子文・長野博一絵、2016，佼成出版社）を、読み手と3歳11ヵ月の幼児が1対1で向きあう位置で読んでいった時の幼児の言葉と仕草の記録である。読み手（山元）は、幼児の叔母であり、幼児が自由に言葉を発せられる信頼関係はできている。記録にはM児の言葉と共に読み手が観察によって捉えた幼児の行為の記述している。文と記載しているのは、絵本に書かれた文章を示す。

文：りんご　りんご　おいしそうな　きれいな
りんご　いただきまーす

　M：①「りんごあるよ」といいながら近くのキッチンにある果物かごからりんごをとり

だし戻ってくる。「同じ」といいながらりんごを差し出して絵本のりんごの絵にくっつけ、りんごを食べ始める。

文：メロン　メロン　とても　おおきな　メロン　いただきまーす

　M:「まなちゃんの大好きなメロン　パクッ」と言いながら絵本のメロンを食べるまねをする。

文：こんにちは　ぶちの　ぶたくん　ぼく　りんごと　レモンと　メロンを　たべてきたところ　まだ　なにか　たべたいなー

　M:②豚のおなかの中に描かれた赤・黄・緑のまるを　りんご　レモン　メロンと指さしながら「バラエティ」とつぶやく。

文：こんにちは　ぴんくのぶたくん　ぼく　りんごに　レモンに　メロンに　ぶどうを　たべてきたところ　もっと　なにか　たべたいなー

　M:③「せっけん　ぶくぶく」。次の頁に石けんが出てくることを知っており、先を予想し、先取りしてつぶやいている。

文：せっけん　せっけん　ぴかぴかの　せっけん　これをたべたら　もっと　きれいに　なるかな？

　M:③「ぶくぶく」。

文：ふわーっ！　ぷくん　ぷくん　せっけんが　おなかの　なかで　いたずらするう！

　M:④リンゴを食べるのをやめ、ぶたのおなかのなかでぷくぷくはじける4色のまるをじっと見て何か考えている。

文（最終頁）：うーん　どーれ　なになに　じろじろ　いつもと　おんなじだよ　でも　まえより　おおきくなったみたい　なにと　なにを　たべてきたの？

　M:読み手が「なにとなにをたべてきたの？」と繰り返すと、顔を近づけ小さな声で「りんご　メロン　レモン　ぶどう」とそっと伝える。

考察

①の発話と行動について

　リンゴをかじる行為は動作による理解の表し方であり、思いを仕草によって伝える動作的象徴（岡本，1985）だといえよう。子どもの身体表現は言葉になる前の表現態であり、思いを表す手段として言葉と同様な価値を持つ。

②の発話と行動について

　淡い色彩で描かれ輪郭をぼかした抽象的な赤・黄・緑のまるからりんごとレモンとメロンを関連づけて理解しその理解を指さしながら表出している。そして、自分の保有する「バラエティ」という言葉を想起して、果物が３つあることをこの言葉で表現した。M児は保有する言葉と絵本の中の状況を結びつけ、理解した内容を既知の言葉で言い表してみせたのである。

③の発話と行動について

　③は、話の展開を予想した発話である。推測や予想する思考活動を反映したつぶやきはこの事例以外にもしばしば見られた。それは自己内に現れた思いが言葉になったものであり、また読み手にそれを伝えようとするものでもあった。親しい間柄で安心感を持って場にいる場合、心の中の思い（自己内表象）は、幼児の自然な言葉になって表出される。言葉にならない場合ももちろんある（④）が、想像の余地のある抽象的な絵と色使いや、繰り返しで展開しつつその繰り返しがはずされた意外な場面展開をみてじっと黙って考えている表情から、内面の思考活動が活発に行われていることが推察された。

事例2　幼児による自作自演の読み聞かせ

　読み聞かせ活動を媒介にして幼児の言葉の中に、二次的言葉や語り口調の言葉が表出されることがある。M児の例を示そう。以下の発話は、『さくら』（長谷川摂子文・矢間芳子絵・構成，2010，福音館書店）を初めて手にし、大人に読み聞かせてもらうことなく、稿者（山元）にむかって読んだ時の発話群である。M児がページをめくりながら語り出した言葉を時系列で示している。

　「春です」「わたしは木」「春がきてかわいい女の子がきそうです」「かわいい雀たちがやってきて」「さらさらっと春が来て」「葉っぱがちらちらしたり」「葉っぱがとうとう枯れてしまい」「女の子はとうとう葉っぱになりました」「とうとう枯れてきました」「つぼみがで

てきて」「雨がふってきて女の子はすぐにおうちに入りました」「虫たちも入りました」「とうとう葉っぱがなくなって」「葉っぱがとうとう枯れてしまい」「それで虫たちがきたり」「ちらちらしたり」「でも女の子はすぐにいなくなりました」「とうとうつぼみがでてきて」「はなびらが咲いて」「春が来てさくらが咲きました」「春が来ましたとさ」「春ですね。おしまい」（4歳2ヶ月　M児自宅）

　この語りは、この絵本を読んでもらっていないため、当然ながら活字で書かれた内容を反映していない、M児創作のものである。「春です」「わたしは木」という発話は、M児にとって物語が始まる冒頭を表そうとする発話だと推測される。破線部に女の子が登場するが、この絵本には女の子は描かれていない。これはM児の内面世界にある物語の表出である。傍線部に、日常の会話で用いる言葉でない、語り口調や二次的言葉（岡本，1985）が現れていることにも注目したい。このように、M児は、絵本の絵を手がかりにこれまでに読み聞かせで聞いた語り口調や書き言葉を使用し、お話の展開に始まりと終わりをつけ、M児の内面にある世界表象を我が言葉として表出しているのである。

　佐々木（1997）は、岡本（1985）を引きながら「文章を読むことへと少しずつ移行を始める幼児期を、『その利き脚のほうを一次的言葉の世界に踏みしめながら、他方の脚を二次的言葉の世界に踏み入れようとしている』（岡本1985）」状態であると指摘する。この事例はこのような幼児の状態を示しているといえよう。

事例3　読み聞かせを聞いた後、幼児の中で読み聞かせごっこが始まる

　この写真は、3-5歳児が〈お話ランド〉（絵本が配置している部屋。福岡教育大学附属幼稚園）に集まり、稿者（山元）が、絵本を幼児とやりとりしながら読んだあと、幼児同士が読み聞かせをしたり聞いたりする活動が始まった様子を撮った写真である。絵本『どっちがへん』（岩井俊雄，2012，紀伊國屋書店）を扱った事例を紹介しよう[1]。この絵本はシンプルなイラストが見開き2頁に描かれ、どちらかにおかしな部分がある。帽子を逆さまにかぶっ

ていたり、象よりもねずみが大きく描かれていたり、幼児にも容易におかしなところが発見できる。幼児はおかしな所のあるページを我先に指差しに来た。「えーどうして？」という稿者の投げかけに、「だって…」とおかしさを説明する言葉を一生懸命に探そうとする姿が見られた。このあとこの絵本をめぐって2人の幼児が読み聞かせ合いを始め、お互いに絵のおかしさを伝えあう姿もあった。絵本の中に発見があり、読み聞かせごっこという伝えるシチュエーションを設けることによって幼児同士の言葉によるコミュニケーション活動が生まれたといえる。

2.3 読み聞かせ活動から生まれた3つの事例から示唆されること

ここで、幼児の読む活動の様相から示唆されることをまとめよう。

田島(2013)は、読み聞かせ活動を子どもと養育者間の社会的相互行為と位置づけ、第1段階(0–1歳児)に母子の対話的活動を通して愛着関係が形成され、それが第2段階(2–6歳児)に至って絵本を介した対話活動が子どもの内部で再構成され、自己内対話状況が生まれると報告している。そして、第2段階では、「読み聞かせ時の子どもの熟考的な活動の成果が、事後の展開活動で活発な自己表現活動として現れ」「子どもの活発な自己内対話活動が自己表現活動を経て、言語的、認知的発達を導いてくる」と結論づける。つまり、読み手との愛着関係が形成される中で、そこを居場所とした幼児の活発な探索的・認知的活動が行われるというのである。このことは、事例に見られたように、媒介者との言葉かわしを伴う絵本の読み合いが、諸々の文化的言葉の獲得や思考活動を促進させ、さらに言葉によるコミュニケーション

184　第3章　読みの教育

活動を促す土壌となっていることとも合致する。

　幼児にとって、自然に触れる体験や生活体験から身体を通して吸収していくものが成長の基盤を作ることは言うまでもない。それに対して、絵本の読み合い活動は、そこに読み手という媒介者が言葉を通して働きかけてくるという特性がある。その言葉は生活の言葉とは幾分質の異なるものだ。語り口調の言葉や説明の言葉、感情や行動を丁寧に表す言葉など、いわば文化的言葉である。この読み合い活動は、幼児にとって、誰かが自分のために読んでくれるという安全基地の中で心を解放し、言葉で尋ね、それに対して言葉が返される体験を得る場となる。それによって生活世界の意味を言葉で秩序立てて理解したり、世界を「物語」という一つのまとまりでつかんでいくものの見方を獲得していく場ともなる。読み聞かせを契機としてごっこ遊びが自然に生まれ、それが思いや想像を表出する場となることもしばしば見られることである。幼児期の読み聞かせ・読み合い活動には、このような点に言葉の育ちを促す価値を見いだすことができよう。

3.　幼児の読む行為と就学後の読むことの教育に連続性を持たせるために―読み聞かせ活動を軸として接続期をつなぐ

　接続期という用語を用いて幼小の連携を改めて整備した「幼児期の教育と小学校教育の円滑な接続の在り方について（報告）[2] では、幼児期と児童期の教育をつながりの中で捉え、お茶の水女子大学附属幼稚園・附属小学校による、接続期前期（5歳児10–3月）、接続期中期（小学校1年生入学から4月）、後期（1年生5–7月）という区分例を紹介している。

　この接続期中期において、絵本の読み聞かせ・読み合い活動は、読むことの教育の展開の基軸となり得るのではあるまいか。未就学児と小学校児童の読むことの教育に連続性を持たせるための基軸である。

　小学校における読み聞かせ活動の意義について、蔵元（1990）は、本に対する興味、読もうとする意欲付け、読書の基礎的な能力の育成（語彙、イメージ力、筋を追う、まとめる、豊かに感じることのできる

力)、良書や適書を選択する力をあげる。谷木 (2005) は、中学校の実践を示しながら、心の安定と、担任と生徒、生徒相互の信頼感の形成をあげている。インターフェイスな人間関係の中で教師の声の言葉に安心感を感じ、言葉やコミュニケーションそのものへの信頼が生まれるというのである。また、宮澤 (2017) は、「教師の指導が静かに聞くことから楽しく聞くことに変化することによって教師や周りの児童の顔色をうかがうことなく自己表出でき」「子ども達の読みはより自然な味わい方に変化する」「(子どもの中に)物語理解に関して熟達者である教師の反応を反映した物語理解の更新が行われる」ことを教師へのインタビュー記録から導き出している。また、松本 (2013) は、「教室における読み聞かせは、理念的には主体的な読者を育てようとする教育的意図のもと」実践されるが、「学習の共同体を読むことの共同体として育てようとする役割を担っている」とする。

　このように、小中学校での読み聞かせ活動は、言葉の獲得、想像力読解力の育成のみならず、言葉で人と関わることへの信頼を生じさせ、教室の読む活動を自由な自己表出の場に変化させる作用があり、教室の国語学習が知識技能を個々に育てることから読むことの共同体を育てることへと転換させる機能があることが指摘されている。

　事例にあげた様相観察からも、読むという行為が共同的行為であることを改めて認めることができた。絵本の読み合いは、幼児にとって絵本を読んでくれる読み手とのコミュニケーション活動である。絵本の内容から生まれたつぶやきが受けとめられ、読み手もそれに反応して読み方に変化が起こる。その過程で新たな言葉が場に生まれてくる。そしてそれらはみな幼児の語彙として習得されていくのである。

　この、絵本を読む読み手と幼児の間に生まれる、信頼を基盤にした相互作用による言葉の創生と同様なことが、教室でひとつのテキストをみんなで読むことでも起きるのではなかろうか。教師と子どもたちの間に心のパイプがつながり、子どもと教師、子ども同士のやりとりの中から、教師にとっても思いがけない解釈が生まれてくる。保育者(読み手)と幼児の間に生まれたつながりに似た、教え教えられる関係とは位相の違うつながりを教師と子ども

たちの間にもたらす効果が絵本の読み聞かせ・読み合いには期待できるのである。

　さらに、絵本の読み聞かせという場の中で、読む楽しみが共有され、読むことによって世界や考え方が開かれていく体験を重ねることは、子どもたちにとって読書の本質的価値を体得することにつながるだろう。そのためには、小学校の読むことの授業を学習課題解決・精読スタイルから、子どもの考えがつながり、広がる創発的スタイルへと転換することが必要なのではあるまいか。創発的スタイルの学習では、わくわくする発見や、はっとする瞬間が生まれる。それは楽しいものである。読んで感じたことを出し合い共に楽しむ学習活動をしくみ、その結果子どもたち自身が自分にとっての読書の意味を自ら見いだすように促すこと。これを今後の小学校の読書教育に求めたい。

　最後に、評価について言及したい。読解指導は評価を伴う学習であり、読書活動は評価を伴わない活動であると考える二分意識を我々教師は持ちがちだ。読書活動は、朝の読書等のすきま時間や総合の時間などに位置付けられることがしばしば見られる。そのため学力向上へどう結びつくのか曖昧にされていることも否めない。これを改め、まずは読書活動を読解指導で学んだ内容を活用する活動として学習活動に位置付け、それを評価する構えで臨むべきであろう。読書活動を学習活動の中に位置付けることから始めていきたい。読書活動は単なる活動ではなく、学習指導なのである。

4.　読書教育、これからの課題

　「残念ながら読書時代は終わった。読書が文化獲得の中核的手段だった時代は、とうの昔のことになった。」

　これは、倉澤栄吉（1997）の所感である。この指摘からすでに 20 年以上が経過し、事態はさらに進み、活字読書の相対的役割は著しく変化している。これからの時代は、活字読書に限定された読書教育観や、読書行為を国語教育の枠の中で考えようとする暗黙の枠組そのものを見直す必要があることは

言うまでもないだろう。しかし、活字読書が近代的な人間の価値ある営みとして生まれ、現代そして将来にわたって〈人〉が〈叡智ある人間〉たることに貢献していく営みであるのは間違いない。多様なメディア文化の中で活字読書の相対的な位置と価値を捉え直しながら、現代の子どもたちを取り巻く言語文化の中で新たな意味を構築していくことがこれからの課題であろう。

注
1　事例 3 の初出は次の論文による。山元悦子・杉村智子(2014)「言葉の身体性に着目した，人と言葉で関わる力の育成―お話の世界の共体験を通して―」，『5 歳児の円滑な就学をはかるための幼小接続カリキュラムの開発』平成 26 年度大学・附属学校共同研究プロジェクト成果報告書・研究集 9 号
2　幼児期の教育と小学校教育の円滑な接続の在り方に関する調査研究協力者会議，2010，29.

引用・参考文献
蔵元和子(1990)「読み聞かせを指導方法のひとつと考えて各学年のねらいを持って行う」，『月刊国語教育研究』，219, 14–18.
倉澤栄吉(1997)「生きる力と読書」，『教育と医学』，45(1), 2–3.
松本修(2013)「教室における読み聞かせの役割」，『読書科学』，55(1.2), 24–32.
宮澤優弥(2017)「読み手は学校における読み聞かせ活動をどう意義付けているか」，『読書科学』，58(4), 212–225.
岡本夏木(1985)『ことばと発達』，岩波書店.
佐々木宏子(1997)「読みの発達―絵本の読み聞かせを通して」，『教育と医学』，45(1), 10–16.
田島信元(2013)「絵本と子どもの発達―読み聞かせ・読書活動の意義と役割」(特集絵本の力)，『子どもの文化』，45(7), 90–97.
谷木由利(2005)「絵本の読み聞かせで学力を育てる」，『日本語学』，24(5), 130–138.

3-① 読みの教育の諸相：初等・文学

山元隆春

1.「文学」の読み

「文学」の読みとは、ローゼンブラットが言ったように、読書行為を通じて、本や文章を読者の「文学作品」として成り立たせることである。

> 小説や詩や戯曲は、読者がそれを一組みの意味のあるシンボルへと変換しなければ、ページ上のインクのしみに過ぎない。文学作品は、読者と本や文章との間でまわる生きた回路上にあらわれる。読者はその言語シンボルの紋様に知的・情緒的な意味を吹き込み、また、言語シンボルの紋様は読者の思考と感情を導く。こういった複雑な過程の結果として、程度の差こそあれ組織化された想像的経験が生じる。
>
> （Rosenblatt, 1938/1983 : 25）

次に掲げたのは、『スイミー』（レオ・レオニ作、谷川俊太郎訳、2010、好学社）のビッグブックを使って授業[1]の最初に読み聞かせをする場面である（ここでは、扉から、二つ目の見開きまでのところまでのみを掲げる。なお、Tは教師、Pは児童であり、（ ）内は教師の行動、〔 〕は児童の言動、生徒発言は下線で示した。「」内は本文である）。

　T：【扉】（赤い魚の群れを無言で指さして）なんだと思う？
　T：【見開き1】「ひろいうみのどこかに……」「みんなあかいのに」（ここで間を取り、児童の方を見つめる）
　P（I）：<u>いっぴきだけからすがいよりもまっくろなのがいる。</u>
　T：もう、ね、Iさんが言ってしまった。「みんなあかいのに、いっぴき

だけからすがいよりもまっくろ」(絵本を指さしながら) さっきの文
だね。「でも泳ぐのはだれよりもはやかった。名前はスイミー」〔児
童もあわせて声に出す。「スイミー」のところはほぼ全員が発言する〕
　T：【見開き2】「ところがあるひ」〔P：ところがあるひ〕「おそろしい
　　マグロが」〔P：ほら〕「おなかすかせて　すごいはやさで　ミサイ
　　ルみたいにつっこんできた」〔P：わ、いっぴき、いっぴきしかいな
　　い　P：しずかにしろ〕「ひとくちでマグロはちいさなあかいさかな
　　たちを」(間をとる)〔P：ひとくち！〕「いっぴきのこらずのみこん
　　だ」〔P：うぉー〕「にげたのはスイミーだけ」

　ビッグブックを使った、絵本の見開きごとに子どもに見せながらの読み
聞かせであったから、「P(I)」のように絵のなかに自分が見つけたことを先
走って発言するものもいる。また、【見開き2】の「マグロ」登場の場面で
は、固唾を呑んで話の展開を見守る様子がうかがえる。引用の最後にある
「うぉー」は、マグロになりきったのか、赤い魚たちがマグロに飲み込まれ
てしまったことへの悲鳴なのかは判然としないが、少なくともこの子どもが
「思考と感情」を揺さぶられていることは伝わってくる。『スイミー』の言葉
が聞き手の「思考と感情」を導くのであり、『スイミー』と聞き手とはどち
らかが主というわけではない。このどちらかが主とも言えないやりとりのこ
とを、ローゼンブラットは「複雑な過程」と呼んだ。そのやりとりが「組織
化された想像的経験」として蓄積され、『スイミー』を「文学作品」として
聞き手の内面に成り立たせる。
　「文学」の授業は、このような読者と本や文章との交流(やりとり)によっ
て読者内に、読者間に、個々の読者の「意味づけ」によって生まれる「想像
的経験」の蓄積した「文学作品」を生み出す機会である。

2. 「文学」を読む力の発達モデルと学習指導

　ローゼンブラットの言う「文学作品」の成立は「文学」の授業をする大き

な理由である。では、なぜ一人ひとりをいかすかたちで読者の内面に「文学作品」を成立させる必要があるのか。子どもの内の概念と言葉の発達をいざなうためである。「文学作品」を成り立たせる過程で何が重要なのか。

　彼女は「言語はつねにある特定の環境で人間がそれと交流することによって、内面化される」と言う（Rosenblatt, 2005: 4–5）。「ある特定の環境で」という言葉が重要である。本や文章を読むことを学ぶことは、真空状態で行われるわけではなく、読者の感情も含めた状況のなかで営まれる時に、その読者にとって、次につながる「学び」となる。それらを、知るべき知識や理解すべきこと、できるようになるべきスキル（平成 30 年告示の学習指導要領（国語）では「内容」の〔知識・理解〕に示されている）として「個人的な言語的−経験的蓄積」のなかに「内面化」する。子どもの内面に「文学作品」を成り立たせるとは、テクストという「記号」から連想される多様な「意味」を選んだり、それを他の「文脈」に移し換えたりすることを学ぶ機会である。その機会において子どもは自らの「個人的な言語的−経験的蓄積」から意識的にあるいは無意識のうちに必要なことを選び取ったり、関連づけたりしながら、時に初読の際に抱いていた「わからなさ」と今の自分の考えを対置させつつ、「文学作品」をヴァージョンアップする。

　　このようにしてもたらされた言語と世界についての仮説や態度や経験を体現する、この内面化された資本こそ、私たちが一人一人、話したり、聞いたり、書いたり、読んだりするなかで引き合いに出すもののすべてである。私たちは、自分の個人的な言語的−経験的蓄積〔山元訳注：直前の「内面化された資本」とほぼ同じ意味〕から、公的な要素や私的な要素を選び出して、それらを応用したり、再構成したり、修正したり、拡張したりすることによって、新たな状況や交流を「理解」し、新しい意味をつくり出すのである　　　　　　　　　（Rosenblatt, 2005 : 5）。

　これは、初等教育段階で行われる「文学」の授業において育まれる子どもの言葉の成長・発達の模様を言い当てた発言である。なぜ「文学」を読むこ

とが、人間の発達に必要なのかということを説いた言葉と受け取ることもできる。次に掲げた表1は、その選択・応用・再構成・修正・拡張の過程における意味形成がどのように成長・発達していくのかを仮説的に示した。

山元（2005, 2016POD 版：594）における「文学の読みの発達構造モデル」の表[2] をもとに、「読者」としての発達・成長のステージに関する住田（2015）の見解を加え、改訂したものである。発達・成長のステージにおける両者の違いは、とくに幼児期から学童期の接続にあたる部分について顕著である。住田は「物語世界と生活世界とが、「遊び」を媒介項としながら融合した段階」を「読者0」として、これが幼児期から小学校1年生の特徴であるとし、「絵本の絵の力を借り、読み聞かせの話し言葉として、そして前項で見たように「ごっこ遊び」を通して出会ってきた同型反復物語は、就学期の子どもたちにとって新しい挑戦ではなく、今まで充分に親しんできた物語の形式で

表1　文学を読む力の発達モデル（住田（2015）、山元（2005）による。山元作成）

スタンス 山元 (2005)	住田 (2015) による「四つの読者」	特徴＝山元 (2005) の記述を改訂。	反応のタイプ Scholes(1985) をもとに山元作成 【 】内が Scholes の言葉。
A. 未分化	【読者0】幼児期〜小1（入門期）	価値づけられないもの。「意味」は問われない。	【読み：テクストの中のテクスト】
B. 参加者 (小1–小2)	虚構体験としての遊び、読むこととしての遊び	同化的読みを見せる。完全に言語化することは難しいが、読む間に自己の言語的－経験的蓄積から公的な要素や私的な要素を引き出しながら、「文学作品」をつくり出している。	→テクスト内の言葉や登場人物との対話
C. 見物人1 (小3–小4)	【読者 I】 小2〜小4 「テクスト」と対話する読者	参加者（B：完全に言語化できない同化的読み）の感覚を言語化している。暗に読者に既有の状況モデルが導入される。読者の状況モデルを物語の状況モデルに投影する。それゆえ、読者は常に肯定・否定双方の評価を選択することができる。「なぜ」という問いが起動される。読者が頭のなかに状況モデルを描き、自分の言葉で語る。テクストの状況モデルを超えることはない。	
D. 見物人2 (小5–中1)	【読者 II】 小5〜中1 作り手との対話	読みについて述べるなかで、何らかの論理構造を構築することができている。たとえば、①登場人物間の対比、②ある登場人物の変化、③物語状況の時間的・空間的な変化、等。可能な（潜在的な）状況モデルとのマッチングを行う。	【解釈：テクストについてのテクスト】 →著者との対話
E. 見物人3 （メタ認知的、意図的）(中2以降)	【読者 III】 中2〜中3 社会との対話	現実にありうる特定の登場人物を媒介としながら、自己を組み込んだ状況モデルが作り出される。構築された状況モデルにおいて、登場人物と読者との関係が問われる。それゆえ、論理構造を伴った反応を生み出すことができたり、想定可能な状況モデルと自己の状況モデルとを重ねたりすることができるようになる。	【批評：テクストに対抗するテクスト】 →自他との対話

あり、それを足がかりに、未だささまざまな困難を突きつける「書き言葉」へと取り組みを進める」と述べている（住田，2015: 195）。

　だからこそ、この段階での文学の読みの授業においては、学習者が自ら読んで感じたことを自分の思ったとおりに言語化することはできない場合も多いということを意識していく必要がある。時には、読んで感じたこと・思ったことを言葉にして話したり、書いたりする仕方を「考え聞かせ」「書き聞かせ」[3] することも、この段階での文学の読みの授業では大切である。

　この表1には学年の表示がなされているが、例えば「C. 見物人1」の「特徴」をすべての「小3–小4」（小学校中学年）読者がもっているというわけではない。むしろこのようなモデルは、それぞれの段階（ステージ）や水準での学習指導でどのようなことを中心的な目標とするのかということを発見するための目安として使い、さらに修正を続けていく必要がある。たとえば、その読み手や聞き手が「A. 未分化」「B. 参加者」とみられる段階では、先に住田が述べていたように、「遊び」を媒介とした読みが重要であるし、解釈を明確に言語化させずとも、ひたすら聞く時間が必要である（本節冒頭に掲げた『スイミー』の読み聞かせ場面はその一例である）。

　では、たとえば「C. 見物人1」以降の段階にあるとみられる場合には何が課題で、授業ではどのようなことをしていけばいいのだろうか。ひたすら読むことができればそれに越したことはないが、「理解」しながらひたすら読むという状態をつくり出すためには工夫が必要である。

3.　「理解のための方法」を教える

　ローゼンブラットの言うように、言語活動を通して読み手・聞き手の「内面的な資本」を引き出し、蓄積しながら、それらを「応用したり、再構成したり、修正したり、拡張したりすることによって新たな状況を「理解」し、新しい意味をつくり出す」ことの手がかりになるのが、キーンの掲げる、次のような7つの「優れた読者が使う理解のための方法（理解方略：comprehension strategies）」である（キーン，2014）。

①関連づける（既有の知識や経験と結びつける）

②質問する（質問を作る）

③推測する（予想する、心情を読む、述べられていないことを考える等）

④何が大切かを見極める（重要な語や文等を見つけ、理由を考える）

⑤イメージを使う（想像する、五感を使う、図や絵に描く等）

⑥解釈する（わかったことをつなぎ、まとめて意見をつくる等）

⑦修正しながら意味を捉える（見通しを持つ、振り返る、修正する等）

　こうした「理解のための方法」の指導は何をめざすのか。少なくとも次の3つのことをめざして営まれることは確かなことである。

・文章によって、複数の理解のための方法を使うこともあれば、一つだけしか使わなかったり、全く使わないで読むこともあることを学ぶ（柔軟性）

・文章の働きかけに応じながら、一つないしそれ以上の理解のための方法を、目的を持って使う―それぞれの方法の使い方を工夫する（適用性）

・教師のサポートなしにさまざまな方法を使って読むことを学ぶ（自立性）

　これらの「柔軟性」「適用性」「自立性」がすべて一気に果たされるわけではなく、段階的に達成していく必要がある。

4. 「学びの責任」の「段階的移行モデル」からみた「文学」の読みの学習

　これをいかに考えればよいか。次のような「学びの責任」の「段階的移行モデル」が提案されている（フィッシャーとフレイ　吉田訳, 2017: 33）。

①　モデルを示す（教師の責任：「私がします」）

②　教師がガイドする指導（教師の責任：「私たちがします」）

③　協働学習(生徒の責任：「あなた方は協力しています」)
④　個別学習(生徒の責任：「あなたが一人でします」)

　①は授業者が何らかのかたちで「モデル(手本)」を示す段階であり、この段階があるからこそ学習者は「理解のための方法」の存在を知り、それをどのように使えばいいのかを知る。次の②段階で、学習者は授業者の示した「理解のための方法」の一部(たとえば「質問する」)の適用を手伝うことによって、実際にどのようにそれを使うのかということを一部分体験する。

　そして③では、学習者が協働してその「理解のための方法」を使って本や文章を読み進める。授業者はそれを見守り、一部分は手伝いながら、学習者に「理解のための方法」を使わせる。学習者が独力で「理解のための方法」を使いつつ意味をつくり出す過程を授業者が見届けるというのが④である。

　たとえば、「C.見物人1」から「D.見物人2」へと移行させるためには、先に掲げた「理解のための方法」のいくつかを使って、クラスメートや指導者とともに「協働学習」を行う必要がある。この際に、学習の方法として、ブッククラブやリテラチャー・サークル等の「協働学習」を通じて、本や文章を生み出した作者(著者)の表現の工夫に目を向け、なぜ書いたのかということにまで視野を広げることができる。「文学」の読みの学習においては、「協働学習」(③)と「個別学習」(④)を繰り返し往還していくことが重要となる。C–Eの「見物人」スタンスにおける「メタ認知」の発達はその往還の繰り返しによって育まれる。

　「協働学習」を営むうえで、「理解のための方法」やお互いのやりとりの仕方についてよくわからないという事態が生じた場合には、クラス全体で、あるいは個別に①と②の学習を集中的に行う必要がある。たとえば、デイら(2013)の提案する「ミニ・レッスン」がその具体的なかたちである。

　「掘り下げる質問をする」という「ミニ・レッスン」がある(デイら, 2013: 102–104)。話し合うための素材を提供してくれる絵本を読み聞かせた後、子どもに先生の反応を引き出すような質問をさせるものである。

ライアン：いい？　今度は僕が質問する番だ。デイさん、あなたはこの
　　　　　　作者が書いた別の本を読みたいと思う？

ジェニ先生：はい。確かに読みたいと思います。〔間〕あれ？　ライア
　　　　　　ン、次の質問は？

ライアン：えーっ？　次の質問？

ジェニ先生：あなたが今したような質問からそのまま出てくる質問があ
　　　　　　るわ。さぁ、声に出して言ってよ。あなたは私にこの作者
　　　　　　が書いた別の本を読みたいと思うかどうか質問したわね。
　　　　　　そして私は「はい」と答えました。それで私たちの会話は
　　　　　　おしまいのなの？〔クラスの子どもたちに向かって〕ライ
　　　　　　アンはどうしたらいいのかな？

ライアン：あっ！　わかった！　あなたはどうしてこの作者の別の作品
　　　　　　を読もうとするんですか？

ジェニ先生：だって、イラストが好きだし、小さな子どもが生きるため
　　　　　　に働くということについて、いろんなことを感じさせてく
　　　　　　れるから。

　この「ミニ・レッスン」は「段階的移行モデル」の②「教師がガイドする
指導」にあたるものである。「協働学習」のなかで生じた「掘り下げる質問
ができないので、話し合いが深まらない」という問題を解決するために行わ
れるもので、一回の質問－応答で終わってしまうときにどうすればいいのか
というヒントを子どもたちにもたらす。

　子どものうちに成り立った「文学作品」を言語化し、それを交流し、再び
一人で読んで考え、考えたことをもう少し詳しく述べたり、別の角度から考
え直したりするといったサイクルをどのように「まわす」のかということ
が、重要である。そのサイクルのなかで、一人ひとりの「文学作品」がヴァー
ジョンアップされる。「文学」の読みを通して、「思考力や判断力、表現力を
育てることになる。

196 第3章 読みの教育

注

1 2012年10月に行われた、広島大学附属三原小学校の杉川千草教諭による、小学校2年生「国語」での「スイミー」の授業の1時間目である。

2 「おにたのぼうし」（あまんきみこ）、「オツベルと象」（宮澤賢治）、「きつねの窓」（安房直子）、「あんず林のどろぼう」（立原えりか）、「野の馬」（今江祥智）それぞれに対する小中学生の読者反応を収集し、それらの分析に基づいて仮説的に作成したものである。

3 教師が読み聞かせをしながら、途中途中で自分が読みながら考えたことを紹介するのが「考え聞かせ」であり、書きながら考えていることを紹介するのが「書き聞かせ」である。吉田 (2018) には、「考え聞かせ」「書き聞かせ」の様々な工夫の仕方が具体的に提示されている。

参考文献

イーグルトン，テリー（2014）『文学とは何か―現代批評理論への招待』上，大橋洋一訳，岩波文庫.

デイ，ジェニ．シュピーゲル，ディキシー・リーほか（2013）『本を読んで語り合うリテラチャー・サークル実践入門』山元隆春訳，溪水社.

フィッシャー，ダグラス．フレイ，ナンシー（2017）『「学びの責任」は誰にあるのか―「責任の移行モデル」で授業が変わる』吉田新一郎訳，新評論.

キーン，エリン・オリヴァー（2014）『理解するってどういうこと？』山元隆春・吉田新一郎訳，新曜社.

Rosenblatt, L.M. (1938/1983) *Literature as exploration*. New York: Modern Language Association.

Rosenblatt, L.M. (2005) *Making meaning with text*. Portsmouth, NH: Heinemann.

住田勝（2015）「読書能力の発達」，山元隆春編著『読書教育を学ぶ人のために』，世界思想社.

山元隆春（2005/2016POD版）『文学教育基礎論の構築―読者反応を核としたリテラシー実践に向けて』，溪水社.

吉田新一郎（2013）『読書がさらに楽しくなるブッククラブ』，新評論.

吉田新一郎（2018）『読み聞かせは魔法！』，明治図書.

3-② 読みの教育の諸相：初等・説明文
─「批評読みとその交流」の授業づくり

河野順子

1. 「批評読みとその交流」の必要性

　PISA 調査が始まってから、日本の高校生の「読解力」に課題があること、特に「熟考・評価」に関する記述式問題の無答率が高いことが明らかになり、論理的思考力・表現力、さらに批評力の育成が叫ばれている。新学習指導要領（2017 年）においても、義務教育最終段階の指導事項として、文章を「批判的」に読むことが新たに加えられた。また、現行版（2008 年）と同様、「文章の構成や論理の展開、表現の仕方について評価すること」、言語活動例として「小説」などを「批評すること」もあげられている。

　私は、説明的文章の批判読みの先行研究・実践の検討を通して、これから目指すべき「批評読みとその交流」を次のように概念規定した（河野, 2006）。

　「批評読みとその交流」は、文章の構成・表現や論理展開を手がかりに、筆者の世界の見方・考え方と対話し、他者と批評し合うことによって、最終的には、学習者自らの既有の世界の捉え方や論理・構造の捉え方を問い直し、変容を迫ることを目指す。ここに他者の存在が重要となる。筆者の見方・考え方と対話するといってもまだまだ読みの熟達者ではない学習者にとって、文章に潜んでいる筆者の見方・考え方に迫ることはそう簡単なことではない。自分と異なる考えや見方を有している他者という存在があり、その他者から発せられる異質な見方・考え方があってこそ、自らの見方・考え方が明確になり、他者との違いを通して学びが生み出される。つまり、学習者の既有の知識・技能、見方・考え方を再構成していくのである。

　従来の、そして、最近の批判読み・批評読みの実践には、なぜ批判・批評を行うのかという理論的背景がないままに思いつきによって授業したり、学

習者の発達段階や既習事項・既有知識を顧みないで授業したりする事例が少なくない。そこで本稿では、メタ認知の条件的知識に関する理論も参照しながら、これからの「批評読みとその交流」の授業づくりについて提案することにしたい。

2. メタ認知における条件的知識の役割

　新学習指導要領（2017年）で強調されているのは「生きる力」の育成である。ここでは、「何を知っているか、何ができるか」（生きて働く知識・技能）と共に、「知っていること・できることをどう使うか」（思考力・判断力・思考力等）、そして、「どのように社会・世界と関わり、よりよい人生を送るか」（学びに向かう力・人間性等）という3つの「資質・能力」を教科横断的に育てることが求められている。

　こうした「資質・能力」の育成にとってメタ認知は重要であり、自立した学習者の育成に欠かせない。近年のメタ認知研究によれば、メタ認知はメタ認知的知識とメタ認知的活動（モニタリング、コントロール）の相互作用によって促されると考えられている（三宮，2008）。

　メタ認知的知識の中の「方略に関する知識」は、①宣言的知識（どのような方略か）、②手続き的知識（いかに使うか）、③条件的知識（いつ・なぜ使うか）からなっている。

　宣言的知識は、説明的文章の読みの方略で言えば、例えば、文章が「はじめ」「なか」「おわり」という三部構造（序論・本論・結論）をもっているという知識である。

　手続き的知識は“「はじめ」は課題（問い）提示の部分なので、そこを読むと本文のテーマがわかるぞ。「なか」では課題をめぐってどんな事例が選ばれ、どのように論理展開されているかな。「おわり」では筆者が最も言いたいことが書いてあるぞ、読み手に伝えるためにどんな工夫がされているかな”というような読み取り方に関する知識である。

　条件的知識は、読み手が新しいテキストを読むときに、既有の宣言的知

や手続き的知識を想起、活用しながら、新たな宣言的知識や手続き的知識を形成していくうえで必要不可欠なものである。"今から新しい文章を読み取っていくけれども、この文章はこれまで読んだ文章より複雑だなあ、どうやって読めばよいかなあ。3年生のときの「すがたをかえる大豆」の授業では、「はじめ」「なか」「おわり」の大きな構造でつかむと読み取りやすいと学んだので、その知識を使って「はじめ」「なか」「おわり」を捉えよう。ここでもうまく捉えられそうだ。それから、「すがたをかえる大豆」では「なか」に事例が9つあったぞ。この文章ではいくつの事例があるのだろう。しかも、「すがたを変える大豆」では、「おわり」で一番言いたいことが読み手に伝わるために、「なか」の事例の順序に工夫があったぞ。この文章ではどんな論理展開がなされているだろうか。あれ、順序の論理ではなく、1年生のときの「どうぶつの赤ちゃん」で学んだ比較の論理が使っているようだ。でも、それとは違って、大きな比較の中に小さな比較がされているぞ、なぜだろう?"というように、これまで学んできた宣言的知識や手続き的知識が働いて、新たな情報との間で対話が引き起こされた結果、新たに宣言的知識や手続き的知識が再構成されていくのである。

　このように、学習者が自ら振り返りを行うためには、メタ認知的知識とメタ認知的活動の相互作用が重要になる。河野（2006）は、他者との関わりを通した振り返りを通して、学習者の既有知識・技能が揺さぶられ、新たに再構成されるという「メタ認知の内面化モデル」に基づいて、「批評読みとその交流」の方法を提案した。これは学習者の内部に、他者との対話・交流を通してメタ認知的経験（深い葛藤、切実な自己内対話）を引き起こし、既有知識・技能の再構成を効果的に促してくれる。このことが、条件的知識を賦活させることになるのである。

　新学習指導要領における「主体的・対話的で深い学び」とは、このように条件的知識が働いて、学習者の既有（既習）の知識・技能が新たな知識・技能として再構成されることだと考える。

200 第3章 読みの教育

3. 「批評読みとその交流」の授業実践
―「町の幸福論―コミュニティデザインを考える」

　熊本市立城山小学校の田邊友弥教諭の授業実践から、これから目指すべき
「批評読みとその交流」について考えてみたい。

　説明的文章教材の「町の幸福論―コミュニティデザインを考える」(東京
書籍・6年)は次のような論理構造や論理展開からなっている。

　①－⑤段落は「はじめ」にあたる部分である。「豊かな未来」のためには、
「人と人とがつながる仕組みを作り、『町を元気にしていこう』という目的の
もとにコミュニティを組織していくのが、コミュニティデザインといえるだ
ろう」(③段落)と述べて、「コミュニティデザインでは、どんなことが重要
になってくるだろうか」という問題提示をしている(⑤段落)。次に、「なか」
にあたる⑥－⑬段落では3つの事例をあげている。⑥段落で、「まず重要に
なるのは、地域の住民たちが主体的に町作りに取り組むこと」であり、「コ
ミュニティデザインの目的は、人のつながりを作ることにより、その地域の
課題を解決することだ。そのためには、その地域に住む人たち自身、課題に
対して継続的に取り組んでいくことが必要」であると述べ、その2つの事例
として、「焼き物で有名な栃木益子町の土祭という祭り」(⑦段落)と「兵庫
県三田市にある有馬富士公園という県立公園」(⑧⑨段落)の事例をあげてい
る。さらに、⑩⑪段落では、「未来のコミュニティをどのように思いえがく
かということ、つまり未来のイメージを持つ」ことの重要性を指摘したうえ
で、「バックキャスティング」という考え方があることを示し、その事例と
して、⑫⑬段落で「島根県の離島」である「海士町」の事例をあげている。

　最後に、「おわり」の⑭⑮段落で「地域の課題を解決するためのコミュニ
ティデザインは、そこに住む人々が主体性を持って解決に取り組むととも
に、夢を持ってそのコミュニティの未来のイメージを描くことから始まる」
「わたしたち一人一人が、未来の町の姿をえがき、その姿に向かいながら主
体的に町作りに取り組むとき、そこには本当に豊かな『町の幸福』が生み出
されるにちがいない」と結論づけている。

以上、本文は、「おわり」で筆者の主張を述べるために、「なか」の部分は「主体的・継続的に取り組んだ」事例が列挙の論理で構築され、それにさらに、「未来を見通した取り組み」としての事例が付け加えられるという論理展開がなされている。このような論理展開をもつ文章を読むのは、児童にとって初めてのことである。そこで次のような手だてをとることになった。

　列挙型の構造は1年生の「いろいろなふね」で学んでいるので、第1次で「いろいろなふね」を用いて、説明的文章を読み取るための知識・技能を想起させた。また、内容面に関する児童の既有知識や既有の見方・考え方を想起させるため、アンケートを行った結果、未来に残したい建物や施設、行事として、初午と学校の存在をあげる児童が最も多いことがわかった。

　こうして、第2次で本文の読み取りに入ったところで、第1の事例と第2の事例のあとの⑩-⑬段落を省き、⑭⑮段落を載せたワークシートを準備した。そのうえで、2つの事例が列挙されている部分を批評読みしたところ、子どもたちから次のような反応があった。授業のプロトコルを示す。

　T：どちらも主体的で継続的な取り組みを紹介しているのなら、先生は、1つでもそれは伝わると思うのですが、どうして事例が2つあるんだろう。今日は、それを考えていくよ。C：説得力が増すと思います。C：「いろいろなふね」みたいに言いたいことが分かりやすくなると思います。「いろいろなふね」は4つの事例があるからこそ「おわり」のところが言えます。C：⑥段落で筆者が「コミュニティデザイン」を「継続的、主体的に取り組んでいくことが必要だ」と言っていることが伝わりやすくなると思います。C4：栃木県と兵庫県のことだから、いろいろな所でそうなるんだってなります。T：今の意見は2つの事例を比べながら考えてくれましたね。もう少し詳しく2つの事例の違いをみていきましょう。(中略)C：栃木県益子町と兵庫県三田市ってぜんぜん違う所にありますよね。場所はぜんぜん違っても、人と人とのつながりを大切にしてるっていうのがよく伝わると思います。(Cn：ああ。)(中略)C：「祭り」と「イベント」の違いがあると思います。C：それに付け加えて、2つめの方は、「公園」でやっている「イベント」です。T：違いにどんどん気付いてきたね。C：2つめの事例では数字が出てきてます。C：確かに。T：数字って何のこと。C：来園者の数とグループの数です。T：それがどうなっているの。Cn：だんだん増えていっています。T：数字って必要ですか？　C：必要です。なぜかというと、数字があるとどれぐらい増えたのか具体的で分かりやすくなるからです。C：1つめの例だと具体的にどれくら

いの広がりをみせていったのかは分かりませんよね？ でも、２つめの例だと「年間約千回」の「プログラム」だから、１日におよそ３つプログラムが実施されてるっていうのが分かってくるので、ああ、それだけ広がったんだなっていうことがわかるから…。Cn：ああ。（中略）C：１つめの事例は、「焼き物で有名な」って書いてありますよね。それを活かして昔からずっと祭りをしてるってことだと思います。（中略）C：２つめの事例は、何もないところから始まったんですよ。できたのも「2001 年」って書いてあって、歴史も浅いことが分かるし…「開園にあたっては、多くの人が来園してくれるような公園を住民参加型で作りたいと考えていた」ってあるから、「こうしたい」ってものがあって、０から作ったみたいな違いがあると思うので２つの事例が必要です。C：１つめは、もともとあった有名なものを活かす取り組みで、２つめは、何もないところから作り上げていったってことなので必要だと思います。Cn：ああ。T：なるほど。有名なものを活かすっていうところと、自分たちで作り上げるって違いもありますね。先生も調べたのですが土祭は 2009 年から始まったみたいです。C：ええ。もっと昔かと思いよった。C：初午の方が歴史がある。T：２月にある初午の方が歴史は長いですね。まだ違いがありますか。C：１つめの事例は、「町づくりの活動に取り組む人々のつながり」と書いてあるので、個人と個人の人と人とのつながりって感じがするけど、２つめの事例は、「来園する人々も活動しているグループも同じ市民であることから、地域の人々のつながりが、より組織されることになった。」と書いているので、グループ同士のつながりって感じがしますから、あとの事例によってコミュニティが広がっていることが強調されていると思うので、２つの事例が必要です。（中略）C：まだあります。２つめは「来園する人々とグループのつながり」みたいな…主体的に行っていた人がそうではなかった人たちまで巻き込んでコミュニティデザインが作られていることがあとの事例で分かるので、何かそこが違うと思うんだけど。（T教師、C 児童、Cn 複数児童）

　こうして子どもたちは２つの事例の順序性に気づいていった。そのうえで、最後の結論部分で筆者が主張を述べるためには、この２つの事例でよいのかを考えさせる「批評読みとその交流」へと進んでいった。その結果、子どもたちは、２つの事例だけでは⑮段落で筆者が３回も繰り返している「未来」を捉えた取り組みとは言えないのではないか、筆者が本当に言いたい「わたしたち一人一人が、未来の町の姿をえがき、その姿に向かいながら主体的に町作りに取り組むとき、そこには本当に豊かな『町の幸福』が生み出されるにちがいない」ということを言うためには、これを支える事例が必要だという考えに至った。そこで元の文章にあった⑩−⑬段落を提示して、筆

者が主張を述べるために３つめの「海士町」の事例でよいかどうかを話し合った。

　　C：ぼくは、３つめの事例は筆者の主張を述べるために絶対必要だと思いました。理由は、「バックキャスティング」という考え方があることをはじめて知ったからです。「これは、まず未来をえがき、その未来から現在を振り返って、今やるべきことを見つけて行く」という考え方で、こんな考え方はぼくにはなかったからです。でも、この説明だけではよく分かりませんでした。そこに、３つめの「海士町」の事例が入ることによって、未来を見据えたからこそ高校に「島留学」というような発想が生み出されたのだということがわかったからです。C：私は、３つめの事例は「未来から現在をふり返って、今やるべきことを見つけていくということになる」のかどうかがよくわかりません。なぜかというと、「島外からの留学生の存在は、町の子供たちの人間関係に新しい風をふきこんでいる」という事実が書かれていないからです。C：まだその事実は書かれていないというか書けないのだと思います。それは⑭の「夢を持ってそのコミュニティの未来のイメージを描くことから」始まっている試みであると思うからです。なぜなら３つめの事例は、なんとか高校を存続させたいという思いが、この「島留学」でできたわけですよね。そのうえに、「島外からの留学生の存在は、町の子どもたちの人間関係に新しい風をふきこんでいる」というのは島の中で人見知りだった子どもたちが外からの子供たちに刺激を受けて積極的になっているのかもしれないし、その事実が書かれていないからこそ未来への期待や「町の幸福」って何かを私たちに考えさせる効果があるのだと思うんですよ。C：「アップとルーズで伝える」の説明文を勉強したとき、あれは、アップとルーズが対比されていて、いったんまとめられていたでしょ。この説明文は対比じゃないけど、２つの事例があったあとに、⑩段落でやっぱりいったんまとめていると思うんですね。でも、まとめ方がちがっていて、「しかし」という接続詞を使って、「もう１つ重要なことがある。それは、未来のコミュニティをどのように思いえがくか」というように「未来」ということを考えることが必要ですよということを言い始めているので、３つめの事例は必要だと思います。C：この説明文は結論部分がこれまでの説明文と違うと思うんですよ。これまでの説明文だと「〜でしょう。」「〜ですよ。」と筆者の方から考えを私たちに与えていた気がするのですが、この説明文は「未来」を「町の幸福論」として一緒に考えていきましょうよと呼びかけているような気がするのですね。だから、３つめの事例は、まだ結論が出ていないというか、成果がまだはっきりしていない可能性の事例だと思うんですね。C：可能性だからこそ、筆者の主張で言っている最後の一文が心にぐっと迫ってくると思うんですよね。（※波線部は条件的知識を付加した理由づけ）

授業の最後には、自分たちの町の行事である初午に城山小学校の6年生と
してもっと積極的に参加したい、今回の授業で考えたことを発信していこう
というアイディアが出されていった。

　このように、子どもたちは既有知識・技能をもとに、条件的知識を働かせ
ながら「批評読みとその交流」を行い、筆者の見方・考え方・述べ方に対し
て自分なりの考えを形成することができたのである。こうした学びのもとで
新学習指導要領が目指す「資質・能力」の育成が可能となり、「生きる力」
を育てていくことができると考える。

参考文献

河野順子（2006）『〈対話〉による説明的文章の学習指導―メタ認知の内面化理論を中心
　　　　に』、風間書房.

河野順子（2017）『質の高い対話で深い学びを引き出す小学校国語科「批評読みとその
　　　　交流」の授業づくり』、明治図書出版.

三宮真智子（2008）『メタ認知―学習力を支える高次認知機能』、北大路書房.

3-③　読みの教育の諸相：中等・文学
―中等教育における文学の読書科学的研究

上谷順三郎

1.　はじめに

　大岡信のフランスでの講義録『日本の詩歌―その骨組みと素肌』（岩波文庫 2017）について、池澤夏樹が解説で書いているようなことを、ここでもやってみたい。すなわち、大岡信が日本の詩歌の特徴をフランスの人に向けてまとめている――短い、主題は恋が圧倒的に多い、女性の詩人が多い、自然の果たす役割がとても大きい――が、このように、外の、異なる視点から見直して特徴を考えるということである。別の言い方をすると、いわゆる専門的な枠組みをほどいて、全体的でより一般的な見方によって整理し直してみるということである。

　したがって、本稿の掲げる問いは以下のようになる。『読書科学』誌に掲載された論文において、一体、文学はどのように取り扱われてきたのだろうか。そして中等教育の時期を対象とした場合にはそこにどのような成果や課題があるのだろうか。

2.　『読書科学』についての先行研究

　異なる視点から見直すのに際して、先行研究を確認する。ここで参考とするのは塚田（2002, 2013）である。いずれも『読書科学』誌を取り上げ、掲載論文の分析と考察を行っている。塚田（2002）においては、読書心理学の成果と展望を、そして塚田（2013）においては、読書社会学へも目を向けている。直接の対象としているのは 1981 年から 2010 年まで、第 95 号から第 208 号までである。

　それまでの整理が国語教育関係と心理学関係とに分けて行われていたのに

対し、塚田(2002)では、次のような研究テーマに分けて考察している。

　A：読みの基礎能力
　B：文章理解
　C：読書
　D：その他

　これらの分類・整理に基づき、特徴的な研究として「文章理解」を取り上げ、「文字・語句」、「文章理解」、「読書」の3つのレベルに注目した展望がなされている。また、文学的文章の理解については、他教科も視野に入れた「内容領域の読み」の研究が課題として指摘されている。
　一方、塚田(2013)では、その後の10年のレビューとして、文学的文章の学習指導に対する読者反応研究による読書社会学的展開を指摘している。本稿では、これらの成果と展望を参考にして、『読書科学』誌のこの30年間を「文学」と「中等教育」を軸に捉えてみたい。

3. 『読書科学』誌における「文学」と「中等教育」の30年

　ここで取り上げるのは『読書科学』誌の最近の30年分である。この30年を見ることで今後の研究の展望を得たい。そして本稿を踏まえ、その前の30年を含めた60年間についてはあらためて考察を試みることにしたい。
　1984年4月の30巻第1号(第115号)から2017年12月の第59巻第4号(第234号)について、「ジャンル」との関連で「文学」を、そして「発達」との関連で「中等教育」を研究の対象とする。ここでは、いわゆる読書の対象として文学が挙がっている場合も含んでいる。文学のジャンルと学校段階は以下のようになっている(表1)。
　「文学ジャンル」では、研究の対象を「文章」全体としているものを選んだ。そして当該論文の主要なジャンルを取り上げて数値化しているが、それは「読書」も含めているためである。なお、「学校段階」の数値は一論文で

表1 『読書科学』における「文学」と「中等教育」

		30–1 (115) ～ 39–4 (154)	40–1 (155) ～ 49–4 (194)	50–1 (195) ～ 59–4 (234)	計
文学ジャンル	詩歌	5	1	1	7
	物語・小説	28	18	17	63
	古典	2	1	0	3
	随筆	2	0	0	2
	計	37	20	18	75
学校段階	幼稚園	3	2	1	6
	小学校	11	9	10	30
	中学校	11	1	3	15
	高校	18	6	4	28
	大学	4	2	4	10
	計	47	20	22	89

複数の段階を含むものを別々に数えているため、「文学ジャンル」の数と一致していない。

　さて、研究対象としての文学において、最も多く取り上げられているジャンルは「物語・小説」であることがわかる。この30年における傾向としては、第30巻では17%であったが、次の第40巻では12%、第50巻では13%となっており、一定の研究対象として取り上げられてはいるが、割合としては減少気味であると言えよう。

　この傾向は「学校段階」においても確認できる。『読書科学』誌における「学校教育の文学」としての取り扱いは同じく減少している。

　「学校段階」における「中等教育」の特徴としては、第30巻では6割だったが、その後は3割となり、「中等教育における文学」の割合としても減少していると言える。

4.　読みの教育の諸相
―「中等教育における文学」研究の成果と展望

　ここまでは『読書科学』誌において「中等教育における文学」がどのように取り扱われてきたのかを量的に見てきた。読書科学研究の対象として、「話

すこと・聞くこと」や「書くこと」といった国語教育における他の領域のものも多くなり、さらに時期的には幼児・児童を対象とする研究が増加している。全体に関する質的な、あるいは内容的な分析・考察については別の機会に譲るとして、ここでは「中等教育における文学」のここ30年間の研究成果とその展望についてまとめておきたい。

4.1 読みの理論と活動との融合

中等教育における文学において注目すべきなのは物語・小説の語り方であり、その視点である。国語教科書における小学校から高校の文学教材においては、文章の長さが増していき、単一な語り方から構造的に複雑になっていく。またジャンルで言えば、昔話・民話などに多く見られる三人称客観視点や三人称全知視点が、物語・小説における三人称限定視点や一人称へと変わっていく。

小学校の文学教材において一通りのパターンについて学習することができるが、生涯にわたる読書にとって重要なのは中学校・高校である。子ども向けの本から一般の社会人向けの本に対応できる力をつける必要がある。この点で、中等教育においては、文学の特性としての語り・視点について学び、より豊かな読書・文学体験を提供していくことが期待される。

そこで注目したいのが、理論としての「語り・視点」であり、生涯的な活動としての「読み聞かせ」である。

例えば、「山月記」の独白に注目した田中(1994)は次のように述べている。

> 幼児への読み聞かせと同じように、教師が読みながら、心に浮かぶことを独白し、教師の読みの全貌に近い姿を生徒の前に提示する読みの指導があるべきだと考える。(p.117)

また丹藤(1999)は四度目の「山月記」の授業で企図したことを次のように書いている。

作者の思想や認識の反映として作品を読むのではなく、語りや表現の構造に着目しながら多元的な意味の交錯し合うテクストとして読むということであった。(p.103)

　一方、「山月記」でナラトロジーの具体化を試みた松本(2000)の結論は、「現実の読みに即しながら、読みの多様性を多様なままに対立させつつ調停するための契機としてナラトロジーを活用していくべきである」というものである。

　この他、関連して検討しておきたい文献として、生徒による主体的な読みを「こころ」で追求した坂口(1995)や「城之崎にて」で展開した山下(1996)がある。

　先の田中(1994)では教師のモノローグを交えた読みが生徒に与える影響が考察されているが、この研究はいわゆる「読み聞かせ」の範疇として考えていきたい。高橋(1994)では、国語の授業で使用する単元教材の延長・発展として、同一筆者の他の作品や主題に関連のある著書の中から小説を選んで、読み聞かせを指導に生かしている(菊池寛「勝負事」、志賀直哉「清兵衛と瓢箪」、モーパッサン「酒樽」)。また藤森(1997)では読書感想文指導の第一次に指導者による「羅生門」の読み聞かせが位置付けられている。

　幼児期からその効果が認められている読み聞かせは、学校教育に限らず、それにかかわる人それぞれに有益な活動であることが宮澤(2017)によっても明らかにされているが、「語り・視点」と「読み聞かせ」の融合的な実践・研究の今後に期待したい。

4.2　学校段階・ジャンルを超えて―読書の現在

　小・中一貫校、小・中連携をはじめとして、学校段階の見直しが行われている。またインターネット等によるメディアの多様さへの対応から、「読むこと」自体の見直しだけでなく、視聴覚を含めた従来のジャンル分けについても問い直しが必要になっている。こうした中、以前行われていた読書に関する各種調査と現在の全国学力・学習状況調査やPISA調査との比較と今後

の調査研究の開発が望まれる。以下に挙げる論考は、読書の現在を考えるうえで参考としたいものである。

まず「鑑賞」という点から読書を見直したい。岡本・大倉（1987）における音楽鑑賞との比較では、次の観点が挙げられている。

　　満足感、興味幅、探究、波及、同一化、表現、評価、生活化

この中では、波及や同一化において読書の方がその傾向が強いことが明らかにされている。また和田（1987）の構造的研究では、態度・行動モデルによって次の調査結果が示されている。

　　読書量、読書習慣、読書意図、促進条件、生理的覚醒（阻害）条件、社会的要素、感情、読書結果の認知

この時、すでに高校生への読書習慣の形成の必要性が指摘されている。中学生への読書指導については安居（1993）が自己内情報操作力は自己教育力（自己学習力）であるとの考えのもと、指導の方向性4点を示している。

・書き手を意識する読み。
・文章や作品を、自ら解釈し、鑑賞し、批評する眼を育てていく方向。
・文章や作品を、再構成し、創造する行為。
・自己の内に取りこみ、活かし、そこから新たな世界を作り出していく方向。

また田中（1993）では古典読書における作品の捉え方（全体の統括、鑑賞の視点、記述内容の配列、人物）が検討されている。そして上松（2010）ではメディア・リテラシーの方法によって、「山月記」の「イデオロギー分析」、「編集」、「構図」からの分析を行い、次のようにまとめている。

メディア・リテラシーの方法を使って文学を読むと、学習が作品の中の世界だけでなく、複眼的に作品の周縁性を捉えることが出来るようになる。そして、作品に接する審美眼・鑑識眼を獲得し、主体的に作品を解釈することができるようになる。(p.8)

4.3　学際的研究に向かって

　これからの「読みの教育」は教科を超えた面でさらに重要となってくるだろう。その代表は外国語教育と国語教育の連携であるが、このことは、従来の古典の読みの教育にも影響を与えるはずである。こういった視点から、今後を展望することのできる文献 3 点を紹介したい。

　浅田(1994)では、古典語と現代語との違いによる「言語抵抗」を外国語教育研究における「文体干渉」と関連づけ、古典教育論に多くの示唆を与えてくれる。また舛田・工藤(1994)は、江戸の奇談随筆「北窓瑣談」を取り上げ、翻案教材や漫画を用いて古文を読み解く授業の試みである。そして勝田(2015)は「浦島太郎」の様々な版(唱歌版、御伽草子版、浦嶋子縁起版)を用いて読むことと書くことの関係を考察している。そこでは読後に新しい浦島太郎の話を作る群と自分が書いてみたいことを自由に書く群に分かれての実験が行われたが、その目標の違いが書き言葉による反応(文章産出)に違いをもたらすことが明らかにされている。授業の文脈と読者反応に注目した新たな研究であるが、そこでのテキストが古典である点にも今後の展望を見出したい。

参考文献

浅田孝紀(1994)「「文体干渉」に関する考察―古典教育基礎論として」,『読書科学』, 38 (3), 98–103.

藤森裕治(1997)「読書感想文の学習指導に関する一考察―「羅生門」の読みの指導を通して―」,『読書科学』, 41 (4), 129–136.

勝田光(2015)「読みの目標の違いが中学 3 年生の文章産出に与える影響」,『読書科学』,

57 (1/2) , 13–22.

舛田弘子・工藤与志文 (1994)「翻案教材を用いた古文の読解指導の試み―江戸奇談随筆を題材に」,『読書科学』, 38 (4) , 128–140.

松本修 (2000)「ナラトロジーの役割―「山月記」を具体例として」,『読書科学』, 44 (2) , 51-57.

宮澤優弥 (2017)「読み手は学校における読み聞かせ活動をどう意義付けているか」,『読書科学』, 58 (4) , 212–226.

岡本圭六・大倉恭輔 (1987)「子どもの読書鑑賞態度と音楽鑑賞態度―態度スケールに基づく研究」,『読書科学』, 31 (4) , 121–132.

坂口泰道 (1995)「読者主体の設問・「こころ」を読んで―もし過去の一部分が修正できるとしたら君はどこを修正しますか」,『読書科学』, 39 (1) , 37–40.

高橋一男 (1994)「高校における「読み聞かせ」指導の試みについて」,『読書科学』, 38 (1) , 32–35.

田中勝 (1993)「成績上位者群と下位者群から見た作品の捉え方の特徴―国語科は生徒の何を評価しているか」,『読書科学』, 37 (4) , 154–162.

田中勝 (1994)「独白を含んだ読みが生徒の理解の様態にどのように影響しているか―中島敦「山月記」を対象として」,『読書科学』, 38 (3) , 117–122.

丹藤博文 (1999)「教材『山月記』を読み直す」,『読書科学』, 43 (3) , 95–104.

塚田泰彦 (2002)「読書心理学の成果と課題」, 全国大学国語教育学会『国語科教育学研究の成果と課題』, 明治図書, 305–309.

塚田泰彦 (2013)「読書心理学・読書社会学」, 全国大学国語教育学会『国語科教育学研究の成果と展望Ⅱ』, 明治図書, 249–256.

上松恵理子 (2010)「メディア・リテラシーの方法で読むことの考察―国語科教科書にある文学教材を用いて」,『読書科学』, 53 (1/2) , 1–12.

和田正人 (1987)「高校生の読書の構造的研究」,『読書科学』, 31(4) , 133–145.

山下直 (1996)「『城の崎にて』の「三週間」を考える―生徒の自主的な「読み」の修正のために」,『読書科学』, 40 (2) , 72–80.

安居總子 (1993)「国語教室における読書指導」,『読書科学』, 37 (2) , 77–85.

3–④　読みの教育の諸相：中等・説明文

舟橋秀晃

1.　背景

　説明的文章の学習は以前から言語活動の多様化（吉川，2013）を目指してきた。また、説明的文章を 1958 年版から分野として位置づけた学習指導要領は、言語材の多様化（森田，2014）を志向し、読書生活や読書指導を視野に入れて改訂を重ねてきた（舟橋，2015；足立，2015）。しかし読みの指導は「成熟した読書人」（塚田，2014）の育成にはつながっていない。生徒は学校で「読まされている」のに、自ら進んでは「読もうとしない」かのようである。それは「学校読書調査」の「不読率」（5 月 1 ヵ月に読んだ書籍が 0 冊の児童生徒割合）の推移（毎日新聞社編，2017）に表れている。

　1997（小学校は 1998）年をピークに小・中・高校生の不読率は低下したが、2005 年以降は小 5％前後、中 15％前後に対し、高校生は依然 5 割台で、かつ近年は上昇傾向にある。そこには、2014 年度末の実施率（校数ベース）が小中で 8 割と急速に普及したが高校では 4 割台に留まる、「朝の読書」の影響を見て取れる。中高の差異からは、学校で読書の時間を確保しないと自ら進んでは本を手に取らぬ中高生の増加が窺える。

　ただし、この調査に文学と説明文の区別はない。また「読書概念の変容」（府川，2009）が見られる今、図書のみを対象とする調査には限界もある。とはいえ、流通に値する本を介した一定の質の読書行為が減少し、携帯端末を通した恣意的な情報選択が生徒の日常となるこの時代には、読解前の「本に出会うリテラシー」に着目する方向（石田・菊池，2017）、また読解中の「ゆさぶり発問」から批評読み、読解後の読書に進む方向（正木、2017；濱田、2007；河野，2009）へと、読解の前後段階にも授業実践を拡大し読書教育を志向することが、不読率の面から中等教育でこそ必要だとはいえよう。

この認識のもと、中等教育期の説明的文章学習を展望していきたい。

2. 説明的文章を読む学習の意義や目的の措定

　読書に主体的でない生徒が育つ現状では、読書や学習への動機づけのありようが問い直される。ところが、高校教員自身が評論文読解やその指導の意義の不明瞭さ、評論文読解指導への共通理解の不充分さなどに課題意識を抱えているという(篠崎・幸坂・黒川・難波，2015)。教員は学習の意義を「**知への誘い**」(教養入門、思想との出会い等)、「**学力の形成**」(言語技術の獲得、解釈力の形成、批評力の形成等)、「**社会の形成**」(市民性・公共性の形成)に見出していて、評論文の学習に教養教育をも期待している。

　教科書教材に備わる生活的世界と学問的世界とを束ねる「統合的世界」の更新と拡張(間瀬，2017)は、国語科説明的文章独自の「自律性」(渋谷，1980)の再発見であった。だが篠崎らの調査は、説明的文章学習の「自律性」が未だ自明ではなく、教養を〈知らないから読めない〉高校生への対応に追われ苦悩する教員の姿を描出している。恐らく、評論文の持続的読解には「期待」要因が、また熟慮的読解には「価値」要因が動機づけに強く影響する(安田，2017)がゆえに、教材文に期待させようと教員がその価値を説いて生徒の教養不足を補おうとするあまり、却って読む行為から生徒を遠ざけるというジレンマが、その苦悩を前景化させているとみられる。

　認知主義(塚田，2016)、発達論的(河野，2013)あるいは社会文化的(藤原，2013)アプローチから迫る今日の研究は、このジレンマを乗り越えるものである。その基底には前世紀末以来、行動主義から社会的構成主義へと移行してきた学習理論の潮流がある。読む行為は行動主義では〈わかる＝読めた〉〈わからない＝読めていない〉と解され、その動機づけには外発的なものも許された。だが本来の読書とは〈知らないから読む〉〈読むとわからないことも増える〉、またそれゆえに読み、語らい、読み返し、他の書をも求めて、今の読みが次の読みを内発的に動機づける、連鎖的に駆動する行為のはずである。今日の研究は、学習の社会性を強調する立場から、「**学力の形成**」を

テクスト理解や非形式論理学的知識、「**知への誘い**」を教養入門よりもテクストや学習の文脈、「**社会の形成**」を市民性・公共性の形成よりも主に言語コミュニケーションの場への正統的周辺参加の各問題として捉えることで、こうした主体的な読書行為の連鎖のダイナミズムを掬い取りつつある。

「人生や社会に対する認識の深化と拡大に資することを第一義的な目標とする一種の教養主義的な指導観を捨てるべきである」との批判（渋谷，2001）があることは肝に銘じたい。だが今日の潮流は、諸問題を教養主義ではなく言語コミュニケーションの角度から捉え直すことを可能にし、言語教科である国語科の説明的文章学習の自律性を一層明確にするものである。

3. テクスト理解とその発達の解明

テクスト理解の原理に関する今日の心理学的知見は、文章全般を対象とした著（大村・秋田・久野、2001；甲田，2009）、説明文や説明行為に限る著（岸、2004；比留間・山本，2007）、論理的読み書きに焦点を当てた著（犬塚・椿本，2014）等にまとめられている。また読み方略の尺度（井関・海保，2001）や情報の理解を促す知識の利用（荷方，2009）等の知見も得られている。

ただし、中1の教科書教材に比較的多い自然科学的な説明文ではその知見を適用しやすいが、中2頃から教科書に現れ始め高等学校教科書で主力教材となる、時に随想的な色を帯びる人文科学的、哲学的な評論文には単純には適用しにくい。なぜなら、評論文が登場する中2以降の教材ではイデオロギー的説明の層が出現し（間瀬，ibid.）、記される事実や判断のもつ価値を筆者の学問的見解に基づく信念が裏打ちする構造をもつため、読む行為にはテクスト理解に留まらず読者の価値判断も伴うからである。それゆえ、道徳的含意をもつ内容について論理的判断をする際に道徳が読解に及ぼす影響（舛田・工藤、2013；藤木，2017）を文種、内容、学年ごとに調べるなど、別のアプローチからの解明も必要になってくる。

学年ごとの調査によれば、要点把握、応用的問題解決とも小6から中1で大きく発達するが、要点把握のみ通過という条件で、要点を独自表現に置

き換えて説明するのは中1以降だという（向井，2004）。一方、中2生で洗練された読みの結果が得られたが減退の様相もしばしば見られたとの報告もある（間瀬・難波・長崎・河野・植山，2002）。この相違は、教科書教材が、小学校での生活的な価値観や見方とは異なり、中学以降では学問的な裏打ちのある筆者の価値観や見方の吟味検討にまで及ぶこととも関連すると推測される。学習者の読みの発達の一層の解明が望まれる。

　なお、説明的文章の「論理」は、国語教育では旧来、文法論的文章論の影響から、文章上での線状展開の修辞（レトリック）との混同（松本，2013）をも伴って捉えられてきた。しかし、心理学的知見の国語教育への導入と相俟って、説明的文章の論理を、線状的な文章展開としてでなく、トゥールミン・モデルに代表される非形式論理学的知識に基づく論証構造に見出す動きが広がっている（渡部，2016）。説明文を図表にまとめることが大学生の理解に及ぼす効果を測る研究（岩槻、1998；深谷，2009）も、論理を線状でなく空間的構造に見出す動きに含められる。ただし、辻村（2017）の授業実践では永野賢の文章論の「連鎖論」を取り入れ、言語表現の修辞的側面にも着目させながら論証の図式化を中学生に行わせており、ロジックとレトリックの混同を避けつつも両面から読む学習指導の統合的実現を図る新たな方向性を示している。この方向と近い理論研究には、日本語教育の知見や文章論の観点を生かして説明文のマクロ構造を解明する立川（2011）のものがある。

　この方向での研究が精緻さを増せば、中学以降で特に必要な読解方略の選択や統合を行うため、手続き的知識に加え条件的知識も扱って読みを自己調整する学習（古賀，2015）のあり方も、より一層明確になるであろう。

4.　発達に応じた文脈把握の拡がりの解明

　「文脈」には三つの意味がある。その一つは文字通り、教材文が文章として織り成す意味の脈絡である。説明的文章の分野では渋谷（ibid.）、森田（1984）、小田（1986）らが、国語科としては内容主義にも形式主義にも陥らず、内容面と形式面の指導を両立させるべきことを早くから論じてきた。こ

れに関し、認知心理学ではウェイソン選択課題（4枚カード問題とも）を契機に、人間の論理的で形式的な推論が文脈依存性をもつことが知られている。前項の非論理学的知識は、個々の教材文のもつ意味内容を伴い、国語科ではことばのありよう（論理面と修辞面の両面での言語表現の適切性）を各生徒が吟味する活動を通して各生徒の中に構成されていかなくてはならないはずである。辻村(ibid.)はこの点でも、現時点での一つの到達点を示している。

「文脈」の二つめの意味は、間テクスト性（間瀬，2001）あるいは「言論の場」（難波，2008）を指し、教材文の周辺にある、ある言説空間を背景として筆者が書いたその背景をも含む。間瀬は香西(1995)を引き、意見は「異見」であり、ある説明的文章は他のテクストとの関連性を内包することを指摘した。渡部(ibid.)が再検討したトゥールミン・モデルのうち「裏づけ」は、この間テクスト性や筆者自身のイデオロギーから導出されるものである。

教科書の小学校教材は原則的に全て書き下ろされる。それゆえ特に低学年の児童が教材文を読む際に間テクスト性を意識することはほぼなく、その必要さえない。だが、中学校教材では書き下ろす際に原典を生かす文章が学年ごとに増え始め、高校教材では原典を尊重し改変に抑制的であるのが基本で、そのぶん、読む側には筆者の参加する議論の文脈の把握まで自ずと要求される。これが読者の関心と合いプラスに作用すれば、次の読書行為への原動力になる（その社会人における文学の事例が石田(2006)）が、片桐(2017)のいう「つまずき語」が増え、読者の関心を呼ばずにマイナスに作用すれば、読書行為のブレーキともなる。難波が指摘したように、「言論の場」から切り離されて教科書に唐突に現れる単一の文章の意義や価値は、単体では捉えづらいものである。とはいえ、教材文の外から教員が教養主義的に文脈を説くばかりでは、生徒が〈読まないままわかってしまう〉ことになり、授業が理科や社会科の色を帯びる。これでは国語科としての自律性は危うい。

この問題には、「社会文化的脈絡」に対し学習者の「個人の脈絡」も重視し両者を共に「相補的」に扱うこと、また相補的に扱うには既有知識としての「個人の脈絡」に立脚し、「自らのテクスト表現過程」を、読んだ後よりも読みに先行か並行させることが望ましい（塚田，1999）。つまり、生徒が

既有知識を述べ合って資源を共有し、それを足掛かりにして筆者の文章のもつ意味、意義、価値を論じ合い共同的に織り成す教室の文脈の中に、筆者のもつ学問的背景や、執筆に至る動機となった言説空間につながる糸口を見出すのである。そうすれば未知の文脈に自ら出会う読みの授業が成り立つ。

片桐（ibid.）には、語レベルではあるが辞書を引いたり相互に考えを述べ合ったりして、相補的に解釈を形成していく高校生の姿が描出されている。この観点から授業の改善あるいは学習の原理的解明が進むことが望まれる。

5.　「場」への参加をめぐる社会的相互作用の解明

「文脈」の第三の意味は、学習を通して生徒と教材文との間に生成される脈絡である。言語コミュニケーション能力を育む国語科では、議論は読みの手段のみならず、育成すべき対象でもある。その点から、前項の生徒間の議論と教材の読みから生成される学習の文脈においては、非形式論理学的知識を生かし、文章検討の生産的議論が成されているかを見取る必要がある。

ただし、コミュニケーションは本質的に「場」を求める。評論文においては人間を哲学的に探究するがゆえに文学同様、読むこと自体に目的を見出しやすい。しかし説明的文章は元来何かのために読むもので、味読のみならず摘読、素読、要約など多様な読みが場に応じて適切に選択されるべきであり、その学習には、学習集団が文脈を生成する前提となる動機や意義や目的が場（状況）として埋め込まれている必要がある。ゆえに特に中学校以下では、単元に場の設定が不可欠となる。文脈依存性の発見から状況論や真正性の提唱へと向かう学習理論の進展は、「大村はま国語単元学習」における「実の場」概念の重要性を改めて照射するが、「実」でなくとも学習の意義・必然性や読書生活での使用場面を学習者が想像できる「リアリティ」（大内，2011）があればよい。逆に、それゆえ高大接続や中高一貫の見地から単に中学校に高大の学習を移入したところで、生徒にとっての「場」がなければ学習たりえないのである。大学生の学術論文の読みを調べた沖林（2003；2006）からは、人間の理解が文脈依存的で、内容知と読む必然性を欲する性

質をもつことが窺える。

　今後は大学生へのブックトレーディングの実践記録(石塚，2005)や内容に対立点のある2文章間の読者反応の調査(大河内，2006)など、教材間や学習者間に意図的に文脈を生成する授業やその原理のさらなる探究が期待される。ただし実際の授業は、正統的周辺参加の事例のように自ら望んで場に参加する生徒ばかりではない(下田，2017)。教育社会学やインクルーシブの視点からも、読みにおける社会的相互作用の実像の解明が望まれる。

参考文献

足立幸子(2015)「国語科学習指導要領における読書指導の位置付けと課題」，『新潟大学教育学部研究紀要 人文・社会科学編』，8(1)，1–11.

藤木大介(2017)「読み手の信念や批判的思考態度が文章理解における道徳的読解に及ぼす影響」，『読書科学』，59(2)，72–79.

藤原顕(2013)「社会文化的アプローチの展開」，全国大学国語教育学会編『国語科教育学研究の成果と展望II』，学芸図書，529–536.

深谷優子(2009)「読解における図表を用いた概要作成の効果」，『読書科学』，52(1)，15–24.

府川源一郎(2009)「読書概念の変容と読書教育」，『読書科学』，52(4)，170–174.

舟橋秀晃(2015)「国語科『読むこと』教材のあり方―小中学校学習指導要領にみる教科書教材ならびに教科書外教材の位置づけの変遷を踏まえて」，『大和大学研究紀要』，1，161–171.

濵田秀行(2007)『クリティカルな思考を育む国語科学習指導』，溪水社.

比留間太白・山本博樹編(2007)『説明の心理学』，ナカニシヤ出版.

犬塚美輪・椿本弥生(2014)『論理的読み書きの理論と実践』，北大路書房.

井関龍太・海保博之(2001)「読み方略についての包括的尺度の作成とその有効性の吟味」，『読書科学』，45(1)，1–9.

石田喜美(2006)「相互行為場面における『読むこと』の意味の交渉―メディア・ファン・コミュニティに関わる女性のインタビューの分析から」，『読書科学』，50(1)，13–22.

石田喜美・菊池真衣(2017)「『本に出会うリテラシー』への回路を取り戻す学習環境のデザイン―公立図書館における『本をえらぶワークショップ for KIDS』の実践」，『読書科学』，59(2)，80–93.

石塚修（2005）「読者間コミュニケーションを活性化させるためのブックトレーディングによる読書指導の方法」,『読書科学』, 49（4）, 155–162.

岩槻恵子（1998）「説明文理解における図表形式の要約の影響―発話プロトコル法による理解過程の検討」,『読書科学』, 42（4）, 135–142.

片桐史裕（2017）「現代文評論教材でのつまずき語解消過程の研究」,『読書科学』, 59（2）, 58–71.

河野順子（2009）「説明的文章における『批評読み』から『読書』へ」,『読書科学』, 52（3）, 103–112.

河野順子（2013）「発達論的アプローチ」, 全国大学国語教育学会編『国語科教育学研究の成果と展望Ⅱ』, 学芸図書, 225–232.

吉川芳則（2013）『説明的文章の学習活動の構成と展開』, 渓水社.

岸学（2004）『説明文理解の心理学』, 北大路書房.

甲田直美（2009）『文章を理解するとは』, スリーエーネットワーク.

古賀洋一（2015）「説明的文章の読解方略指導における条件的知識の学習過程―自己調整学習理論を枠組みとして」, 全国大学国語教育学会『国語科教育』, 78, 29–36.

香西秀信（1995）『反論の技術―その意義と訓練方法』, 明治図書.

毎日新聞社編（2017）『読書世論調査 2017 年版』, 毎日新聞東京本社広告局.

正木友則（2017）「国語科・教授＝学習過程における『ゆさぶり発問』の検討―説明的文章の学習指導における展開を見据えて」, 全国大学国語教育学会『国語科教育』, 82, 33–41.

間瀬茂夫（2001）「間テクスト性に注目した説明的文章の読みの学習指導論の構想」, 島根大学教育学部国文学会『国語教育論叢』, 11, 15–27.

間瀬茂夫・難波博孝・長崎伸仁・河野順子・植山俊宏（2002）「説明的文章の読みの発達の検討―小学校高学年から中学校にかけての変化を中心に」, 全国大学国語教育学会『国語科教育』, 51, 26–33.

間瀬茂夫（2017）『説明的文章の読みの学力形成論』, 渓水社.

舛田弘子・工藤与志文（2013）「説明的文章における『道徳的誤読』の生起は論理操作水準と関連するか？」,『札幌学院大学人文学会紀要』, 93, 1–16.

松本修（2013）「読むことの教材論研究」, 全国大学国語教育学会『国語科教育学研究の成果と展望 Ⅱ』, 学芸図書, 169–176.

森田信義（1984）『認識主体を育てる説明的文章の指導』, 渓水社.

森田真吾（2014）「多様な言語材を活かした国語科指導の可能性について（1）―国語教科書と多様な言語材との関係」, 千葉大学教育学部『千葉大学教育学部研究紀要』, 62, 239–247.

向井小百合（2004）「小中学生の文章理解の発達―要点把握から応用問題解決への移行」,『読書科学』, 48（2）, 39–49.

難波博孝 (2008)『母語教育という思想―国語科解体／再構築に向けて』, 世界思想社.

荷方邦夫 (2009)「情報の理解を促す知識の性質とその獲得―知識の利用可能性に関する研究」,『読書科学』, 52 (1), 27–34.

小田迪夫 (1986)『説明的文章の授業改革論』, 明治図書.

沖林洋平 (2003)「文章内容に対する熟達度が学術論文の批判的な読みに及ぼす影響」,『読書科学』, 47 (4), 150–160.

沖林洋平 (2006)「協同的読解活動における方略獲得の効果」,『読書科学』, 50 (1), 1–12.

大河内祐子 (2006)「結論が対立する 2 つのテキスト間の矛盾の発見」,『読書科学』, 50 (2), 59–72.

大村彰道監修・秋田喜代美・久野雅樹編集 (2001)『文章理解の心理学』, 北大路書房.

大内善一 (2011)「『国語単元学習』の生命線としての『実の場』」, 日本国語教育学会『月刊国語教育研究』, 476, 36-37.

渋谷孝 (1980)『説明的文章の教材研究論』, 明治図書.

渋谷孝 (2001)「国語科は、認識力の形成教科か、言葉の適切な使い方の学習教科か」, 全国大学国語教育学会『国語科教育』, 48, 16–17.

下田実 (2017)「『場』との関わりに目を向けた学習者研究―当事者が『物語る』ことの必要性」, 全国大学国語教育学会『国語科教育』, 81, 14–22.

篠崎祐介・幸坂健太郎・黒川麻美・難波博孝 (2015)「評論文読解指導の現状と課題―高等学校教員に対するフォーカスグループインタビューから」, 全国大学国語教育学会『国語科教育』, 77, 70–77.

立川和美 (2011)『説明文のマクロ構造把握』, 流通経済大学出版会.

辻村重子 (2017)「『論証構成図』を導入した中学校説明的文章の『図式化』」, 全国大学国語教育学会『国語科教育』, 82, 42–50.

塚田泰彦 (1999)「学習者のテクスト表現過程を支える 21 世紀のパラダイム」, 全国大学国語教育学会『国語科教育』, 46, 8–9.

塚田泰彦 (2014)『読む技術：成熟した読書人を目指して』, 創元社.

塚田泰彦 (2016)「国語科教育におけるテクストと考えることの関係の再定位」,『読書科学』, 58 (3), 157–169.

渡部洋一郎 (2016)「Toulmin Model：構成要素をめぐる問題と連接のレイアウト」,『読書科学』, 58 (1), 1–16.

安田元気 (2017)「高校の授業における評論文読解とその動機づけについての量的検討―段階的読解に対する期待と価値の影響」,『読書科学』, 59 (3), 95–103.

4 メディア・リテラシーと読みの教育

奥泉香

1. はじめに

　日本読書学会が歩んできたこの 60 年は、学習者を取り巻くテクスト環境が大きな変化を遂げてきた 60 年でもある。言うまでもなく、読むという行為は、その対象であるテクストとの関係において語られるため、そのテクストを、どういった媒体（メディア）で読むのかという問題とも、切り離して考えることは難しい。そこで、このメディアの変遷の様相に焦点を当てながら、広い意味での現代の読みの質的変化を検討・考察し、それを踏まえた形で「メディア・リテラシーと読みの教育」についての展望を述べる。

　本学会が歩みを始めた 60 年前、日本はどのようなメディア状況にあり、その状況は、学会でどのように捉えられていたのだろうか。また、その当時から現代の読みの状況や質を捉え直してみると、「メディア・リテラシーと読みの教育」は、今後どういった観点や教育実践を必要としているのだろうか。こういった問題を、活字メディア、映像メディアに焦点を当てながら検討し、その中から論点を導き出して、最後にそれら双方のメディアを統合する形で展望を述べる。

2. 活字メディアを巡る状況と「読み」の変容

　本学会が設立された 1956 年は、新潮社が出版社として初めて週刊誌[1]『週刊新潮』を創刊した年である。それ以前にも新聞社の発行する週刊誌はあったが、出版社から発行されるようになった週刊誌は、その部数規模も含め、新たな読者層の形成に影響を与えた（野村，1973: 318–323）。また、この創刊を皮切りに、出版社から続々と週刊誌が創刊され、1959 年には『週刊少

年マガジン』(講談社)や『週刊少年サンデー』(小学館)が創刊されている。本節では、この週刊誌というメディアを切り口として、活字を中心とした当時の「読み」の状況やその変容を検討・考察する(以後、野村(1973)に倣って、新聞社から発行された週刊誌を「新聞社系週刊誌」、出版社から発行された週刊誌を「出版社系週刊誌」と称して検討を行う)。

2.1 「新活字階級」の誕生

　上述した時期の本学会誌を紐解くと、例えば古谷(1959)等から当時の状況や読者の様子の一端を読み解くことができる。古谷は学会誌の巻頭「読書時言」において、週刊誌の需要や消費の状況を、扇谷正造の言葉を用いて「新活字階級」の誕生という言葉で分析し表現している。古谷は当時の状況を、「週刊誌がむやみにふえて、しかも売れている」と述べ、これまでは「週刊誌などは見向きもしなかった」大学生や読者層の「ほとんどの者が読んでいる」と説明している(古谷，1959: 2)。また、片やこれまで「読書をしなかった階級や主婦」が、週刊誌を契機に「非常に書物を読むようになり、その階層が非常に厚くなった」とも述べ、「読書階級が均一化」してきていると分析している(古谷，1959: 2)。府川(2009)や和田(2014)で研究されているように、読書や読者という概念や、書物の消費形態は変容する。そして、本学会が設立された60年前は、上述のようにそれ以前には見られなかった雑誌の読者層が、形成されつつあった時期と見ることができる。上掲の『週刊新潮』創刊号は、発行部数が40万部、その3年後の新年号では、100万部を記録している(週刊誌研究会，1959: 164)。また、この「週刊誌ブーム」と呼ばれたピーク時の週刊誌発行部数は、他誌も含めると700万部[2] とも言われている(週刊誌研究会，1959: 162–178)。つまり、この時期は、その数百万の新活字階級が雑誌という媒体を通して、1週間という時間的な間隔で、様々な情報を消費・共有するようになった時期ということになる。

2.2　現代の読者および「読み」に繋がる背景的基盤の形成

　ここまで述べてきたことを起点として、次の2つの観点を導き出し、現代

224　第3章　読みの教育

の読者およびその読みへの背景的な基盤について、確認・考察してみる。

　1つめは、読む対象であるテクストのテーマや話題の設定についてである。勿論同時並行して様々な書籍が刊行されていたため、これは上述の週刊誌というある一時期に読者層の変容・形成に影響力をもった1つの切り口からの分析ということになるが、当時の出版社系週刊誌は、新活字階級を含む幅広い読者の興味に応えられるよう、戦前から続く新聞社系週刊誌との差別化を図って、自らを「俗物主義」と称し、新聞社系週刊誌が扱ってこなかったテーマや話題を画策して設定した（週刊誌研究会，1959）。週刊誌研究会（1959: 81–89）では、そのテーマ設定の特徴について「多様性」と「日常性」の2点を挙げている[3]。ここで言う多様性とは、時事問題や政治に関するテーマだけでなく、経済や学芸、余暇、家庭生活、異性（当時は特に女性）といった幅広いテーマを、1冊で扱うといった意味である。これに関しては、逆に新聞社系週刊誌が出版社系週刊誌のこの傾向に対抗せざるを得なくなり、新聞社ならではの取材網を駆使した時事問題や政治に関する記事に注力したため、これが発行部数の減少に繋がったとの分析もある（野村，1973）。また、もう1つの特徴である日常性とは、保険や余暇、家庭生活といった都市部を中心としたサラリーマンやその家族にとって、日常的な関心事に関連したテーマが多く設定されるようになったという意味である。

　このように、出版社系週刊誌は、それまで日常的に雑誌を読む習慣の無かった読者層も取り込み、その幅広い読者層が興味をもち、共有できるような多様で日常性のあるテーマや情報を、毎週提供する装置として、新活字階級の形成やそのライフスタイルにまで影響を及ぼしていった。この新たな読者層やそこで共有・消費されていった情報、あるいはその情報の消費の仕方は、次項のテレビの普及と相まって、それ以前には無かった層の読者や、読みの背景的な基盤を形作っていったものと考えられる。

　2つめの観点は、読みにおける価値や文化的側面の共有基盤の形成という点である。この時期には、先にも触れたように、講談社から『週刊少年マガジン』が、小学館から『週刊少年サンデー』が同時に創刊されている。そして、それら創刊号の表紙を見ると、『週刊少年マガジン』では朝潮関が、『週

刊少年サンデー』では長嶋茂雄選手が、少年と並んで2人で写っている。「ぼくらの週刊誌」と書かれたこの表紙からだけでも、ここに写っている小学校高学年くらいの少年が、この週刊誌の主なオーディエンス層の代表的例示の表象であり、横に笑顔で写る相撲と野球の選手が、この雑誌の読者層の関心や憧れの的であることは推測できる。当時の新聞広告を分析すると、「日本ではじめての少年週刊誌」と書かれたこの週刊誌の広告には、「スポーツ・まんが・テレビ・科学」について「現代少年の話題と興味」が「満載」であると記されている（毎日新聞社、1959.3.18, 19）。

　これらのことからも、現代の読者や読みに繋がる次のような背景的基盤が、こういった媒体（メディア）の登場によって形成されたことが確認できる。1つは、上でも検討した雑誌の読者層におけるテーマや話題の共有基盤の形成である。それが、少年を中心とする読者層では「スポーツ・まんが・テレビ・科学」というカテゴリーとして提示され、共有・形成されていったことがうかがえる。そして、このカテゴリーから、まんが・テレビと並列にされながらも、スポーツと科学が当時の少年たちの生活において価値づけられていたことがわかる。

　また、2つめは、こういった基盤が共有される中で、上掲の相撲と野球の選手のように、読者層にとってのヒーローやスター像が形成され共有されていったことも確認できる（野上，2017）。『週刊少年マガジン』の発行部数は、1966年には100万部を突破している（新聞・雑誌部数公査機構，1980）。つまり、これらの少年週刊誌によっても、数十万を超える少年を中心とした読者層が、共通の話題や情報を1週間という単位で消費するようになり、また、ヒーローやスター像を共有することによって、それらに纏わる共通の物語への参加を行うようになっていったことがうかがえる。さらに、1968年にはこれらの雑誌において「あしたのジョー」、「巨人の星」といった作品の連載が始まり、読者層の幅が、少年から学生・社会人にまで広がっていった（野上，2017）。こういったことによって、共通の興味や趣向の下に、子どもと大人が共通に読み楽しむことができる媒体やそのコンテンツが、成立していったとみることができる。勿論この後、ポストモダンの流れの中で、大

226　第3章　読みの教育

多数の読者が共通の物語に参加するような枠組みは成立し得なくなってい
く。しかし、この時期に形成された新活字階級や、少年週刊誌の読者層、ま
た子どもも大人も共通に楽しめる趣味や趣向の場としてのメディアの成立、
そしてそこでのテーマや話題の枠組みの構造は、時代に沿って内容を変えな
がらも、現代の読みや読者の背景的な枠組みの一つとして作用し続けている
と捉えることができる。

3.　映像メディアを巡る状況と「読み」の変容

　本学会設立の 1956 年は、映像を巡るメディア状況においても、それ以前
とは一線を画する節目となる時期であった。この年には、NHK がカラーテ
レビの実験放送を開始し、大阪テレビ放送(現・朝日放送)が開局して、名古
屋や大阪でも民放局のテレビ放送がスタートした(萩原, 2013: 3–6)。テレ
ビは、1953 年 2 月に NHK で本放送が開始され、同年 8 月に日本テレビが
開局しているので(萩原, 2013: 2)、その 3 年後の学会設立の年は、目覚ま
しい技術革新の中、首都圏でも地方でも民放のテレビ番組が楽しめるように
なった時期ということになる。さらに 1959 年には、教育放送も開始されて
いる(萩原, 2013: 3–6)。まさに、映像メディアにおいても、萩原の言を借
りれば、テレビが国民にとって「集合的記憶」装置として機能を始めた時期
ということになる。

3.1　テレビと書籍におけるオーディエンスの自主性

　上述のようなメディア状況を、当時の本学会ではどのように捉え、研究的
な観点として意識していたのだろうか。このことを、2.1 と同様に当時の本
学会誌を参照する形で検討してみよう。すると、上掲の古谷(1959)におい
て、こういったテレビの普及の状況を容認しながらも、テレビやラジオと読
書とを対比的に捉えた、次のような興味深い文章を見つけることができる。
「テレビやラジオの内容が、放送局の増加などである程度選択ができるよう
になったとはいうものの、数少ない既成の番組の中から選ばなければならな

いし、内容も限られている。この点で、図書は選択ができる。つまり自主性をもつという点でかけがえのないものであり、時間も自由にえらべる、という長所がある」（古谷，1959: 1）。

このことから、学会の設立当初は、書籍がテレビやラジオよりも圧倒的に選択の幅も領域も広く、また時間的にも「自主性」をもって選択し読むことのできるメディアとして、捉えられ特徴づけられていたことがわかる。

3.2　テレビに対する子どもの反応と、現代に繋がる背景的基盤の形成

映像メディアを巡っては、本誌の村石（1959）においても、当時既に「新聞で小学生のテレビ、チャイルドが問題になって」いることへの言及がなされている（村石，1959: 51）。そして、テレビばかり見ているこの小学生の現象になぞらえて、村石は2歳を過ぎた御息女の様子について、「生活にテレビが主の座について絵本を追いださんばかりになっている」と、「テレビ・ベビー」という造語を用いて述べている。つまり、このことから、本学会設立当初から、既に幼児にとっての絵本とテレビとの逆転現象が起きつつあり、小学生においては、選択的にテレビの視聴を統御できない児童が社会問題化してきていたことが確認できる。

こういった中、映像メディアを巡る当時の日本の教育の状況は、本学会が設立された数年前の1952年に、「日本映画教育協会」がその組織の目的を見直すべく改組して、文部省（当時）社会教育局に視聴覚教育課として再編成されている。このことは、それまで主だった映画教育から、特に学校教育の文脈では学習指導におけるテレビを中心とした映像活用教育への移行を意味している（田中，1979: 170）。

このようにみてくると、映像メディアを巡る状況においても、この時期に幼児や小学生も含む形で、テレビを起点とした新たなオーディエンス層が形成されたということが確認できる。また、そのオーディエンス層の間で、スポーツの実況中継やクイズ番組といった子どもも大人も共通に話題にし得る番組も制作されていった（萩原，2013: 8–9, 43）。こういった中、先の古谷や村石の論考を含め、当時の本学会誌に掲載されている複数の論考からは、共

通して当時の新聞の論調とは適度な距離をおき、上述のような現象の中に在る子どもたちを長期的な視点で「静観」し（村石，1959: 51）、絵本や書籍との共存の形を共に模索しようとする姿が読み取れる。

4. 現代の読者および「読み」の質と、
必要とされるメディア・リテラシーの教育

　以上、活字メディア・映像メディアに焦点を当てながら、本学会が設立された時期のメディア状況を起点として確認し、そこから現代の読者や読みに繋がる観点を導き出して整理した。そこで、それらの観点に沿いながら、現代の読者および読みの質と、今後必要とされるメディア・リテラシーと読みの教育について述べる。

4.1　参加型文化において必要とされるメディア・リテラシーの教育

　先の 2.1 でみてきたように、かつて出版社系週刊誌というメディアによって、新たな活字階級という読者層が創出された。また、3 項でも検討したように、テレビの普及によっても、新たなオーディエンス層が創出された。そして周知のように、近年インターネットやソーシャル・メディアの普及によって、より広い範囲の新たなユーザー層が創出されている。このようにみてくると、学会設立当初から現在に至るまで、メディアの変遷に伴って新たな読者層やユーザー層が創出されてきたことが、改めて確認できる。これらの検討を通し、現代のメディア状況や読者層、ユーザー層がそれ以前と大きく異なる点に焦点を当てて、今後必要と考えられるメディア・リテラシーと読みの教育について、実践的な観点を含め述べる。

　今後必要と考えられる観点の 1 つめは、上掲の古谷（1959）がかつて読書に求めていた「自主性」に関わる能力の育成についてである。周知のように、昨今多くのソーシャル・メディアが多様な領域や嗜好毎に分化し、独自のサイトやコミュニティーを形成している。また、テレビも多チャンネル化・多メディア化しており、膨大な選択肢から選んだ番組を、様々な受信装

置やメディアで見る時代となっている。このような、3.1で古谷（1959）が言及した状況とは大きく異なる現状において、能動的・主体的に必要かつ的確な書籍や番組、サイトや情報を選ぶ力の育成を、各人の努力にだけ帰すことは難しい。勿論選書技術に関する研究は多くある。しかし、例えばインターネットを利用した検索は、多くの研究で指摘されているように、検索者の既有の知識や信念、傾向性や仕組みによって偏る傾向がある（ホッブス，2015: 43）。また、各サイトの信憑性や仕組みもまちまちである。したがって、今後に向けたメディア・リテラシーと読みの教育については、例えば以下のホッブス（2015）で提示されているような、人間の情報処理や検索過程に関与する特性を、メタ的に吟味する学習が必要になると考えられる。米国のメディア教育研究者ホッブス（2015）は、「出典比較チャート」作りの教育実践を紹介・提案している。これは、クラスで話し合って考えた問いを課題として設定し、それについて調べて、最も信頼できる情報源から信頼できないものまで、順に10の情報源を並べたチャートを作る実践である。そして、学習者は10の情報源について、各々次のことも行うよう指示される。「1. 要約し、言い換える。あるいはもとの文から情報の大事な語句を直接抜き出す。2. 正しく整理した引用をつくる。3. なぜこれが信頼できる、あるいはできないとランクづけしたのかを説明する」（ホッブス，2015: 46–48）。この実践の過程で、学習者には敢えて信憑性の低いファン・サイトや個人のホームページも検索・検討させる。また、「ヒューリスティック」という、情報処理の効率を上げるために人が自然に行いやすい「知的近道」という概念を教示し、Twitterのフォロワー数やNetflixの格づけ等を例に、学習者に実例も検討させる。さらに、「不完全な情報しかもたない人たち」に起こりやすい「情報カスケード」と呼ばれる横並び行動についても、YouTubeの映像への急速な視聴行動を例に学習させる。つまり、日々無自覚に行っている検索や視聴行動、また選書のための情報受容過程のメカニズムを、明確なメタ概念を教示して、意識的に振り返り検討させる学習が、今後必要とされているのである。

2つめの観点は、参加型文化に対応した読み・書き能力の育成についてである。参加型文化とは、Jenkins（2009: 129）によると「新たなコンテンツを

作ったり広めたりするところへ能動的に参加するよう、ファンやその他の消費者たちをいざなう文化」[4] と説明されている。先の実践でも言及した SNS や動画共有サイト、さらにはそのコメント欄等において、人々は参加するために読み、知の交流や創造、文化的価値の創成に誘われ関与している。したがって、この「新たなコンテンツを作」る過程に参与する読みあるいは書きには、各人のものの見方や価値観、文化的背景が影響を及ぼす。さらに、こういった交流が、面識のない世代や地域、文化等の異なる広範な人々との間で執り行われる。英国のメディア教育研究者バーン（2015）は、こういった過程では、今まで以上にリプレゼンテーションの能力、およびその検討能力が重要になってきていると述べている（バーン，2017: 15–17）。リプレゼンテーションとは、表象と訳され心理学や映像学等において研究の蓄積を持つ語であるが、バーン（2017）はギリシア哲学、とりわけアリストテレスが用いたミメーシスや模倣といった概念を用いて、参加型文化で必要とされるこの概念およびその能力を、次のように再解釈して提示している。それは、単なる模倣によって脱政治化されるようなものではなく、クリティカルに楽しみを伴って世界を再構成することによる創造的な営み（バーン，2017: 15–17）である。そして、こういった能力の育成には、言語とそれ以外のモードから成るテクストを模倣・制作し、その過程で何がどのような記号資源や修辞技法によって、どのようにリプレゼントされるのかを、吟味・交流する学習が一層必要であると述べている。こういった過程で自己の属する社会や価値・文化を、吟味しながら楽しみ創り変え、先の 1 つめの観点でみた、人間の検索やソーシャル・メディアにおける仕組みや活用の特徴を、相対化する学習が今後のメディア・リテラシーの教育では必要とされている。

注

1　その前年ダイヤモンド社から『週刊ダイヤモンド』が創刊されているが、経済中心の週刊誌であるため、複数の文献において『週刊新潮』を出版社初の週刊誌と位置付け

ている。

2　実際には、和田 (2014) でも述べているように、「取次」や「販売ルート」の変化によっても、こういった数字は大きく影響を受ける。例えば、同時代の新聞社系週刊誌の 4 割は、宅配の形態をとっていた (野村, 1973)。

3　野村 (1973) では、もう一点その特徴として、週刊誌における「文学の娯楽化」も挙げているが、本稿では紙幅の関係で扱わない。

4　ここでは、Jenkins を先進的に日本の教育の文脈に紹介した砂川 (2010) の訳を使用させていただいた。

参考文献

バーン，A., 奥泉香（編訳）(2017)『参加型文化の時代におけるメディア・リテラシー　言葉・映像・文化の学習』, くろしお出版.

府川源一郎 (2009)「読書概念の変容と読書教育」,『読書科学』, 52(4), 170–174.

古谷綱正 (1959)「読書時言」『読書科学』, 4, 1–3.

萩原滋 (2013)『テレビという記憶―テレビ視聴の社会史』, 新曜社.

ホッブス, R., 森本洋介, 和田正人（監訳）(2015)『デジタル時代のメディア・リテラシー　教育』, 東京学芸大学出版会.

Jenkins, H. (2009) *Confronting the challenges of participatory culture: Media education for the 21st century.* (pp.129). Cambridge: MIT Press.

毎日新聞社 (1959.3.18, 19) 広告欄：showa.mainichi.jp/news/1959/03/post-de9e.html（2018.1.12 閲覧）.

村石昭三 (1959)「幼稚園児のリテラシー」『読書科学』, 4, 24–31.

野上暁 (2017)「少年週刊誌ブームの到来：『少年ジャンプ』がもたらしたもの（子ども問題の 70 年）―（高度経済成長期の子どもたち）」,『児童心理』, 71(18), 59–64.

野村尚吾 (1973)『週刊誌五十年』, 毎日新聞社.

新聞・雑誌部数公査機構 (1980) www.jabc.or.jp (2018.1.15 閲覧).

砂川誠司 (2010)「『参加型文化』論からみたメディア・リテラシー教育の提唱」,『広島大学大学院教育学研究科紀要』, 第二部 (59), 133–140.

週刊誌研究会 (1958)『週刊誌―その新しい知識形態』, 三一書房.

高橋呉郎 (2017)『週刊誌風雲録』, 筑摩書房.

田中純一郎 (1979)『日本映画発達史』, 蝸牛社.

和田敦彦 (2014)『読書の歴史を問う―書物と読者の近代』, 笠間書院.

5 言語活動としての読書

丹藤博文

1. メディア社会における読書教育

　メディア社会と言われる今日、子どもたちの言語能力・読み書き能力の衰退が懸念されている。1970年代、テレビの普及やマンガの流行による危機感から読書教育が推進されたように、昨今の「ケイタイ」や「スマホ」の急速な発達と普及がその大きな要因と言えるだろう。内閣府による「平成28年度青少年のインターネット利用環境実態調査」は、インターネットの利用時間について、「平日に2時間以上利用する」と回答した割合が、小学生32.5％、中学生51.7％、高校生76.7％であり、前年より5.8％増加したことを明らかにしている。一方で、全国学校図書館協議会と毎日新聞による第63回学校読書調査によれば、「5月の一カ月間に雑誌を一冊も読まなかったのは、小学生が48％（前年比5ポイント増）、中学生が60％（同5ポイント増）、高校生が67％（同8ポイント増）だった」とあり、「一カ月間に雑誌を一冊も読まない子どもの割合（不読率）は、小中高とも過去最高を更新した」と報じられている。

　それでは、子どもたちも含めたネット環境が飛躍的に発展した、この10年間読書教育はどのように進められてきたのであろうか。ここでは、2008（平成20）年から10年にわたる小・中学校学習指導要領下で強調された「言語活動の充実」としての読書活動に焦点をあてて、この間の国語の授業における読書指導の特徴や傾向を明らかすることを目的とする（学校図書館における読書活動については、本章6節において扱われることから触れないこととする）。読書指導・言語活動の充実・国語の授業という3つのキーワードの交差する地点に目を向けることで、メディア社会における読書教育の課題を追究したい。

2. 読書活動の方法

2.1 「言語活動の充実」とは何か

　日常的な言語生活、あるいは国語の授業における読む・書く・話す・聞くといった行為自体が「言語活動」である。それでは、とりわけ「言語活動の充実」が意味するものとは何か。

　佐藤（2011）は、「PISA 型読解力」「知識の活用能力」「国語力」といった用語の広がりの根底には「人の活動を文化や社会と切断し、心理学主義的に『スキル』や『能力』に読み換える新自由主義のイデオロギーがある」としたうえで、以下のように述べている。

> 　学びの活動を「スキル」や「能力」に置き換えて遂行することによって、学びの経験は、その固有性を失い、競争と査定の対象へと組み込まれてゆく。しかし、言語活動は「スキル」や「能力」の履行であるよりもむしろ、一つの「文化的経験」であり、「社会的出来事」である。だからこそ、文学の言葉が成立する。
> 　　　　　　　　　　　　　　　　　　　　　　　　　　（佐藤，2011: 1）

　佐藤は、言語活動は「スキル」や「能力」に置き換えられるべきでなく、「文化的経験」や「社会的出来事」として成立すべきことを述べている。

　府川（2013）は、教室において盛んに実践されている言語活動「充実」のために「質の吟味と、それ向かうべき方向」が重要であることを指摘したうえで、「人間関係を活性化」させるための手立てとしての言語活動を説く。

> 　人間関係は、日常的実用的な言語活動と、非日常的非実用的な言語活動との二重性の狭間に成り立っている。とすれば、人間関係を安定させる一方で、またそれを揺り動かすこと、その往復的言語活動の中に新たな人間関係が明滅し、言語活動もまた「充実」するのである。
> 　　　　　　　　　　　　　　　　　　　　　　　　　　（府川，2013: 3）

「言語活動の充実」というと、「活動」それ自体に関心が向きがちだが、佐藤の言う「文化的経験」「社会的出来事」としての言語活動、また、府川の「人間関係」を「安定させる一方」で、「揺り動かす」「往復的言語活動」という指摘は傾聴に値すると言えるだろう。

「言語活動」それ自体の定義については、桑原（2009）が、次のように結論づけている。

> 言語活動とは何か。筆者は次のように定義してみたい。「主体的『意味』を創造していく、聞く、話す、書く、読むという言語活動の過程」
>
> （桑原，2009: 4）

桑原は、「意味」の「創造」、しかも、その「過程」が「言語活動」だとしている。したがって、言語が「人間にとって意味あるものとなり機能を発揮するのは、言語活動においてである」ということになり、「言語活動の充実」は、言葉の教育にとって「致命的に重要」だということになる。言語は実体的にそこにあるのではなく、「過程」としての活動において言語なのであり、それを「充実」させることは、むしろ自明であると同時に必然でなければならない。

2.2　活動としての読書

それでは、子どもたちの読書を推進するためには、国語の授業で、どのような活動が構想され実践されているだろうか。『言語活動の充実に関する指導事例集～思考力、判断力、表現力等の育成に向けて～　【小学校版】』（文部科学省，2011）によると以下のような活動があげられている。

第2学年　好きなシリーズ作品を見付け、楽しんだり想像を広げたりして読む事例

第4学年　ファンタジーを読み、感想を述べ合う事例

第4学年　紹介したい本を取り上げて説明する事例

第6学年　本を読んで推薦の文章を書く事例

（下線は丹藤、以下同じ）

　読むことのほかに、話す（述べ合う・説明する）・書く（推薦の文章を書く）・聞く（述べ合う）といった活動も加えられていることがわかる。読書活動は、読むことそのものというより、話す・聞く・書くといった他の活動を取り入れながら推進されようとしているのである。それでは、国語の授業において、言語活動の充実としての読書は、どのように実践されているか。

(1) 読書会

　読書会は、複数で本を読み合う会であり、集団で読書をすることである。読書会は、集団で読むばかりでなく、読みを交流する点に特徴があると言ってよい。牛山（2016: 31）は、「読み取らなければならない何か」を設定する読書ではなく、「脱教科書」「脱教科」という視点から読書会をとらえなおし、楽しさを共有しつつ、読書人としての子どもの育成へとつながるという点で、「活動としての読書会」の意義を説いている。

(2) ブッククラブ

　ブッククラブは、広義には読書会であり、好きな本を選ばせ少人数のグループでディスカッションするという点に特徴がある。アメリカ合衆国で、ラファエル（2012）らによる『言語力を育てるブッククラブ』が日本でも知られている。訳者である有元秀文は、この活動が教科書中心の読書、教師の一方的な授業といった国語の授業の問題点を克服するうえでの有効性に言及し、「クリティカルシンキング」を視野に含めている点、学力の向上に寄与する点で、高く評価している。吉田（2013: 13）は「特定の本をメンバーが事前に読んできて、面白いと思ったところや考えたこと、そして疑問に思ったことなどについて話し合う会」としている。読むことの楽しさ・本を好きになるといったことを基調としながら、読みを交流することで自己表現や他者からの学びへと展開しようとするものである。

　複数で読み合い、話し合う読書活動としてのブッククラブは、ゆるやかな共同での読書であるが、ワールドカフェやリテラチャーサークルのように、特定の形式をもつものもある。ワールドカフェは、4人のグループに分かれるものの、ラウンドごとにメンバーが変わる点に特徴がある。リテラチャー

サークルは、自分が読みたい本ごとに 4–5 人のグループを作るが、「イラスト係」「質問係」「表現係」などの役割分担をし、役割ごとに話し合いをすることを特色としている。小嶋（2017）は、「リテラチャーサークル方式で読みを深めよう」という単元を実践している。中学生たちは、それぞれの役割に従事しながらも、「ただ暗い物語と思っていたが、自分の体験と照らし合わせたりすると、読みの深まる小説へと変化した。自分の体験を思い出すような小説だった」（小嶋，2017: 20）と読みの深まりに自覚的な感想を述べている。

(3) ブックトーク

　ブックトークとは、一つのテーマを設定し、本を紹介するものである。ジャンルにとらわれず、様々な本を紹介する。目的は、それを聞いた人が読んでみたいと思うようにすることである。テーマを決めること自体が魅力の一つであり、小学校では「『黄色いバケツ』ときつねの子シリーズ」、中学校では「ベストフレンドの見つけ方」、高等学校では「言葉とは何だろう」（渡辺ら，2012）といったように多様で、子どもの興味や関心に配慮され、それぞれ複数の本が取り上げられている。紹介するために「話す」ことが重要視され、シナリオを書いたりして、「トーク」そのものが成功の鍵を握るということになる。図書館で学校司書や司書教諭によって実践されることもあるが、国語の授業として行われてもいる。ブックトークは、2008（平成 20）年度版『学習指導要領解説国語科編』「第 2 節　第 3 学年及び第 4 学年」「C 読むこと」「カ　目的に応じた読書に関する指導事項」でも「読書の範囲を広げるために、学校図書館などの施設の利用方法を学び、図書を紹介するブックトークなどの活動や読書案内、新刊紹介などを積極的に利用する態度を養うことが必要になる」（65–66）とあり、国語の授業として展開されることが期待されている。

(4) ビブリオバトル

　ビブリオバトルも、最近国語の授業で取り組みがなされる活動である。「ビブリオバトル（bibliobattle）」の「ビブリオ」は「書物」、「バトル」は「戦い」の意味である。ビブリオバトルには決まった公式ルールがあり、本を持って集まった参加者が、一人 5 分で本の紹介をする。紹介の後に 2–3 分

でディスカッションをし、すべての発表が終わった後で「どの本が一番読みたくなったか？」の投票を行い、最多票を集めたものを「チャンプ本」とする。最多票を集めるために「バトル」が行われるというものである。「バトル」といっても、ゲーム感覚で行われるが、宮嶌（2017）は、「相互評価シート」「構成づくりのワークシート」など、授業の評価を意識した工夫をしている。宮嶌は「狙いとしていた『読書活動の活性化』は実現できた」（宮嶌, 2017: 40-41）とし、同じくビブリオバトルを授業で扱った阿部（2016）も「ビブリオバトルを行ったことで、読書から他者とつながることができ、発展的に読書に対する意欲を持たせることができた」（阿部, 2016: 63）と成果を謳っている。

(5) 並行読書

　並行読書は、「教科書教材等を主教材と並行し、読書を進める学習活動」（植松, 2015: 6）である。例えば、宮澤賢治の作品を授業で扱ったら、他の作品も並行して読ませるといったことである。教科書教材と関連づけられることから、国語の授業との親和性も高く授業実践例も多い。並行の対象は文学に限らず、説明文や古典、詩歌など広範囲にわたり、一人の教師には限界があるものの、学校図書館やボランティアなど「学びのコラボレーション」へと展開することもできる。逆に、主教材への興味や意欲を喚起する効果も期待できるだろう。福満（2011）は、ブックトークや話し合い活動を取り入れるなどしており、また、中塚（2014）は読書意欲向上に寄与したことを報告している。

　上記のほかにも、国語の授業における言語活動として、ウェーブリーディング（物語を読む視点を変えて、全文通読をくり返す単元構成）（小杉、2015）、オーサー・ビジッド（新聞社が主催する、選出されたオーサー（作家）に中高生が質問やメッセージなどを色紙に寄せ書きして応募し、応募された色紙からオーサーが直接訪問先を決め、講演を行うというもの）（小杉、2015）など多彩である。『中学校の読書指導　読書生活者を育てる』（2005）には、「チェーン読書—本から本へ、人から人へ、人から本へ—」、「連続朗読劇場—教師が創り出す十分間の本の世界—」など、「単元の目標」や「学習

238 第3章 読みの教育

の流れ」などが明確にされつつ実践されている。言語活動としての読書の多様な展開を示している。

3. 読書指導の成果と課題

3.1 イベント化する読書

　この10年の言語活動としての読書を国語の授業の中に見てきた。特徴として以下の2点をあげたい。

　第一、「読む」ばかりでなく、「書く」「聞く」「話す」といった活動も取り入れられている。読書とは、基本的に「読む」ものであるが、「読む」ばかりでなく、「感想を述べる」「紹介する」「イラストを描く」「勝敗を決める」といったように、「書く」「話す」「聞く」といった他の活動に展開されているということである。

　第二、読書活動は、共同（協働）でなされるということである。髙木（2012）は、近年の読書指導の傾向として、「近年の読書指導は政治や行政も巻き込みながら、多様な展開を見せてきました。そしてこれらを見渡してみると、ある共通点が浮かびあがってくるように思われます。すなわちそれは『共同性』です」（髙木，2012: 79）と断じている。『シリーズ　読書コミュニティのデザイン　本を通して世界と出会う』（秋田ら，2005）で試みられているように、読書はネットワークづくりであると同時に、コミュニティづくりでもある。さらに言えば、「共同」は、複数で共に作業をするという「協働」でもある。

　学校の読書指導において、読書は、もはや個人の密やかな楽しみでもなければ孤独な営みでもない。複数で読んだり話し合ったりする、あるテーマを探求するために調べる、他者に説明するために読み込む、ゲームで勝敗を決めるために読み合うといったようにイベント化していると言ってよいだろう。このような参加型のイベント化する読書は、沈思黙考といった読書の従来のイメージとはそぐわないことは払拭できない。しかし、そうでもしなければ、冒頭紹介したように、多くの時間をネットに費やす子どもたちをし

て、本を読む体験へと誘うことはもはや困難であることは想像に難くない。ほうっておけば、子どもたちは、スマホを片時も手放さず、ゲームや動画に興じるばかりなのだろう。さらに、本屋は閉店し、出版業界は不況と言われる。紙媒体の書物は、子どもたちの周りから消えていることも否めない事実であろう。読書指導の実践の多くは、本への関心を持たせる、読書習慣をつけさせることを主眼としているのである。「『読書活動の活性化』は実現できた」「発展的に読書に対する意欲を持たせることができた」「読書意欲向上に寄与した」と成果が述べられているように、紙媒体による読書への危機感が、読書指導の実践へと向かわせている様子が伺える。読書習慣や読書生活へのいざないとしての読書指導の意味は、いくら強調してもしすぎることはない。そのうえで、今後の課題として、次の点を提起したい。

3.2 内在的経験としての読書

　歴史的に、長きにわたって読書とは、集団でなされるものであった。物語を朗読(音読)する人がいて聴く人がいる、そのような共同体において営まれてきた(シャルチエ, 1992；マングェル, 1999)。そこでは、音読を基調とし、物語受容の形態は、読むというより聴くことであった。江戸時代の藩校においても、『論語』や『孟子』は読まれるとともに語られてもいた。近代に入っても、西洋を学ぶと同時に議論をたたかわせ憲法の草案を作ってもいた(前田, 2012)。近代のある時期までは、読書と活動は不可分であったのである。識字率が高まり、印刷術が普及すると、一人で黙読するように読書形態は変わっていった。読書が個人の営みとなったのは、この100年ほどのことにすぎない。現代の読書指導の特徴である「共同(協働)性」「コミュニティ」は、近代以前の読書活動の再来と言えるかもしれない。

　それでは、音読から黙読へ、共同体から個人へと移行した近代の読書とは、いったい何だったか。言文一致による近代文学と近代読者の成立の意味とは何かと言い換えてもよい。それは、読書が音読を中心とする外在的経験であったものが、個人の内面へと働きかける内在的経験への移行でもあった(前田愛, 1989)。読書習慣や読書生活へのいざないは、それ自体掛値なし

に必要であり、共同(協働)での読書の学習効果は期待できるとしても、この読書行為の個の内面への働きかけといった可能性をどう担保するかについては、現代の読書指導にはほとんど言及がない。前記佐藤の言う「文化的経験」「社会的出来事」としての読書という面をどうするか、また、府川の指摘する「非日常的非実用的な言語活動との二重性」をどう成立させるか、換言すれば、読書の行為性を個の内面に成立させられるかが課題なのではないか。「だからこそ文学の言葉が成立する」という佐藤の指摘には注意が必要だろう。

　まして、「情報化・消費化社会」(見田, 1996)において、テレビから動画にいたるまで、メディアは、消費者のニーズに合ったコンテンツを供給しているのであり、子どもらは見たいものを見たいように見ている。それは、行為としての読書ではなく消費活動でしかない(ローズ, 2012)、そして消費活動には他者性も不在と言わねばならない。つまり、「文化的経験」や「社会的出来事」へといたる個の内在的行為性を剥奪された消費という活動に多くの時間を費やしているだけなのではないか。読書活動の中に行為性や他者性を取り戻すには、物語の方法や言説の方略をメタ認知していく力が不可欠である。物語の方法の教育が、メディア時代において求められている。メディアによって供給されるコンテンツも物語化を免れない。とすれば、読書において、物語の構造なり方略なりをメタ認知していく力を養うことで、他の言説・テクスト・メディアの方略を可視化できるようにすることが必要になる。言語活動の場としての国語の授業は、読書行為の内面化と物語をメタ認知していく能力を養うための有効な機会であるにちがいない。

参考文献

阿部裕子（2016）「読書活動の幅を広げる「オーサー・ビジット」と「ビブリオバトル」を取り入れた指導（中学一年生）」，『月刊国語教育研究』，530, 63.

秋田喜代美・庄司一幸編・読書コミュニティネットワーク著（2005）『シリーズ　読書コミュニティのデザイン　本を通して世界と出会う』，北大路書房.

シャルチエ，ロジェ（1992）『読書の文化史』，福井憲彦訳，新曜社.

府川源一郎（2013）「人間関係を育む言語活動」，『月刊国語教育研究』，493, 3.

福満芳枝（2011）「言語能力をはぐくむ国語の授業―図書資料を生かして」，『学校図書館』，726.

国立教育政策研究所編（2010）『読書教育への招待』，東洋館出版社.

小嵜麻由（2017）「リテラチャーサークル方式で読む力を育てる」，『月刊国語教育研究』，538, 20.

小杉栄樹（2015）「学び合いを支える言語活動の充実―「ごんぎつね」における「読み取り」と「ウェーブリーディング」の活用」，『月刊国語教育研究』，518, 38–39.

桑原隆（2009）「言語活動の充実―「意味」の創造過程」，『月刊国語教育研究』，444, 4–9.

前田愛（1989）『前田愛著作集第二巻　近代読者の成立』，筑摩書房.

前田勉（2012）『江戸の読書会　会読の思想史』，平凡社.

マングェル，アルベルト（1999）『読書の歴史』，原田範行訳，柏書房.

マクラレン，ジャネットほか（2013）『本を読んで語り合う　リテラチャー・サークル入門』，山元隆春訳，溪水社.

見田宗介（1996）『現代社会の理論―情報化・消費化社会の現在と未来』，岩波書店.

宮嶌芳和（2017）「ビブリオバトル―読書活動を活性化させるために」，『月刊国語教育研究』，543, 40–41.

中塚良久（2014）「単元を貫く言語活動と読書指導―読書活動の効果的な位置付けについて」，『実践国語研究』，327, 34–36.

ラファエル，T. E. ほか（2012）『言語力を育てるブッククラブ―ディスカッションを通した新たな指導法』有元秀文訳，ミネルヴァ書房.

ローズ，フランク（2012）『のめりこませる技術』，島内哲朗訳，フィルムアート社.

笹倉剛（2015）『グループでもできるビブリオトーク』，あいり出版.

佐藤学（2011）「言語活動の教育」，『月刊国語教育研究』，467, 1.

髙木まさき（2012）「『言語活動』による読書指導」，『教職研修』，40(9), 79.

植松雅美（2015）『並行読書の授業プラン』，東洋館出版社，6.

牛山恵（2016）「学習活動としての読書会」，『月刊国語教育研究』，532, 28–31.

渡辺暢恵・小柳聡美・和田幸子・齋藤洋子（2012）『学校司書と先生のためのすぐできるブックトーク』，ミネルヴァ書房.

安居總子・東京都中学校青年国語研究会編著(2005)『中学校の読書指導　読書生活者を育てる』，東洋館出版社.

「読み」の授業研究会編(2015)『国語科の「言語活動」を徹底追及する』，学文社.

吉田新一郎(2013)『読書がさらに楽しくなるブッククラブ』，新評論，13.

吉野秀和ほか監修・ビブリオバトル普及委員会編著(2013)『ビブリオバトル公式ガイドブック　ビブリオバトル入門』，情報科学技術協会.

6 学校図書館の活用と学校での読書教育

足立幸子

1. 本稿の目的

　本稿の目的は、現時点での学校での読書教育の現状を、学校図書館活用とのかかわりから明らかにすることである。研究方法は、新潟市の事例研究とする。なぜなら、新潟市は1998（平成10）年に学校司書の全校配置を達成しており、学校司書と連携した学校図書館活用を行ってきた蓄積があるからである。特に、2015（平成27）年度より学校図書館活用推進校事業が行われており、推進校による取組が報告されている。本稿では、最新の2016（平成28）年度の実施例について紹介し、学校図書館活用と読書教育の関係について論じる。その際に、分析の観点として、「1 各教科」「2 道徳」「3 総合的な学習の時間」「4 特別活動」「5 読書活動」「6 司書・司書教諭」「7 家庭・地域との連携」「8 公共図書館との連携」の8観点を設定する。また、学校図書館の機能分類からも考察を加えることとする。

2. 新潟市子ども読書活動推進計画と 学校図書館活用推進校事業

　新潟市学校図書館活用推進校事業は、第2次の新潟市子ども読書活動推進計画に盛り込まれたもので、公共図書館からの図書の借り受けなど、第1次計画で実現した多くのことの土台の上に成り立っている。

　新潟市は政令指定都市で8区があるが、本事業では、毎年各区3校（小学校2校、中学校1校）程度が推進校となり、管理職の指導のもと、司書教諭や学校司書を中心に学校図書館の活用に取り組む。2019（平成31）年度までの5年間で、すべての学校が推進校を必ず経験する。2月に区毎に開催され

る実践報告会で推進校は成果を報告し、次年度の推進校関係者も報告会に参加する。実践報告会をもとに、参考となる実践事例は学校支援課広報紙『support』に掲載される他、各区1校程度の資料が、「全体計画」「年間活用計画」「実践報告」の形で新潟市のウェブサイトに掲載される[1]。さらに、翌年の8月に3校が、新潟市の司書教諭と学校司書合同の研修会で実践事業を発表する。本稿では、2016(平成28)年度にその発表校であった中野山小学校、小須戸小学校、関屋中学校を取り上げる。

3. 新潟市の学校図書館活用事例

3.1 全体計画

　中野山小学校の全体計画を図1に示す。全体計画とは一種の概念図で、ほとんどの推進校が類似の図を示している。左上に学校図書館の背景となる法規、右上に児童の実態を記し、そこから図書館教育の目標および運営の方針を立てている。中央では「読書指導」「図書館利用」の2項目に分け、発達段階に応じた目標を示している。最後に、その目標を実現するために学校で8つのことを行う。これが本稿の冒頭で述べた8観点であり、後で考察に用いる。

3.2 年間活用計画

　図2は小須戸小学校の全体の年間活用計画である。4月の開館の準備やオリエンテーション、6月の読書週間(本の紹介、読み聞かせ、アニマシオンなどを行う)、12月の読書旬間の行事が軸になっている。また、夏季休業時の読書感想文、学校図書館開放も重要である。9月と2月に図書委員会によるイベントがあり、3月に1年間の振り返りを行う。図3は小須戸小学校の第6学年の年間活用計画である。太字のように、国語科、社会科などの単元で、図書館資料を活用した授業が計画されている。

6　学校図書館の活用と学校での読書教育　245

平成 28 年度　図書館教育全体計画

新潟市立中野山小学校

学校教育目標
共に高まる子

・日本国憲法
・教育基本法
・学校教育法
・学習指導要領
・市教育ビジョン
・学校図書館法
・読書活動推進に関
　する法律
・新潟市子ども読書
　活動推進計画

図書館教育の目標
●読書の楽しさを味わわせ、読書に親しむ態度
　を育てる。
●学習等で図書館を利用し、目的に応じて情報
　を活用し、課題解決を図る力を育てる。

図書館運営の方針
●教育課程に位置づけた学校図書館の利用や授
　業の実施を推進する。
●「学習・情報センター」として、学びを支え
　る。
●教職員・保護者との連携を密にし、理解や協
　力を得る。

児童の実態
●本を読むことが好きな児
　童は多い。
●朝読書等では、静かに読
　書をすることができる。
●図書館で、必要な資料を
　自分で探して調べ学習す
　る経験が少ない。
●家で読書をする児童は、
　少ない
保護者の願い
●確かな学力の向上
●思いやりの心の育成
●人間関係・社会性の育成

	1・2年	3・4年	5・6年
読書指導	●楽しんだり知識を得たりするために、本や文章を選び、楽しんで読書することができる。	●目的に応じていろいろな本や文章を選び、幅広く読書をすることができる。	●目的に応じていろいろな本や文章を選び、読書を通して考えを広げたり深めたりすることができる。
図書館利用	●学校図書館に親しみ、利用の仕方の基本的な技能・知識・態度を培い、喜んで資料の活用ができる。	●進んで学校図書館を利用する態度を培い、楽しく資料や情報を集め、利用することができる。	●積極的に学校図書館を利用する態度を培い、計画的に資料や情報を集め、適切に活用することができる。

各教科	特別活動	読書活動	総合的な学習の時間
●「学習・情報センター」としての学校図書館の意義をふまえ、積極的・計画的に図書館を活用した学習を取り入れる。 ●情報や知識を検索・収集・処理する能力を養い、基礎的な技術を養うとともに自ら学ぶ力を育成する。	●学級活動を通して、学校図書館の利用や情報の適切な活用能力を育てる。 ●児童会活動（図書委員会）において、学校図書館の仕事を協力し合いながら自主的に実践する態度を育てる。	●朝読書等を通して読書の習慣化を図り、楽しく読もうとする態度を育てる。 ●ボランティアや司書の読み聞かせを通して、読書に親しめるようにする。 ●読書旬間の取組に参加することを通して、読書の意欲化を図る。	●課題の設定、情報の収集、整理・分析、まとめなどの学習場面で適切な資料を利用する力を育てる。
道徳	司書・司書教諭	家庭・地域との連携	公共図書館との連携
●様々な資料を使って、道徳的心情を豊かにし、楽しい学校生活が過ごせるようにする。	●読書を楽しみながら読む力を付ける活動を工夫する。 ●「学習・情報センター」としての図書館の整備・活用を推進する。	●「図書館だより」を通して、図書館教育への理解や環境整備・資料充実への協力を得る。 ●「家読」の取組を通し、家庭における読書の習慣化につなげる。	●公共図書館からの団体貸出（オレンジ BOX 等）を使用し、資料の充実を図る。

図1　全体計画　中野山小学校

246　第3章　読みの教育

時期		内　容
前期	4月	・開館準備 ・図書館オリエンテーション ・貸し出し準備 ・前期図書委員会活動開始 司書業務（通年） 　・レファレンス　　・読み聞かせ　　・学習資料の準備 　・本の選定　　・本の受け入れ作業（購入／装備／配架） 　・本の廃棄　　・貸し出し、返却の対応 　・「朝のおはなし会」の実施　　・図書だより発行 　・図書室の環境整備 　・クラス別および個人別の貸し出し数算出（毎月）
	5月	・前期読書週間の準備 ・新潟県課題図書の準備
	6月	・前期読書週間実施（8日間） 　内容：　朝読書／3冊貸し出し／先生方のお薦めの本紹介／図書委員のお薦めの本 　　　　　紹介・読書郵便／大型絵本・英語の本の読み聞かせ／司書によるアニマシ 　　　　　オン
	7月	・新潟県課題図書読書感想文コンクールの出品 ・青少年課題図書感想文全国コンクール課題図書の準備 ・夏休み前特別貸し出し ・夏期休業中の学校図書室開放
	8月	・夏期休業中の学校図書室開放
	9月	・青少年課題図書感想文全国コンクール出品 ・前期図書委員によるイベント 　内容：　しおりづくり／各学年「人気の本」ランキング ・前期図書委員会反省
後期	10月	・後期図書委員会活動開始
	11月	・後期読書旬間準備
	12月	・後期読書旬間実施（2週間） 　内容：　朝読書／3冊貸し出し／図書委員のお薦めの本紹介／親子読書／本の表紙 　　　　　絵コンテスト／司書によるブックトーク・アニマシオン ・冬休み前特別貸し出し
	1月	・図書委員によるイベント準備
	2月	・図書委員によるイベント 　内容：　図書委員のお薦めの本紹介／しおりづくり／給食部とのコラボ＝給食特別 　　　　　メニュー（本に登場するメニュー）
	3月	・読み聞かせボランティアへお礼状（図書委員） ・後期図書委員会反省 ・蔵書点検

図2　年間活用計画　小須戸小学校

平成２９年度　単元一覧表　６学年

教科	4月 ③	5月 ③	6月 ④	7月 ③	9月 ③	10月 ④	11月 ④	12月 ③	1月 ③	2月 ③	3月 ②
国語 (145)	1 朗読しよう(4) **図書館へ行こう(1)** ずい筆を書こう(4) 2 文章を読んで自分の考えを持とう(3)	2 文章を読んで自分の考えを持とう(4) 意見と理由とのつながりを聞き取ろう(5) 熟語の構成を考えよう(2)	3 人物と人物との関係を考えよう(9) 4 新聞の投書を詠んで意見を書こう(7)	4 新聞の投書を詠んで意見を書こう(1) 問題を解決するために話し合おう(6) ESD **本は友達(2)**	詩を味わおう(1) 資料を生かして呼びかけよう(6) 漢文を読んでみよう(3) 日本の文字に関心を持とう(2) **5 感動の中心をとらえよう(6)**	5 感動の中心をとらえよう(5) 物語を作ろう(4) 物語を作ろう(3) 場面に応じた言葉を使おう(2) **6 町の未来をえがこう(4)** ESD	**6 町の未来をえがこう(9)** 言葉の由来に関心を持とう(2) 本を読んで推薦しよう(2)	本を読んで推薦しよう(7) **句会を開こう(4)**	いにしえの言葉に学ぶ(3) 言葉は変わる(2) 出会いにありがとう(6) 8 将来の夢や生き方について考えよう(3) ESD	8 将来の夢や生き方について考えよう(5) 六年間を振りかえって書こう(10)	六年間を振りかえって書こう(4) 9 未来に向かって(4)
書写 (30)	毛 ほ先の動きと組み立て(かまえ)「風」 書いてみよう小筆(3)	毛 点画のつながりと組み立て(かしら・たれ)「発展」(4)	毛 点画のつながり「思いやり」(3) 硬 硬筆に生かそう平がな(1)	毛 文字の大きさと配列「実りの秋」(3) 硬 硬筆に生かそう文語詩(1) 毛 字配りと配列「希望の春」(2)	毛 字配りと配列「希望の春」(2)	硬 硬筆に生かそう(1)(1) 硬 硬筆に生かそう(1)	毛 書きぞめ (2)	毛 書きぞめ (2) 毛 学習のまとめ「創造」(2)	毛 学習のまとめ「創造」(1)		六年生で学習したこと(2)
社会 (105)	＜日本の歴史＞(70) オリエンテーション(2) 1 国づくりへの歩み(7)	2 大陸に学んだ国づくり(10)	3 武士の政治が始まる(4) 4 今も受けつがれる室町文化(3) 5 全国統一への動き(3)	5 全国統一への動き(2) 6 幕府の政治と人々の暮らし(5) 7 新しい文化と学問(2)	7 新しい文化と学問(3) 8 新しい時代の幕あけ(7)	8 新しい時代の幕あけ(1) 9 近代国家に向けて(6) **10 戦争と人々の暮らし(3)**	**10 戦争と人々の暮らし(4)** 11 平和で豊かな暮らしを目ざして(7) ESD	11 平和で豊かな暮らしを目ざして(1) ＜暮らしの中の政治＞(16) オリエンテーション(1) 1 わたしたちの暮らしを支える政治(8)	2 憲法とわたしたちの暮らし(7) ＜世界の中の日本＞(19) オリエンテーション(1) **1 日本とつながりの深い国々(2)**	**1 日本とつながりの深い国々**(6) 2 世界の人々とともに生きる(3) ESD	2 世界の人々とともに生きる(7)
算数 (175)	1 対称(12) 2 文字と式(4) 16	2 文字と式(3) 3 分数のかけ算(9) 4 分数のわり算(3) 15	4 分数のわり算 (7) 記録比べ(3) 5小数と分数の計算(7) 17	6曲線のある形の面積(11) ▲復習①(3) 14	7 ならべ方と組み合わせ方(9) 8 速さ(10) 19	9 立体の体積(7) 10 比とその応用(10) 11 拡大図と縮図(2) 19	11 拡大図と縮図(10) 12 比例と反比例(9) 19	12 比例と反比例(11) ▲ 復習②(2) 13 資料の調べ方(3) 16 ESD	13 資料の調べ方(4) 14 量と単位(8) 15 算数のまとめ(2) 14	15 算数のまとめ(4) 中学校へのかけ橋(別冊) 1 算数で使ってきた考え方(12) 16	2 中学校へのかけ橋(10) 10
理科 (105)	6年生で学ぶこと(1) 1 ものの燃え方と空気(5)	1 ものの燃え方と空気(7) 2 人や動物の体(3)	2 人や動物の体(7) 3 植物の養分と水(7)	3 植物の養分と水(2) 4 生物のくらしと環境(5) ESD	5 てこのしくみとはたらき(9)	5 てこのしくみとはたらき(1) 6 月の形と太陽(9) 7 大地のつくりと変化(3)	7 大地のつくりと変化(8) 8 水溶液の性質(4)	8 水溶液の性質(7) 科学の本を読もう(1)	9 電気と私たちの生活(9)	9 電気と私たちの生活(4) 10 人と環境(7) ESD	10 人と環境(4) 6年生のまとめ(2)
音楽 (50)	1 豊かな歌声をひびかせよう(7)		2いろいろな音のひびきを味わおう(8)		3 和音の美しさを味わおう(8)	4 曲想を味わおう(6)	5詩と音楽を味わおう(9)		6 日本と世界の音楽に親しもう(5)	7心をこめて表現しよう(7)	
図工 (50)	1 見つめて広げて 形や色を楽しもう(1)〈オリ〉 2 動きをとらえて形を見つけて(2)〈造〉※風か水を選択	2 動きをとらえて形を見つけて(1) 3 光の形(2)〈立〉 ※光のちょうこくかかがやく世界から選択	4 1枚の板から(5)〈工〉	5 1枚の板から(5)〈工〉 6 ひらいてみると(2)〈造〉	7 私の大切な風景(9)〈絵〉 ESD	8 墨で表す(3)〈絵〉 9 感じて考えて (3)〈絵〉	10 いっしゅんの形から(4)〈立〉	11 アミアミアミーゴ(2)〈工〉	12 味わってみよう和の形(1)〈鑑〉 13 物語から広がる世界(3)〈造〉	14 物語から広がる世界(1)〈造〉 15 12年後のわたし (6)〈立〉	
家庭 (55)	1 わたしの生活時間(2) ①生活時間を調べよう(1)②生活時間をくふうしよう(1) 2 いためてつくろう朝食のおかず(8) ①朝食を考えよう(3) ②いためてみよう(5)		3 クリーン大作戦(5)①そうじのしかたを見直そう(2) ②そうじのしかたをくふうしよう(3) 4 暑い季節を快適に(7) ①すずしい住まい方をくふうしよう(2) ②すずしい着方をくふうしよう(1)③洗たくをしてみよう(4)		5 楽しいソーイング(9) ①つくりたい物を考えよう(1) ②計画を立ててつくろう(8) ③楽しく使おう(1)		6 くふうしよう おいしい食事(12) ①バランスのよいこんだてを考えよう(5) ②身近な食品でおかずをつくろう(6) ③楽しく，おいしい食事をくふうしよう(1) チャレンジコーナー		7 共に生きる生活(11) ①わたしたちの生活と地域(4)②わたしの気持ちを伝えよう(5) ③考えよう これからの生活(1) ESD 成長したわたしたち(1)		
体育 (90)	体つくり運動 体ほぐしの運動② 陸上運動 短距離走，リレー⑤	表現運動 フォークダンス② 体つくり運動 体力を高める運動⑤	陸上運動 走り幅跳び，走り高跳び ハードル走⑥(①5月に) 体つくり運動 体力を高める運動③ 水泳③↓	水泳⑦	体つくり運動 体力を高める運動④ 器械運動 鉄棒運動④	ボール運動 ベースボール型ゲーム(ティーボール)⑦ **表現運動** **表現③↓**	**表現②** 器械運動 マット運動⑤ 保健 病気の予防③↓	病気の予防① ボール運動 ゴール型ゲーム(ハンドボール)⑦	体つくり運動 体力を高める運動③ 保健 病気の予防②↓	病気の予防② 表現運動 表現② 器械運動 跳び箱運動⑤ ボール運動 ゴール型ゲーム(バスケットボール)②↓	ゴール型ゲーム(バスケットボール)⑤

ポップ体：図書館資料を活用した単元　　（囲み）囲み：実践資料を作成した単元

図３　年間活用計画　小須戸小学校第６学年

248 第3章 読みの教育

表1 実践報告　小須戸小学校第5学年・第6学年・特別支援学級

学年教科 （実施月）	単元名	図書資料の使用目的及び使用の仕方	自校資料	市図資料
5年 社会（5月）	わたしたちのくらしと国土　自然条件と人々のくらし	暖かい地域や寒い地域、高地や低地など、自然条件に特色のある地域の様子を読み取る。都道府県別の資料は「沖縄」が入ってないものがあり、「沖縄まるごと大百科」は沖縄を調べるのに役立った。	27	0
5年 社会（6月）	米づくりのさかんな地域	5年生は実際に田んぼを借りて田植えから稲刈りまで体験する。米作りの現状と課題について、いろいろな資料で調べる。自校の資料を中心に使用した。	21	0
5年 国語（10月）	物語の良さを解説しよう「注文の多い料理店」	並行読書として、宮沢賢治の作品を読む。5年生はふたクラスで計43人、全員分の本を用意したかったが、自校にあるのは37冊だった。37冊をまず1組に貸し出し、次に2組に貸し出すという事にし、市立図書館からは借りなかった。	37	0
5年 国語（12月）	伝記を読んで感想文を書こう	冬休み前に各自伝記を借り、冬休み中に感想文を書いてくる。どのような伝記が貸し出されたかをリストにした。	45	0
5年 国語（通年）	本は友達	国語の教科書で紹介されている本を読んでみる。図書室に5学年の本棚に置き、いつでも読めるようにした。	35	0
6年 国語（9月）	感動の中心をとらえよう「海のいのち」	各自が「いのちシリーズ」の1冊を選び、並行読書する（「海のいのち」以外）。クラス人数38人分を自校の資料と市立図書館の資料で用意した。	9	35
6年 社会 （7月・10月）	戦争と人々のくらし	6年生は、後期前半に社会科で「戦争」について学ぶ。それに先立ち、戦争のことが書かれている本を夏休みに読んでみよう、ということで夏休み前に司書が、「戦争について」のテーマでブックトークをおこなった。ブックトークで紹介した本は7冊。そのほかにも書名だけ挙げて紹介した。（ブックトークで使用する言葉や、紹介方法・時間配分を記した別紙資料あり。	17	0
6年 体育（10月）	表現運動　創作ダンス「地球の誕生」	創作ダンスで地球の誕生を表現する。創作に入る前に図書資料を読み、地球の誕生について学ぶために使用。そこから創作のイメージをつくっていく。図鑑を中心に用意した。	6	0
6年 国語（11月）	町の未来をえがこう「町の幸福論―コミュニティデザインを考える」	自分たちがすむ町を見つめ、10年後こうあってほしいという町を考え、地域の人たちの前で発表する。子どもたちが何を「町の幸福」と考えるかによって授業に有効な資料は違ってくる。学校司書と担任との話し合いで、最初は何種類かの資料を自校と市立図書館のもので用意した。冬休みをはさんで、有効な資料は『ぼくたちのまちづくり2・3・4』『みんなのユニバーサルデザイン3』『おかえりコウノトリ』となり、その5冊を中心に学級の人数分を借りなおした。	20	56
6年 国語（12月）	句会をひらこう	自分で「俳句」をつくってみる。その下調べとして資料を使用。特に、季語にはどんなものがあるか学習するために「歳時記」や「季語」の載っている資料を中心に集めた。	21	0
6年 社会（2月）	日本とつながりの深い国々	日本とのつながりのある外国を探す。また、その国がどんな国なのか調べてみる。	14	0
6年 国語（通年）	本は友達	国語の教科書で紹介されている本を読んでみる。図書室に6学年の本棚に置き、いつでも読めるようにした。	38	0
特別支援 国語（12月）	絵本であそぼう	「読書へのアニマシオン」から「ここにいるよ」の手法を使っての授業だった。	1	0

自校資料・・・各学校図書館で準備した資料（冊数のみ。報告にあった書名、作者名、出版社名は省略）
市図資料・・・市立図書館から借りた資料（冊数のみ。報告にあった書名、作者名、出版社名は省略）

3.3　実践報告

　表1は、小須戸小学校の第5学年・第6学年・特別支援学級の実践報告の要点を筆者が一覧表にしたものである。学校図書館所蔵の資料だけで学習活動が行えない時には、新潟市立図書館から資料を借りている。

中野山小学校では、本を読むことが好きな児童は多く、朝読書等でも集中して読書するが、図書館で必要な資料を自分で探す調べ学習経験が少ないことを問題点と考え、そのために、司書と連携した授業で図書館活用を促す授業を行うことにした。夏までに学年ごとに協議し、8月の下旬までに実施計画を作成し、9月–11月に授業を実施した。表2は報告資料の学習指導案の中から「図書館活用」「司書との連携」のみを筆者が抜粋したものである。

最後に、中学校の実践報告として、6枚にわたる報告を筆者が要約した関屋中学校の例を示す（表3）。最初にアンケートを実施したこと、様々な教科や総合的な学習の時間で授業を実施していること、中学校であるにも関わらず保護者・地域・公共図書館との連携をしたこと等が、主な特徴である。

4. 新潟市の学校図書館活用推進事業の特徴

4.1 8観点による考察

今回の学校図書館活用推進事業の特徴は、「1 各教科」の授業が充実していることにある。その際に「6 司書・司書教諭」の活動内容を明らかにしたことが、本事業の最大の成果である。「3 総合的な学習の時間」については関屋中学校で、「4 特別活動」については3校で積極的な取り組みが見られたが、「2 道徳」については計画にはあるものの、実践報告に記述は見られなかった。「5 読書活動」には朝読書などの取組や様々なイベントが含まれるが、これは従来新潟市が得意としてきたところである。「7 家庭・地域との連携」は「家読」など家庭での読書を充実させる方向と、家庭・地域の人に来校してもらう方向があった。「8 公共図書館との連携」については、本事業へのアドバイスや、図書の借受などが行われた。

8観点のうち、1–4は教育課程のそれぞれの場面や時間枠を表すので排他的であるが、5–8はそれぞれに関連しあうことが重要である。「1 各教科」で「6 司書・司書教諭」の活動や「8 公共図書館との連携」があることが頻繁に見られた。このような考え方を拡張すると、本稿における学校における読書教育というのは、必ずしも「5 読書活動」として描かれる活動のみなら

250 第3章 読みの教育

表2 実践報告 中野山小学校 第1学年～第6学年

学年・実施時期	教科・単元名	図書館活用や司書との連携により付けたい力	図書館活用	司書との連携
1年 10月	国語 のりもののことをしらべよう「いろいろなふね」	◎好きな乗り物について調べるために、図鑑や本を選び、読んで必要な部分を見付ける力。	二次 ・図書館で乗り物についての本を探して読むにはどの分類を見るのか知る。 ・乗り物関連の本をまとめて貸し出してもらう。	二次 1時間目 ・必要な本の探し方を教えてもらう。 ・目的を意識した本の読み方や必要な部分の見つけ方について、指導してもらう。
2年 9月	国語 言い伝えられているお話を知ろう	◎昔話や神話・伝承などの本の読み聞かせを聞いたり、自分で読んだりして、内容の大体を理解し、話の展開や独特の語り口調などから、好きなところやおもしろいところを見つけることができる力。	一次 ・神話の本や紙芝居を学年で借り、各クラスで読み聞かせに活用する。 二次 ・新潟県下越地域の伝承のお話から好きなお話を選んで読む。	一次 ・教科書にあるお話の他の神話や伝承の本を、一斉読書できるように、1クラス分用意する。 二次 ・各学級の図書館の時間に、読み聞かせや紙芝居を1回する。(3時間目) ・方言など耳なじみのない言葉の意味などを担任と一緒に説明し、児童の読みの支援をする。
3年 10月	国語 はたらく犬について調べよう「もうどう犬の訓練」	◎調べたいことについて書かれている本や資料を選び、目次や索引を活用し、大事な言葉や文に着目し、書き出す力。	三次 7・8・9時間目 ・目次や索引の活用の仕方を知る。 ・図書館で調べたいことに合う本を探す。 ・選んだ本から大事な言葉や文を書き出す。	三次 7・8・9時間目 ・目次や索引を活用して調べる方法を説明する。 ・自分の知りたいことを調べる際、担任と一緒に支援する。
4年 11月	国語 くらしの中にある「和」と「洋」を調べよう～「くらしの中の和と洋」	◎知りたいことを調べるためにさまざまな本や資料を選び、必要な部分を自分で見付けて読む力。	三次 7・8時間目 ・図書館で自分のテーマに合う本を探す。 ・選んだ本から必要な部分を見付ける。	三次 7・8時間目 ・本の探し方について、ポイントを説明する。 ・自分のテーマに必要な部分を見付ける際、担任と一緒に支援する。
5年 11月	国語 和の文化をうけつぐ ─和菓子をさぐる	◎複数の本や資料を、目的を意識して読む力。	二次 4時間目 ・図書館で「和の文化」についての本を探して読む。 三次 6・7時間目 ・図書館で自分達のテーマに合う本を探す。 ・複数の本や文章を比べて読む。 ・必要な情報を集める。	二次 4時間目 ・「和の文化」についての本を複数準備する。 三次 6・7時間目 ・本の探し方について、ポイントを説明する。 ・担任と一緒に、効果的な読み方ができるように支援する。
6年 11月	国語 「海のいのち」	◎同じテーマの本や同じ作者の本を紹介してもらうことを通して読書意欲を高め、学習テーマと関連づけて読む力。	四次 9時間目 ・『山のいのち』の読み聞かせを聞く。 ・関連する本の紹介を聞く。	四次 9時間目 ・『山のいのち』の読み聞かせをする。 ・本(立松和平作・命・生き方をテーマにした本)の紹介をする。

表 3　実践報告　関屋中学校

1　学校図書館全体計画の見直し

2　学校図書館年間活用計画の作成　月別・教科別

3　学習・情報センターとして
(1) 図書館オリエンテーション　1 年生対象 4 月実施
(2) アンケートの実施
　　年度当初にまず生徒と教職員にアンケートを行った。教職向けのアンケート項目は次のようなものである。
　　・当校の図書館は利用しやすいですか。　　・どのような点が利用しやすい（しにくい）ですか。
　　・図書館を活性化させるために、適当と思われる項目を選んでください（項目略）。
　　・選書・蔵書の状況について、お気づきの点がありましたらお書きください。
　　・購入してほしい本がありましたら、お知らせください。
　　・朝読書について、お気づきの点や改善点などをお教えください。
　　・図書委員会の活動でお気づきの点、希望の内容等があればご記入ください。
　　・上記以外のことで、図書館についてお気づきの点をご記入ください。
(3) 図書館を活用した授業　教科・学年・単元名
　　国語 3 年「どうです、この俳句すごいでしょ？」　国語特支「図書館にはいつも読む分類の本以外にも、
　　面白い本はないのだろうか？」　社会 2 年「日本の 7 地方の特色は何か？」　数学 1 年「数学クイズのク
　　ラスチャンピオンを決めよう」　理科 2 年「無セキツイ動物を調べてみよう」　英語 2 年「What is India
　　for?」　美術 1 年「絵文字にするために、動物・植物などの自然物を図鑑からスケッチしよう」　家庭 3 年
　　「幼児はおもちゃを通した遊びでどんな力を付けるだろうか？」　総合 2 年「興味ある職業を調べよう」
　　総合特支「先生に『牛について調べよう』と言われたけど、どうしてらいいの？」※特支の授業は司書と
　　の TT
(4) 授業参考資料リストの作成
(5) 図書館にホワイトボード設置

4　読書センターとして
(1) "各教科のお薦めの本"の選出　教科関連の内容の図書 7 シリーズを含む計 85 冊を選出
(2) 司書による読み聞かせ　興味に合わせた絵本選択のため学級担任から情報の聞き取り
(3) 司書による昼の放送　季節や学校行事に合わせた 2 〜 3 分の放送　「ハロウィンの起源」「記念日」「年越
　　し」など
(4) 貸し出しバーコードの個人携帯　しおりの形で

5　保護者・地域ボランティア・市立図書館との連携
(1) お話の会　地域ボランティアが 1 年生・特支学級生徒を対象に 1 時間の話
(2) 夏季休業中の生徒・家庭を対象にした図書館開放　7 日間、10:00 〜 13:00
(3) 地域ボランティアの協力による蔵書点検
(4) 市立図書館や学校図書館支援センターとの連携
　　①図書の借受　平成 28 年度 (4 月〜 1 月) 230 冊　②廃棄図書の選択の助言
　　③学校図書館推進校事業の助言

6　学校図書館行事
(1) 図書委員会による図書館ビンゴ　分類番号によるビンゴ、先生お薦めの本のビンゴ、景品はしおり。
(2) オーサービジットへの参加　朝日新聞社主催　オーサーに来校依頼を色紙 1 枚に　ビジットは実現せず。
(3) 先生 (10 人) お薦めの本の紹介
(4) 全校生徒によるポップ作り　朝読書の時間に作成　各クラスに 1 週間展示　本を借りる生徒が増加。
(5) 受検の応援企画"合格鳥居"図書館の中央に大きな鳥居を作成、中で合格祈願をし勉強できるよう雰囲
　　気づくり。

7　成果と次年度からの課題
(1) 教師・生徒に、読書指導にとどまらず、調べ学習を中心とした図書館を活用して学習する意識の増加。
(2) 授業参考資料リストなど、図書館の環境の整備の重要性。
(3) 情報センターとして、図書館と情報担当の連携が課題。
(4) 学校図書館活用自体が目的になっている。
(5) オリエンテーションを新入生だけでなく 2・3 年生にも。
(6) 図書館の役割の向上。　(7) ビブリオバトルの開催を。

ず、「1 各教科」や「3 総合的な学習の時間」や「4 特別活動」の中においても実施されているといえる。「1 各教科」の授業で並行読書が行われたり、「4 特別活動」の学校行事を通して読書意欲を高められたりする。8 観点のどれが学校での読書教育かと範囲を限定するよりも、幅広い学校図書館活用の機会を提供していく方が、豊かな読書教育が展開できると考える。

4.2　学校図書館の機能分類

　従来は、学校図書館の機能を「読書センター」および「学習・情報センター」の 2 種類に分けてきた。本稿で紹介した実践も 2 機能になっている。しかし、最近では「読書センター」「学習センター」「情報センター」の 3 機能に分類するようになった。これは学校図書館を「学習センター」として授業で活用するだけでなく、児童・生徒に情報活用能力を身につけさせることを重視した考え方である。新潟市としても、より「情報センター」としての機能を生かした取り組みが必要である。しかし、これらは「機能」であるので、やはり互いに排他的ではない。学習センターとしての学校図書館でも、情報センターでも、児童・生徒は読書を行う。学校図書館を様々な機能を活かし広く活用することが、学校における読書教育の機会を充実させることにつながるのである。

注

1　新潟市のウェブサイト（https://www.city.niigata.lg.jp/kosodate/gakko/sho_chu_school/gakkou/gakko20160.html）には、学校図書館活用推進校事業実施報告が掲載されており、各推進校から、全体計画・年間活用計画・実践報告のうち 1 つまたは 2 つが掲載されている。

参考文献

新潟市立小須戸小学校 (2017)「学校図書館活用推進校事業実践報告会　学校図書館全体計画　学校図書館年間活用計画　実践事例」(2017 年 8 月 3 日研修会事前配

付資料）

新潟市立中野山小学校（2017）「平成 28 年度「学校図書館活用推進校事業」取組」（詳
　細版）（2017 年 8 月 3 日研修会事前配付資料）

新潟市立関屋中学校（2017）「平成 28 年度『学校図書館活用推進校事業』実践報告」
　（2017 年 8 月 3 日研修会事前配付資料）

新潟市教育委員会（2017）「学校図書館活用推進校事業実施報告」（最終更新日 2017 年
　5 月 10 日 ）https://www.city.niigata.lg.jp/kosodate/gakko/sho_chu_school/gakkou/
　gakko20160.html（2018 年 1 月 31 日閲覧）

7 大学における読みの教育と教員養成
―受講生の実験参加を通して
　説明・論説文の教育を再考する試み

岩永正史

1. 教員養成の場で見えてくる説明・論説文の教育の問題

　大学における教員養成の場で、読みの教育の課題が差し迫った授業の問題になるのは、国語科の指導法に関する科目(筆者が勤務する大学(以下「本学」)では「初等国語科教育学」)においてである。本学では、教員をめざす学生のほぼ全員が初等国語科教育学を受講する。そこでは、彼らが小・中・高校の学校体験の中でつくりあげてきた国語科の教科観や学習観の問題点があらわになる。文学を読むこと、説明・論説文を読むこと、双方に問題があるが、ここでは説明・論説文の読みの教育を取り上げて論ずることにする。

　まず、なぜ説明・論説文を取り上げるのかに触れておこう。

　2000 年代に OECD の学力テスト・PISA を発端として起こった「読解力低下問題」は、日本のことばの教育に重要な課題を指摘した(たとえば、有元, 2005)。その課題を簡潔に示すと、次のようになろう。

- ・PISA では、日本の読解力テストと異なり、一編の長文のほか、複数の文章、図や表、およびそれらの組み合わせが読解の対象であった。
- ・PISA の読解力テストの 3 つのレベルの中で、日本の高校生の成績が低いのは、「解釈」と「熟考・評価」の問題であった。
- ・日本の高校生は、「解釈」や「熟考・評価」の問題が論述式で出題されると、無答が多かった。

　これらは、いずれも説明・論説文の教育と重なるものである。「解釈」は、「書いてあること」を根拠に「推論」することであり、そこで必要になるの

は論理的思考力である（論理的思考については井上（2009）にもとづく）。「熟考・評価」は、「書き手の主張の成り立ち」を「検討」し、「自身の主張」を「構成」することであり、そこでは「検討」段階と「自身の主張」の「構成」段階で2度論理的思考をはたらかせることが必要になる。また、論述式問題に無答が多かったことは、「論述」が一種の説明であることからすれば、説明・論説文の読みを通して説明する力が十分に獲得されていなかったことが招いた結果といえる。こうした課題は、現在でも解決されていない。たとえば、文部科学省が行う全国学力学習状況調査を報じた朝日新聞（2017）は、平均正答率が低い問題、無答が多い問題を取り上げ、「考え方の過程を説明するのが苦手な生徒が多いと見られる」と述べている。論理的思考力と説明する力、これらは、いずれも説明・論説文の教育の中で育てるべき力である。

　次に、初等国語科教育学の受講生が、説明・論説文やその教育をどう見ているかに触れておこう。ここでは、2017年後期の授業を対象に述べる。受講生はおよそ120名。専攻教科は、国語科・英語科以外の教科である（国語科、英語科専攻の学生は前期の同授業を受講）。つまり、彼らは、国立大学教育学部に入学しているのだから一定の国語学力はあるが、国語科に対する特段の思い入れはないという、ごく平均的な国語科に対する教科観や学習観の持ち主と考えられる。彼らに「これまでの説明・論説文の学習をふり返り、印象に残ることを3つあげなさい。肯定的なことには○を、否定的なことには×をつけて書きなさい」と、問いかけた。どのような結果になっただろうか。

　最も多いのは、肯定的な見方で、「知識を獲得できる」であった。次いで多いのが否定的な見方で、「難解な内容、堅苦しい表現で興味が持てない」であった。彼らは、説明・論説文の意義は認めつつも、楽しいジャンルとは感じていないようだ。説明・論説文の学習となると、「試験では、文学に比べ解答しやすい」。さらにこれを具体的に述べた「接続語句やキーワードを手がかりに読めば解答できる」などの肯定的な見方が多かった。しかし、これはあくまで「答えやすさ」について述べたもので、こうした学習を、「いつも、接続語句、文章構成を問われる同じ授業」や「要点をとらえ要約する一方的な授業」と否定的にとらえる見方も多かった。こうした結果からうか

がえる、彼らの説明・論説文に対する見方は、その実用的意義は認めつつも楽しい学習ではないという、あまり芳しいものではない。先に述べた説明・論説文の教育の課題である論理的思考力や説明する力に触れた記述はきわめて少なかった。

筆者は、説明・論説文の教育の課題と学生の教科観や学習観を対比した時、危惧の念を抱かざるを得ない。教員志望の学生は、自身の体験してきた教育を肯定的に見がちである。肯定的とまでは言わなくても、やらざるを得ないものとして自身の受けてきた教育をくり返す恐れがある。彼らの教科観や学習観を揺さぶり、検討を促し、つくり変えていくことが必要である。

2. 実験を通して説明・論説文の教育を考える試み

先の問題に取り組むため、筆者は、初等国語科教育学の授業で実験を通して説明・論文の理解・産出にはたらく「知識(＝スキーマ)」を明らかにし、それにもとづいて受講生の教材分析の力を高め、学習のあり方を見直す試みを行っている。これは、岩永(2002)以来続く一連の研究を教員養成の場に生かす試みでもある。2 コマ分の授業(1 コマは 90 分)を紹介しよう。

2.1　受講前の準備、実験に参加する

受講生は、授業の 1 週間前に実験に参加する。実験で取り組む課題は、ランダム配列の文章を、一貫した内容の説明・論文に構成することである。

富山和子著「森林と水」(昭和 61 年度版学校図書小学 4 年)「森林のはたらき」(昭和 59 年度版教育出版中学 1 年)をもとに実験材料文(表 1)を作成した。事例の記述を操作し、次の 3 種類を作った。

・水害の事例(B)に多摩川や上流の大森林についての詳しい情報がある。
・干ばつの事例(E)に多摩川や上流の大森林についての詳しい情報がある。
・2 つの事例で多摩川や上流の大森林について詳しい情報の偏りがない。

この 3 種類の実験材料文に応じて、受講生を 3 群に分け、「水害詳細情報群」、「干ばつ詳細情報群」、「詳細情報偏りなし群」(以後、略記する)とした。

表 1　初等国語科教育学で用いた文章構成課題

A　地下水の流れは非常にゆっくりしている。ひょっとすると、私たちは江戸時代に降った雨を使っているのかもしれない。

B　多摩川で大雨による洪水が起こったことがあった。水はなかなか引かなかったが、これは森林が水を蓄え、少しずつはき出したからだ。森林がなければ水は一度に流れ、被害はもっと大きくなったはずだ。

X ☐

C　昔から、「日照りに不作なし」といわれた。なぜか。森林や水田の土には水分が含まれていて、農作物に水を届けたからだ。

D　大きいダムがあればだいじょうぶと思うかもしれない。だが、ダムの土には森林の土のはたらきがない。森林の肩代わりは不可能だ。

E　東京が大干ばつに見舞われたことがあった。多摩川上流の小河内ダムも干上がった。このとき人々のぎりぎりの飲み水をまかなったのは、上流の森林から湧き出た一日に三十万トンの水だった。

F　森林は水を蓄え、少しずつはき出す。このはたらきがないと日照りのときには水が使えず、雨が降れば洪水になる。森林のおかげで私たちの生命は守られているのだ。

G　あなたは、森に入って土を踏んだことがあるだろうか。森林の土を踏むと弾力があり、水がしみ出す。この土に水の調節機能がある。しみ出る湧き水の集まりが川、しみ込まず地表を滑り落ちるのが洪水だ。

X ☐

注：実際の問題用紙は B4 判二段組縦書き、1600–1700 字。紙面の都合で原文を要約したため、実際の実験材料文とは表現が異なる。

受講生が取り組む、実験の具体的な質問事項は次の通りである。

　★A～Gの適切な部分を使い、「私たちの生命は森林のはたらきによって守られている」と主張する文章を作る。X2つは内容を想定し、必ず使う。

　◆X2つの内容を想定し、文章にする。

　◇BとEを配置するとき、着目したことは何か、次のア～オから選ぶ。

ア．洪水、干ばつなどのキーワードをもとに文章全体の構成に着目。

　　イ．洪水、干ばつなどのキーワードをもとに直近の接続関係に着目。

　　ウ．多摩川や上流の大森林の詳しい情報がどこにあるかに着目。

　　エ．事例の内容の受け入れやすさや意外さに着目。

　　オ．その他（考えを自由記述）

　☆使わない部分がある場合、その部分をあげ理由を書く。使わない部分
　　は、いくつあってもよい。

　受講生が提出した解答用紙は、水害群 38 名分、干ばつ群 40 名分、偏り
なし群 38 名分、合計 116 名分であった。授業前に解答用紙のデータを集計
し、授業の配付資料とした。

2.2　1 コマ目の授業─「わかりやすい説明」の背後ではたらく知識を探る

2.2.1　説明行為の「大枠」をかたちづくる知識を探る

　3 つの実験群に分かれて着席し、授業を始めた。

　始めに、隣席同士、文章構成を確認し合った。同じ文章構成にした者はほ
とんどいない。さらに、実験材料文のもとになった「森林と水」、「森林のは
たらき」とも文章構成を比べる。ここでも、同じ文章構成はない。

　そこで、全員の文章構成、開始部と終末部に X を用いた（自作した）もの
の代表例を記載した資料を配布し、文章構成の特徴を探った。

　全員の文章構成を一覧する。116 名で 102 パターンがあった。実に多様な
文章構成があることがわかる。しかも、実験材料文のもとになった文章（受
講生の言う「本物」、「正解」）と同じ構成はない。彼らの文章構成は、でたら
めなものなのだろうか。

　文章構成の共通点を探るために、説明の開始部と終末部に着目してみる。

　開始部は、G が最も多く 67 例、次いで X が 24 例、C が 15 例、F が 5 例
の順であった。なぜ G がいちばん多いのか。受講生から次の指摘があった。

・G の書き出しが「あなたは、暗い森へ入って、落ち葉の積もった土をふ
　んだことがありますか」となっている。この「あなたは〜」には、説明
　の受け手に語りかける姿勢がある。

・同じ部分で「〜ありますか」と問いかけている。
・後の文章の展開の中で重要になる「湧き水」（Eと関連）や「洪水」（Bと関連）という、文章全体の内容に関わるキーワードがある。

これらの指摘に共通の要素は、Cにもあった。Cの書き出しは、次のように問いかけを含んでいたからだ。

　　昔から、「日照りに不作なし」という言葉が〜中略〜少しぐらいの日照りなら、なんとかがまんできたのです。**なぜでしょうか**。（太字は筆者）

そこで、開始部をGやCでなく、X（受講生が自作）にした事例も見ると、次の2種類があった。
・「森林について考えたことはあるか」「水はどこから来るのか」などと問いかけたもの。
・「わたしたちの生命は森林のはたらきによって守られている」と要旨を単刀直入に述べたり、森林と人間の生活、水の循環などの話題を提示したりしたもの。

この結果から、受講生は、説明の開始部で読み手を説明世界へと引き入れる手だてを講じることが明らかになる。それは、語りかけ、問いかけ、要旨や話題の提示、キーワードの提示などの言語表現によって行われていた。

次に終末部を見ると、Fが65例、Xが43例で、この二つが断然多かった。Fが選ばれた理由については、受講生から次の指摘があった。
・末尾が「森林のおかげで私たちの生命は守られているのです」となっている。この「〜のです」という強い断定がまとめの文にふさわしい。
・BやEの事例を簡潔に振り返り、まとめている。
・この文章の主張を明確に述べている。

そこで、終末部をX（自作）にした事例を見ると、次の5種類があった。
・要旨をFよりもさらに簡潔に述べたもの。
・要旨を述べたあと、それを一般化したもの（例：このように自然には計り知れない力があります）

・要旨を述べたあと、教訓を示すもの（例：私たちは森林に対して、感謝の気持ちを忘れないようにしましょう）

・説明の受け手に行動を促すもの（例：みなさんの身近にも同じようなことがないか調べてみましょう）

・新たな問題を示すもの（例：現在、地球規模で森林の伐採が進んでいます。私たちは、森林のあり方について考える必要がありそうです）

　この結果から受講生は、説明の終末部で、内容の定着や生活化、受け手の視野の拡大を図る手だてを講じることが明らかになる。それは、「このように〜」などのとりまとめ表現、キーワードや要旨、主張の提示、強い断定などの言語表現によって行われていた。

2.2.2　説明行為の細部をかたちづくる知識を探る

　開始部や終末部のほか、解明・解説部にも知識の存在が明らかになっている。岩永・堀之内 (2012) は、大学生を対象に「森林と水」を用いてランダム配列の文章を構成する実験を行ったが、そこでは事例に年代情報（昭和 39 年／昭和 49 年）があると、39 年→49 年の順に事例が配置されることが明らかになっている（時間順方略）。今回の実験では、実験材料文に年代情報はなく、代わりに、多摩川や上流の大森林についての詳しい情報の位置が操作されている。通常、説明する際には、旧知の情報をふまえて新情報を述べる。家庭電気製品の使用説明書で、まず「各部の名前」が記され、次にその名前を使って「使い方」が説明されるのは、その好例である。これを「新旧情報方略」と名づけておこう。受講生が新旧情報方略を使ったなら、水害群、干ばつ群、偏りなし群でＢとＥの事例の配置に異なりが生じるはずである。

　受講生は、3 つの実験群に分かれて着席しているので、水害と干ばつ、どちらの事例を前に置いたか挙手を求めた。水害群はＢ→Ｅが多く、干ばつ群はＥ→Ｂが多く、偏りなし群では特徴がないように見える。水害群では詳細情報があるＢのみ、干ばつ群では同じくＥのみを用いることも考慮して集計すると表 2 のようになった。

　ここで χ 二乗検定を行うと 1% 水準で有意差があった。解答用紙の問い「Ｂ

表2　水害事例 (B) と干ばつ事例 (E) の用い方

解答／群	水害群	干ばつ群	偏りなし群
B のみ、B → E	28	14	19
E のみ、E → B	10	26	19

と E を配置するとき、着目したこと」の選択でも同様に有意差があった。

　この結果から、受講生が、解明・解説部に新旧情報方略を用いたことが明らかになる。だが、これは、彼らにとってあまり自覚的な知識ではなかった。

2.2.3　小学校国語教科書、説明・論説文教材の説明行為を検討する

　このあと、授業は、教科書の説明・論説文教材を取り上げ、実験結果と教材の開始部、解明・解説部、終末部を比較・検討する実習へと進んだ。

2.3　2 コマ目の授業―「正しい説明」の背後ではたらく知識を探る

2.3.1　主張を構成する際にはたらく知識を探る

　「わかりやすい説明」の次には、「正しい説明」、つまり、「どのように主張が導かれているか」を探る。この実験では、文章を構成する際、X 2 つは必ず用いるが、A 〜 G は用いないものがあってもよい。そこで、彼らの「要／不要」の判断を調べた。不要は A が断然多く 93、それに C の 35、D の 28 が続いた。B や E、F を不要とする者は少ない。なぜか。受講生は、主張を導く際の文章各部の役割を次のように見ていた。

　・B と E は、主張の根拠になる具体的事例を示した部分。

　・F はこの文章の主張を述べた部分。

　・G は事例の背後にはたらくメカニズムを解説した部分。

　・D は反論を想定したうえでそれを否定し、主張を補強した部分。

　つまり、受講生の多くは図 1 のような論理構造を組み立てたことがわかる。ここには「理由の裏付け」がないが、これはトゥルミンの論証モデル(井上，1977 など)に等しい。このモデルは、人はどのように論理的判断をするかという問題意識のもとに考えられたものだが、受講生も、自身の主張を組み立てる際に、このようなモデルをはたらかせていたことが明らかになる。

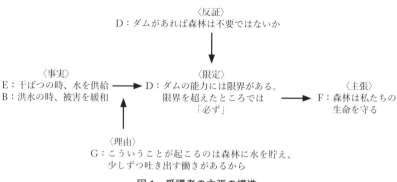

図1　受講者の主張の構造

2.3.2　小学校国語教科書、説明・論説文教材の主張の構造を検討する

このあと、授業は、教科書の説明・論説文教材がどのように主張を導いているかを分析する実習へと進んだ。

3. 授業実践の成果と課題

ここに紹介した2コマの授業の成果と課題について述べよう。

　成果は、受講生が実験を体験することで、これまで国語科の学びの中で培ってきた知識に気づき、教科観や学習観に変化が生まれたことである。授業では、受講生が説明・論説文を構成する実験を通して、その際に用いる知識を明らかにしていった。ところが、彼らの多くは、こうした知識に対して、実験課題に取り組む時点では自覚的でなかった。実験結果を検討する経過の中で、受講生同士の共通性を発見し、自らが持つ知識に自覚的になっていったのである。こうした発見、自覚は、教材を読む観点の変化になって現れた。たとえば、1コマ目の授業で教科書の説明・論説文教材の開始部を検討した際、「学年が上がるに従って、問いを提示する位置が後にいくのではないか」という声が上がった。そこで、「問いの前に書いてあることは何か」を検討した結果、「学年が上がるに従い説明・論説文の内容は高度になる。それに応じて、読み手が問いを受け入れやすくするために経験の想起や基礎知識の付与、問題事象の提示などを行うので、必然的に問いの前の部分が長

くなる」という発見が生まれた。これは、これまで要点→要約と「削ぎ落とす読み」を経験してきた受講生が、これとは反対に「説明にはたらく知識を精緻化する方向」を持って教材を読んだことである。受講生の授業評価を見ると、8割以上が「教科観や学習観が変わった」、「教材を読む力が高まった」と答えている。「今までの自分の中にあった決まり切った考え方をぶちこわすような、気づきの多い授業だった」という感想には、勇気づけられる。

　一方で課題もある。ひとことで言えば、難しいということだ。実験結果をもとに教材を分析したり、トゥルミンのモデルを使いこなしたりするには習熟が必要だ。これらは、多くの内容を扱う初等国語科教育がかかえる課題と言えよう。さらに、「国語科には理論があるのだとわかった」という声の一方で「これまで好きだった国語科がかえって難しくなった」もあった。

　初等国語科教育学は、教員をめざす学生が持つ素朴な教科観や学習観との闘いの場である。読書の科学は、そこに科学的研究をもって挑んでいる。

引用文献

有元秀文（2005）「PISA 調査でなぜ日本の高校生の読解力は低いのか？」,『日本語学』, 24(6), 6–14.

朝日新聞（2017）「小中思考力なお課題　全国学力調査　記述式問題無解答も」,『朝日新聞』, 2017 年 8 月 29 日朝刊.

井上尚美（1977）『言語論理教育への道』, 文化開発社, pp.101–126.

井上尚美（2009）「論理的思考の指導」, 田近洵一・井上尚美『国語教育指導用語事典』, 教育出版, pp.282–283.

岩永正史（2002）「ランダム配列の説明文を再構成する際に用いられる説明方略」,『山梨大学教育人間科学部紀要』, 3, 137–144.

岩永正史・堀之内志直（2012）「大学生はランダム配列の説明文をどのように再構成するか」,『山梨大学教育人間科学部紀要』, 13, 121–127.

8　特別支援教育における読みの教育

稲田八穂

1.　はじめに

　文字が読めない、文章が理解できないという生きづらさは研究レベルでは論じられ、特別支援学校・学級では指導法が日々進歩してきた。問題は通常学級における指導の難しさであろう。不特定多数対象の学びの形態では、個別のニーズを把握し、それに対応した指導が困難であることは、筆者も小学校教師時代、実感してきた。教師自身にその専門性がないことが大きい。

　文部科学省は「今後の特別支援教育の在り方について」(2003)で、特別な教育的支援を必要とする児童生徒が約6%の割合で通常学級に在籍している可能性を示唆し、対象を「LD、ADHD、高機能自閉症も含めて」と拡大した。その上で、一人一人の教育的ニーズを把握し、適切な教育を通じて必要な支援を行うという方向性を示唆した。また、「学校教育法」の改正(2007)でも発達障害も含めた特別支援教育が推進されることとなった。特別支援学校・学級のみならず、通常学級における特別支援教育と言及されたことで、教師の意識改革および指導力の向上が求められたのである。

2.　読みのプロセス

　奥村ら(2014: 6)は、読みのプロセスについて「私たちが文や文章を読もうとすると、頭の中では読みに関するさまざまな認知活動が行われる。

　最初に文字及び単語レベルの処理を行い、文レベルの文法などに関する処理を経て、文章の意味を処理することで読みのゴールである読解が可能となる」と述べる。それを奥村(2018: 145)は「読みの情報処理過程」として(図1)のように示した。それぞれの段階に対応する指導が必要なのである。

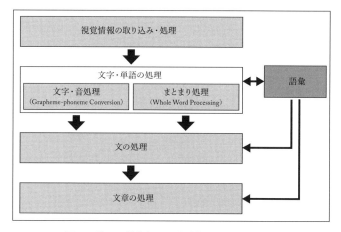

図1　読みの情報処理過程（奥村，2018より）

　確かに読み理解の困難性は多種多様な現象が見られる。そのひとつひとつに原因が存在するが、困り感が表面化しにくく、子どもからニーズとして出されることはほとんどない。教師が気づかないことも多い。さらには、読み理解のつまずきが背景となって学習面、行動面の課題として表れることもあり、二次障害の原因ともなり得る。他教科の学習の基礎ともなる読み理解の指導に心掛けていくことは教師として重要な責務である。

3. 読み理解の困難性

　読み障害（reading disability）について、高山（1998: 118–119）は情報処理的な観点から以下の3種類に分類する。

・視知覚の障害（文字の形や配列を視覚的に正しく知覚することができない）
・文字と音との対応づけの障害（視覚情報である文字を対応する音節に変換できない）
・文章理解の障害（単語や文章から意味を正しく把握することができない）

3.1 視知覚の障害

　視知覚の顕著な障害は特別支援学校における視覚障害の領域に入る。通常学級にも、読むことに困難を生じる子どもが在籍する。指導にはアセスメントが必要であり、専門性のない通常学級の担任が見分けることは難しい。発達性ディスレクシアの男児を特集したニュース番組で、「文字が消えたり、浮かんで見えたりする。自分だけが特別なのではなく、みんなそうなんだと思っていた」と経験を語った。知能に遅れはなく、本人の自覚も難しいため、読めないことが発見されなかったのである。そのことがいじめにもつながったとも続いた。現在はタブレット活用により、学習にスムーズに参加でき、自分の夢に向かって高校生活が充実しているという。やはり、担任の細やかな指導の目がなくてはならない。気付かれることが望ましい低学年の場合、一斉音読により表面化しにくいことも原因である。音声化できていれば読めていると思いがちだからだ。音読を重ねるうちに暗記してしまい、文章を見ていなくても音声化できるのである。音読の声と目の動きを合わせて見なければわからない。

3.2 文字と音との対応づけの障害

　学習に困難性を抱える子どもたちは、読み書きがスムーズにできないことが多い。特に、低学年の子どもたちの学びには、ことばの学びが大きく影響する。就学前のコミュニケーションは話しことば中心であったのに、学校文化はいきなり書きことば中心となるからだ。ひらがなの定着前に漢字やカタカナの習得が余儀なくされ、ことばの学びへの抵抗はここからも始まる。竹下（2011: 76）は、文字習得の違いについて次のように述べる。

> 「かな文字は、左右の後頭葉の一次視覚野（17 野）で感知され、左右の視覚連合野（18, 19 野）で字形と認知され、その情報は優位半球（多くは左脳）の角回（39 野）と縁上回（40 野下方）にまとめられ、視覚処理・音韻処理がされ、隣接するウエルニッケ領域とともに意味理解となります。（中略）漢字は側頭葉後下部の紡錘状回（37 野）や中側頭回（21 野）を中心

に字形認知や意味理解や辞書化が行われています。」(図2)

かな文字、漢字の知覚、かな文字の声の表出、漢字の視覚処理と意味処理による音韻化の仕組みの違いが分かる。漢字情報は音韻化される前に理解されるという二重の神経回路であることも忘れてはならない。理解構造の違いを認識すると共に、五感からの刺激で文字理解の機能を育てていくことも大切である。

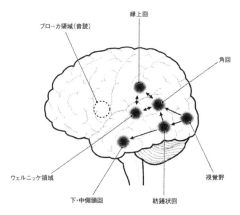

図2　かな文字と漢字を読むルート（竹下，2011）

3.3　文章理解の障害

文字が読めるようになっても、学習に困難を抱える子どもたちは文章理解に抵抗感を示すことが多い。高山(1998: 199)は次のように述べている。

> 文章理解はさまざまな能力が関与している高次の認知過程である。文字弁別や音韻的自覚、短期記憶はもとより、経験に偏りがあったり、表象化や概念化のような思考能力につまずきがあると、言語を象徴的な意味ある記号として理解することができなくなり、ことばや文章の意味把握が困難になる。

認知過程のみならず、個々の経験則、思考能力、コミュニケーション能力などにより、ことばや意味理解に差異が生じるということなのである。文章理解に障害のある子どもにとって何が原因となっているのかを読みの過程において明らかにし、それに応じた指導に当たらなければならない。子ども自身がニーズを要求できなくても、それに気付くのは教師の責務である。

4. 読み理解の指導

4.1 視知覚に対する指導

　文字を読み取るには、まず、眼球運動で正確に視線をあわせ、文字の形態を認識しなければならない。ここに問題があるとすれば、視線をあわせること、文字の形態を弁別する訓練が必要である。その後、その文字の音を想起して発声する。視覚情報で弁別した形を聴覚情報である音に変えるデコーディングがなされなければ、文字は読み取れない。表音文字であるかなと表象文字である漢字とではその読み取りには違いがある。

　視機能や視覚認知に対しては、奥村（2017: 52）が提唱する「ビジョントレーニング」「タブレット端末」「視覚発達支援トレーニングキット」などを活用し、ニーズに応じた指導が考えられる。ただ、アセスメントに基づいた専門的な指導が必要であることはいうまでもない。専門機関や通級指導による指導を受けながら、取り組むことが望ましい。

4.2 文字と音との対応づけの指導

　文字と音の対応づけについて、竹下（2011: 76）は音読を取り入れることを提唱している。音読が脳全体を活性化させ、単語の意味処理、文章の理解、文法理解、ことばの感情表出をより確実にしていくからである。

　そこで、2つの手立てを取り入れた。まず、文字カード遊びで五感を刺激し、文字理解の機能を育む。ことばカードに発展させて「辞書づくり」へとつなぎ、語彙を増やす。次に、音読により脳全体を活性化させ、理解や感情表出を確かなものにする。視覚認知に働きかける逐次読みとして、文字と音を対応させながら（写真1）、次に単語を指で挟み（写真2）、最後は一文を両手で挟むという段階を踏んだ。文章を追えない場合は月森（2005: 35）の提案する音読補助シートを取り入れた。自力で読めるようになり、徐々に音読を楽しむようになった（写真3）。

　文字の占める比重が大きい日本語は、文字とことば、とくに単語の概念をきちんと学習していくことが重要であり、助詞の理解にも音読を取り入れる

写真1　指で押さえて逐次読み　　写真2　単語を指で挟んで読む　　写真3　音読補助シートを使い読む

ことが効果的である。目と指と声を使うことで学びのメタ認知として子ども自身に自覚されていった。成就感が学びのベースとなっていく。

4.3　文章理解の指導

　文章理解に抵抗感を示す子どもたちにどのような手立てが望ましいのか。特に、その困難さは場面の様子や登場人物の心情を想像する文学的文章の読みにおいて顕著である。新井(2015: 34)は次のように述べる。

> 授業の内容が「わからない」でいる子どもに対して、感覚的・身体的な「反応」も含めて参加と捉え、他者の感じ方と接続することにより、「わかる」という実感を広げていく実践といえる。(中略)ただし、話し合い活動を用意すれば学習困難児も授業に参加できるといったユートピア的な実践論の構築ではなく、子どもの「しぐさ」や「つぶやき」といった反応を拾い上げ、他の子どもの学習と「つなぐ」というように、インクルーシブ授業では教師の「指導性」を発揮する授業づくりが不可欠である。

　一人一人の読みは大事にされるが、形式的理解をした上での読みであることが多い。それが「読み誤りは正して」という発想につながってしまう。新井も形式的理解を否定はしていないが、それを第一義には捉えていない。価

値観、感情的側面に訴えかける読みの重要性を主張しているのだ。抽象的レベルの理解が苦手な子どもには、動作化（身体や表情を使って）などの手立ての大切さを述べているが、それは教師が正しいと思う理解をさせるためではなく、その子の持った感情に働きかけていく読みを大切にして思考を形成していくことを重視しているのである。

4.3.1　価値観、感情的側面に働きかける読み

　以下は、『白いぼうし』（あまんきみこ／光村図書小学校国語4年）の学習におけるLD傾向のたくまの発言からの学びである。ほとんどの子どもが「作品の面白さ・不思議さや主人公の松井さんの優しさ」について感想を書いているのに、たくまは、最初から「死」のイメージを持っていた。

（資料1　感情的側面に働きかける読み）
教師　　どうしてかわいそうだと思ったの。
たくま　（しばらくだまったまま、小さな声で）消えて、ちょうになったでしょ。
ともや　（強い口調で）もともとちょうだったんだから、もとにもどったんだよ。
教師　　ちょうだったとは、はっきり書いてないよね。もう少し、たくまさんの気持ちを聞いてみようか。たくまさん、どうしてそう思ったの。
たくま　『ちいちゃんのかげおくり』に似てたから。
ようこ　そう言えばあのお話も最後花畑だった。

　女の子が消えて野原に白いちょうが飛ぶ最後の場面で、「かわいそう」とつぶやいたたくやに、ともやが、「なんで」と厳しい口調で問い返した。彼を否定するような響きが感じられたのでそのままにはできなかった。資料1のやりとりがあり教師が予想しなかった学習へと発展する。

　展開の予測もつかないまま子どもたちの思いを聞き、たくやの思いの根拠である『ちいちゃんのかげおくり』（あまんきみこ／光村図書小学校国語3年）と比べ読みをすることになった。人物や場面の様子を読み比べる中で、ともやが「『シャボン玉のはじけるような小さな小さな声』というのは、なんとなくさびしい感じがする。」と発言した。子どもたちは意外な表情を見せた。ともやのこのような発言はこれまでにはなかったからである。

　新井（2015: 34）のいう「こどものつぶやき」を拾い上げ、他の子どもの学

習と「つなぐ」ことが偶然にできたのではないかと考える。個人の思いを述べ合う中に正答などない。たくまはこれ以降自信を得て、少しずつ自分の思いを発言するようになった。教師が正しいと思う理解をさせるためではなく、その子の持った感情に働きかけていく読みを大切にし、思考を形成していくことの大切さに気付かされた実践であった（詳細は稲田（2018: 119）。）

4.3.2　個に応じた読みのストラテジーを活用する

　読み理解に困難を抱える子どもたちの「読みの環境調整・課題改善」について、コンタンス・マクグラス（2010: 72）は以下のことを提言している。

- ●予備知識やこれまでに得た知識を活用する。
- ●新出単語・語彙を予習する。
- ●以前学習した内容と新しい内容とを関連づける。
- ●内容をまとめるためのストラテジー（誰、何、いつ、どこ、どのように）を教える。
- ●ストーリーマップ（主題、登場人物、場面設定、内容や出来事、問題、結末などを系統立ててまとめた図表）を用いた作文の書き方を教える。
- ●声を出して読む、読み方の手本を見せる、そして内容の関連づけや視覚化、予測、質問、推論などをさせることで、内容の理解につなげる。

　学級担任が取り組みやすい非常に明快な手立てである。コンスタンスはこれらを具体的に指導すること、教師の支援を受けながら読むことができるレベルと支援なしに自力で読むことができるレベルの文章で練習することの必要性を述べている。大切なことはこの点である。読みのストラテジーを一人一人の子どもが持てるようにすることが求められているのだ。

　JSL 児童の指導に携わったことがあった。マリア（仮名）は読み書きに困難性を示したので、日本語教室においては村中（2000: 61）の提唱する「絵本の読みあい」を取り入れ、音読、文字の習得、ことばの辞書づくりに取り組んだ。理解に困ると「絵に描いていいですか」と申し出ることがあり、これが

自分の持っている読みのツールであった。

『プラタナスの木』（椎名誠／光村図書小学校国語4年）の取り出し指導においても同様のことが見られた。音読を通して難しい語彙に慣れ、場面の状況や登場人物の状況を把握した。ことばが押さえられない状況が読解に向かえないことになってしまう。マリアは登場人物の関係図、時間の経過と人物を絵で表現した。また、文中の「幹も枝葉も養分」も分からなければ、「木を逆立ちさせてみる」ことの意味をとらえることはできなかった。地上に出ている幹や枝葉が地下にある根とどのような関係にあるかを考えさせるのは困難なことである。ところが、これも絵に描いて理解したのである。学習に困難を抱える子どもにとって、どのような学び方をすれば理解しやすいのかというカードを持たせることは、学習の抵抗感を取り除き、自分で学ぶ力をつけていくことにつながることが明らかとなった。

5. おわりに

読みの困難性を通常学級の担任だけで見つけ、指導していくのには限界がある。特性を把握し、何に優位性があるかを判断していく専門性ときめ細やかな学級担任の視点が必要だからだ。筆者の参与している学校研究では、最初に特別支援学級の研究授業があり、子どもの学びと教師の手立てについて協議される。通常学級の担任はその学びの中から自分なりの手立てを見出していく。チーム学校としての力を生み出していくことが大切である。

参考文献

新井英靖（2015）「アクション・リサーチによるインクルーシブ授業の創造」，日本教育方法学会第51回大会ラウンドテーブル報告資料.

稲田八穂（2018）「小学校の授業づくりの困難さとその解決の方向性」，『インクルーシブ授業の国際比較研究』，福村出版，114–128.

奥村智人・川崎聡大・西岡有香・若宮英司・三浦朋子（2014）『包括的領域別読み能力

検査ガイドブック』，ウィードプランニング.

奥村智人（2018）「学力のアセスメント」，竹田契一監修『特別支援教育の理論と実践［第3版］Ⅰ─概論・アセスメント』，金剛出版.

奥村智人（2017）「学習障害児へのオーダーメイド支援」，『2017九州ロービジョンフォーラム in 北九州　公開シンポジウム「読み書きの困難を考える」』，発表資料，48–56.

高山佳子（1998）『LD児の認知発達と教育』，川島書店，pp.11–126.

竹下研三（2011）『ことばでつまずく子どもたち─話す・読む・書くの脳科学』，中央法規.

月森久江（2005）『教室でできる特別支援教育のアイデア172　小学校編』，図書文化.

NEWS23（2018.3）「『文字が飛び散っている』"読み書き障害"ディスレクシア」，RKB放送.

マクグラス，コンスタンス・川合紀宗訳（2010）『インクルーシブ教育の実践』，学苑社.

村中李衣（2000）「読書療法の可能性」，『日本文学研究』，35, 61–71.

9 読みの教育の授業分析

濵田秀行

1. はじめに

　授業研究は、よりよい授業の実現、すなわち、授業に参加する学習者の学びの質を高めることや授業を実践する教師の専門性の向上に資することを目的として行われる (cf., 鹿毛・藤本, 2017；藤江, 2014)。授業分析は、この授業研究の一手法であり、教育実践の事実、すなわち授業における教師と児童生徒の発言、活動、その他、授業を構成している諸現象を、できるだけ詳細に観察・記録し、その記録に基づいて授業を構成している諸要因の関連、学習者の思考過程、あるいは教師の意思志決定など授業の諸現象の背後にある規則や意味を明らかにしようとするものである (的場, 2013: 6–7)。ゆえに、読みの教育の授業分析では、読むことの学習指導についての実践的な示唆を得るために実際の授業事例を具体的に分析し、授業実践の過程、学習者と教師のコミュニケーション過程についての検討が行われる。

　近年、授業の過程を理解することを目的とする研究では、社会文化的アプローチをグランドセオリーとして、個別具体的な談話事例、具体的な発話内容や発話のターン構成等の分析が進められてきている (cf., 秋田, 2004)。社会文化的アプローチでは、学習をことばや記号という文化的道具に媒介された行為として捉え、ことばを媒介とした他者との相互作用における認知過程への着目が行われる。このような立場からは、読みの学習は、学習者が教室において国語科固有の談話へ参加し、それを通して、国語科固有の思考様式やリテラシー、概念を我がものとしていく過程として捉えられる。本稿では、この社会文化的アプローチに依拠した授業分析に基づく読みの教育についての研究の展開を概観し、今後の展望を述べる。

2. 読みの教育の授業分析の展開

2.1 学習者の読みを捉える

　90年代のなかばには、読みの教育の授業実践について社会文化的アプローチの立場から教室談話を詳細に分析した先駆的な研究が行われている。佐藤(1996)は、テキストである「ごんぎつね」について因果関係の推論をベースにしながら、「つぐない」と「友達」という2つの異なる視点から読んだ場合の読解過程モデルを設定し、それと関連付けながら児童の発話を分析している。小学校4年生の学級における授業観察とインタビューから、児童が一定の他者の読みの影響を受けながらも決して単純な意見の取り込みや、一方的な影響の受け方をしているのではないこと、他者の意見を批判的に吟味し、あくまで一人ひとりの読みの主体性を持ちながら他者の意見と対峙していることを明らかにしている。小林(1997)は、小学校5年生の「大造じいさんとガン」の授業において4人の児童を抽出し、それぞれの児童のテキスト理解構造を因果関係の推論をベースにモデル化した上で、その児童間に生じた相互作用について検討している。授業過程の談話と抽出児への授業後のインタビューの分析から、児童の話し合いへの参加について、つねに他者の意見を引き合いに出しながら自己の意見を述べる、他者とのギャップのある意見を試みることを通して何らかの気づきを促す、自己の理解を公表する機会として利用するなどと、その多様なありかたについて明らかにしている。

　佐藤(1996)や小林(1997)が、学習者の読みについて物語内容の因果関係に着目した理解モデルと関連付けながら分析したのに対し、物語言説の語りの構造との関係から学習者の読みを分析する研究も行われている。濱田(2011)は、高等学校での「羅生門」の授業における生徒の読みについて、物語世界に描かれたものごとに対して意味づける際の視点の違いに着目して小グループでの読みの交流過程について分析を行っている。物語の登場人物「下人」が建造物としての「羅生門」に付与する意味と物語の「語り手」が「重たく薄暗い雲」と関係づけて「羅生門」を語ることでそこに付与する意味には違いがある。このような相違に着目しながら、初読時の読み方が異な

る 2 人の生徒の相互交渉に焦点を当て、学習者が他者の読みを取り込む際の
その取り込み方のバリエーションについて検討している。分析の結果から、
学習者が他者の読みを取捨選択して取り込むだけでなく、自分の読みの視点
に応じて他者の読みの内容を編集して取り込むこと、他者の読みの内容を取
り込む過程で自分自身の読みの視点を変える場合のあることを明らかにして
いる。

　読みの教育の授業における学習者の実態をより精緻に捉えるための分析枠
組みの洗練化を目指した試みも行われている。濱田 (2016) は、物語論にお
ける「焦点化」(ジュネット, 1985a, 1985b) 概念を談話分析の枠組みとして
拡張し、「出来事をどのような意識を通して語るか」という観点から生徒の
読みを分析している。中学校 2 年生の文学的な文章を読む授業について行っ
た観察の結果から、次のことを明らかにしている。一つは、物語世界の出来
事について多面的な意味づけを行うという読みの深まりが、テキストや先行
発話に対話的に応答し合う活動を通して複数の視点を談話過程に導入し、そ
の異なる視点からの意味づけを関連付けるという生徒の協働によって達成さ
れることである。もう一つは、物語世界の出来事に意味づけることと、その
出来事の参加者について理解を深めることとを相補的に関連付けることで物
語文についての読みが深まるということである。

　授業における教材文のタイプによって学習者が取り組む課題の構造が異な
ることに着目した研究も行われている。一柳 (2009a) では、国語科における
文学的な文章を読んでイメージを精緻化するという課題と社会科におけるテ
キストの情報に基づいて問題解決を行い命題的な知識の獲得を目指すという
課題の構造の違いに着目し、授業における学習者の聴き方の特徴を検討して
いる。小学校 5 年生 2 学級を対象とする授業観察と直後再生課題の結果か
ら、学習課題によって、発言のソースモニタリングや話し合いの流れを捉え
るといった聴き方の特徴が異なること、また課題が同じであっても学級によ
る聴き方の特徴の違いがあることを実証的に示している。

　国語科における説明的な文章を読む授業の分析では、教材文の論証構造と
関連付けながら学習者の理解を捉える試みが行われている。間瀬 (2011) は、

トゥールミンの論証モデルに基づいて教材文の論証構造を捉えた上で、その理解の過程における具体的な推論のあり方に応じて分析枠組みを設定し、小グループの話し合いにおける読みの深まりを分析している。2つの小グループの談話過程の分析から、反証的な仮説を含めた複数の仮説の形成とその比較がより妥当性の高い推論の達成を促すこと、提示された仮説に対して学習者がその妥当性を批判的に吟味するとともに補強もするということを明らかにしている。

　読みの教育の授業分析によって得られる知見からは、指導方法や学習環境デザインについてだけでなく、指導内容、カリキュラムについても実践的な示唆を得ることができる。ここまで見てきた研究のそれぞれにおいて、学習者の読み、すなわちテキストについての学習者の理解を捉えるための枠組みが検討され、現実の談話過程の分析においてその強度を試されている。これらの具体的な授業分析は、読みの教育においてどのような読みのあり方が目指されるのか、読みの教育では何を指導するのかという実践的な課題について考えるための材料を豊かに提供している。

2.2　自己内対話への関心

　授業分析は、授業への参与観察に基づき、発話(話されたことば)の連鎖からなる教室談話を主たる手がかりとして進められる。そのため、学習者間の社会的なコミュニケーション過程に関心を寄せる研究が多く行われている。その流れにあって、近年では学習者がどのような自己内対話を行っているかという問題に焦点を当て、教師談話に参加する児童の聴く活動や書く活動へ着目した研究も行われるようになっている。

2.2.1　聴く活動への着目

　学習者が他の学習者の発話をどのように聴いているかを捉えるために、学習者の発話におけるテキストの引用や他者発話への言及に着目した教室談話分析が行われている。一柳(2009b)は、児童の発話についてテキスト引用の有無、他児童の発話への言及の有無という観点で、小学校5年生2学級の国

語の授業について観察と直後再生課題を行い、授業中の発話と再生記述をテキストや児童の発言との関連から検討している。その結果、テキストの引用や他児童の発言に言及する発言が、テキスト理解を深めるための聴き合いを促進していること、教師がテキストに「戻す」働きかけを繰り返し行うことでテキストとの対話を促していること、リヴォイスによって聴き合いを促進していることを見出している。

　発話におけるテキストの引用や他者発話への言及を指導内容として意図的に実践に導入することで授業における読みの交流的活動がどのように変化するかという問題を検討する研究も行われている。佐々原・青木(2012)は、国語科の授業において話し合い指導を1年間行った4年生の学級での文学的な文章を読む授業の事例検討から、学習者が「引用」を意識することで、自分の考えについてどこからそう考えたのか、他者の考えとどう違うのかを言語化し、学級で共有できるようになること、児童相互に互恵的関わりが生まれることを報告している。

　発話に表れる教室談話の「参加構造」(いつ誰が誰に何を言うことができるかに関する権利と義務の形態についての概念)に着目することで読みの協働的な深まりにアプローチする研究も行われている。一柳(2013)は、D.バーンズの「探求的会話」概念に基づき教室の談話過程を分析し、児童の読みの生成過程と、それを促す教師の役割について検討を行っている。その結果、いい淀みや、躊躇、主述の不一致といった不完全な話し方の中で新たな読みが児童によって見出されていること、そのような読みが聞き手の児童にさらなる読みの生成を促す機会となっていること、児童の発言に教師が問い返すことで「探求的会話」の展開を促すことを明らかにしている。

　これらの研究は、学習者のテキスト理解という認知的なプロセスが、教室の構成員によって形成される社会的な関係と分かちがたく結び付いていることを実証的に明らかにするものである。教師が学びの社会的な側面に十分な注意を払い、教室の学習者の関係性に働きかけることによって、読みの協働的な深まりの達成を促せるという知見は、これからの読みの教育における授業実践に重要な示唆を与えている。

2.2.2 書く活動への着目

　授業の中で学習者が書いたものに着目することで、他者の読みのことばの取り込みを契機とした自己内対話の過程に迫ろうとする試みも行われている。濵田 (2013) は、授業の終末に設定された振り返りの学習活動における学習者の記述について、授業中の全体での討論場面の発話記録と関連付けながら分析を行っている。この研究では、生徒に対し個別の学習活動時において自身の意見を記入する際には鉛筆を使用させ、小グループでの話し合いや教室全体における議論における記入に際しては青ボールペンを使用させることでワークシートへの書き入れの過程を分節化し、それを可視化する手立てが講じられている。教室全体での読みの協働的な深まりに発展するアイディアを提示した生徒のワークシート記述と談話過程における発話とを対応させた分析の結果から、生徒が振り返りにおいて、授業中の相互交渉の過程について新たな意味を見出していること、また、そこで関係づけられたことばを媒介に物語の出来事に新たな意味づけを行っていることを明らかにしている。

　談話過程のデータに加えてノートやワークシート等の学習に影響を及ぼす外的表象へ着目することで、学習者の協働的な知識構築や意味の生成の過程をより精密に捉えられるようになる。読みの教育における授業実践の実際において、学習者がテキストに書き込みを行ったり、他者の発言についてメモを取ったり、振り返りを文章にまとめたりすることはごく一般的に行われており、分析対象にするデータとして入手もしやすい。濵田 (2011) や一柳 (2013) が取り上げる授業事例においても、学習者は自らが書いたものを参照しながら話し合いに参加するとともに話し合いの中で他者の発言を書き留めることを行っている。事例分析と考察においてもこのような実態を踏まえ、談話過程の発話と学習者によって書かれたものとを関連付けながら解釈が行われている。話しことばによって外化された学習者のアイディアは、書き言葉に変換されることで簡略化、精緻化、結びつけ、重ね合わせの対象となる (Forman & Ansell, 2002)。分析の対象に書きことばを含めることで、教室の言語コミュニケーションに備わる複層性を捉えられるようになるだろう。

3. 展望

　ここまで見てきたように、読みの教育の授業分析は授業という営みに対してさまざまな実践的示唆を提供している。教室談話を手がかりにしながら学習者個人の認知過程と学級集団における協働過程とを統合的に捉える研究から得られる知見の蓄積によって、われわれは質の高い授業の追究をさらに進めていくことができるだろう。

　授業実践を対象とする研究は価値志向的な営みであり、学校や地域、教育行政のディスコースにおける授業観・学習観と密接に関連しながら進められる点に1つの特徴がある。今後は、読みの教育の授業研究においても「主体的・対話的で深い学び」（文部科学省，2017a, 2017b）の視点を意識しながら、実際の授業実践を検討する研究が多く行われることが考えられる。この「主体的・対話的で深い学び」の概念は、子どもの学びを、学ぶ対象への関与による認知的理解の次元、学び手としての実存の形成の次元、社会的な他者との関わりと、自己との関係のつながりのあり方の次元という3つの次元を備えたものと捉え、そのそれぞれを子どもの学びと育ちの軸として、子どもの現実の行為から考えることを求めるものである（秋田，2016: 117）。文化的道具としてのことばに着目することで子どもの学びを多元的に捉える社会文化的アプローチに基づいて授業を分析する研究の重要性は、今後ますます高まるものと思われる。

　今後に残された課題と考えられる点として3つをあげておこう。1つは読みの授業における学習過程に着目した研究の必要性である。読みの教育の授業における基本的な学習過程として文部科学省（2017a）は、「構造と内容の把握」、「精査・解釈」、「考えの形成」、「共有」を示している。このような学習過程における課題構造の違い、それらの学習過程に応じて設定される場面の展開に注意を向けた授業分析は、読みの学習過程をより詳細に描出することを可能にするだろう。

　もう1つは、読みの教育におけるより長いスパンの学習過程との関連から授業を分析することである。前項で取り上げた研究の多くが、10数時間か

けて１つの文章を読む授業を対象とした参与観察に基づくものである。学習科学の領域では、読み書きの実践において共同体固有の知識が重要な役割を果たすことが指摘されている（スマゴリンスキー＆メイヤー，2017）。このような知見を踏まえると、読みの教育が行われる学級のローカルな文化の形成過程やその文化の学習者への影響について解明することが重要になる。今後はより長期的な参与観察に基づいた授業分析が期待される。

　第３点として、上記の点ともかかわり、読むことの教育に重要な位置を占める読書指導を射程に入れた授業分析を行うことである。自ら進んで読書をし、読書を通して人生を豊かにしようとする態度を養うために、国語科の学習が読書活動に結び付くよう発達の段階に応じて系統的に指導することが求められている（文部科学省，2017a: 25）。何ができるようになるかという視点から読みの教育を捉えるとき、自らすすんで本を手に取る個人を育成することに読みの授業がいかに貢献しているかというのは重要な問題である。

　最後に、読みの教育の授業分析にもとづく研究を進める上で、実践をめぐる研究者と教師との協働のあり方について述べておきたい。的場（2009）によると、日本の授業研究の特徴は、授業研究を共通の基盤にして、研究者と教師が連携し、共通に語り合えることばを創り出し、互恵的で協働できる関係を構築する可能性を追求する過程の協働性にあるとされる。ただ、国語科教育におけるこれまでの授業研究を振り返ってみるとそう楽観視はできない。鶴田（2009）は、2000年代初頭までを振り返り、国語科の授業実践を対象とするこれまでの研究について、研究者や実践者の教育理念や授業方法を具体化し、発展させることを目的として行われ、授業の「複雑さ」や「豊かさ」についての認識が不十分であり、授業の見方や記述の仕方、批評の仕方などについて十分な検討が行われてこなかったのではないかと述べている。研究者と教師が互いの専門性に敬意を払いながら協働し、授業実践だけでなく、それを検証する過程についても対話的に省察を重ねていくことを期待したい。

参考文献

秋田喜代美(2004)「授業への心理学的アプローチ—文化的側面に焦点を当てて」,『心理学評論』, 47(3), 318–331.

秋田喜代美(2016)「子どもの学びと育ち」, 小玉重夫編『岩波講座　教育　変革への展望 1　教育の再定義』, 岩波書店, pp.97–150.

Forman, E.A., & Ansell, E. (2002) Orchestrating the multiple voices and inscription of a mathematics classroom. *Journal of the learning sciences*, 11, 251–274.

藤江康彦(2014)「授業研究」, 日本児童研究所監修『児童心理学の進歩』, 金子書房, pp.25–46.

ジュネット, G. 著　花輪光・和泉涼一訳(1985a)『物語のディスクール』, 水声社.

ジュネット, G. 著　和泉涼一・神郡悦子訳(1985b)『物語の詩学』, 書肆風の薔薇.

濱田秀行(2011)「物語の読みの交流過程における読み方の学習—"Appropriation" 概念を手がかりとした高等学校授業分析をもとに」,『読書科学』, 54(4), 95–104.

濱田秀行(2013)「物語を協同的に読む授業における生徒の自己内対話—読みの交流に書くことを取り入れた高等学校国語授業の分析」,『読書科学』, 55(1.2), 33–43.

濱田秀行(2016)「文学的文章についての読みが教室において深まる過程—中学校国語科の授業事例分析を通して」,『国語科教育』, 80, 39–46.

一柳智紀(2009a)「児童による話し合いを中心とした授業における聴き方の特徴—学級と教科による相違の検討」,『教育心理学研究』, 57, 361–372.

一柳智紀(2009b)「物語文の読解の授業談話における「聴き合い」の検討—児童の発言と直後再生記述の分析から」,『発達心理学研究』, 20(4), 437–446.

一柳智紀(2013)「児童の話し方に着目した物語文読解授業における読みの生成過程の検討—D. バーンズの「探求的会話」に基づく教室談話とワークシートの分析」,『教育方法学研究』, 38, 13–23.

鹿毛雅治・藤本和久編著(2017)『「授業研究」を創る—教師が学び合う学校を実現するために』, 教育出版.

小林好和(1997)「授業場面における理解過程の分析—国語科の授業を中心に」, 平山満義編著『質的研究法による授業研究—教育学／教育工学／心理学からのアプローチ』, 北大路書房, pp.240–269.

間瀬茂夫(2011)「説明的文章の論証理解における推論—協同的な過程における仮説的推論を中心に」,『国語科教育』, 70, 76–83.

的場正美(2013)『授業研究と授業の創造』, 溪水社.

的場正美(2009)「授業研究方法論の課題と展望」, 日本教育方法学会編『日本の授業研究—Lesson Study in Japan— 授業研究の方法と形態〈下巻〉』, 学文社, pp.189–199.

文部科学省(2017a)『小学校学習指導要領(平成 29 年告示)解説　国語編』, 東洋館出

版社.

文部科学省(2017b)『中学校学習指導要領(平成 29 年告示)解説 国語編』，東洋館出版社.

佐々原正樹・青木多寿子(2012)「話し合いに「引用」を導入した授業の特徴―小学 4 年生の談話分析を通して」，『日本教育工学会論文誌』，35(4), 331–343.

佐藤公治(1996)『認知心理学から見た読みの世界―対話と協同的学習を目指して』，北大路書房.

スマゴリンスキー・メイヤー著　犬塚美輪訳(2017)「リテラシーを学ぶ」，R. K. ソーヤー編　秋谷喜代美・森敏昭・大島純・白水始監訳(2017)『学習科学ハンドブック　第二版　第 3 巻　―領域専門知識を学ぶ／学習科学研究を教室に持ち込む』，北大路書房，69–86.

鶴田清司(2009)「民間教育運動における授業研究」，日本教育方法学会編『日本の授業研究―Lesson Study in Japan― 授業研究の歴史と教師教育〈上巻〉』，学文社，41–52.

第4章
社会と読書

1　読書推進政策と体制の歴史の展開

山下直

1.　はじめに

　読書推進政策は、1990年代後半の学校図書館改革を契機として、2000年以降次々と発表されてきた。2000年を子ども読書年としたことを皮切りに、2001年に子どもの読書活動の推進に関する法律が成立、それを受けて翌2002年に第1次子どもの読書活動の推進に関する基本的な計画が発表され、2008年には第2次、2013年には第3次の計画が発表された。また、この間、2005年に文字・活字文化振興法が成立、その5年後の2010年が国民読書年とされた。

　その一方で、2000年以前の読書推進に係る動きは、政策として打ち出されるというよりも民間の団体が主導して行われてきている。本節では、戦後から現在までの読書推進に係る動きを概観する中で、読書推進政策の展開を追っていくことにする。

2.　終戦から2000年以前までの読書推進に係る動き

　まず、終戦から2000年以前の読書推進に係る動きを概観していく。

　終戦から2年後の1947年には教育基本法、学校教育法が制定されたが、読書推進に係る動きも始動しており、この年にすでに読書週間実行委員会が結成され第1回読書週間が実施されている。

　また、1950年には全国学校図書館協議会（1998年に社団法人全国学校図書館協議会に改組）が結成され、1955年から毎日新聞社とともに「青少年読書感想文全国コンクール」を開始した。これは現在も続けられている。さらに、1959年には読書週間のたびに立ち上げられていた実行委員会が解消さ

れ読書推進運動協議会が設立、同年からこどもの読書週間が実施された。

　このように、読書推進に係る動きは、民間レベルにおいて戦後の比較的早い時期から行われていることがわかる。堀川（2013）は、続く 1960 年代に子どもの読書に関して大きな高まりがあったとして、1961 年『母と子の 20 分間読書』（あすなろ書房）、1965 年石井桃子の『子ども図書館』（岩波書店）の出版などを挙げている。

　1974 年には日本国際児童図書評議会が設立されるとともに、私立図書館である東京子ども図書館が設立された。

　一方、国の動きとしては、1950 年に図書館法、1953 年に学校図書館法が制定されるとともに、1959 年に学校図書館基準が定められたが、本格的な動きとしては 1992 年の全国学校図書館悉皆調査の実施や、同年の「学校図書館の現状に関する調査報告書」（文部省）の発表まで待たねばならない。1993 年には文部省が「学校図書館標準」を設定し「学校図書館図書整備新 5 か年計画」に基づいた施策を実施したが、この標準に達した学校図書館は少なく、さらなる施策が必要となった。この流れは、2000 年以降の子どもの読書活動の推進に関する基本的な計画などに受け継がれていくこととなる。

3.　2000 年以降の読書推進に係る政策

　1990 年代に入り政策として読書推進に係る動きが活発になっていく中で、2000 年、東京上野に国立国会図書館の支部図書館として国際子ども図書館が部分開館され（全面開館は 2002 年）、このことを受けて 2000 年を子ども読書年とすることとなった。さらに同年、国立教育政策研究所では「生きる力を育む読書活動推進事業」を開始している。

　2001 年には子どもの読書活動の推進に関する法律が成立し、これに伴い 2002 年、2008 年、2013 年に子どもの読書活動の推進に取り組む基本的な計画が第 1 次、第 2 次、第 3 次の計画として発表された。

　この間、2003 年が学校図書館法（1997 年に改正）により 12 学級以上の学

校の司書教諭配置の猶予期限の年となっていたこともあり、学校図書館への人の配備の充実も本格的に取り組まれるようになった。また、2005年には文字・活字文化振興法が成立し、5年後の2010年が国民読書年とされた。

このように、1990年代から活発となった学校図書館改革の動きが、2000年以降の読書推進の政策にも引き継がれ、子どもを中心とした国民の読書環境を整えることが盛んに進められるようになり現在に至っている。

以下、子どもの読書活動の推進に関する法律およびその基本的な計画を中心に、読書推進政策の展開について述べていくこととする。

4.　子どもの読書活動の推進に関する法律

子どもの読書活動の推進に関する法律は議員立法により成立し、2001年12月12日に公布、施行された。第1条では、この法律の目的を「子どもの読書活動の推進に関する施策を総合的かつ計画的に推進し、もって子どもの健やかな成長に資することを目的とする」と定めている。

篠原由美子は、この法律の評価できる点として2点を挙げている。

1点目は、第2条の条文に「環境の整備」という文言が加わったことである。第2条の条文は、法案の段階では「自主的に読書活動ができるよう、積極的にその推進が図られなければならない」となっていたが、最終的に「自主的に読書活動を行うことができるよう、積極的にそのための環境の整備が推進されなければならない」と「環境の整備」という文言を付け加える形に変更された。このことについて、自主的な読書の推進のための具体的内容として「環境の整備」が規定されたことを評価して次のように述べている。

第2条の変更の意味は大きい。子どもの自主的な読書を推進する基本は、環境整備であると明確に規定されたからである。法案の段階では、環境整備の概念はなかった。法案の条文では、「自主的な読書を推進する」とされている内容が規定されておらず、自主性を損ねる施策や計画となってしまう危惧もあったのである。　　　　　（篠原，2009: 324）

290　第4章　社会と読書

　2点目は、第7条の条文に「図書館」が加えられたことである。法案の段階では「学校その他の関係機関及び民間団体との連携の強化」となっていたが、ここに「図書館」の文言が加えられ「学校、図書館その他の関係機関及び民間団体との連携の強化」と改められた。篠原は、「図書館」という文言が明記されたことにより地域の公立図書館の役割の重要性が認識された点を評価し、以下のように述べている。

> 　第7条の変更も評価できる。子どもの読書環境からみると地域の図書館の存在は大きいが、これが欠落していたということは、それだけ公立図書館の存在が過小評価されていたということになる。（篠原，2009: 324）

　この一方で、篠原は図書館関係や子どもの読書活動に関わる団体から、以下のような法制化への懸念が示されたことも指摘している。

> 　読書という個人の自由な行為に関することを立法化することへの疑問、立法化によってかえって子どもの自主的な読書をさまたげることにならないかという懸念、「子どもの健やかな成長に資する書籍等の提供」が特定の図書の排除をもたらすことにならないかという危惧の念が表明されている。
> （篠原，2009: 325）

　本来何の制約も受けるべきではない読書という行為や書籍などの選択に、何らかの制約がかけられることに対する懸念が示されている。このほかにもいくつかの課題があり、結果的に本法律には衆議院文部科学委員会における附帯決議が付けられることになった。それらを以下に示す。

　衆議院文部科学委員会における附帯決議
　政府は、本法施行に当たり、次の事項について配慮すべきである。
一　本法は、子どもの自主的な読書活動が推進されるよう必要な施策を講じて環境を整備していくものであり、行政が不当に干渉することのない

ようにすること。

二　民意を反映し、子ども読書活動推進基本計画を速やかに策定し、子ども
　の読書活動の推進に関する施策の確立と具体化に努めること。

三　子どもがあらゆる機会とあらゆる場所において、本と親しみ、本を楽
　しむことができる環境づくりのため、学校図書館、公共図書館等の整備
　充実に努めること。

四　学校図書館、公共図書館が図書を購入するに当たっては、その自主性
　を尊重すること。

五　子どもの健やかな成長に資する書籍等については、事業者がそれぞれ
　の自主的判断に基づき提供に努めるようにすること。

六　国及び地方公共団体が実施する子ども読書の日の趣旨にふさわしい事
　業への子どもの参加については、その自主性を尊重すること。

　一の「行政が不当に干渉することのないようにする」や四および六の「自
主性を尊重すること」、五の「自主的判断に基づき」に見られるように、法
律の施行に当たり、いかなる形においても国が読書活動の推進の名の下に何
かを規制したり、制限したりすることのないよう運用しておくことを確認す
る内容になっていることがわかる。

5.　子どもの読書活動の推進に関する基本的な計画

　子どもの読書活動の推進に関する基本的な計画は、子どもの読書活動の推
進に関する法律の第 8 条にその策定が定められている。2002 年 8 月に第 1
次計画、2008 年 3 月に第 2 次計画、2013 年 5 月に第 3 次計画が閣議決定さ
れている。

5.1　第 1 次計画の概要

　第 1 次計画は「第 1 章はじめに」「第 2 章基本的方針」「第 3 章子どもの
読書活動の推進のための方策」「第 4 章方策の効果的な推進に必要な事項」

の4章から構成されているが、各章の分量には偏りがあり、全18ページのうち約15ページを第3章が占めている。

第1章では子どもの読書活動の推進に関する法律の第2条を受けて、読書活動を「子どもが、言葉を学び、感性を磨き、表現力を高め、創造力を豊かなものにし、人生をより深く生きる力を身に付けていく上で欠くことができないもの」と位置付け、「社会全体でその推進を図っていくことは極めて重要である」としている。

第2章では基本的方針として、1.子どもが読書に親しむ機会の提供と諸条件の整備・充実、2.家庭、地域、学校を通じた社会全体での取組の推進、3.子どもの読書活動に関する理解と関心の普及、が示されている。

第3章には次の4つの項が立てられている。

1. 家庭、地域、学校における子どもの読書活動の推進
2. 子どもの読書活動を推進するための施設、設備その他の諸条件の整備・充実
3. 図書館間協力等の推進
4. 啓発広報等

このうち、1.および2.にかなりの分量が当てられている。

1.では「家庭、地域、学校」での読書活動の推進について述べられている。まず家庭においては、子どもが読書と出会うきっかけを作ることや、公民館等において読み聞かせなどの親子が触れ合う機会を子育て支援の一環として提供すること、地域においては図書館を子どもにとって「自分の読みたい本」を「自由に選択し、読書の楽しみを知ることのできる場所」、保護者にとって「自分の子どもに与えたい本を選択したり、子どもの読書について相談することのできる場所」とし、「子どもの読書活動を推進する上で重要な役割を果た」すことが述べられている。そのほか、公立図書館の具体的な取り組みや、児童館、民間団体のあり方についても言及されている。さらに、学校が「子どもの読書習慣を形成していく上で大きな役割を担っている」と

し、読書習慣の確立や読書指導の充実のための取り組みとして「朝の読書」
や読み聞かせなどの取り組みを一層普及させることや、各学校が目標を設定
することで読書習慣を確立するよう促すことが示されている。

2. では、図書館の整備・充実が中心的な内容となっており、公立図書館と
学校図書館について述べられている。公立図書館については、図書資料の整
備、設備等の整備・充実、司書の研修等の充実、障害のある子どもの読書活
動を推進するための諸条件の整備・充実が指摘されている。学校図書館の整
備・充実については、学校図書館の役割として「読書センターとしての機能」
と「学習情報センターとしての機能」を果たすことで、「学校教育の中核的
な役割を担うことが期待されている」としている。他に「学校図書館図書整
備5か年計画」による「学校図書館資料の計画的な整備」を図るよう努める
ことや、学校のインターネット接続、学校図書館の蔵書情報のデータベース
化、他校の学校図書館等とのネットワーク接続等の学校図書館の情報化、学
校図書館の活用を充実していくための人的配置の推進などについて述べられ
ている。

第4章は、推進体制と財政上の措置について述べられているが、大まかな
理念が示されているのみで、あまり具体的な記述にはいたっていない。

5.2　第2次計画の概要

2003年の第1次計画がおおむね5年間にわたるものであったことを受け、
2008年3月に閣議決定された。第2章に第1次計画の成果と課題を示した
ことで全体の構成が5章構成となっているほかは、ほぼ第1次計画を踏襲し
た内容となっている。

第2次計画では第1次計画の取り組みに一定の成果があったとしながら、
以下のような課題を挙げている。

　　第一次基本計画中においては、例えば、学校における一斉読書活動の普
　　及、公立図書館における貸出冊数の増加など、子どもの読書活動は進ん
　　だところである。しかし、依然として、小学生、中学生、高校生と学校

段階が進むにつれて子どもたちが読書をしなくなる傾向にある点や、地方公共団体の取組状況に大きな差が見られる点などの課題は解決されていない。さらに、平成16年と平成19年に公表された「OECD生徒の学習到達度調査」により、我が国の子どもたちの読解力の向上が課題であることも明らかになった[1]。

　注目すべきは、OECDのPISA調査の結果を受けた読解力の向上が課題として挙げられている点である。このことは、第3章の基本的方針の中でも「読書を通じて、子どもたちは読解力や想像力、思考力、表現力等の生きる基礎力を養うとともに、多くの知識を得たり…」のように言及され、読書推進の活動が学力向上との関わりで捉えられていることを窺わせている。

　第2次計画に示されたこれ以外の基本的方針が全て第1次計画をそのまま引き継いだものとなっていることを鑑みると、PISA調査の結果を受けた読解力の向上という課題が、子どもの読書活動の推進にも深く関わるものとして捉えられていると考えることができる。

5.3　第3次計画の概要

　第3次計画は、第2次計画から5年後の2013年5月に閣議決定された。第2次計画と同様に5章構成となっている。第3次計画の時点では、第2次計画に見られた読解力の向上のような大きな課題はなく、第1次計画から指摘されている課題がほぼそのまま引き継がれる形となっている。

　その他、5年間の情勢の変化として、国民読書年の取り組み、図書館法の改正、2008・2009（平成20・21）年版学習指導要領の全面実施などが挙げられている。

　第1次計画、第2次計画から大きく変更されている点はないが、第5章の子どもの読書活動推進のための方策のうち、図書館に関わる部分の書きぶりに変更が加えられている点がある。とはいえ基本的な内容に大きな変更があるわけではなく、図書館法の改正等を踏まえて変更されたものと考えられる。

6. 読書推進政策の課題と展望

　前項では、子どもの読書活動の推進に関する基本的な計画の概要を見てきたが、本項では前項までの内容を踏まえ、読書推進政策の課題と展望について述べる。

　松岡要は、第1次計画が公表された折にいくつかの懸念を示しているが、その第一に挙げられているものが「子どもたちに読書を強いる結果を招くようなものであってはならない（松岡，2006: 37）」というものである。松岡は計画に示された「朝の読書」を「一層普及させる」という文言や、「卒業までに一定量の読書を推奨するなど各学校が目標を設定する」という文言などから、「読書冊数を競わせたり、現場の状況を考慮せず全校一斉の読書活動を行うような過度の取組みを求めかねない内容がある（松岡，2006: 38）」としている。

　また、岩崎れい、米谷優子はOECDのPISA調査の結果との関わりの点から課題を指摘している。岩崎は、第2次計画に示された基本的方針について

> 第二次計画では2006年のPISAの結果をもとに、読解力の低下に言及しており、読書行為そのものから学力へと重点が変化していると言えるだろう。　　　　　　　　　　　　　　　　　　　　　（岩崎，2011: 20）

と述べている。PISA調査の結果を踏まえた読解力の向上という課題を受けて、読書推進政策が学力向上を目指すものへと変化しつつあることを指摘したものである。読書推進政策が何を目指すべきか、その方向性を考える上で重要な指摘と思われる。

　米谷は「PISA型読解力」と国語教育における読解力との違いという観点から、

> 「読書」は、文芸作品等を通読するという通念が根強く、活用を含めた広い意味の生活読みよりも狭い意味で捉えられ、情報活用能力との関連

296　第4章　社会と読書

は考えられてこなかった。 （米谷，2011: 32）

　と述べ「読書」を情報活用能力との関連からも捉えていくべきであると主張している。これは、読書推進政策における「読書」が指す具体的内容が何かを考えることの重要性を示唆する指摘と思われる。

　このように、読書推進政策は具体的な方向性や用語の定義については未だ曖昧となっている部分も少なくない。今後の読書推進政策をより充実したものとするためにも、これらの課題の克服に向けて十分に議論を重ねていくことが必要であろう。

注

1　「子どもの読書活動の推進に関する基本的な計画」2008 年 3 月 11 日閣議決定，第 1章

参考文献

堀川照代 (2013)「子どもの読書活動推進の動向」,『子どもの読書活動と人材育成に関する調査研究』【地域・学校ワーキンググループ】報告書，独立行政法人国立青少年教育振興機構，11–28.

岩崎れい (2011)「行政文書に見る国語科教育と読書の関連性」,『京都ノートルダム女子大学紀要』，41, 19–27.

米谷優子 (2009)「読書推進政策の傾向と課題」,『情報学 Journal of Informatics』，6 (1)，大阪市立大学学術情報総合センター電子紀要編集委員会.

米谷優子 (2011)「日本における読書教育と読書推進策―情報リテラシー教育との関連から」園田学園女子大学論文集 45, 19–39.

松岡要 (2006)「子どもの読書活動推進法、子どもの読書活動推進基本計画、文字・活字文化振興法」, 日本図書館研究会編集委員会編,『子どもの読書環境と図書館』, 日本図書館研究会，pp.23–51.

篠原由美子 (2009)「子どもの読書をめぐる法と政策」,『図書館界』，60(5), 322–333.

2　地域自治体における読書推進と教育

石田喜美

1.　はじめに

　「上から市民を教育する、本を与えてやる」図書館から、市民に「本を手に読んでもらう」本来的な意味での「公共」図書館への転換、そしてその理念を反映した日野市立図書館の設立から、現在に至るまで、地域自治体におけるさまざまな読書推進活動が展開されている（前川・石井, 2006）。文部科学省（2017）によると、2006年度末までに、全ての都道府県において「子ども読書推進計画」が策定されており、市区町村レベルでも、2016年度末の時点で75.3％の自治体で同計画が策定されている。また、図書館を中心に、地域全体を巻き込んだ先進的な読書推進活動が行われる事例も報告されるようになっている（猪谷, 2014）。

　一方、現在の自治体は、いわゆる「有害（不健全）図書」の規制においても積極的な役割を果たしている。長岡義幸は、マンガに対するバッシングについて、「従来のパターンとは異なり、民間育成者は後ろに下がり、徐々に警察や行政が前面に出て、規制をしようとする傾向が強まってきたのが、90年代後半から2000年代の特徴だ」と述べる（長岡, 2010: 197）が、このような傾向は現在も続いていると考えてよいだろう。

　本節では、地域自治体におけるこれら2つの役割――読書推進活動と図書規制――に着目し、それらと教育との関わりについて考察する。「電子書籍元年」と呼ばれた2010年以降、読書をめぐる状況は、ますます大きく変わりつつある。そのような中で、地域自治体はどのように読書推進と関わることができるのか、またどのような教育との関わりが求められているのかについて考えてみたい。

2. 読書運動の隆盛と「良書」主義
―1950 年代から 1970 年代

　現在、地域自治体は、さまざまな読書推進活動を展開しているが、それらのルーツは、戦前から展開されてきた読書運動にある。読書運動とは、一般的には、「読書を普及することを目的とした運動」（日本図書館情報学会用語辞典編集委員会，2013: 169）を意味するとされているが、そこに含まれる活動は多岐にわたる。ここではまず、戦後初期、1950 年代に始まった読書運動として、悪書追放運動と子ども文庫活動を取り上げる。1950 年代は、図書館法の民主的改訂（1950 年）および学校図書館法の成立（1953 年）を背景に、戦前にも展開されていた図書館建設運動や読書に関する啓蒙運動が展開されていった時期である（代田，1983: 174）。他方この時期は、戦前・戦中の言論統制がなくなり、出版屋が乱立するとともに、粗悪な再生紙に印刷された単行本が数多く出版される時期でもあった。特に、1947 年から 1948 年にかけて出版のピークを迎えた「赤本マンガ」は、当時の児童向け出版物において大きなシェアを占めていたこともあり、それに対する世論の批判を招いた（長岡，2010: 95）。このような時代状況の中、1955 年以降に、戦後の「本格的読書運動」が展開される（代田，1983: 174）。

　悪書追放運動とは、「悪書」、すなわち青少年に有害な図書を追放することを目的とした一連の運動である。1954 年 5 月、警察の関連団体である「赤坂少年母の会」が「三ない運動」（「見ない・買わない・読まない」の運動）を提唱するとともに、「悪書」35 冊を焼却した（長岡，2010: 97）。またこの運動は、マスメディアでの報道を伴うかたちで全国的に展開し、1955 年 5 月には、「母の会連合会」が「悪書追放大会」を開催し、約 6 万冊の雑誌やマンガを焼却した（長岡，2010: 98）。

　子ども文庫とは、地域文庫・家庭文庫などの民間の個人やグループが児童用図書を集めて解説した小規模図書館を示す。子ども文庫活動は、そこで展開されてきた活動の総称である。子ども文庫のうち家庭文庫の活動は、1950 年代から盛んに行われていたが（日本図書館情報学会用語辞典編集委員

会，2013: 38）、石井桃子『子どもの図書館』（石井，1965）の発刊前後から各地で、地域文庫を含む子ども文庫活動が始動しはじめ、1960年代から1970年代にかけて全国的に活動が拡張していった（吉田，2004: 104–105）。

　1950年代から展開したこれら2つの活動は、別々の方向性を持つように見える。事実、親子読書・地域文庫全国連絡会事務局長の広瀬恒子は「文庫活動の10年」と題した論考の中で、次のように悪書追放運動と子ども文庫活動を対比している。

　　1955年前後の読書運動といえば「……警察母の会が悪書追放三ない運動として、会員が俗悪漫画や刺戟的な性典雑誌をあつめ、悪書追放大会をひらき、エプロン姿で約6万冊の児童本を焼きすてさせた」（金田茂郎「子どもの文化史」）アナクロ的手段がとられたりしていたこともあった。これらに対し、家庭文庫や1960年、九州の鹿児島からはじまった親子読書運動は、よい文化財を子どもたちに与え、子ども自身が選ぶ目をもつようにと考えて、たのしい本との出会いの場を子どもの身近なところにたくさんつくろう、という点で共通していた。（広瀬，1979: 60）

　『日本読書新聞』は、1955年11月28日付けの記事「悪書追放運動を顧みる」の中で、悪書追放運動には二つの潮流――「青少年保護育成運動」を中心とした母の会による運動と、「日本子どもを守る会」を中心とする現場教師、母親などによる運動――があると述べ、これら2つの運動が混同されたことですべての動きが「中年女性のヒステリー的運動」と誤解されたと指摘する（日本出版協会，1955: 7）。上記引用は、子ども文庫運動を、「中年女性のヒステリー的運動」＝悪書追放運動とは異なるものと位置付けようとする試みと見ることができよう。一方、『日本読書新聞』の同記事内では、母の会連合会による「悪書追放大会」において「その後、回収本を売った代金で、子どものための文庫を設け、良書に接する機会をつくっている」ことも報じられている（日本出版協会，1955: 7）。このことからも、これら2つの運動をまったく無関係のもの、対立関係にあるものと見なすことは難しい。初期

子ども文庫運動と既存の読書運動との連続／断絶については、悪書追放運動を含む既存の読書運動を子ども文庫活動の社会・文化的な背景として位置付ける立場と、子ども文庫運動の都市部の運動としての新しさを指摘する立場とがあり、その関係については今後詳細に明らかにされる必要があろう（吉田，2004: 106）。ここでは、これら 2 つの運動に共通してみられる 1950 年代から 1970 年代の読書運動の成果と課題を確認しておきたい。

　まず成果としては、国・自治体を巻き込んだ運動を実現したことを挙げることができるだろう。1950 年代後半から展開された読書運動は、図書館法・学校図書館法の成立を背景に、国や地方自治体の行政機関を巻き込むかたちで展開され、その成果を生み出していった。

　子ども文庫活動は、1970 年代に各地の団体を結ぶネットワークが形成され、公共図書館増や図書館サービスの充実を訴える市民運動が展開されていった（代田，1983）。またその結果として、実際に、いくつかの地方における図書館建設が実現している（広瀬，1979: 61）。また悪書追放運動は、そのひとつの潮流が、もともと内閣の中央青少年問題協議会・厚生省児童福祉審議会による「青少年保護育成運動」を中心としたものであったこともあり、最終的に、地方自治体による有害図書規制に関する条例（いわゆる、「青少年保護育成条例」）の制定へと結実した（日本出版協会，1955: 7）。また、1964 年にはじめて設置された「白ポスト」（長岡，2010: 133–146）——青少年の閲覧にふさわしくない「有害図書」類を回収するポスト——に象徴されるように、地域と行政機関との連携による有害図書対策は現在も継続されている。

　このように、この時期の読書運動は、国や地域自治体を巻き込むかたちで、子どもを取り巻く読書環境の質的量的な向上を実現させていったが、その一方で、このような読書環境向上への願いは、いわゆる「良書」主義を蔓延させ、それ以外のもの（＝「悪書」）を排除する結果を生み出した。たとえば代田昇は、戦前・前後の読書運動をまとめたうえで、5 つの「読書運動の課題」を挙げている。

① 翻訳本では完訳本が少なく抄訳翻案の多いこと。

② 子どもの本の選択が教訓主義・道徳主義に支配されていること。

③ 社会性のある作品、異性への憧れ、大人への批判が、子どもの本で
はタブー視されていること。

④ 戦後もなお図書統制が学校・図書館に存在していること。

⑤ 子どもの本の研究や指導が不充分であること。　（代田，1983: 174）

　ここには、1970年代までの読書環境・読書教育環境の不十分さに関する指摘のほか、当時の読書運動のイデオロギー的側面への反省が含まれている。②と③がそれに当たるだろう。当時の読書運動が、共通して、②と③に示されるようなイデオロギーを持っていたとすれば、「中年女性のヒステリー的運動」と批判された悪書追放運動も、そのイデオロギーの極端な現れに過ぎなかったのではないか。根本（1985: 156）は、悪書追放運動に関する言説を収集・分析し、「悪書」というレッテルが「大衆的（通俗的）な作品に集中していたこと」、および「悪書をはかるものさしは、簡単にいえば教育的か否かであった」ことを指摘し、この風潮と活字離れ現象との関連性を指摘している。1980年代以降に着目される活字離れの問題を含め、「良書」主義は、この時期における読書推進活動全体に通底する課題であったといえるだろう。

3. 「活字離れ」の問題化と「朝の読書運動」
―1980年代から1990年代

　1970年代から1980年代にかけて、テレビやビデオゲーム等の娯楽が普及し、いわゆる「活字離れ」の問題が徐々にクローズアップされるようになった。「活字離れ」については、1950年代後半からすでにそれを問題視する記事が新聞上に掲載されているが（相良，2012）、それがピークを迎えるのは1980年代前半である。たとえば林（2015）は、NDL-OPAC に登録されている雑誌記事数の調査に基づき、1982年を「第1次『活字離れ』論ブーム」

と呼ぶ。

　「活字離れ」の問題は、地域自治体における読書推進活動にも影響を与える。全国に設置された子ども文庫の数は、1980年前後にピークを迎え、その後、減少する。広瀬恒子は、1980年代に文庫に来る子どもたちが減少し（広瀬，1995: 603）、さらに1990年代に入ると文庫に来る子どもたちの主流が幼児となり全体的に低年齢化したことを報告している（広瀬，2000: 9）。このような中、1980年代から1990年代にかけて、これまで地域で展開されてきた子ども文庫活動が、学校という場とのつながりを持ち始めるようになる。1980年代にはまず、読み聞かせやペープサートなどの「"出前型"活動」が行われた。さらに1990年代になると、それらの活動は、学校図書館における蔵書やサービスの充実を求める学校図書館充実運動へと展開していく（広瀬，1995: 603）。1950–1970年代において地域で展開された動きが、今度は学校・学校図書館を舞台に展開されていったのである。

　このような状況の中、1977年には「ゆとりと充実」をキーワードとした学習指導要領の改訂が行われ（文部省，1992）、1970年代後半から1980年代にかけて、「ゆとりの時間」を使った「朝の読書（朝読書）」の実践が広まっていく（米谷，2004: 5–6）。「朝の読書」は、学校の教育課程内で行われる読書活動である。しかしこの活動は、「毎朝10分間好きな本を読む」という以外には何も求めないという原則を徹底したことにより、子どもたちの学校外での読書活動との結びつきを持ちやすかった。團（2015）は、公立中学校でのフィールドワーク調査から、生徒たちが学校に「ケータイ小説」やコミックのノベライズ作品といったメディアミックス作品を持ち込んでいること、休み時間において生徒たちがそれらの本を用いた実践を行っていることに着目し、「好きな本を読む」という「朝の読書」の制度が、学校図書館や学級文庫など教師や司書等による選書をともなう読書活動とは異なった読書活動をもたらしたと指摘する。このように、「朝の読書」の実践は、「好きな本を読む」という原則に基づくことにより、1970年代の課題となっていた「良書」主義の問題を瓦解させ、それは、当時、地域と学校とに接点を持ちつつ活動を展開していた子ども文庫活動の運営者たちの意識にも影響を与えてい

く。広瀬恒子は、1990年代の活動を振り返り、次のように述べている（下線は引用者）。

　　実践をつみ重ねた学校司書の報告を聞く機会もふえ、そのなかで、<u>子どもの読書のプライバシーの重視や、"読みたい本"へ応える選択肢の領域の広さ・多様さなど、文庫をしている私たちにとっても問題提起となることがあった。</u>
　　読書運動の初期によく言われた「子どもによい本を！」の気負いはややぬけてきたが、エンターテイメントについての見方は"軽薄・俗悪・子どもに迎合"など総じてきびしい見方が根づよかった。親子読書運動が単に"本よませ運動"ではなく作品の質を問い、文化的基盤を豊かにすることであるとの思いもあったからであろう。
　　東京練馬区地域文庫読書サークル連絡会が結成30年の企画として区内の子ども・おとなにアンケート調査したまとめが『この本だいすき2500人が選んだ21世紀にのこしたい子どもの本』として出された。<u>この人気ベスト1は断然『かいけつゾロリ』で、おとなの"すすめたい本"とのギャップを感じさせられたわけだが、なぜ子どもにおもしろいのかキャッチコピーにある「教科書にないおもしろさ」って何なのか、エンターテイメントに対し、子どもをとりまく生活環境も含め多面的に見ることが必要なのではないかと考えさせられた。</u>　　（広瀬, 2000: 9–10）

　ここには、単なる「本よませ運動」であってはならないとするこれまでの運動の方向性と、子どもの「読みたい本」に応えようとする方向性との間の矛盾が顕在化したこと、それが広瀬に「問題提起」として受け止められたことが示されている。「作品の質を問い、文化的基盤を豊かにすることであるとの思い」──おそらく、「良書」主義の根幹にはこのような思いがあったに違いない──が相対化され、大人の「すすめたい本」と子どもの「読みたい本」とのギャップに思いが馳せられ、エンターテイメント作品に対するこれまでとは異なった見方が提示される。

4. デジタル時代における読書と多様な出会いの場
―2000年代から現在

1990年代半ば以降、Windows95の発売を契機にインターネットの個人利用が本格化した（土橋, 2013: 13）。そのような中、日本でも本のインターネット販売が開始され、2000年になると、多くのオンライン書店が本業界に参入し、「アマゾン（Amazon）」を中心にオンライン書店の普及が拡大した（柴野, 2012: 120–122）。

オンライン書店による影響は、本を入手できる経路の多様化や、本を入手できる時間的・空間的制約の解消に留まらない。柴野（2012: 126）は、オンライン書店の影響として、書店の大型化を挙げる。オンライン書店には物理的制約がなく、我々は、「あらゆる本の中から、自分で目的の本を検索できる」（柴野, 2012: 122）。現在、多くの書店がこのようなオンライン書店への対抗措置として、書店の大型化を図り、できる限り多くの本を店内の中に設置しようと試みている。

オンライン書店や大型書店の登場は、我々が日常的に目にする本の量を、爆発的に増加させた。新刊書籍の発行点数は、戦後、常に増加し続けてきたが、それが目の前に「本の洪水」（柴野, 2012: 127）として現れたのである。このような中、冒頭で述べたような自治体中心の読書支援活動とは別に、企業やNPO等が中心となった活動が展開されていく。これらの活動の目的は、人を通じて本と出会う場、本を通じて人と出会う場を提供することにある。2003年4月に六本木ヒルズ森タワーに開業した会員制ライブラリー（「六本木ライブラリー」）（磯井, 2015: 20–28）や、2005年から東京の谷中・根津・千駄木エリアで開催されその後全国へと広がっている「一箱古本市」（南陀楼, 2009）は、その象徴と言えよう。また、地域自治体や学校、企業といった領域を超えた読書推進活動も展開されつつある。2007年に京都大学の研究室において創始され、現在日本全国各地で展開されている「ビブリオバトル」（谷口, 2013）は、その好例といえるだろう。

「電子書籍元年」と呼ばれた2010年以降になると、従来から書籍の流通

を担ってきたさまざまな制度・組織のありようを問い直し、出版物の新た
な流通のありかたを模索するさまざまな試みが、さらに多く行われるように
なった。これらの試みは、読者主体の出版物との出会いの場を広げる可能性
を持つ反面、その出会いの幅が読者個人のリテラシーに委ねられてしまうと
いう危険性を持つ。オンライン書店の「おすすめ」機能や「読者レビュー」
に端的に示されるように、これまで出版社や書店が担ってきた情報提供の
主導権は、いまや、読者の手に渡りつつある。つまり、現代の本の流通に
おいては、本についての情報を知る過程、本を探しそれを入手する過程にお
いても、読者個々人のリテラシーが求められるようになったのである。柴野
(2009: 205) は、現在の本の流通において、「リテラシーによる階層化の問題」
が生じていると指摘する。本に関する情報の入手、検索および発注のプロ
セスの主導権が読者に委ねられれば委ねられるほど、本や著者などに関して
より多くの情報を持つ者は、自分が出会いたい本にたどりつくことができ、
そのような情報を持たないものは、そもそもどのようなキーワードで検索を
行うべきかわからず、ますます本との出会いから遠ざかっていく。これに対
し、2000 年以降の読書推進活動は、特定の人や場に焦点を当てることで、
むしろ情報を持つ者／持たざる者との二極化を固定化する方向に機能した側
面もあった。そのため、今後の地域自治体における読書推進活動の課題は、
「リテラシーによる階層化の問題」を解決するための手立てを講じていくこ
とだろう。

　本節では、1950 年代以降の読書推進活動の展開を確認し、その課題と可
能性を明らかにした。現在、書店の倒産や休廃業が続いており、戦後とは異
なるかたちでの、本の「空白地域」が出現しつつある。また鎌倉(2014)は、
東日本大震災直後に行われた移動図書館の試みを報告している。これらは、
本と出会う場を確保することが、現代社会において、新たな意義を持つこと
を示唆するものである。また、2010 年に大きな議論を呼んだ「東京都青少
年の健全な育成に関する条例」改正に関する動きに示唆されるように、「良
書」主義的な議論も、決して過去のものではない。そのような意味で、今後
の地域自治体における読書推進活動を考えるうえで、これまでの歴史から学

ぶべきことは少なくない。今後は、これまでの活動の成果や課題を踏まえた上で、人間と本とがいかに関わることでより良い社会・文化が構築できるかを議論することが、ますます必要となるだろう。

参考文献

代田昇 (1983)「読書運動」，日本子どもの本研究会編『子どもの木と読書の事典』，岩崎書店，pp.173–174.

團康晃 (2015)「学校の中の読書―制度的読書実践とその休み時間とのかかわりに注目して」，『三田図書館・情報学会研究大会発表論文集 (2015 年度研究大会)』，37–40.

土橋臣吾 (2013)「序章　環境化するデジタルメディア」，土橋臣吾・南田勝也・辻泉編著『デジタルメディアの社会学―問題を発見し，可能性を探る (改訂版)』，北樹出版，pp.12–22.

林智彦 (2015)「「活字離れ」論の文化史―「定義」と「統計」の実証研究」，『日本出版学会 2015 年 5 月春季研究発表会』http://www.shuppan.jp/shunkihappyo/728--20155.html, (2017 年 12 月 19 日閲覧).

広瀬恒子 (1979)「文庫活動の 10 年」，『月刊社会教育』，23 (13), 58–64.

広瀬恒子 (1995)「子ども文庫活動と戦後 50 年」，『図書館雑誌』，89(8), 602–603.

広瀬恒子 (2000)「特集　親地連 30 年の歩み」，『子どもと読書』，321, 2–14.

猪谷千香 (2014)『つながる図書館―コミュニティの核をめざす試み』，筑摩書房.

石井桃子 (1965)『子どもの図書館』，岩波書店.

磯井純充 (2015)『まちライブラリーのつくりかた―本で人をつなぐ』，学芸出版社.

鎌倉幸子 (2014)『走れ！移動図書館―本でよりそう復興支援』，筑摩書房.

前川恒雄・石井敦 (2006)『新版　図書館の発見』，日本放送出版協会.

文部科学省 (2017)「都道府県及び市町村における子ども読書活動推進計画の策定状況について」，『子ども読書の情報館』http://www.kodomodokusyo.go.jp/happyou/datas_download_data.asp?id=43, (2017 年 12 月 5 日閲覧).

文部省 (1992)「第 3 章第 2 節 1 教育課程の改訂」，『学制 120 年史』http://www.mext.go.jp/b_menu/hakusho/html/others/detail/1318313.htm, (2017 年 12 月 19 日閲覧).

長岡義幸 (2010)『マンガはなぜ規制されるのか―「有害」をめぐる半世紀の攻防』，平凡社.

南陀楼綾繁 (2009)『一箱古本市の歩きかた』，光文社.

根本正義 (1985)「読書論―悪書追放運動の意味するもの」，『読書科学』，29(4), 147–

156.

日本出版協会 (1955)「悪書追放運動を顧みる (総括)」,『日本読書新聞』, (1955 年 11 月 28 日), 日本出版協会.

日本図書館情報学会用語辞典編集委員会 (2013)『図書館情報学用語辞典 第 4 版』, 丸善.

相良剛 (2012)「「活字離れ」断想」,『文芸研究　明治大学文学部紀要』, (117), 221–225.

柴野京子 (2009)『書棚と平台―出版流通というメディア』, 弘文堂.

柴野京子 (2012)『書物の環境論』, 弘文堂.

谷口忠大 (2013)『ビブリオバトル―本を知り人を知る書評ゲーム』, 文藝春秋.

内沼晋太郎 (2013)『本の逆襲』, 朝日出版社.

米谷茂則 (2004)「朝の個人読書から、集団読書を核とした全校での読書教育の展開を―中学校読書指導実践小史から見た課題」,『司書・司書教諭課程年報』, (4), 3–9.

吉田右子 (2004)「1960 年代から 1970 年代の子ども文庫運動の再検討」,『日本図書館情報学会誌』, 50(3), 103–111.

3 絵本や読書の専門家の仕事と
養成カリキュラム

大庭一郎

1. はじめに

　子どもが絵本や本に出会って読書する場所は、子どもの発達段階に応じて、家庭、保育所、幼稚園、書店、家庭文庫、公共図書館、小・中・高等学校、学校図書館へと拡大する。これらの場所には、絵本や読書の専門家が働き、活躍する可能性が秘められている。絵本や読書に関する知識は、公共図書館で働く司書や読み聞かせボランティア、学校図書館で働く司書教諭や学校司書、地域で家庭文庫を運営する人、保育所などの児童福祉施設で働く保育士、幼稚園の教員、小・中・高等学校の教員、出版社で絵本や本の編集・出版に携わる人、書店で絵本や本の販売に携わる人にとって、必須のものである。一方、子育て中の親(祖父母)は、絵本や読書の専門家ではないが、子どもの絵本を選び、読み聞かせをする際に、絵本や読書に関する基礎知識を知りたいことがあるかも知れない。

　本節では、絵本や読書の専門家として、司書、司書教諭、学校司書、JPIC 読書アドバイザー、絵本専門士を取り上げ、各資格の内容と養成について解説する。さらに、子どもにとって一番身近な親(祖父母)が、絵本や読書に関する基礎知識をどのように学んだらよいのか、についても説明する。

2. 司書

　19 世紀後半以降、英米の公共図書館では、子どもを主な利用者として資料や情報を提供する児童サービス部門(児童室・児童コーナー)や児童図書館が整備され、普及・発展してきた。一方、日本の公共図書館の児童サービスは、第二次大戦以前の実践例も見られるが、1950 年代以降に整備されるよ

うになった(赤星・新井，2009: 13–29；塩﨑，2007)。

　図書館先進国の北米では、図書館員の養成は大学院レベルに位置づけられ、アメリカ図書館協会(American Library Association：略称 ALA)認定の図書館情報学大学院で修士号を取得することが、専門職としての図書館員の基礎資格となっている。しかし、日本では、図書館情報学を学部(学科・専攻・コース)や大学院(修士課程・博士課程)で履修する体制が、十分には整備されていない(大庭，2017: 229)。

　1950 年に制定された図書館法は、公立図書館(地方公共団体の設置する図書館)と私立図書館(日本赤十字社、一般社団法人、一般財団法人の設置する図書館)の定義、サービス、職員、設置・運営、国と地方自治体との関係、等を規定している。図書館法第 4 条は、「図書館に置かれる専門的職員を司書及び司書補と称する」と定め、「司書は、図書館の専門的事務に従事する」こと、「司書補は、司書の職務を助ける」ことを規定し、同法第 5 条では、司書と司書補になるための資格を定めている(今・小山，2016: 14)。したがって、司書と司書補は、法律上、公立図書館と私立図書館の専門的職員の資格である。しかし、図書館の仕事には、国立図書館、公共図書館、学校図書館、大学図書館、専門図書館、特殊図書館のいずれの館種の場合も、図書館資料の整理業務や利用者サービスで共通する部分が含まれている。そこで、司書と司書補の資格は、各館種の図書館の専門職員に共通する資格、もしくは図書館の専門職員の資格一般と見なされ、その役割を果たしている(薬袋，2001: 10)。

　司書資格の取得方法は、図書館法と図書館法施行規則によって、複数規定されている(今・小山，2016: 14–21)。それらは、次の 3 種類にまとめられる。

①大学・短大の在学中に、文部科学省令で定める図書館に関する科目(24 単位)を履修し、大学・短大を卒業する。

②大学・短大または高等専門学校を卒業、もしくは大学に 2 年以上在学して 62 単位以上を修得し、文部科学大臣の委嘱を受けて大学が行う司書講習(24 単位)を修了する。

③3年以上司書補もしくは司書補の職に相当するものとして図書館に勤務
し、司書講習(24単位)を修了する。

　「図書館に関する科目」は、甲群(必修)の「生涯学習概論」「図書館概論」
「図書館制度・経営論」「図書館情報技術論」「図書館サービス概論」「情報サー
ビス論」「児童サービス論」「情報サービス演習」「図書館情報資源概論」「情
報資源組織論」「情報資源組織演習」の11科目22単位、および、乙群(選択)
の「図書館基礎特論」「図書館サービス特論」「図書館情報資源特論」「図書・
図書館史」「図書館施設論」「図書館総合演習」「図書館実習」の7科目7単
位で構成されている。

　「図書館に関する科目」には、絵本や読書の専門家に必要な知識・技術を
修得できる科目が含まれている。特に必修科目「児童サービス論」(2単位)
では、「児童(乳幼児からヤングアダルトまで)を対象に、発達と学習におけ
る読書の役割、年齢層別サービス、絵本・物語等の資料、読み聞かせ、学校
との協力等について解説し、必要に応じて演習を行う」が設定されている。
「児童サービス論」の講義内容には、1)発達と学習における読書の役割、2)
児童サービスの意義(理念と歴史を含む)、3)児童資料(絵本)、4)児童資料
(物語と伝承文学、知識の本)、5)児童サービスの実際(資料の選択と提供、
ストーリーテリング、読み聞かせ、ブックトーク等)、6)乳幼児サービス
(ブックスタート等)と資料、7)ヤングアダルトサービスと資料、8)学習支援
としての児童サービス(図書館活用指導、レファレンスサービス)、9)学校、
学校図書館の活動(公立図書館との相違点を含む)、10)学校、家庭、地域と
の連携・協力、が含まれている(これからの図書館の在り方検討協力者会議,
2009)。

　現在、司書資格を取得するには、大学の図書館情報学の専門課程、大学の
司書課程、大学の通信教育課程、司書講習といった多様な選択肢がある。
2015年9月1日時点で、司書養成科目を開講している大学は、全国で212
大学あり、4年制大学156校(国立9、公立4、私立143)、短期大学(部)56
校(公立3、私立53)である。この数字には、図書館情報学を主専攻とする

専門課程、司書課程、通信教育課程が含まれている（文部科学省，2015）。

　一方、2018 年度に司書講習と司書補講習を実施した大学は、全国で 7 大学あり、司書講習は 7 大学、司書補講習は 5 大学で開講された（文部科学省，2018）。日本では、司書課程の履修によって毎年 1 万人近い司書有資格者が誕生しているが、実際に公共図書館に就職する率は約 2%程度といわれている（文部科学省生涯学習政策局社会教育課，2007）。

　現行の司書資格は、図書館に関する科目（24 単位）を履修することで取得できる。図書館で働く場合、司書資格の取得は初めの一歩にすぎず、図書館就職後も、自己学習、研修、大学が提供する教育機会（公開講座、科目等履修生、大学院、等）を活用して、各自のスキルアップを図ることが重要である。公共図書館の児童サービスに関する研修には、日本図書館協会（略称 JLA）が開催する「児童図書館員養成講座」（1980–2009）「児童図書館員養成専門講座」（2010– 現在）や、東京子ども図書館が開催する各種の講習会・講座・研修がある（坂部，2016；赤星・新井，2009: 53–54）。

3. 司書教諭

　1953 年に制定された学校図書館法は、学校図書館の定義と役割、設置義務、司書教諭の配置義務、設置者と国の任務、等を規定している。学校図書館法第 5 条は、「学校には、学校図書館の専門的職務を掌らせるため、司書教諭を置かなければならない」と定めている。さらに、2014 年 6 月の学校図書館法改正によって、同法第 6 条に「学校図書館の運営の改善及び向上を図り、児童又は生徒及び教員による学校図書館の利用の一層の促進に資するため、専ら学校図書館の職務に従事する職員（次項において「学校司書」という。）を置くよう努めなければならない」と規定され、学校司書が法律上に位置づけられた（今・小山，2016: 29）。この結果、学校図書館は、制度上は司書教諭と学校司書の 2 職種によって経営・運営されることが明確になった。

　司書教諭とは、教員免許状を持ち、学校図書館司書教諭講習規程による科

312 第4章 社会と読書

目（5科目10単位）を修得し、任命権者による司書教諭の発令を受けた教員のことである。司書教諭資格の取得方法は、学校図書館法と学校図書館司書教諭講習規程によって規定されている（今・小山，2016: 30–31）。講習の受講資格は、次の2種類にまとめられる。

　①教育職員免許法に定める小学校、中学校、高等学校若しくは特別支援学
　　校の教諭の免許状を有する者。
　②大学に2年以上在学する学生で62単位以上を修得した者。

　「司書教諭の講習科目」は、「学校経営と学校図書館」「学校図書館メディアの構成」「学習指導と学校図書館」「読書と豊かな人間性」「情報メディアの活用」の5科目で構成されている。「読書と豊かな人間性」（2単位）では、「児童生徒の発達段階に応じた読書教育の理念と方法の理解を図る。」ことをねらいとしている。「読書と豊かな人間性」の講義内容には、1）読書の意義と目的、2）読書と心の教育（読書の習慣形成を含む）、3）発達段階に応じた読書の指導と計画、4）児童・生徒向け図書の種類と活用（漫画等の利用方法を含む）、5）読書の指導方法（読み聞かせ、ストーリーテリング、ブックトーク等）、6）家庭、地域、公共図書館等との連携、が含まれている（学校図書館の整備充実に関する調査研究協力者会議，2016）。

　現在、司書教諭資格を取得するには、大学における司書教諭講習科目の履修、大学の通信教育課程の履修、学校図書館司書教諭講習の受講といった選択肢がある。2016年度に司書教諭講習科目を開講した大学は227大学（文部科学省，2016）、2017年度に学校図書館司書教諭講習を実施した機関は43機関（42大学，1教育委員会）であった（文部科学省，2017）。

4.　学校司書

　2015年6月、文部科学省は、学校図書館の運営に係る基本的な視点、学校司書資格・養成等の在り方、等について調査・検討を行うため、「学校図

書館の整備充実に関する調査研究協力者会議」を、初等中等教育局児童生徒課に設置した。2016年10月、この協力者会議の調査・検討結果が、『これからの学校図書館の整備充実について（報告）』として発表され、「学校司書のモデルカリキュラム」が提示された。

「学校司書のモデルカリキュラム」は、「学校図書館の運営・管理・サービスに関する科目」（7科目14単位）と「児童生徒に対する教育支援に関する科目」（3科目6単位）の10科目20単位で構成されている。「児童生徒に対する教育支援に関する科目」には、「学校教育概論」、司書教諭科目の「学習指導と学校図書館」「読書と豊かな人間性」の3科目が含まれている（学校図書館の整備充実に関する調査研究協力者会議，2016）。今後の学校司書の養成では、大学等で「学校司書のモデルカリキュラム」を踏まえた教育体制が整備されることになる。

5. JPIC読書アドバイザー

財団法人出版文化産業振興財団（Japan Publishing Industry Foundation for Culture：略称JPIC（ジェイピック））は、1991年3月27日、通商産業大臣（現・経済産業大臣）の認可を受けて設立された（現在のJPICは一般財団法人）。JPICの目的は、「出版文化産業に係る生涯学習の推進、同産業に関する調査及び研究、人材育成、情報の収集及び提供等を行うことにより同産業の振興を図り、もって我が国経済社会の健全な発展並びに生活文化の向上に寄与すること」である。JPICは、1993年3月から「JPIC読書アドバイザー養成講座」を開始した（出版文化産業振興財団生涯学習委員会，1993）。JPIC読書アドバイザー制度の目的は、読書を通した生涯学習の新たな分野の開拓、読書の楽しみを研究し読書推進活動の実践、読書を通して自己表現する活動の場の創造である。「JPIC読書アドバイザー養成講座」の7つのポイントとして、1.「本」と「読書」について体系的に学ぶ、2.各分野のエキスパートが講師に、3.多彩な実習、4.本好きの仲間と出会える、5.独自のテキスト（全3巻と電子テキスト2点）、6.充実のオプショナルツアー、7.講座修了後の

314 第4章 社会と読書

ネットワークが列挙されている(出版文化産業振興財団, 2018)。

「JPIC 読書アドバイザー養成講座」の第1期は、1993年3月10日の開講式から9月16日の修了式まで6か月間、スクーリング5日間4講座と通信教育4講座の計8講座が開講され、各回の課題レポート提出を経て、受講生100人中98人が修了した(出版文化産業振興財団, 1993)。第1期の講座は、「第1講 生涯学習社会における読書」「第2講 読書アドバイスの基礎論」「第3講 楽しい読書への誘い」「第4講 本との出会い」「第5講 出版情報の収集と活用」「第6講 出版文化産業論」「第7講 事例：読書推進活動」「第8講 JPIC 読書アドバイザーとして」で構成されていた(出版文化産業振興財団生涯学習委員会, 1993)。第15期(2007年11月–2008年3月)では、テキストが改訂され、新カリキュラムが導入された。第15期のテキストは、「第1編 本ってなんだろう」「第2編 本と出合う」「第3編 読む・しらべる・伝える」の3編構成である(出版文化産業振興財団, 2008)。第25期は、2017年8月から2018年3月までの7か月間、「全スクーリング(8回)への出席と全レポート(3回)の提出」という修了条件で開講された(出版文化産業振興財団, 2017)。

JPIC 読書アドバイザーの修了生の有志が作った JPIC 読書アドバイザークラブ(JPIC Reading Advisers Club：略称 JRAC(ジャラック))は、講座修了後のネットワークや学びの場として機能しており、会報「JPIC 読書アドバイザークラブ通信」(通称 JRAC 通信、年4回刊)と月報「じゃらっくジャンクション」(月刊)を刊行している(JPIC 読書アドバイザークラブ, 2018)。

なお、JPIC は、「JPIC 読みきかせサポーター講習会」「JPIC 読みきかせサポーター実践講座」「ブックトーク講座」等の講座も開講している(出版文化産業振興財団, 2018)。

6. 絵本専門士

2012年10月に、有識者による絵本に係る専門家の養成に関する検討会(絵本専門士養成制度準備委員会)が発足し、2014年2月、「絵本専門士」制度

の創設と養成カリキュラムが提言された。絵本専門士とは、「子どもたちの健やかな成長を促す絵本の可能性やその活用法を、学校や家庭のみならず地域社会全般に普及させるとともに、実際に絵本の読み聞かせをはじめ子どもたちの読書活動の推進に携わる専門家」である。

絵本専門士養成講座カリキュラムでは、「オリエンテーション」1科目、「知識」分野11科目（絵本総論5科目、知っておきたい絵本3科目、絵本と出会う3科目）、「技能」分野8科目（絵本の世界を広げる技術3科目、絵本を紹介する技術3科目、おはなし会の技術2科目）、「感性」分野8科目（絵本の持つ力1科目、心に寄り添う絵本1科目、絵本と空間1科目、子どもの感性に学ぶ1科目、絵本と大人の感性1科目、ホスピタリティに学ぶ1科目、絵本が生れる環境2科目）、「ディスカッション」2科目（こんな絵本専門士になりたい！）の合計30科目50.5時間が設定された（絵本専門士養成制度準備委員会，2014a: 4–5）。

国立青少年教育振興機構は、2014年7月から、「絵本専門士養成講座」を開設した。受講資格は、「申込み時に以下のいずれかの資格または同等の資格、実務経験等（年数の通算可）を有する者。」として、1. 子どもや絵本に関連のある資格等、2. 絵本に関する実務について、原則として3年以上の経験、3. 絵本に関わる活動に携わり、原則として3年以上の経験、4. 絵本や児童文学の研究実績、5. その他本委員会が特に認めた場合、が列挙されていた（絵本専門士養成制度準備委員会，2014b）。

「絵本専門士養成講座」は、第1期（2014年7月–2015年3月）、第2期（2015年7月–2016年1月）、第3期（2016年6月–2017年1月）、第4期（2017年6月–2018年1月）、第5期（2018年6月–2019年1月）が開講されている。この講座の修了者は、絵本専門士として認定され、絵本専門士認定者名簿に登録されWebページから公開される。2018年3月現在、絵本専門士委員会事務局は、国立青少年教育振興機構 教育事業部 企画課 指導者養成係に設置されている。なお、2019年度から、絵本専門士委員会が認定した大学等の授業で「認定絵本士養成講座」が開設され、認定絵本士を養成する体制が開始される（国立青少年教育振興機構，2018）。

316　第4章　社会と読書

　2017年に設立したNPO法人絵本文化推進協会(Picture Book Culture Promotion Association)は、「絵本や読書にかかわる企業および政府・地方公共団体、民間諸団体、個人と連携し、絵本文化と読書活動の推進及びその基盤強化を図ること」を目的としており、Webページを通じて、登録を希望した絵本専門士や朗読指導者を紹介している(絵本文化推進協会，2018)。

7.　絵本や読書に関する基礎知識の学び方

　子育て中の親(祖父母)は、絵本や読書に関する基礎知識を得たい時に、何を読めばよいだろうか。『子どもと本』(松岡，2015)は、多くの人を子どもの図書館活動へと駆り立てた石井桃子の『子どもの図書館』(石井，1965)刊行から50年経過した状況について、東京子ども図書館理事長の松岡享子が執筆した本である。石井から松岡まで連綿と続く児童図書館の実践が、「1章　子どもと本とわたし」「2章　子どもと本との出会いを助ける」「3章　昔話のもっている魔法の力」「4章　本を選ぶことの大切さとむつかしさ」「5章　子どもの読書を育てるために」「あとがき」に記されており、子どもの絵本や読書を考える際のヒントが凝縮されている。

　『絵本の庭へ』と『物語の森へ』(東京子ども図書館，2012, 2017)は、東京子ども図書館が所蔵する絵本(1950年代から2010年12月までに日本で刊行された1,157点)と児童文学作品(1950年代から2016年に刊行された約1,600冊)を対象として、解題(内容紹介)をしたものである。『絵本の庭へ』に収録された絵本には、表紙の白黒写真が掲載され、視覚的にも親しみやすいものである。この2冊の本(目録)には、子どもに長年愛読されてきた絵本や児童文学作品が掲載されているので、子どもの本を購入したり、図書館で本を探したりする時に活用できる。

　これらの本を出発点として、司書・司書教諭・学校司書に関する本に目を通してみると、絵本や読書に関する基礎知識を深めることができる。

参考文献

赤星隆子・新井督子編著(2009)『児童図書館サービス論　新訂版』, 理想社(新図書館情報学シリーズ, 12).

絵本文化推進協会(2018)「NPO 法人絵本文化推進協会」http://www.ehon-bunka.jp/(参照 2018–03–31)

絵本専門士養成制度準備委員会(2014a)「絵本で子どもも大人も心を豊かに：絵本専門士養成制度準備委員会報告書　平成 26 年 2 月 12 日」http://www.niye.go.jp/files/items/2995/File/syuisyo.pdf(参照 2018–03–31)

絵本専門士養成制度準備委員会(2014b)「絵本専門士養成講座(第 1 期)募集要項平成 26 年 2 月」http://www.niye.go.jp/files/1738/1544760431.pdf(参照 2018–03–31)

学校図書館の整備充実に関する調査研究協力者会議(2016)「これからの学校図書館の整備充実について(報告)　平成 28 年 10 月」http://www.mext.go.jp/component/b_menu/shingi/toushin/__icsFiles/afieldfile/2016/10/20/1378460_02_2.pdf(参照 2018–03–31)

石井桃子(1965)『子どもの図書館』, 岩波書店(岩波新書(青版), 559).

JPIC 読書アドバイザークラブ(2018)「JPIC 読書アドバイザークラブ」http://jrac.main.jp/jrac/(参照 2018–03–31)

国立青少年教育振興機構(2018)「絵本専門士」http://www.niye.go.jp/services/plan/ehon/(参照 2018–03–31)

今まど子・小山憲司編著(2016)『図書館情報学基礎資料』, 樹村房.

これからの図書館の在り方検討協力者会議(2009)「司書資格取得のために大学において履修すべき図書館に関する科目の在り方について(報告)　平成 21 年 2 月」http://www.mext.go.jp/b_menu/shingi/chousa/shougai/019/gaiyou/1243330.htm(参照 2018–03–31)

松岡享子(2015)『子どもと本』, 岩波書店(岩波新書(新赤版), 1533).

薬袋秀樹(2001)『図書館運動は何を残したか：図書館員の専門性』, 勁草書房.

文部科学省(2015)「「司書養成科目開講大学一覧」(平成 27 年 9 月 1 日現在)212 大学」http://www.mext.go.jp/a_menu/shougai/gakugei/shisyo/04040502.htm(参照 2018–03–31)

文部科学省(2016)「平成 28 年度学校図書館司書教諭講習科目に相当する授業科目の開講等に係る実施予定状況一覧」http://www.mext.go.jp/a_menu/shotou/dokusho/sisyo/__icsFiles/afieldfile/2016/02/08/1349638_01_1.pdf(参照 2018–03–31)

文部科学省(2017)「学校図書館司書教諭講習実施要項(平成 29 年度)」http://www.mext.go.jp/b_menu/hakusho/nc/1385814.htm(参照 2018–03–31)

文部科学省(2018)「平成 30 年度司及び司書補の講習実施大学一覧」http://www.mext.go.jp/component/a_menu/education/detail/__icsFiles/afieldfi

318 第 4 章 社会と読書

le/2018/03/12/1291933_01.pdf（参照 2018–03–31）

文部科学省生涯学習政策局社会教育課（2007）「図書館職員の資格取得及び研修に関
する調査研究報告書（平成 19 年 3 月）」http://www.mext.go.jp/a_menu/shougai/
tosho/houkoku/07090599.htm（参照 2018–03–31）

大庭一郎（2017）「司書になるためには」，逸村裕ほか編『図書館情報学を学ぶ人のため
に』，世界思想社，pp.226–233.

坂部豪（2016）「児童図書館員養成専門講座の現在」，『図書館雑誌』，110(6), 351–353.

塩﨑順子（2007）『児童サービスの歴史：戦後日本の公立図書館における児童サービス
の発展』，創元社.

出版文化産業振興財団（1993）「特集① JPIC 読書アドバイザー誕生」，『JPIC』，3(4),
4–23.

出版文化産業振興財団（2008）「平成 19 年度事業報告書」
http://www.jpic.or.jp/foundation/docs/19jigyohoukoku.pdf（参照 2018–03–31）

出版文化産業振興財団（2017）「読書と本のすべてを学ぶ　JPIC 読書アドバイザー養成
講座　第 25 期」出版文化産業振興財団，A3 判両面 1 枚.

出版文化産業振興財団（2018）「JPIC 読書アドバイザー養成講座とは」
http://www.jpic.or.jp/learn/advice/（参照 2018–03–31）

出版文化産業振興財団生涯学習委員会編（1993）『JPIC 読書アドバイザー養成講座テキ
スト』出版文化産業振興財団，8 冊.

東京子ども図書館編（2012）『絵本の庭へ』，東京子ども図書館（児童図書館基本蔵書目
録，1）.

東京子ども図書館編（2017）『物語の森へ』，東京子ども図書館（児童図書館基本蔵書目
録，2）.

4 読書環境の変化
―書店と図書館

鈴木佳苗

1. 近年の読書環境

インターネットや新しい電子機器の普及によって読書環境は大きく変化してきている。「読書環境」とは「読書を取り巻くあらゆる条件」と定義され、「よい読書環境とは、各人にとっての適書[1]が入手可能であり、読書時間が保証されている状態」を指す(図書館用語辞典編集委員会編, 2004)。

従来は書店や図書館に行き、本を直接見て選ぶことが多かったが、インターネットを利用すればいつでもどこでも本の注文や予約ができる。このような環境は便利であるが、一方で書店数の減少や読書時間の確保など、読書環境の整備には課題もある。

本節では、まずインターネットや新しい電子機器の普及について触れ、「読書時間の保証」に関して読書の経年変化を紹介する。次に、「本の入手」に関して、書店や図書館の現状と課題について概説する。最後に、これらの点を踏まえて、今後のより快適な読書環境づくりについて考察する。

2. インターネットや新しい電子機器の普及

2.1 インターネットの普及

日本では、1993年にインターネットの商用サービスが開始され、2000年にNTTの定額料金サービスが開始されるなど、定額でインターネット常時接続ができる料金制度が全国で展開されるようになった。2001年は「ブロードバンド元年」と位置付けられ、その後、高速で大容量のインターネット接続ができるサービス(ブロードバンドサービス)の普及が進んだ(総務省, 2001; 2011)。

320 第 4 章 社会と読書

　携帯電話からインターネットに接続する携帯 IP 接続サービスは 1999 年に開始された。携帯 IP 接続サービスの契約数は、2000 年に 2,687 万であった契約数が 10 年後の 2009 年には 9,229 万と大幅に増加した。また、2003 年に携帯インターネットを対象とした定額サービスが開始されたことにより、モバイル端末（携帯電話、PHS および携帯情報端末（PDA）など）を利用する人の割合が急激に増加した（総務省，2011）。

　このように、自宅以外からも料金を気にせずにインターネット接続が容易になり、さまざまな場面で、さまざまな目的のために長時間インターネットを利用することができるようになった。

2.2　新しい電子機器の普及と電子書籍

　日本では 2008 年 7 月に iPhone、2009 年 7 月に Android OS を搭載したスマートフォンが発売された。スマートフォンの世帯保有率は 9.7%（2010 年）から 71.8%（2016 年）に増加している（図 1：総務省，2017）。従来のフィーチャーフォンに比べてスマートフォンは画面が大きく、パソコンと同様にウェブページを閲覧したり、アプリをダウンロードしたりできるようになった。2010 年 5 月には iPad が発売され、その後、他の高性能のタブレット端末も次々に発売が開始された。タブレット端末の世帯保有率は 2010 年の 7.2%（2010 年）から 34.4%（2016 年）に増加している（図 1：総務省，2017）。

　スマートフォンやタブレット端末ではアプリを使って電子書籍を読むことができるが、さらに、2009 年 10 月から電子書籍リーダー Kindle が日本に向けて販売されるようになり、2012 年 10 月には日本向け Kindle ストアがオープンした。2017 年の電子出版市場は前年比 16.0%増の 2,215 億円、紙市場は同比 6.9%減の 1 兆 3,701 億円となっている。日本の電子出版市場は電子コミックの割合が高く、電子コミックが前年比 17.2%増、電子書籍（文字もの）が同比 12.4%増、電子雑誌が同比 12.0%増であった。電子書籍では、紙書籍のベストセラーが電子書籍でも売れる傾向が見られた。一方、紙市場は、書籍が前年比 3.0%減、雑誌が同比 10.8%減であった（全国出版協会，2018）。

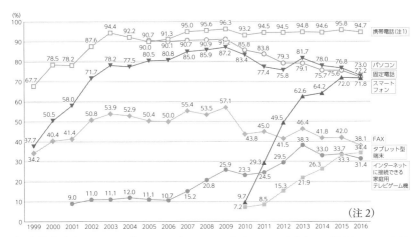

(注1) 携帯電話にはPHSを含み、2009年から2012年まではPDAも含めて調査し、2010年以降はスマートフォンを内数として含めている。
(注2) (出典) 総務省「通信利用動向調査」
http://www.soumu.go.jp/main_content/000489195.pdf

図1　電子機器の普及（「平成29年版情報通信白書」（総務省，2017）より）

2.3 読書の経年変化

10歳以上を対象とした「国民生活時間調査」（NHK放送文化研究所, 2016）では、2015年の読書（本・雑誌・マンガ）の行為者率は、10代男性の週末の結果を除いて、いずれの年代でも平日・週末ともに1–2割程度であり、2005年の読書の行為者率と比べて特に10代の行為者率が減少していた。また、16歳以上を対象とした「国語に関する世論調査」（文化庁, 2014）によれば、2002年度（37.6％）から2013年度（47.5％）の間に本を読まない人の割合が高くなる傾向が見られている。

1年間の読書時間の比較について、20代から60代を対象としたインターネット調査では、半数近くが1年前と比べて本を読む時間が変わらないと回答していた。一方、本を読む時間が減ったと回答した人が32.1％であったのに対し、増えたと回答した人は21.1％であった。年代別では、「定額制」などのサービスができてコストの心配がなくなったという理由で20代の2割近くが本を読む時間が増えたと回答していた。読書の形態については、7割以上が紙の書籍のみで、2割以上が紙と電子書籍の両方で読んでおり、電

子書籍のみで読む人は約2%と少なかった(楽天インサイト，2016)。

3. 書店の現状と課題

3.1 リアル書店とネット書店

　インターネットの普及に伴い、ネット書店を利用する機会が増えてきている。リアル書店とは地域に店がある本屋であり、ネット書店とはインターネットのサイトにある本屋のことを指す(秋田・稲葉，2015)。リアル書店の特徴としては、(1)さまざまな本を実際に手にとって内容を確認できる、(2)購入しようと思っていた本以外の本の表紙が目に入り、内容を比較したり、新しい本に偶然出会うことができる、(3)店員に質問できる、(4)検索機を使ってじっくり本を探すことができる、(5)イベント(作家のサイン会やおはなし会など)が開催される、などがある(秋田・稲葉，2015)。現在のリアル書店では、オンラインで本の注文もできるようになっている。

　一方、ネット書店には、(1)最大の特徴として全国どこからでもいつでも本の購入ができる、(2)検索機能が充実している、(3)めずらしい本を入手することができる可能性が高い、などの特徴がある(秋田・稲葉，2015)。

　2016年度の販売ルート別の出版物販売額の割合を見ると、上位から、書店ルート(63.3%)、コンビニルート(10.8%)、出版社直販(10.7%)、インターネットルート(10.6%)、その他取次経由(4.6%)となっている(日販　営業推進室，2017)。2016年度のインターネットルートの割合自体は高くはないが、出版物販売額の総額が減少しているなかでこの割合は伸びており、本の購入方法が変化してきていることが示唆される。

3.2 書店の利用

　リアル書店とネット書店を両方含め、20代から60代を対象として書店の利用頻度を尋ねた調査では、全体の2割以上が週1回以上利用しており、6割以上が月1回以上利用していた。一方、ほとんど利用しないという人の割合は2割以下であった(国立青少年教育振興機構，2013)。

年齢の小さい子どもや高齢者など、インターネットをあまり利用していない年齢の人にとっては、リアル書店は本に触れたり入手したりする貴重な場である。実際に、小学校から高校までの児童生徒は書店を頻繁に利用しているという報告がある。第63回学校読書調査によれば、小学校から高校までのいずれの校種においても6割以上の児童生徒が本屋に「よく行く」あるいは「ときどき行く」と回答しており、本屋に行く頻度が高かった。このように児童生徒が書店を頻繁に利用する理由としては、本や雑誌の現物を手に取らずにパソコンやスマートフォンの現物で購入手続きをする障壁が高いことや、クレジットカードなどの決済方法の制約があることがあげられている。さらに小学生は中高生に比べて行動範囲が狭く、地域に書店がないと行くことができない(全国SLA調査部，2017)。

　また、リアル書店とネット書店は、購入書籍のジャンルや特徴によって使い分けられていることが示唆されている (ITmedia，2015; ジャドマ通販研究所，2015)。たとえば購入書籍の特徴として、リアル書店では、ベストセラーや初めて買う作家の本を購入したり、好きな作家の最新刊を購入したりする傾向があった。一方、ネット通販では、今読んでいる本の関連本など新しく探す必要のない本や、中古の本を購入したり、まとめて本を購入したりする場合に利用される傾向があった。

3.3　読書環境としての書店の課題

　このようにリアル書店とネット書店はそれぞれに特徴があり、併用することによってより豊かな読書環境を整えることができる。しかし、年々、リアル書店の数は減少し(表1)、書店が1件もない自治体が増えている (朝日新聞，2017)。Amazonなどのネット書店では、注文した本が早く届く、ポイントによる実質的な値引きがあるなど、便利なサービスがあり、この点では

表1　リアル書店の店舗数の変化

年	2007	2008	2009	2010	2011	2012	2013	2014	2015	2016	2017
店舗数	17,327	17,383	17,187	16,966	16,722	16,371	15,602	14,658	14,468	14,098	13,576

注：日本出版インフラセンター(2018)に基づいて作成

リアル書店がネット書店に勝ることは難しいかもしれないと考えられる。また、電子書籍の配信は、書店にとって売れ筋のコミックスやエンターテインメント小説などの紙の本の販売に影響を及ぼす可能性があり、リアル書店の経営がさらに厳しくなると予想されている(星野，2013)。

「3.1 リアル書店とネット書店」で述べたように、リアル書店では実際に本についての多くの情報を得て、自分にとってよいと思う本や必要でない本を見極める力をつける訓練ができる(秋田・稲葉，2015)。また、ネット書店や図書館と比べ、リアル書店の特徴は「棚」であり、この「棚」に並べる本を絞り込み、新刊書が入ってくれば棚を鮮度よく並べ替えたりしている。この「棚」は図書館のように基本図書を中心に、標準化された分類で本を並べておくわけではなく、それぞれの書店で独自のジャンル分けが行われていることが多い(星野，2013)。星野(2013)は、図書館の棚が分類と保存の役割をもつとしたら、リアル書店の棚は「常に変化する鮮度と出会いの場」であり、この書店独自の品揃えや「棚作り」が「未知の本との出会い」を生じさせると述べている。ネット書店を便利に利用したとしても、リアル書店の棚での本との出会いを多くの人が体験できることが必要ではないかと考えられる。

4. 図書館の現状と課題

4.1 図書館の種類と特徴

地域の書店数の減少が続いており、適書を入手するための図書館の役割が期待される。日本の「図書館法」によれば、図書館は「図書、記録その他必要な資料を収集し、整理し、保存して、一般公衆の利用に供し、その教養、調査研究、レクリエーション等に資することを目的とする施設」である。

図書館は、利用者の種類によって「公共図書館」、「大学図書館」、「学校図書館」などに分けられる。「公共図書館」は自治体が設置する「公立図書館」と、法人等が設置する「私立図書館」から構成されており、「公立図書館」は地域住民に対して無料で図書館サービスを提供している。「大学図書館」

はその大学の学生・教職員に対して学習・研究に必要な資料を保存し提供している。「学校図書館」は学校のカリキュラムを支援し豊かにすることを目的として設置される図書館であり、「学校図書館法」によってすべての学校に図書館の設置が義務づけられている（日本図書館協会，n.d. a）。

4.2　図書館の利用

　20 代から 60 代を対象として地域図書館（公共図書館と大学図書館）の利用について尋ねた調査では、週 1 回以上利用している人は約 1 割であり、月に 1 回以上利用する人の割合は 3 割強であった。また、ほとんど利用しないという人の割合が高く、全体の約半数がほとんど利用していなかった（国立青少年教育振興機構，2013）。地域図書館の利用目的としては「本を借りるため」が 8 割を超え、続いて「本を読むため」、「調べものをするため」が多かった。

　児童・生徒が本を読むために公共図書館や学校図書館を利用する頻度については、小学生は学校図書館の利用が男子で 53.5％、女子で 65％、公共図書館の利用が男子で 27.4％、女子で 41％であったが、中学生ではほぼ半減、高校生になるとあまり利用されていないことが示されている（全国 SLA 調査部会，2017）。

4.3　図書館の主なサービスとその変化

　公共図書館のサービスは、1950 年の「図書館法」の公布により無料の原則が規定された。1960 年代から 1970 年代にかけては貸出と予約サービスが積極的に行われた。1980 年代後半から 90 年代までは図書館施設の規模が増大し、蔵書や読書スペース、利用者が増加し、長時間利用されるようになった。1990 年代には従来十分でなかったレファレンスサービスの充実を図り、専用デスクを設置して本格的に取り組む図書館が増加した。2000 年以降は、ビジネス支援、行政支援、学校教育支援、子育て支援などの課題解決型支援サービスに積極的に取り組む図書館が見られるようになった。さらに、2001 年に「子どもの読書活動の推進に関する法律」、2005 年に「文字・活

字文化振興法」が制定され、子どもの読書への支援も積極的に行われてきている(齊藤・井上、2011)。また、インターネットの普及に伴い、図書館は「蔵書検索－ウェブ OPAC」、「総合目録」、「予約サービス」、「レファレンスサービス」、「地域情報の提供」、「一次資料(貴重書などのデジタル化情報)」、「携帯サイト」、「メールマガジン」、「ブログ」などのウェブ上のサービスを提供するようになってきた(日本図書館協会、n.d. b)。

　この 30 年ほどの間の公共図書館の利用に関するデータを見ると、館数、冊数、貸出数などが大幅に伸びてきた(表2)。従来の来館者に加えてそれまでに図書館に接点がなかった市民が通常のインターネットの利用を通じて蔵書検索機能を備えた公共図書館サイトに触れる機会を得たことが図書館利用の増加を支える要因ではないかと指摘されている。さらに、リクエストの受付や貸出受取館を指定できるオンライン予約が OPAC のサービスに加わって利便性が向上し、実際に市民の利用が増えている(佐藤、2010)。

表 2　図書館の経年変化[注1]

年	1988	1998	2003	2008	2013	2017
図書館数	1,805	2,524	2,759	3,126	3,248	3,292
専任職員数[注2]	12,527	15,535	14,928	13,103	11,172	10,251
蔵書冊数(千冊)	142,684	263,121	321,811	374,729	417,547	442,822
年度	87	97	02	07	12	16
年間受け入れ冊数(千冊)[注3]	13,331	19,318	19,867	18,588	17,577	16,361
個人貸出登録者数(千人)[注3]	14,822	33,091	42,705	50,428	54,792	57,323
個人貸出数(千点)[注3]	250,708	453,373	571,064	656,563	711,494	691,471
資料費(万円)[注4]	1,906,493	3,696,972	3,541,654	3,094,714	2,858,814	2,828,944

注1：表中の数値は「日本の図書館：統計と名簿 2017」(日本図書館協会図書館調査委員会、2018)の「公共図書館経年変化」に基づく。対象は公共図書館と私立図書館を含む。
注2：1995 年以前の数値には常勤嘱託を含む。
注3：「年度」の行に記載した年度の実績
注4：2002 年までは前年度決算、2003 年以降は前々年度決算額

4.4　読書環境としての図書館の課題

　公共図書館についても書店と同様に地域差があり、町村の設置率が低いという課題がある(文部科学省、2017)。また、ウェブ OPAC や貸出に関する便利なサービスを利用できるようになったことにより、事前に文献検索をし

て図書館で指定した本だけを受け取るようになると、書架を探索しながら本を探し、より多くの情報を得ながら自分に必要な情報を選択する機会を充分に得られない可能性がある。星野（2013）は、図書館の棚には分類と保存の役割があると述べており、体系化された分類を参照し、自分により必要な本を選ぶ過程を図書館で直接体験することの意義や魅力を市民に伝えることも必要であると考えられる。

　図書館を構成する要素には、「資料」、「利用者」、「施設」がある。「施設」には、資料と利用者を結びつける役割を果たす、「図書館員」がいる（日本図書館協会，n.d. a）。「資料」の課題としては、今後、公共図書館でも電子書籍に対する対応（会計処理基準の明確化、「図書館資料」概念の見直し、予算の確保、職員の専門知識の向上）が求められていくことになる（野口・植村，2015）。「図書館員」の課題としては、市区町村の公共図書館ではレファレンスや児童サービスなどの司書の専門性が求められる業務に対しても委託が行われる割合が高く（堤，2013）、司書が利用者や資料を把握し、質の高いサービスを継続して提供することが難しくなってきている。学校図書館では、専門的職務を担う「司書教諭」を置くこととされているが、一定規模以下（12学級以下）の学校には配置は義務づけられていない。また、専任の職員がいない図書館も多く、資料と子どもたちを結びつける「人」の不在（日本図書館協会，n.d. a）や資料不足の問題も指摘されている。

　これらの課題はすぐに個々の図書館で解決することが難しい内容であるが、たとえば、遠隔地に居住している場合の対応として、図書館の本の宅配サービスが行われている例がある（中山，2017）。また、図書館の人の問題については、ボランティアとの連携によりさまざまなサービスを行っている例もある（文部科学省国立教育政策研究所社会教育実践研究センター，2011）。学校図書館の資料不足の問題については、蔵書のデータベース化や学校図書館と公共図書館の連携を進め、資料を地域の大きなネットワークで共有する仕組みを整え、読書環境を整備している例もある（三澤，2016）。最近では、図書館と書店が連携し、本の魅力を伝えようとする取り組みも見られる（山梨県立図書館，n.d.）。このように、さまざまな形の「連携」によっ

328　第 4 章　社会と読書

て現状を改善し、より豊かな読書環境づくりを進めていくことが期待される。

5.　おわりに

　本節では「読書環境」の整備に向けて、インターネットや新しい電子機器の普及を踏まえて書店や図書館の現状や課題を整理し、課題に対して期待される取り組みなどを紹介してきた。「1. 近年の読書環境」で述べたように、「よい読書環境とは、各人にとっての適書が入手可能であり、読書時間が保証されている状態」である。この「適書」を判断する際の手がかりとして、本自体からだけではなく、書店や図書館で本に対する知識や経験が豊富な人とのコミュニケーションなどを通して得られる情報も多いのではないかと考えられる。インターネットの普及により本を選ぶ方法の選択肢が増え、新しい電子機器の登場や普及により読書の方法の選択肢も増え、本自体についての多様な情報に触れる機会も増え、一見便利に見える状況がかえって本の選択を難しくさせるということがあるかもしれない。

　このように考えると、インターネットでどんなに便利に本が選べるようになったとしても、書店や図書館の環境を整え、直接本に触れて選ぶ力をつけたり、本に対する知識や経験が豊富な人とのコミュニケーションなどを通して情報を得たりする機会を大切にしていくことが望まれる。

注
1　「適書」とは、「特定利用者の能力、性格、嗜好に適した図書や雑誌などの資料」を指す（日本図書館情報学会用語辞典編集委員会編, 2013）。

参考文献
秋田喜代美（監修）・稲葉茂勝（文）（2015）『本屋って何？』, ミネルヴァ書房.

朝日新聞（2017）「書店ゼロの街、2割超」朝日新聞8月24日朝刊1.

文化庁（2014）「『平成25年度国語に関する世論調査』の結果の概要」
http://www.bunka.go.jp/tokei_hakusho_shuppan/tokeichosa/kokugo_yoronchosa/pdf/h25_chosa_kekka.pdf（参照　2019-01-17）

星野渉（2013）「書店の可能性とリスク」，『情報の科学と技術』，63(8), 315–321.

ITmedia（2015）「「リアル書店」と「ネット書店」の利用実態」
https://www.itmedia.co.jp/ebook/articles/1501/27/news039.html（参照　2019-01-17）

ジャドマ通販研究所（2015）「リアル書店とネット書店の利用実態②」
https://www.jadma.org/tsuhan-kenkyujo/（参照　2019-01-17）

国立青少年教育振興機構（2013）「第3章 成人調査集計結果」，『子どもの読書活動の実態とその影響・効果に関する調査研究 報告書』
http://www.niye.go.jp/kanri/upload/editor/72/File/3syou.pdf（参照　2019-01-17）

三澤勝己（2016）「学校図書館と公共図書館との情報サービスにおける連携協力の考察：学校図書館支援センターの事業を対象として」，『跡見学園女子大学文学部紀要』，(51), 195–213.

文部科学省（2017）平成27年度社会教育調査（図書館調査 市（区）町村立図書館の設置状況）https://www.e-stat.go.jp/（参照　2019-01-17）

文部科学省　国立教育政策研究所社会教育実践研究センター（2011）『平成22年度 奉仕活動・体験活動の推進・定着のための研究開発　図書館におけるボランティアの実態に関する調査報告書』
https://www.nier.go.jp/jissen/chosa/rejime/2010/01_tosho/00_all.pdf（参照　2019-01-17）

中山愛理（2017）「公共図書館における郵送・宅配サービスの動向」カレントアウェアネス，(332)　http://current.ndl.go.jp/ca1897（参照　2019-01-17）

NHK放送文化研究所（2016）「2015年 国民生活時間調査報告書」
https://www.nhk.or.jp/bunken/research/yoron/pdf/20160217_1.pdf
（参照　2019-01-17）

日本出版インフラセンター（2018）「JPO書店マスタ管理センター（店舗数の推移）」
https://www.jpoksmaster.jp/Info/documents/top_transition.pdf
（参照　2019-01-17）

日本図書館情報学会用語辞典編集委員会編（2013）『図書館情報学用語辞典第4版』，丸善出版.

日本図書館協会（n.d. a）「図書館について」
http://www.jla.or.jp/library/tabid/69/Default.aspx（参照　2019-01-17）

日本図書館協会（n.d. b）「公共図書館Webサイトのサービス」

330 第 4 章 社会と読書

http://www.jla.or.jp/link/link/tabid/167/Default.aspx（参照　2019-01-17）

日本図書館協会図書館調査委員会編（2018）『日本の図書館：統計と名簿 2017』，日本
　　図書館協会.

日販　営業推進室編（2017）『出版販売額の実態 2017』，日本出版販売株式会社.

野口武悟・植村八潮（2015）「公共図書館における電子書籍サービスの現状と課題」，
　　『日本印刷学会誌』，52（1），25–33.

楽天インサイト（2016）「読書に関する調査」
　　https://research.rakuten.co.jp/report/20160929/（参照　2019-01-17）

齊藤誠一・井上玲子（2011）「公共図書館における新たなニーズの発見とサービスの展
　　開 」，『日本生涯教育学会年報』，（32），157–165.

佐藤賢二（2010）「2000 年代における公共図書館のサービス動向と諸課題―図書館評
　　価およびインターネット普及の観点から―」，『明治大学図書館情報学研究会紀
　　要』，1，13–20.

総務省(2001)「第 1 章 特集『加速する IT 革命』〜ブロードバンドがもたらす IT ルネッ
　　サンス〜はじめに」，『平成 13 年版 情報通信白書』
　　http://www.soumu.go.jp/johotsusintokei/whitepaper/ja/h13/pdf/hajimeni.pdf
　　（参照　2019-01-17）

総務書（2011）「第 2 部 特集 共生型ネット社会の実現に向けて 第 1 章 ICT により国民
　　生活はどう変わったか 第 2 節 ICT インフラ環境の変化 1 インターネットの普
　　及」，『平成 23 年版 情報通信白書』
　　http://www.soumu.go.jp/johotsusintokei/whitepaper/ja/h23/pdf/23honpen.pdf
　　（参照　2019-01-17）

総務省（2017）「第 1 部 特集 データ主導経済と社会変革 第 1 章 スマートフォン経済の
　　現在と将来 第 1 節 スマートフォン社会の到来」，『平成 29 年版　情報通信白書』
　　http://www.soumu.go.jp/johotsusintokei/whitepaper/ja/h29/pdf/n1100000.pdf
　　（参照　2019-01-17）

図書館用語辞典編集委員会編（2004）『最新図書館用語大辞典』，柏書房.

堤伸也（2013）「公立図書館の業務委託の実態を考察する：2011 年『公立図書館の業務
　　委託などに関する調査』より」，『自治総研』，39（7），73–87.

山梨県立図書館（n.d.）「やま読ラリー」
　　https://www.lib.pref.yamanashi.jp/sokushin/h29yamadokurally.html
　　（参照　2019-01-17）

全国出版協会（2018）「特集『2017 年 出版物発行・販売概況〜 2017 年電子出版市場レ
　　ポート〜』」，『出版月報』，2018 年 1 月号，4–5.

全国 SLA 調査部（2017）「第 63 回学校読書調査報告」，『学校図書館』，（805），12–42.

5 読書感想文コンクール

甲斐雄一郎

1. 様々な読書感想文コンクール

　読書感想文のコンクールとは、主催者が指定した範囲の作品に関する読書経験をふまえて、投稿規定に従って提出された感想文を対象として、主催者が優秀作品を選定、公開する一連の営みである。応募者を全国の児童、生徒に求めるものに限っても特定の作家の作品に関係した感想文を募集するもの、図書を指定して感想文を募集するものなど多岐にわたっている。前者の例として新宿区「夏目漱石コンクール」、松本清張記念館「読書感想文コンクール」、椋鳩十文学記念館「椋鳩十文学記念館賞全国読書感想文コンクール」、伊豆市「あすなろ忌　井上靖コンクール」、焼津市「小泉八雲顕彰文芸作品コンクール」、後者の例として明治大学文学部「読書感想文コンクール」、総合初等教育研究所「『てのひら文庫賞』読書感想文コンクール」などがある。

　主催する母体によって、コンクールの趣旨に異同はあるものの、参加者が読書に親しむ習慣を育て、作品に対する感想の持ち方に対するさまざまなアプローチを理解する機会を持つことを期待している点、そして主催者や一部の作者や編集者、そしてその周辺が参加者たちのものの見方や考え方について理解しようとする構えにおいては共通しているといえるだろう。ここではそうしたコンクールの代表的な例として「青少年読書感想文全国コンクール」（公益社団法人全国学校図書館協議会、毎日新聞社主催、サントリーホールディングス株式会社協賛）を取り上げる。これは選ばれた作品に対する審査の結果、入選作に対し、総理大臣賞、文部大臣奨励賞、毎日新聞社賞、佳作などを授与するコンクールとして 1955 年に第 1 回が開催され、近年では応募総数が 445 万点を超える（毎日新聞，2014）という。ここではその成立

332　第 4 章　社会と読書

背景と展開について紹介したうえで、今後の課題を検討することにする。

2.　青少年読書感想文全国コンクールの発足

このコンクールの主催団体の一つである全国学校図書館協議会は全国の教育委員会、学校図書館担当指導主事、学校関係者、公共図書館関係者などによって 1950 年 2 月に設立された。その趣旨について同会の「宣言」には次のように記されている(全国学校図書館協議会，1950.9: 56)。

> われわれが全国学校図書館協議会を結成したのは、学校図書館が民主的な思考と、自主的な意志と、高度な文化とを創造するため教育活動において重要な役割と任務をもっていると思うからである。(中略)
> 学校図書館の充実進展は、現下の急務であり、これが達成は一にかかつて、全国的結合による強力な協同の意志と透徹した思考と研鑽と努力によらなければならない。

同会の事業には情報交換や研究会等の開催、各種調査に加えて「優良図書」の紹介などがあった。それは一つには児童生徒向けの図書に関するすべての情報を教師が収集し選択することの困難をふまえ「購入図書選択の参考資料として権威ある図書リストが是非とも必要である」とする時代的要請によるものである。このため同協議会では図書選定委員会を設置し、1951 年 3 月から継続的に選定・公開作業を続けている。また 1956 年には「必読図書をめぐつて」とする特集を組んで、図書リストに関する参考文献を紹介するなどしている(全国学校図書館協議会調査部，1956.12: 52–55)。さらに 1958 年には小学校(低学年・中学年・高学年)、中学校、高等学校、各学校種の児童生徒のための選書と読書の手引きとして『何をどうよませるか』を出版している。このシリーズは改訂を重ね、1994 年には六訂版が刊行されている。

「優良図書」の紹介は同協議会発足当時から問題化していた「不良出版物」

問題と表裏をなすものでもあった。全国学校図書館協議会の機関誌『学校図書館』では何度かこの問題を取り上げており、読書感想文コンクールの実施もこの問題がその発足の根拠の一つとなったようである。第一回のコンクールの結果をまとめた『1955 年版読書感想文小学校の部』中の「記録」によるならば、この取り組みの「計画立案の動機」として以下のように記されている（全国学校図書館協議会，1955: 377–378）。

　　俗悪出版物の青少年に及ぼす影響の大きいことを思うにつけ、正しい読書指導の必要を痛感した私たちは、青少年の良書に対する関心を高め、読書指導の一助にもなればと、この読書感想文全国コンクールの計画を立てた。昭和三十年六月、東京で開かれた全国学校図書館協議会総会は、満場一致で、全組織の仕事として、このコンクールを推進しようと申し合わせた。

「審査のめやす」として挙げられているのは以下の五項目である。

　（イ）応募規定にあっていること。
　（ロ）学年相応の作品であること。
　（ハ）物の見方、考え方がすなおであるかどうかをみよう。
　（ニ）その子の図書選択の程度をみよう。
　（ホ）文の構成、表現、文字の使い方、書き方もみていこう。

『1955 年版読書感想文小学校の部』は入選作品集であるが、それは（ハ）や（ホ）による個別の作品の質に関わる記録ばかりではなく、（ロ）や（ニ）に見られる通り、選書のあり方を示す資料としても期待されたようである。実際、応募作品のみならず、それらが取り上げた書籍に関するきめ細かい分析も「記録」として掲載されている。

3. コンクールの展開と顕在化した問題

　第1回の記録で指摘されているのは、応募作品のうちの多くが文学作品を取り上げていることについてである。記録ではそれを「やむを得ないところ」としつつも「自然科学、社会科学方面にも目を向けさせたい」と述べている。第2回の記録においても取り上げられた作品は「文学作品が圧倒的」とされている（松尾，1956: 402）。

　1960年の第6回コンクールでは「子どもの読書領域の拡大も図る」という目的のもとに、それまでの自由応募を変更し、応募区分を第1類（小説・童話など）と第2類（第1類以外）の2つに分けて、文学作品以外の作品への関心を喚起しようとした（全国学校図書館協議会，1962: 1）。その成果は端的に表れ、第7回コンクールでは小・中・高の各部とも総理大臣賞は第2類の作品に与えられることになったという（同上）。

　1962年の第8回コンクールからは、第3類として同協議会が選定した課題図書に関する感想文の応募枠組みを新設した。これは第1類が古典・名作に偏りがちであったことによるもので、コンクールの前年1年間に発行された図書を、フィクションとノンフィクションのバランスをとりつつ選定したものである。第一回の課題図書として選定されたものは小学校用としてケストナー著「飛ぶ教室」など3冊、中学校用として貝塚茂樹著「古代文明の発見」など3冊、そして高等学校用として住井すゑ「橋のない川」（第1・2部）など3冊、合計9冊が選定されている。以後、小学校の募集枠の分割に従って課題図書が選定されるなどしたため、近年は18冊に及んでいる。

　こうした経緯を経て、第1回コンクールでは5万2943編、第2回では12万1709編だった応募総数が以後、増加することになる。第10回（1964年）では102万編余、第30回（1984年）では325万編余、第50回（2004年）では400万編余を超す応募を得て今日に至っている（毎日新聞社，2005: 16–17）。

　このように参加規模が拡大するにつれて、コンクールに伴う問題も明らかになってきている。典型的な内容は参加者の意欲に関わる問題である。それはコンクールの発足時からすでに指摘されていたことではある。たとえば石

森延男は読書感想文が「いろいろな意味で効果のあるのは、いまさらいうまでもありません」と述べるものの、「あまり感想文を強いますと、子どもたちは、いささか負担を感じるようになります」とも指摘している（石森，1956: 8–9）。子どもたちが感じる「負担」の問題は、読書感想文を書かせる際、かたちを変えて繰り返し指摘され、全国学校図書館協議会の機関誌においても読書感想文の是非論が交わされることもあった（八木，2009）。

　全国学校図書館協議会ではコンクール51年目を迎えるに際して、編集部長森田盛行の司会のもと、審査委員を務める4人によって読書感想文指導上の諸問題に関する座談会を開催している（森田、他，2005）。ここで指導上の課題として取り上げられているのが友人の固有名詞を不用意に記載すること、対象とした書籍中に用いられた語句などの差別的な表現の扱いなどと並んで引用箇所の不明瞭さ、そして「盗作」の問題である。

　司会の「特に問題になっているのが、人の作品をそのまま写してしまう『盗作』ですが、大変頭の痛い問題ではないかと思いますが、いかがでしょうか。」という問いかけに対し、参加者たちはその存在を認めたうえで、一人は「メディア、インターネットの問題にはこれから悩まされることになるでしょう。チェックすることは難しいなと思います」と、その現状を述べている。その上で参加者間ではそうした問題を回避する方策が提案されている。いずれも教員による児童生徒の理解が前提となることである。たとえば「担任は生徒をよく知っているのですから、その生徒の書いた文章かどうかを見分けられると思いますし、見分けられなくてはいけないと思います」という発言がある。また、選書に関する議論もあり、それらを司会は「ただ単に好きな本を読みなさいというのではなく、教師による働きかけ、指導が必要だということですね」とまとめている。

　今日「インターネットの問題」はさらに広範囲にわたっているものの、実際にはこうした取り組みで対応するというのが現状である。

4. 今後の展望

　読書感想文コンクールは、その発足にあたっての理念によるならば「青少年の良書に対する関心を高め、読書指導の一助」とすることであった。現在の応募総数はこの理念に対する学校教育の支持の結果とみることもできる。このように感想文を書く活動の有効性は大方の認めるところであるが、その一方で子どもたちが感じる「負担」に関わる問題についてはさらに工夫が求められるところである。

　OECD が 2000 年に初めて実施した PISA（生徒の学習到達度調査）は、さまざまな領域で参加各国の教育界に強い影響を与えた。読書に関わる問題でいえば読解リテラシーの定義である。読解リテラシーについては社会・経済・文化の変化に伴って変化してきており、捉え方も拡大してきているとするのが PISA の主張である。そして「読者の積極的かつ主導的な役割を強調」し、「自らの目標を達成し、自らの知識と可能性を発展させ、効果的に社会に参加するために、書かれたテキストを理解し、利用し、熟考する能力である」とする定義を与えているのである（国立教育政策研究所，2002: 13）。

　この定義は日本の国語教育界におけるリテラシー観を直接的に動かしたといってもよい。そしてこの定義を適用するならば、読書感想文のゴールは感想文の完成に設定するのではなく、選択する図書、書こうとする感想文で「社会に参加する」ことをどう実現するか、というところまでを視野に収めることが意味を持つことになる。このことは 1956 年時点で全国学校図書館協議会長を務めていた石山（1956: 1）が全国コンクール入選作品集の「はしがき」で掲載作品群について記している点と重なるように思われる。

　　これによってここどもと父母と教師と、著者と出版業者と、またおよそ読書と人間形成の問題に関心をもつひとびとが、何を考え、何を感じ、今後について何を希望し決意するか、そこにひろがりゆく波紋は、はかり知られぬほどに大きなものであろうと推察せられる。

ここで記されている「波紋」のバリエーションを検討し、それぞれに意味づけを試み、実現することがこれからの課題ということになる。

さらに「読書感想画中央コンクール」（全国学校図書館協議会・毎日新聞社・実施都道府県学校図書館協議会）、「高校生書評合戦（ビブリオバトル）」（公益財団法人文字・活字文化推進機構・東京都教育委員会）、「10代の読書会」（一般財団法人出版文化産業振興財団）、「こどもの本総選挙」（こどもの本総選挙事務局）など、「波紋」をひろげるためのさまざまな方法についても、各方面からの提案が期待されるところである。

参考文献

石森延男（1956）「読書感想文指導の問題点」，『学校図書館』，66, 8–11.

石山脩平（1956）「はしがき」，全国学校図書館協議会編『1956年版全国コンクール入選作品　読書感想文　小学校の部』，毎日新聞社，p.1.

国立教育政策研究所（2002）『生きるための知識と技能—OECD生徒の学習到達度調査（PISA）—調査国際結果報告書』，ぎょうせい，p.13

毎日新聞（2014）「特集　第60回青少年読書感想文全国コンクール」7月5日朝刊, 12版, 22面.

毎日新聞社（2005）『毎日新聞と読書2005　第50回青少年読書感想文全国コンクール』，毎日新聞社，p.22.

松尾弥太郎（1956）「第二回青少年読書感想文コンクールを終えて」全国学校図書館協議会『1956年版読書感想文小学校の部』，毎日新聞社，p.402.

森田盛行（司会），小川三和子，吉岡日三雄，池田茂都枝，小林功（2005）「読書感想文指導上の諸問題—審査を通して」，『学校図書館』，656, 29–39.

八木雄一郎（2009）「読書感想文問題史—『学校図書館』誌上における論争から」，『文教大学国文』，38, 35–46.

全国学校図書館協議会（1950）『学校図書館』，創刊号，56.

全国学校図書館協議会（1951）『学校図書館』，5, 53–54.

全国学校図書館協議会（1956）『1955年版全国コンクール入選作品　読書感想文　小学校の部』，毎日新聞社，p.377.

全国学校図書館協議会（1962）『学校図書館速報版』，270, 1.

巻末付録

特別寄稿　国際的にみた読書教育

イリノイ大学シカゴ校リテラシーセンター

ウィリアム H. ティール

（足立幸子　訳）

　2018 年は、私が読書教師（reading teacher）となって 49 年目の年となる。その間、母国である米国で、私は読書教育の変化を数多く経験してきた。また、米国以外においても、南極大陸を除く全大陸、世界 25 ヵ国において、会議への参加や、教育省担当者およびリテラシー学識者らとの仕事の機会を得たことによって、読書教育が大きく発展する様子を目の当たりにしてきた。幸運にも、私がこのようにさまざまな経験を得られたことには、読書教育だけでなく、図書館や情報科学、児童文学やヤングアダルト文学、成人教育分野にも関与してきたことが影響していることは疑いない。また、私がこの分野の学者および教師としてだけでなく、6 年間にわたり国際リテラシー学会の幹部職（常任理事、副会長、会長、前会長）を歴任し、また、この分野における数々のリテラシージャーナルの編集者および編集委員を務めた結果でもある。

　私がこのようにさまざまな経験について述べたのは、私がこれから話すことの背後にある状況を知ってもらうことで、その内容が理解されやすくなり、読書指導に関する 1 つの国際的な視点を提供することができるのではないかと考えたからである。そのことにあたって、日本読書学会が本書で記念する読書教育過去 60 年の全歴史をカバーすることは試みてはいないが、私がみてきたものについての情報提供はできるであろう。私たち読書教育者は生徒が読んだり書いたりすることを支援し、生徒が国や世界に市民としてできるだけ深く参画できるようにすることで、社会の構築に貢献する立場にある。そのような読書教育者が直面している主要な問題の歴史的文脈について述べたい。

現代において、また歴史的にみても、読書教育に関する問題には、国際的に似通っているものと、各国の事情によって非常に異なるものの2通りがあることを考慮することは有益であると私は考える。さらに、今日の重要な問題の中には、何十年も読書教育者の心の中にあり続けたものもあれば、社会的、技術的あるいは政治的な発展の結果として、ここ何年かで出現してきたものもある。

読書へのエンゲージメント（読書意欲）

まず、読書へのエンゲージメントというトピックから話を始めたい。なぜなら、それは世界各国におけるあらゆるレベルの学校教育において、読書指導の基礎となるものだからである。リテラシー教育を成功させたいと望むならば、私たちはこの基礎となる部分をしかるべく行わなくてはならない。読書に費やす時間が多い生徒のほうが読解力の成績が良いということは、長年にわたり十分に実証されている（Anderson, *et al.*, 1988）。では、他の生徒より読書量の多い生徒がいるというのは、なぜだろうか。彼らは読むことに魅了され、引き込まれるからである。そこから満足を得て、読んで過ごした時間を実りあるものと感じているのだ。

多くの人々はこのエンゲージメントの問題を「ソフトサイエンス」、または繊細な問題と考えるかもしれない。しかし、皆さんはPISA——国際的な生徒の学習到達度調査——のことをよくご存知なのではないだろうか。これは、世界64ヵ国で行われている15歳の生徒を対象とした読書、数学、科学の学習到達度を測定するための厳密な国際的量的評価である（OECD, 2016）。読書へのエンゲージメントに関してPISAの結果からわかったことは、読むことをもっとも楽しんでいた生徒は、読むことをもっとも楽しんでいなかった生徒よりも、学習到達度が有意に高かったことである。これは、優秀な教師たちがこれまでに繰り返し教室でみてきたことを裏付ける有力なエビデンスである。生徒が読書に愛を感じるようにさせることに私たちが注意を払えば、読み方を生徒に教える仕事はずっと易しいものになるだろう。

質の高い図書の重要性

　読書へのエンゲージメントに関するこの議論で私たちが直面するのは、生徒は学校で何を読むように課せられるか、また、自分では自らどのようなものを読むのかという問題である。読書へのエンゲージメントを促すには、生徒が保育園から高校にかけて質の高い図書（quality literature）に触れる手助けをしなくてはならない。これは、質の高い図書を授業で取り上げること、学校図書館や学級文庫に質の高い著作物が所蔵されるようにすること、生徒の校外での読書向けに質の高い図書を推薦すること、質の高い図書を用いた宿題を与えること、そして、子供に与えるために質の高い図書を親に推薦することを意味する。

　食事の問題に置き換えて考えてみよう。子供やティーンエイジャーは、必要なビタミンやミネラル、たんぱく質を供給するさまざまな栄養豊かな食べ物をバランスよく摂取することで、健康に育つ。豊かな心は、質の高い図書というバランスのとれた食事によって育まれる。これらの図書には、実際的な情報を提供する本のほか、概念に関する本や詩集、印刷・デジタル・オーディオといったさまざまな形態の本、生徒たちに似た人々や慣れ親しんだ状況に関する本、生徒たちとは異なる生活環境に直面している他国の人々に関する本、壮大な大作、素晴らしいイラストや写真が掲載された本などが含まれる。私は以前執筆したエッセイの中で、質の高い図書を取り入れたリテラシーカリキュラムがなければ、生徒が完全に読み書きできるようになることは本質的に不可能であると論じた（国際リテラシー学会のマガジン『リテラシー・トゥデー』（*Literacy Today*）2017 年 5・6 月号 http://viewer.zmags.com/publication/2b16c1a8#/2b16c1a8/8 を参照のこと）。

　書物自体は国によって、あるいは一国の中でも地域や市によって異なるかもしれないが、リテラシーカリキュラムとリテラシー指導に不可欠な要素として質の高い図書を採用する必要性は、普遍的なものである。質の高い図書は、生徒が誰であれ、何歳であれ、またどこの出身であれ、子供たちに読むことを教える上で欠かせない役割を果たすに違いない。

読書の効果的な指導方法

　ここまで、あらゆる社会と学校制度に同様にあてはまると私が主張するところの、読書教育にとってきわめて重要な2つの問題について論じてきた。しかし、次の問題——読書の効果的な指導方法——は、それぞれの状況に応じて考えなくてはならない。たとえば米国では、リサーチ・ベースまたはエビデンス・ベースの読書の指導方法について、過去20年間にわたり議論が活発に行われている。読み始めの指導(National Reading Panel, 2000)、早期のリテラシー(National Early Literacy Panel, 2008)、英語学習者(August and Shanahan, 2006)などに関してもっとも効果的な方法を導き出すために、学者が研究文献をレビューしたり経験的に決定したりする、いくつかの全国的な研究班が米国議会により招集された。これらの取り組みはそれぞれに、読書の教授法についての結論に行き着いた。しかし、読書指導の教育的効果には何が作用するのかという問いに答えを見出そうとするこれらの綿密な取り組みに対してさえ、疑問を呈する学者もいる。彼らは、厳密な質的リテラシー研究の結果、あるいは、読書指導に影響を及ぼし生徒の読書の成績にも影響することが示されてきた文脈的要因といったものを、これらの結論は考慮に入れていないと指摘している(例:『エデュケーショナル・リサーチャー』、2010年、第39巻4号を参照のこと)。

　ここで、このような大きな意見の相違が、1つの国の1つの言語——英語——で行われる読書指導に関して起きているという事実を考えてみてほしい。異なる言語や異なる書記体系、異なる社会的文脈であれば、読み方を教える上でもっとも効果的な方法について意見が一致することは到底望めなかったとしても、それはそれほど不思議なことではない。

　私が行った研究の大半は、3-6歳の幼い子供がどのようにアルファベット言語である英語の読み書きを学び、また、どうすれば彼らに効果的に読み書きを教えられるか、ということに焦点を当てている。読むことに関しては、そのプロセスの最も困難な(したがって、最も研究されている)段階は、読み始め、すなわち、子供が「アルファベット記号という暗号を解読する」こと

を習得し、どのように言語の音が英語のアルファベットの文字やその組み合わせと関連しているのかを理解する段階である。私は教師のための本を分担執筆した際、これらの関係の複雑さについて書いたことがある（McKay and Teale, 2015 の第 2 章参照）。しかし、私はその執筆物について初めて日本人の教師や親たちと話をしたときのことをはっきりと覚えている。彼らは、これが米国で関心をもたれる問題になっていることに驚いていた。彼らにとって、読むことを学ぶ早期の段階は、簡単なものだった。彼らの経験では、ほとんどの 5 歳児、あるいは 4 歳児でさえも、簡単な絵本の中の言葉をどう「解読する」かを理解した。しかしながら、もちろん、このような彼らの捉え方は、非常に異なる正字法を持つ文化からきている。平仮名のおかげで、幼い子供にとって「暗号を解読する」ことは難しくない。なぜなら、平仮名は音節に基づいており、多くのアルファベットの正字法のように、幼い子供たちがはるかに抽象的だと感じる音素に基づいてはいないからである。日本語における読みの学習の困難さは、漢字とともに現れる。これは日本の生徒にとっては、米国の生徒の場合よりもずっと後の発達段階でやってくることになる。

　このことは、読書教育者にとって、読書の効果的な指導方法の問題は、指導が行われている現場の国家的・地域的文脈とつねに密接に結びつく可能性があることの 1 つの例に過ぎない。読むことや書くことを指導する 1 つの正しいやり方や最も効果的な方法、最高のプログラムというものは存在せず、これからも現れることはないだろう。効果的なリテラシーの指導は、研究によって効果が示されたものや、地域の教室の状況から自分が毎日目の前でみている子供たちに伝える必要があると考えられるものを適用しようとする教師の見識にかかっている。

家族の関与・コミュニティの関与

　これに関する研究は明確で一貫しており、説得力がある。それは、学校が家族とうまく協力すれば、子供は学業面でも社会生活の面でもその恩恵を受

けるというものである (Hill, *et al.*, 2004: Jeynes, 2010)。ここでの恩恵には、子供の言語とリテラシーの向上が含まれる。学校と親の間の非常に強力な連携は双方向に働く。学校は子供の学校でのリテラシー活動について、そして子供のリテラシーの進歩について、親とコミュニケーションをとる。また、学校が親に働きかけ、家庭でどのように子供のリテラシー学習を支援できるかを話し合うことも重要である。逆に、親が学校に知識や洞察を持ち込み、それらが蓄えとなることも歓迎される。それは、子供が取り組んでいる学習に役立つような親が持つ特別なスキルやコミュニティについての知識かもしれないし、学校や教室で親がボランティアとして手伝うことかもしれない。

　しかし、社会が異なれば、親とその子供が通う学校との関係が大きく異なることもはっきりしている。米国では、在校生の親や、学校周辺の広い範囲のコミュニティと、うまく協力できていない小学校が大半を占めている。また、学年が上がれば上がるほど、親の関与は薄くなる傾向にある。このような学校と親との関係を、日本の場合と比較してみてほしい。私たちが家族とコミュニティを巻き込むためのもっとも生産的な方法とは、どのようなものなのか——これは、学校が行うべき重要な議論である。そして、そのような議論は、教師と学校のリーダーの両者が参加するときに最もうまくいく。

デジタルリテラシー

　コンピュータが学校での指導に用いられるようになって数十年が経つ。しかし、デジタル技術が読書と読書指導に大きな影響を与えるようになったのは、ここ 10 年ほどのことである。この変化は、マルチメディアの文章——活字または活字とイラストだけでなく、サウンドや動画も含む文章——が急激にまん延してきたことに起因する。そして、私たちの生徒はこれらの文章を「消費する」だけでなく、生産もする。なぜなら、マルチメディアのオーサリング・ツールが広く出回っているからである。こういったデジタル技術の発展は、生徒たちが読み、書き、情報にアクセスする方法を大きく変え、リテラシーそのものと、読み書きができるとはどういうことかを、まさに再

定義したと私は考える（National Council of Teachers of English, 2013）。

　さらに、私はまた、デジタル技術は最終的に人の思考を変えるだろうとも考える。この変化は、書くという発明が人の思考を変えたのと同じようなかたちで起きるだろう。書くということを人がまだしていなかったときは、記憶は認知プロセスの中枢の多くを占め、今よりはるかに必要ともされた。しかし、書くことで、私たちは言いたいことを正確に表現する永久的な方法で考えを蓄えるシステムを得た。しかし、この書くというツールの発明によって生じた人の思考の変化は、何世代にもわたって生じてきたことに留意することが重要である。デジタルリテラシーというツールも同様に、何世代にもわたって変化を生み続けるであろう。私たちは今、このデジタル技術がリテラシーと人の思考に影響し始めたばかりの時点にいる。

　デジタルスキルとデジタルリテラシーを区別することは有用なことかもしれない（https://www.literacyworldwide.org/blog/literacy-daily/2016/02/03/knowing-the-difference-between-digital-skills-and-digital-literacies-and-teaching-both 参照）。デジタルスキルは技術的ツールをどのように使用するかに焦点を当て、デジタルリテラシーは、そのようなツールをなぜ、いつ、誰が、そして誰のために使うかに関与する。私たちの生徒が今日最も必要としているのは、デジタルリテラシーに関連したコンピテンシーである。つまり、デジタルテクストを批判的に評価する能力（例：そのウェブサイトに含まれる情報は信用できるか、あるいは、偏見があったり、事実ではなかったりしないか）、そして、対象とするオーディエンスともっとも効果的にコミュニケーションをとれるような言葉や画像、サウンドを考慮して、デジタルテクストを作成することができる能力である。

　デジタルリテラシーが学校での読書指導に及ぼす影響はまず高学年の生徒に現れ、徐々により低学年の生徒たちへと及んできている。今では、保育園や幼稚園の子供たちでさえも、日常的にデジタルリテラシーに関わっている。なぜなら、すべての幼い子供たちにとって、もっとも大きくゲームを変化させたもの——タブレットとタッチスクリーンの技術——のおかげで、キーボードによるアクセスではけっしてできなかった方法で、子供た

ちもゲームに参加できるようになったからである。子供の「スクリーンタイム」については議論が活発に行われている（Council on Communications and Media, 2016）が、現実には、今日の子供は日常的にデジタル技術と関わり合いながら、家庭と学校の環境の中で育っている。

このことは、今日の教師は、リテラシー教育の全レベルと保育園から高校までの全カリキュラムの科目において、デジタルリテラシーに留意する必要性に対処しなければならないことを意味する。そして、このトピックに関しては、生徒たちが行うさまざまなタイプの読み書きについて深く考える必要がある。何かを深く読まなくてはならないとき、多くの生徒は画面上ではなく印刷されたもので読むことを好む。しかし、デジタルサービスは、ニュースやソーシャルネットワーク、情報検索など、「さっと」読むときに好まれるようである。しかし、なかにはデジタルでしか入手できない文章もある。そして、生徒たちのリテラシー活動の現実や教育的示唆についてじっくり考え、彼らの読み書きの嗜好も考慮すると、ここに「しかし」が付く文章がさらに追加されるかもしれない。だが、結局、デジタルリテラシーはリテラシーに関するもっとも重要な指導上の問題であるだけでなく、教師から「ホットな」トピックだとみなされてもいる（国際リテラシー学会による 2018 年の「何がホットか（What's Hot）」調査を参照；https://www.literacyworldwide.org/get-resources/whats-hot-report）。

結論

前述の 5 つの問題——読書へのエンゲージメント、質の高い図書、読書の効果的な指導方法、家族とコミュニティの関与、デジタルリテラシー——は、現代では世界中のリテラシー教育者とリテラシー学識者にとって普遍的な重要性を持つと私は考える。しかし、日本のリテラシー教育者は、ポーランドやアルゼンチン、フィンランド、米国とは必然的に異なる彼ら独自の状況においてこれらの問題に取り組む必要があるので、地域的な問題であるともいえる。さらに、これらのリテラシー教育のトピックについて考えるにあ

たり、日本国内——浦佐、大阪、高山、札幌、東京など——の状況を考慮
に入れる必要がある。リテラシー教育に、私たちの生徒にとても役立つ「フ
リーサイズの」アプローチはない。生徒たちが社会に貢献する市民であるこ
とを手助けする質の高いリテラシー教育は今日、過去 60 年間は言うに及ば
す、それ以上の長きにわたりそうであったように、いかなるリテラシーカリ
キュラムよりもむしろ、私たちの教室にいる生徒の指導に役立っている。

参考文献

Anderson, R.C., Wilson, P.T., & Fielding, L.G. (1988) Growth in reading and how children
　　spend their time outside of school. *Reading Research Quarterly*, *23*, 285–303.

August, D., & Shanahan, T. (2006) *Developing literacy in second-language learners: Report of*
　　the National Literacy Panel on Language-Minority Children and Youth. Mahwah, NJ:
　　Lawrence Erlbaum.

Council on Communications and Media. (2016) Media and young minds. *Pediatrics*, 138 (5),
　　1–6.

Hill, N., et al. (2004) Parent academic involvement as related to school behavior, achievement,
　　and aspirations: Demographic variations across adolescence. *Child Development,* 75 (5),
　　1491–1509.

Jeynes, W. (2010) *Parental involvement and academic success.* New York: Routledge.

McKay, R. & Teale, W. H. (2015) *Not this but that: No more teaching a letter a week.*
　　Portsmouth, NH: Heinemann Publishing Company.

National Council of Teachers of English. (2013) *The NCTE definition of 21st century literacies.*
　　Available from http://www.ncte.org/positions/statements/21stcentdefinition.

National Early Literacy Panel (2008) *Developing early literacy: Report of the National Early*
　　Panel. Washington, DC: National Institute for Literacy.

National Reading Panel. (2000) *Report of the national reading panel: Teaching children to*
　　read: An evidence-based assessment of the scientific research literature on reading and its
　　implications for reading instruction. Washington, DC: NICHD & NIH.

OECD. (2016) PISA 2015 results (Vol. 1: Excellence and equity in education). Paris: OECD
　　Publishing. http://dx.doi.org/10/1787/9789264266490-en

展望

塚田泰彦

1. 近代的読書の縮減と変貌

　現在の激烈なメディア革命のなかで、これまで文化伝達の中心的媒体であった「近代的読書」の価値とシステムは縮減を余儀なくされている。一方、新たなメディアによる読書世界は斬新なテクノロジーによってこれまでにない読みの可能性を拓きつつある。このことが、近代的読書があまりにも印刷された文字情報による意味世界の生成と解釈へと集約されてきたことに対して反省を迫っていることも事実である。こうしたことからも、これまでの近代的な価値とシステムの一部をただ温存するのではなく、新たなシステムがもたらす価値と現実に正対し、読書の目的とされる人格形成や社会的適応の過程をどう再開発していくかが問われている。この問いに答えるためには、読書教育にかかわる研究と政策と実践を一体的に推進し、当面、それぞれの立場での試行錯誤の実際を共有していく必要がある。本書はこの一体的視野の確保と現状を共有するための試みとして、最新の読書教育関連の論考を集約した。

　ネットワーク社会での読書は21世紀を生きる新しい世代によって担われようとしているが、旧い世代が近代的な読書の価値とシステムを維持することに腐心するだけでは、新しい世代との間で意識や行動のずれは拡大するばかりである。この点で、近代と現代の2つの読書世界がただいたずらに分岐するのではなく、よりよい共存につながる姿が求められている。とくに新しい世代が、検索エンジンに頼り切った、手近な利益を追求するだけの消費者と化している現実をみると、読むことの選択的行為に新たなメディアが与える影響の大きさを様々な角度から考慮せざるを得ない。不読者問題はその象徴的な事例である。

2. 新たな学びと読書教育の行方

　学校での読書教育に目を転じると、学習者はすでにデジタル・テクストが浮遊するネットワーク世界を彷徨いはじめている。この現実に対して、どうすれば学習者にとって生産的な学びが成立するのか、これが教育上の喫緊の課題である。たとえば、調べ学習の環境が充実し、情報検索の容易さが増大したことが、逆に自発的な探究活動の創出を阻害している面がある。日常生活の何から学びを立ち上げるのか、この学びの原点と読むことの現代的課題は重ねて議論していかなければならない。

　確かに、近年、テクストという概念の導入によって作品中心主義が解体し、作者の権威は相対化されて、読者の側で生じる読書行為の多様性に注目が集まっている。少なくとも、学校教育における読むことの指導では、学習者のテクストとのかかわりに焦点が移り、学習者がテクストへ主体的に働きかけることで成立する自立した読者への道が模索されている。しかし、情報のネットワーク化が飛躍的に進展した現在、もはやこのテクスト概念も、匿名化された断片としての文章がネット空間を浮遊するという事態を追認するだけのものになりつつある。どうすれば読むことを社会文化的過程での生きた学びとして成立させることができるのか。この論点をいくらかでも鮮明にし、読書行為の成立の原理を再考するためには、近代的な百科全書的知識観から新たな社会構成主義的知識観へという認識論の転回に沿った、「生きた知識」の再構築の文脈を明らかにする必要がある。その場合、焦点の一つとなることは、テクノロジーの進化を支え続ける人工知能（AI）と普遍的な人間の脳の特性である創造性や信念システムなどを引き合わせることで、社会的リソースの生産的な統合過程として、新しい「読書」の姿を追求することであろう。

読書に関する年表

長田友紀

西暦	和暦	読書および読書学会に関する事項
1945	昭和20	CIE 図書館(日比谷)開設
1946	21	日本国憲法公布、第1次米国教育使節団報告書、新教育指針公示
1947	22	教育基本法制定、学校教育法制定、学習指導要領(試案)発表、第1回読書週間、米国図書館使節来日、帝国図書館附属図書館職員養成所として再設置、日本図書館協会が社団法人として再発足
1948	23	国立国会図書館開館、『納本月報』刊行開始、『全日本出版物総目録』刊行開始、保育要領刊行、文化の日制定、高知県立図書館「自動車文庫」開始、新聞週間制定、日本点字図書館と名称変更し再開
1949	24	国語審議会再設置、検定教科書使用開始、千葉県立図書館「訪問図書館ひかり号」開始、出版法及び新聞紙法廃止、社会教育法制定
1950	25	図書館法制定、図書による青少年の保護育成に関する条例(岡山県)制定、日本十進分類法新訂6版、全国学校図書館協議会設立、PTA 母親文庫(県立長野図書館)開始
1951	26	学習指導要領(試案)発表、ユネスコに日本加盟、児童憲章制定、慶應義塾大学に図書館学科開設
1952	27	『学校図書館基本図書目録』刊行開始
1953	28	学校図書館法制定(司書教諭制度)
1954	29	日本図書館協会「図書館の自由に関する宣言」採択、『中学・高校件名標目表』刊行、司書教諭講習開始(東京学芸大学、大阪学芸大学)
1955	30	高等学校学習指導要領発表、第1回青少年読書感想文全国コンクール、日本点字研究会発足、International Reading Association(IRA) 設立
1956	31	日本読書学会設立(初代会長石山脩平)、幼稚園教育要領発表、『基本件名標目表』刊行、第1回全国学力調査
1957	32	家庭文庫研究会(石井桃子・村岡花子ら)創設
1958	33	小学校・中学校学習指導要領告示、日本点字図書館で録音図書製作と貸出し開始、かつら文庫(石井桃子)創設
1959	34	第1回こどもの読書週間、文部省「学校図書館基準」(『学校図書館運営の手びき』)制定、読書推進運動協議会設立、本を読む母親の全国大会開催
1960	35	日本読書学会会長(第2代)阪本一郎就任、高等学校学習指導要領告示、母と子の20分間読書運動(鹿児島県立図書館、久保田彦穂[椋鳩十])開始
1961	36	日本十進分類法新訂7版
1962	37	

1963	38	義務教育教科書無償給与制度実施開始、日本図書館協会「中小都市における公共図書館の運営」(中小レポート)公表、出版倫理協議会設立
1964	39	幼稚園教育要領告示、『国立国会図書館件名標目表』刊行、図書館短期大学設置
1965	40	文部省に情報図書館課設置、国際識字デー制定、日野市立図書館設立(移動図書館「ひまわり号」)
1966	41	日本読書学会が IRA に加盟、日本点字委員会発足
1967	42	国際子どもの本の日制定、日本親子読書センター発足、日本子どもの本研究会発足、盲学生図書館 SL 結成
1968	43	小学校学習指導要領告示、文化庁設置
1969	44	中学校学習指導要領告示
1970	45	高等学校学習指導要領告示、親子読書地域文庫全国連絡会発足、視覚障害者読書権保障協議会発足
1971	46	日本読書学会会長(第 3 代)滑川道夫就任、図書館記念日制定、プロジェクト・グーテンベルク(Project Gutenberg)創始
1972	47	図書館振興の月制定、全国学校図書館協議会「絵本選定基準」制定、国際図書年開始
1973	48	
1974	49	日本読書学会会長(第 4 代)倉澤栄吉就任、日本国際児童図書評議会設立、東京子ども図書館設立
1975	50	初のパーソナルコンピュータとされる Altair8800(組立キット)発売
1976	51	日本読書学会会長(第 5 代)望月久貴就任、阪本一郎元日本読書学会会長が IRA 国際読書功労賞(International Citation of Merit)受賞、「新潮文庫の 100 冊」キャンペーン開始、東京大学情報図書館学研究センター発足
1977	52	小学校・中学校学習指導要領告示、パーソナルコンピューター Apple II 発売
1978	53	日本読書学会会長(第 6 代)岡本奎六就任、高等学校学習指導要領告示、図書議員連盟発足、日本図書館協会障害者サービス委員会設置、初の日本語ワードプロセッサー「JW-10」発売
1979	54	日本図書館協会「図書館の自由に関する宣言」改訂、図書館情報大学開学
1980	55	日本読書学会会長(第 7 代)滑川道夫就任、全国学校図書館協議会「図書選定基準」制定、日本図書コード管理委員会発足、日本図書館協会「図書館員の倫理綱領」制定
1981	56	阪本一郎元日本読書学会会長が IRA 殿堂(Reading Hall of Fame)入り、『日本全国書誌 週刊版』刊行、JAPAN/MARC 頒布開始、中教審「生涯学習について」答申、臨時行政調査会「行政改革に関する第 1 次答申」
1982	57	日本読書学会会長(第 8 代)倉澤栄吉就任、TRC MARC 提供開始
1983	58	日本点字図書館レファレンス事業開始
1984	59	日本読書学会会長(第 9 代)阪本敬彦就任、大阪国際児童文学館開館、『中学・高校件名標目表 第 2 版』刊行、Macintosh 発売

1985	60	NACSIS-CAT 運用開始、『小学校件名標目表』刊行、情報化社会に対応する初等中等教育の在り方に関する調査研究協力者会議発足、初のDTP ソフト「PageMaker」発売
1986	61	日本読書学会会長（第 10 代）井上尚美就任、日本電子出版協会設立、学術情報センター設置
1987	62	学術情報センター情報検索サービス（NACSIS-IR）開始、日本図書館協会「公立図書館の任務と目標」発表
1988	63	日本読書学会会長（第 11 代）村石昭三就任、阪本敬彦元日本読書学会会長が IRA 殿堂（Reading Hall of Fame）入り、文部省に生涯学習局設置、全国学校図書館協議会「図書選定基準」改定、「IBM てんやく広場」開始
1989	64 ／平成元	幼稚園教育要領告示、小学校・中学校・高等学校学習指導要領告示、日本十進分類法新訂 8 版の電子版（NDC・MRDF8）頒布
1990	2	日本読書学会会長（第 12 代）湊吉正就任、生涯学習振興法制定、国際識字年、電子ブックプレーヤー「データディスクマン」（初代）発売
1991	3	『国立国会図書館件名標目表　第 5 版』（冊子体最終版）、全国学校図書館協議会「学校図書館憲章」制定、出版文化産業振興財団（JPIC）設立
1992	4	生涯学習審議会「今後の社会の動向に対応した生涯学習の振興方策について」答申、日本初のウェブサイト（KEK）誕生、視覚障がい者向け読書機「達訓」発売
1993	5	日本読書学会会長（第 13 代）佐藤泰正就任、Asian Reading Conference in Tokyo 開催（日本読書学会共催、於：筑波大学学校教育部）、文部省「学校図書館標準」制定、学校図書館図書整備 5 か年計画（第 1 次）策定、学術審議会学術情報資料分科会学術情報部会「大学図書館機能の強化・高度化の推進について」報告、インターネットの商用利用が郵政省より許可、全国学校図書館協議会「学校図書館図書廃棄規準」制定、子どもと本の議員連盟設立、エキスパンドブック開発、JPIC 読書アドバイザー養成講座開始
1994	6	国立大学図書館協議会「保存図書館に関する調査報告書」公表、児童の権利に関する条約批准
1995	7	日本十進分類法新訂 9 版、世界図書・著作権の日制定、Windows 95 発売、電子書店パピレス提供開始、CD-ROM 版『新潮文庫の 100 冊』発売
1996	8	日本読書学会会長（第 14 代）福沢周亮就任、国際子ども図書館基本計画策定、学校図書館整備推進会議設立、Yahoo! Japan サービス開始、全国学校図書館協議会「コンピュータ・ソフトウェア選定基準」制定、DAISY コンソーシアム結成、図書館法施行規則改正
1997	9	学校図書館法改正（12 学級以上司書教諭必置）、学校図書館の日制定、朝の読書推進協議会発足、NACSIS Webcat 試験運用開始、青空文庫設立
1998	10	幼稚園教育要領告示、小学校・中学校学習指導要領告示、学校図書館司書教諭講習規程の一部を改正する省令、国立国会図書館「国立国会図書館電子図書館構想」公表、電子書籍コンソーシアム発足

1999	11	日本読書学会会長（第15代）桑原隆就任、高等学校学習指導要領告示、学習障害及びこれに類似する学習上の困難を有する児童生徒の指導方法に関する調査研究協力者会議「学習障害児に対する指導について」報告、『基本件名標目表　第4版』、『中学・高校件名標目表　第3版』、ユネスコ「学校図書館宣言」採択、iモード提供開始、日本点字図書館でデイジー図書貸出開始
2000	12	国際子ども図書館設立、子ども読書年、国立情報学研究所設置、国立教育政策研究所「生きる力を育む読書活動推進事業」開始、地域電子図書館構想検討協力者会議「2005年の図書館像—地域電子図書館の実現に向けて—」公表、Amazon.com の日本語版サイト開設、Google 日本語版サイト開設、全国学校図書館協議会「学校図書館メディア基準」制定、イーブックイニシアティブジャパン設立、電子文庫出版社会設立
2001	13	子どもの読書活動の推進に関する法律制定、文部省が文部科学省になり文化庁がその外局になる、点字図書情報ネットワーク整備事業稼働、ブックスタート支援センター設立、子ども読書の日制定、子どもゆめ基金創設
2002	14	日本読書学会会長（第16代）鳴島甫就任、学校図書館図書整備5か年計画（第2次）策定、子どもの読書活動の推進に関する基本的な計画（第1次）閣議決定、文部科学省「公立義務教育諸学校の学校図書館の購入に要する経費の地方財源の措置について」通知、国際子ども図書館での学校図書館セット貸出し事業開始、NDL-OPAC 公開、国立国会図書館関西館開館
2003	15	地方自治法改正（公の施設への指定管理者制度）、全国読書フェスティバル開始、日本 DAISY コンソーシアム結成
2004	16	文化審議会「これからの時代に求められる国語力について」答申、第1回本屋大賞、『小学校件名標目表 第2版』、初の E Ink 採用の電子書籍リーダー「LIBRIé」発売
2005	17	日本読書学会会長（第17代）有澤俊太郎就任、文字・活字文化振興法制定、文字・活字文化の日制定、文部科学省「読解力向上プログラム」開始、全国学校図書館協議会「ホームページ評価基準」制定
2006	18	教育基本法改正、これからの図書館の在り方検討協力者会議「これからの図書館像—地域を支える情報拠点をめざして」報告、日本図書館情報学会「情報専門職の養成に向けた図書館情報学教育体制の再構築に関する総合的研究」（LIPER 報告）発表
2007	19	Asian Reading Conference in Tokyo 開催（日本読書学会共催、於：国立青少年オリンピックセンター）、『日本全国書誌』冊子体の刊行終了、学校図書館図書整備5か年計画（第3次）制定、電子書籍リーダー Kindle（初代）発売、iPhone（初代）発売、学校図書館図書標準改正、子どもの読書サポーターズ会議発足、Google ブックスに慶應義塾大学が参加

2008	20	日本読書学会会長（第18代）塚田泰彦就任、小学校・中学校学習指導要領告示、子どもの読書活動の推進に関する基本的な計画（第2次）閣議決定、教育振興基本計画閣議決定、国民読書年に関する決議（衆議院・参議院）、図書館法改正、青少年が安心してインターネットを利用できる環境の整備等に関する法制定、納本制度の日制定、全国学校図書館協議会「図書選定基準」改定、日本書店商業組合連合会結成、NPO法人共同保存図書館・多摩発足
2009	21	高等学校学習指導要領告示、全国学校図書館協議会「学校図書館司書教諭講習講義要綱」制定、家読推進プロジェクト発足
2010	22	国民読書年、iPad（初代）発売、「Web版国立国会図書館件名標目表」公開、日本読書学会50周年記念講演会（外山滋比古「正しい読み、とは？」、於：筑波大学附属小学校）、フューチャースクール事業開始、ビブリオバトル普及委員会設立、日本図書館協会認定司書事業開始、日本電子書籍出版社協会設立
2011	23	日本読書学会会長（第19代）秋田喜代美就任、文科省「教育の情報化ビジョン」公表、国民の読書推進に関する協力者会議「人の、地域の、日本の未来を育てる読書環境の実現のために」公表、CiNii Books運用開始、Web NDL Authorities（国立国会図書館典拠データ検索・提供サービス）提供開始
2012	24	「子どもの読書活動を考える国際シンポジウム—アメリカ・フランス・ドイツの事例に学ぶ」開催（主催：国立青少年教育振興機構、後援：日本読書学会等、於：THE GRAND HALL）、学校図書館図書整備5か年計画（第4次）策定、文科省「図書館の設置及び運営上の望ましい基準」改正、子どもの読書活動を考える熟議開催
2013	25	「子どもの読書活動を考える国際シンポジウム—子どもたちの本読み事情：アジア各国の今とこれから」開催（主催：国立青少年教育振興機構、後援：日本読書学会等、於：東京大学）、子どもの読書活動の推進に関する基本的な計画（第3次）閣議決定、武雄市図書館がCCCを指定管理者として運営開始
2014	26	日本読書学会会長（第20代）内田伸子就任、学校図書館法改正（学校司書を法的に規定）、日本十進分類法新訂10版、絵本専門士制度創設、国立国会図書館による図書館向けデジタル化資料送信サービスおよび視覚障害者等用データ送信サービス開始、『学校図書館基本図書目録』休刊、学校図書館担当職員の役割及びその資質の向上に関する調査研究協力者会議「これからの学校図書館担当職員に求められる役割・職務及びその資質能力の向上方策等について」報告、学校図書館議員連盟結成、International Reading Association（IRA）がInternational Literacy Association（ILA）に名称変更。
2015	27	
2016	28	日本読書学会『読書科学』がオンライン版ISSN取得およびJaLC DOIへ登録、学校図書館の整備充実に関する調査研究協力者会議「これからの学校図書館の整備充実について」報告

2017	29	日本読書学会会長（第21代）甲斐雄一郎就任、日本読書学会『読書科学』がJ-STAGEで公開、小学校・中学校学習指導要領告示、NPO法人絵本文化推進協会設立
2018	30	高等学校学習指導要領告示、子どもの読書活動の推進に関する基本的な計画（第4次）策定
2019	31／令和元	日本読書学会60周年記念書籍『読書教育の未来』（ひつじ書房）刊行

索引

A-Z

f-MRI　　98
ICT　　133
JPIC 読書アドバイザー　　313, 314
National Literacy Trust　　81
NIRS　　98
RI-Val モデル　　94

あ

赤ちゃん　　3
悪書追放運動　　298, 299, 300, 301
浅い処理　　93
朝の読書（朝読書）　　65, 213, 249, 302
足場作り（scaffolding）　　17
アセスメント　　268
アニマシオン　　70, 244
アノテーション　　139
アメリカ　　341

い

石井桃子　　316
石森延男　　334
石山脩平　　336
一貫性　　52
一体感　　22
イデオロギー的説明　　215
移動図書館　　305
意図的主体　　4
意図的に文脈を生成する授業　　219
いまここで　　12

意味の脈絡　　216
イメージを使う　　193
イラスト　　346
岩坪明子　　175
インクルーシブ　　219
インターネット　　71, 159, 319
インタラクション　　137

う

ウェーブリーディング　　237
ウェブ OPAC　　326
ウエルニッケ野　　99
家読　　249
裏田武夫　　74

え

英語　　344
映像活用教育　　227
絵本　　3, 16
絵本世界　　12
絵本専門士　　314, 315, 316
絵本の読み合い　　184, 271
エリクソン（E. H. Erikson）　　73
エンゲージメント　　342

お

応答　　12
オーサー・ビジッド　　237
オーディエンス　　225
大人の読書　　73
オフライン処理　　145, 149
オフラインの読解（力）　　160
親　　346
親子のふれあい　　20
音韻意識　　28, 29
音韻化　　267
音節　　28, 29
音節文字　　28
音素　　29
音読　　100, 150
音読補助シート　　268

オンライン書店　304, 305
オンライン処理　145, 146
オンラインの読解　160

か
解釈　254
外的表象　279
解明・解説部　260
学習観　255
学習指導要領　156, 294
学習情報センター　293
学習センター　252
学習の文脈　218
学童期の語彙　54
学力向上　295
家族　345
課題図書　334
課題の構造　276
語り　208
学校司書　67, 68, 243, 311, 312, 313
学校全体での読書指導計画作成　65
学校読書調査　61
学校図書館　243, 324
学校図書館開放　244
学校図書館の機能　252
学校図書館法　288
活字　346
活字離れ　301, 302
家庭　249
家庭文庫　298
環境移行　62
学校間差　66
漢字　50, 345
鑑賞　210
感情推論　146, 147
間テクスト性　217
顔面フィードバック　148

き
キーボード　347
聴き合い　278

気分一致効果　145
9ヵ月革命　3
教科観　255
教室談話　275
協働学習　194
共同行為　24
共同注意　3
共同注意の指さし　8
共同注意場面　5
共鳴過程　90, 94, 95
教養教育　214
近代的読書　350

く
クラウド型　71
倉澤栄吉　175, 186

け
計画―実施―評価　67
形式的理解　269
ケータイ小説　302
結束性　52
研究者と教師との協働　281
言語活動　169, 233
言語活動の充実　233
言語活動の多様化　213
言語材の多様化　213
言語処理機能　99
言語発達　19
現実世界　12
言論の場　217

こ
語彙　53
語彙検査　54
語彙特質仮説　55
語彙の質　56
語彙判断課題　145
語彙力　44, 45
公共図書館　243, 324, 326
高次リテラシー　155

構築過程　94
構築・統合モデル　94, 110
校内体制　71
校務分掌　71
交流　189
国語科　244
国際　341
国際学力調査（PISA）　121, 254, 294,
　336, 342
国際子ども図書館　288
国際成人力調査　78
国際リテラシー学会　341
国民読書年　289
個人的興味　64
個人の脈絡　217
子育て支援　325
子ども司書　70
子ども読書推進計画　297
子どもの読書活動と人材育成に関する調査
　研究　80
子どもの読書活動の推進に関する基本的な
　計画　291
子どもの読書活動の推進に関する法律
　289, 325
こどもの読書週間　288
子ども文庫　299, 298, 300, 302
個別学習　194
コミュニティ　345
語用論　51
コラボレーション　137
混成型テキスト　121

さ

サイクル　195
再構成　197
サウンド　346
作業記憶　126, 128
参加型文化　229
参加構造　278
三項関係　3
参与観察　277, 281

し

恣意的な情報選択　213
視知覚の障害　266
時間順方略　260
自己調整　216
自己内対話　183, 277, 279
司書　308, 309, 310, 311
司書教諭　67, 68, 243, 311, 312, 327
持続的読解　214
質の高い図書　343
実の場　218
視点　208
児童期の読書　40, 47
自発的な読書（自由読書）　39, 40
社会科　244
社会的構成主義　214
社会文化的活動　3
社会文化的アプローチ　274, 275, 280
社会文化的脈絡　217
ジャンル　42, 47, 66, 206
衆議院文部科学委員会における附帯決議
　290
集合的記憶　226
集団的敏感性　13
集団保育　6, 13
自由読書　44, 47
授業研究　274
授業分析　274
熟達　155
熟慮的読解　214
主体的・対話的で深い学び　199, 280
熟考・評価　255
生涯発達　73
状況論　36, 218
状況的興味　64
状況モデル　52, 88, 110, 144
情報通信技術（ICT）　133
条件的知識　198, 216
象徴遊び　12
情緒的なつながり　23
情報カスケード　229

情報活用能力　296
情報検索　348
情報信頼性　161
情報センター　252
書記体系　344
書店　319
調べ学習　67
事例の順序性　202
白ポスト　300
新活字階級　223
新旧情報方略　260
真正性　218
心的表象　144
信念　215

す

推論　89
スキーマ　256
スクリーンタイム　348
スタンドアロン型　71
スマートフォン　320

せ

整合性　89, 95
正字法　345
青少年読書感想文全国コンクール　331
正統的周辺参加　215
接続期　184
説明　259, 260
説明的文章学習の「自律性」　214
説明文　113
宣言的説明文　116
宣言的知識　198
全校一斉読書活動　65
全国学校図書館協議会　287, 332
選書　21
線状的な文章展開　216
専門書　68

そ

相互作用　199

蔵書検索　326
想像世界　12
相補的テキスト　122, 124
相補的統合　124
ソーシャル・ネットワーク　348
ソーシャル・メディア　138, 228
育ち合い　24

た

大学図書館　324
第三次子どもの読書活動の推進に関する基
　　本的な計画　61
第四次子供の読書活動の推進計画に関する
　　基本的な計画　61
代理経験　151
対話的理解　140
濁点　33, 34
タッチスクリーン　347
タブレット端末　347, 320
多様な読み　218
段階的移行モデル　193
探求的会話　278
談話　49, 51

ち

地域　249, 345
地域文庫　298, 299
チーム学校　272
逐次読み　268
直示的(deictic)性質　135

つ

続け読み　32

て

適書　319
テキストベース　52, 88
テクスト概念　351
デコーディング　268
デジタル化　70
デジタル機器　71

デジタル技術　346
デジタル教科書　140
デジタルコンテンツ等　71
デジタルスキル　347
デジタルテクスト　347
デジタルネイティブ　71
デジタルリテラシー　346
手続き的説明文　116
手続き的知識　198, 216
デフォルトモードネットワーク　105
電子機器の普及　320
電子書籍　70, 71, 133, 297, 304, 320
電子メディア　133

と
動画　346
動機づけ　138
統合過程　94, 95
動作化　270
動作的象徴　180
道徳的含意　215
トゥルミンの論証モデル　261
読者層の形成　222
読者反応　206
読書意欲　342
読書運動　298, 300, 301, 303
読書会　70, 235
読書環境　42, 43, 44, 65, 319
読書感想文　209, 244
読書教育　169
読書行為　188
読書好意度　65
読書コンシェルジュ　70
読書時間　63, 319
読書指導　68, 169
読書社会学　205
読書習慣　41, 44, 45, 47, 61
読書週間　244, 287
読書旬間　244
読書心理学　205
読書推進　66, 297, 301, 302, 305

読書推進政策　287
読書センター　252, 293
読書に関わる校内研修　67
読書の意義・機能　64
読書頻度　64
読書世論調査　74, 75, 79
読書量　40, 41, 45
図書委員会　70, 244
図書館員　327
図書館活用　243
図書館資料　244
図書館法　324, 325
図書リスト　332
読解　49
読解リテラシー　336
読解指導　169
読解方略　127, 128
読解力　44, 64
読解力低下問題　254
読解力の向上　295

な
ナラトロジー　209

に
二次的言葉　182
二者関係的敏感性　13
二重符号化理論　134
二重の神経回路　267
日本語　345
乳児　3
乳児保育　13
認知発達　19

ね
ネット書店　322
年間貸出冊数　65
年間活用計画　244

の
脳機能　99, 101

能動的な読み　46
ノベライズ　302

は
ハイパーテキスト　134
発達　206
発達性ディスレクシア　101
発問　23
腹側線条体　148

ひ
非形式論理学　215, 216
ビジネス支援　325
ビッグブック　188
一箱古本市　304
批判的思考態度　156
批判的統合　122, 157
批評読み　197, 213
ビブリオバトル　70, 236, 304
ヒューリスティック　229
表象　225
表象能力　20
表層コード　88
評論文　118
非連続型テキスト　117, 124, 135
拾い読み　32

ふ
フォーマット　17
深い理解　95
復号化　49, 50
複数テキスト　157
「不在対象」への指さし　11
ブッククラブ　194, 235
ブックトーク　65, 70, 236
不読　62, 76, 213
部分的符号化　92
プライミング効果　145
不良出版物　332
ブローカ野　99
文学を読む力の発達モデル　191

文化財　17
文化的活動　17
文化的−歴史的理論　36
文章理解　267
分析枠組み　276, 277
文法の能力　51
文法論的文章論　216
文脈　215
文脈依存性　218

へ
ペア読書　70
並行読書　237, 252
「ページをめくる」行動　13

ほ
保育所　4
保育士の援助　9
保育所保育指針　4
方略に関する知識　198
ボランティア　346
本に出会うリテラシー　213
本の紹介　244
本を紹介し合う活動　69

ま
マインドフルネス　106
松岡享子　316
マッシュアップ　136
マルチメディア　134, 346

み
見方・考え方　197
自らのテクスト表現過程　217
ミニ・レッスン　194
ミメーシス　230

め
メタ認知　194, 198, 199, 240
メディア・リテラシー　210
メンタルモデル　137

も

黙読　100
文字習得の違い　266
文字・活字文化振興法　289, 325
文字名　30
文字名知識　30
文字名知識(読字数)　31
物語の方法　240
物語文　113

ゆ

優位性　272, 300
有害(不健全)図書　297, 300
優良図書　332
指さし　3, 5, 6, 8

よ

養育態度　18
拗音表記　33, 34
幼保連携型認定こども園教育・保育要領　4
読み合い　186
読み聞かせ　16, 21, 65, 208, 244
読み聞かせ聴取　100
読み聞かせのスタイル　22
読み時間　145
読み障害　265
読み手意識　115
読み能力　44
読みの環境調整・課題改善　271
読みの情報処理過程　264
読みのシンプルモデル　49
読みのストラテジー　271
読みの楽しみ　64
読みのツール　272
読みのプロセス　264
読み理解の困難性　265
読むことの共同体　185

り

リアリティ　218

リアル書店　322

理解方略　192
リテラシー　19, 135, 305, 341
リテラチャー・サークル　194, 235
リプレゼンテーション　230
領域固有性　162
「良書」主義　300, 301, 303, 305

れ

連携　327
連続型テキスト　121

ろ

朗読　150
ローゼンブラット(L. M. Rosenblatt)　188
論述　255
論証構造　216
論説文　118
論争的テキスト　122
論理的思考力　255

わ

ワーキングメモリ　94, 95
ワールドカフェ　235
忘れられない本との出会い　65

執筆者紹介

日本読書学会 60 周年記念書籍編集委員会
編集委員長

藤森裕治(ふじもり ゆうじ)

信州大学教育学部教授

主な著書・論文:「学校文化としての読むこと―初等学校の物語の読みにおける日英比較」『読書科学』60(3)(日本読書学会、2018)、『学力観を問い直す―国語科の資質・能力と見方・考え方』(明治図書出版、2018)

編集委員(五十音順)

秋田喜代美(あきた きよみ)

東京大学大学院教育学研究科長・教育学部長・教授

主な著書・論文:『絵本で子育て―子どもの育ちを見つめる心理学』(岩崎書店、2009、共著)、『歌と絵本が育む子どもの豊かな心―歌いかけ・読み聞かせ子育てのすすめ』(ミネルヴァ書房、2018、共編著)

長田友紀(おさだ ゆうき)

筑波大学人間系准教授

主な著書・論文:『国語教育における話し合い指導の研究―視覚情報化ツールによるコミュニケーション能力の拡張』(風間書房、2016)、『言葉を選ぶ、授業が変わる!』(ミネルヴァ書房、2018、共訳)

甲斐雄一郎(かい ゆういちろう)

筑波大学人間系教授

主な著書・論文:「国語教育史の第三次的研究―話すこと・聞くことの教育史研究を例として」『国語科教育』77(全国大学国語教育学会、2015)、『中国大陸、台湾、日本 中学生が読んだ論語』(科学研究費補助金研究成果報告書、2019)

上谷順三郎（かみたに じゅんさぶろう）

鹿児島大学教育学部教授
主な著書・論文：「第5章　言語力育成の理論と実践（2）　書きことば領域」『新教職教育講座　第5巻　教科教育の理論と授業I　人文編』（協同出版、2012）、「言語力の標準化と入試問題—オーストリアの入試改革を例として」『日本語学』32（8）（明治書院、2013）

荷方邦夫（にかた くにお）

金沢美術工芸大学美術工芸学部一般教育等准教授
主な著書・論文：『心を動かすデザインの秘密—認知心理学から見る新しいデザイン学』（実務教育出版、2013）、「メディア理解としての芸術と芸術教育—感性の情報処理とリテラシー」『読書科学』60（1）（日本読書学会、2018）

福田由紀（ふくだ ゆき）

法政大学文学部教授
主な著書・論文：『言語心理学入門—言語力を育てる』（培風館、2012、編著）、「ポジティブな文章を読むと気分が良くなるのか？」『読書科学』59（4）（日本読書学会、2017、共著）

八木雄一郎（やぎ ゆういちろう）

信州大学教育学部准教授
主な著書・論文：「「続き物語」の交流がもたらす文学的文章の読みの変容—『星の花が降るころに』を素材として」『信大国語教育』26（信州大学国語教育学会、2016）、「第6章　伝統的な言語文化の指導」『初等国語科教育』（ミネルヴァ書房、2018）

執筆者(五十音順)

足立幸子(あだち さちこ)

新潟大学教育学部准教授

主な著書・論文:「滑川道夫読書指導論研究」『読書科学』41(1)(日本読書学会、1997)、「第5章 読書指導の研究アプローチ」『学校図書館への研究アプローチ』(勉誠出版、2017)

石田喜美(いしだ きみ)

横浜国立大学教育学部准教授

主な著書・論文:「大学図書館における情報リテラシー教育の可能性—現代社会におけるリテラシー概念の拡張と「つながる学習(Connected Learning)」」『情報の科学と技術』66(10)(情報科学技術協会、2016)、「ゲームとして経験を語る場における過剰な意味の創出—RPG型図書館ガイダンス・プログラムにおけるグループ・ディスカッションの会話分析」『認知科学』25(4)(日本認知科学会、2018、共著)

井関龍太(いせき りゅうた)

大正大学心理社会学部専任講師

主な著書・論文:『心理言語学を語る—ことばへの科学的アプローチ』(誠信書房、2018、共訳)、「心理学実験実習のメニューはどう決まるか—シラバスに基づく分析」『心理学研究』90(1)(日本心理学会、2019)

稲田八穂(いなだ やほ)

筑紫女学園大学人間科学部教授

主な著書・論文:「「情動」に働きかける読み聞かせの実践—「排泄」をテーマにした読み聞かせのケーススタディ」『読書科学』57(3-4)(日本読書学会、2015、共著)、『よくわかるインクルーシブ教育』(ミネルヴァ書房、2019、共著)

岩永正史(いわなが まさふみ)

山梨大学名誉教授

主な著書・論文:『国語科メディア教育への挑戦　第1巻』(明治図書出版、2003、編著)、「大学生はランダム配列の説明文をどのように再構成するか(2)―大学生の説明スキーマにおける新・旧情報方略の検討」『山梨大学教育人間科学部紀要』17(山梨大学教育人間科学部、2016)

大庭一郎(おおば いちろう)

筑波大学図書館情報メディア系講師

主な著書・論文:「司書になるためには」『図書館情報学を学ぶ人のために』(世界思想社、2017)、「第1章　IAAL大学図書館業務実務能力認定試験の設計思想と概要」『IAAL大学図書館業務実務能力認定試験過去問題集　情報サービス－文献提供編』(樹村房、2018)

沖林洋平(おきばやし ようへい)

山口大学教育学部准教授

主な著書・論文:「協同的読解活動における方略獲得の効果」『読書科学』50(1)(日本読書学会、2006)、「大学初年次教育」『批判的思考―21世紀を生きぬくリテラシーの基盤』(新曜社、2015)

奥泉香(おくいずみ かおり)

日本体育大学児童スポーツ教育学部教授

主な著書・論文:「第3章　文字や表記システムと社会的実践としてかかわる」『かかわることば―参加し対話する教育・研究へのいざない』(東京大学出版会、2017)、『国語科教育に求められるヴィジュアル・リテラシーの探究』(ひつじ書房、2018)

執筆者紹介　371

垣花真一郎（かきはな　しんいちろう）

明治学院大学心理学部准教授
主な著書・論文：「濁音文字習得における類推の役割」『教育心理学研究』53（2）（日本教育心理学会、2005）、「知性の発達」『未来の教育を創る教職教養指針　第3巻発達と学習』（学文社、2018）

河野順子（かわの　じゅんこ）

白百合女子大学人間総合学部教授
主な著書・論文：『〈対話〉による説明的文章の学習指導─メタ認知の内面化の理論提案を中心に』（風間書房、2006）、『質の高い対話で深い学びを引き出す小学校国語科「批評読みとその交流」の授業づくり』（明治図書出版、2017）

岸学（きし　まなぶ）

東京学芸大学名誉教授
主な著書・論文：『説明文理解の心理学』（北大路書房、2004）、『学校教育ではぐくむ資質・能力を評価する』（図書文化社、2019、共編著）

菅井洋子（すがい　ようこ）

川村学園女子大学教育学部准教授
主な著書・論文：『乳幼児期の絵本場面における共同活動に関する発達研究─共同注意の指さしからの探究』（風間書房、2012）、「第2部　子どもの言葉を育む保育　第5章　保育環境と言葉」『保育内容　言葉』（光生館、2018）

鈴木佳苗（すずき　かなえ）

筑波大学図書館情報メディア系教授
主な著書・論文：『児童サービス論』（樹村房、2012、共編）、「第12章 ネット社会の青少年と図書館」『図書館情報学を学ぶ人のために』（世界思想社、2017）

高橋登(たかはし のぼる)

大阪教育大学教授
主な著書・論文：『子どもとお金―おこづかいの文化発達心理学』（東京大学出版会、2016、共編）、『講座・臨床発達心理学　5　言語発達とその支援』（ミネルヴァ書房、2017、共編著）

丹藤博文(たんどう ひろふみ)

愛知教育大学教育学部教授
主な著書・論文：『文学教育の転回』（教育出版、2014）、『ナラティヴ・リテラシー―読書行為としての語り』（溪水社、2018）

塚田泰彦(つかだ やすひこ)

関西外国語大学英語キャリア学部教授
主な著書・論文：『語彙力と読書―マッピングが生きる読みの世界』（東洋館出版社、2001）、『読む技術―成熟した読書人を目指して』（創元社、2014）

中村光伴(なかむら みつとも)

熊本学園大学社会福祉学部准教授
主な著書・論文：「第5章　図表を使った表現はなぜわかりやすいか？」『文書表現技術ガイドブック』（共立出版、2008）、「非連続型テキストのレイアウトが読解過程に与える影響」『熊本学園大学論集「総合科学」』23（熊本学園大学総合科学研究会、2018、共著）

濵田秀行(はまだ ひでゆき)

群馬大学教育学部准教授
主な著書・論文：『他者と共に「物語」を読むという行為』（風間書房、2017）、「小グループの談話とワークシート記述の質的分析」『これからの質的研究法―15の事例にみる学校教育実践研究』（東京図書、2019）

深谷優子(ふかや ゆうこ)

東北大学大学院教育学研究科准教授
主な著書・論文：「Ⅶ‐4 授業を理解する力」「Ⅶ‐5 学習を支える要因」「Ⅶ‐6 読む力の発達」『エピソードでつかむ 児童心理学』（ミネルヴァ書房、2011）、「3 章 社会―歴史を人はどう紡ぐか」『教育心理学エチュード―新たなエンサイクロペディア』（川島書店、2012）

舟橋秀晃(ふなはし ひであき)

大和大学教育学部教授
主な著書・論文：「「論理的」に理解し表現する力を伸ばす指導のあり方―本校「情報科」での実践を踏まえて考える、国語科で必要な指導法と教材」『国語科教育』66（全国大学国語教育学会、2009）、「言語生活の拡張を志向する説明的文章学習指導の研究―中学校カリキュラムの検討を中心として」（学位論文、広島大学大学院教育学研究科、2018）

森慶子(もり けいこ)

徳島大学医学部非常勤講師・専門研究員
主な著書・論文：「「絵本の読み聞かせ」の効果の脳科学的分析― NIRS による黙読時、音読時との比較・分析」『読書科学』56(2)（日本読書学会、2015）、「中学生に対する絵本の読み聞かせの研究―ボランティアへのメッセージ文の分析」『国語教育研究』50（日本国語教育学会、2015）

山下直(やました なおし)

文教大学教育学部教授
主な著書・論文：「国語科の「主体的・対話的で深い学び」具現化の課題」『日本語学』37(6)（明治書院、2018）、『シリーズ高校授業づくり 高等学校国語科 新科目編成とこれからの授業づくり』（東洋館出版社、2018、共編著）

山元悦子（やまもと えつこ）

福岡教育大学国語教育ユニット教授
主な著書・論文：『発達モデルに依拠した言語コミュニケーション能力育成のための
実践開発と評価』（溪水社、2016）、『シリーズ国語授業づくり　話す・聞く―伝え合
うコミュニケーショ力』（東洋館出版社、2017、共編著）

山元隆春（やまもと たかはる）

広島大学大学院教育学研究科教授
主な著書・論文：『文学教育基礎論の構築―読者反応を核としたリテラシー実践に向
けて（POD 版）』（溪水社、2016）、『読者反応を核とした「読解力」育成の足場づくり
（POD 版）』（溪水社、2016）

横山真貴子（よこやま まきこ）

奈良教育大学教育学部教授
主な著書・論文：『絵本の読み聞かせと手紙を書く活動の研究―保育における幼児の
文字を媒介とした活動』（風間書房、2004）、「第 12 章 子どもの絵本との出会いと保育
者の専門性」『テーマでみる　保育実践の中にある保育者の専門性へのアプローチ』
（ミネルヴァ書房、2018）

William H. Teale（ウィリアム　エイチ　ティール）

イリノイ大学シカゴ校リテラシーセンター教授
主な著書・論文：*Emergent Literacy: Writing and Reading*（Ablex, 1986）, *No More Teaching
a Letter a Week*（Heinemann, 2015）

読書教育の未来

The Future of Reading Research

Edited by The Japan Reading Association

発行	2019 年 7 月 22 日　初版 1 刷
	2020 年 1 月 29 日　　　2 刷
定価	5000 円＋税
編者	日本読書学会
発行者	松本功
装丁者	中垣信夫＋中垣呉（中垣デザイン事務所）
組版所	株式会社 ディ・トランスポート
印刷・製本所	株式会社 シナノ
発行所	株式会社 ひつじ書房
	〒 112-0011 東京都文京区千石 2-1-2　大和ビル 2 階
	Tel.03-5319-4916　Fax.03-5319-4917
	郵便振替 00120-8-142852
	toiawase@hituzi.co.jp　　http://www.hituzi.co.jp/

ISBN978-4-89476-938-0

造本には充分注意しておりますが、落丁・乱丁などがございましたら、
小社かお買上げ書店にておとりかえいたします。ご意見、ご感想など、
小社までお寄せ下されば幸いです。

［刊行物のご案内］

学校教育の言語
機能言語学の視点

メアリー・シュレッペグレル著
石川彰、佐々木真、奥泉香、小林一貴、中村亜希、水澤祐美子訳
定価 3,200 円＋税

本書は学校教育の中で用いられる言語について、選択体系機能言語学を理論的な枠組みとして解説する。学校教育の言語的特徴、言語とコンテクストの関係、学問的なテクストの言語的特徴、文法と作文、科目ごとのテクストの特徴、学校での言語発達が述べられている。学校教育の中で必要な言語能力とその特徴、そしてその教育に言及されており、多くの示唆に富んでいる。語学教育だけでなく、教育全般についても参考となる良書である。

国語教育における文学の居場所
言葉の芸術として文学を捉える教育の可能性

鈴木愛理著
定価 7,800 円＋税

文学が「教材として」読まれることによって、読み落とされることがあるのではないか―言葉の芸術として文学を捉える教育を探ることは、文学という芸術がひとの生にどのような役割を果たすのかを考えながら文学教育を考えるということである。これまでの文学教育の理論と実践を跡づけながら、言葉の芸術として文学を捉える文学教育の独自性、および現代における文学教育の存在意義を理論的に考察するとともに、国語科教育における文学の居場所を探る一冊。

国語科教育に求められるヴィジュアル・リテラシーの探究
奥泉香著
定価 5,300 円＋税

言語教育（特に国語科教育）を担当する教員が、文字のみで書かれたテクストだけでなく、絵や写真、図といった図像テクスト、さらにはそれらと文章テクストとの組み合わせから意味を構築したり、発信したりする授業を構想する際に、必要となる基礎的な理論枠組みを整理・提示した。学習者を取り巻くテクスト環境の変化に対応するため、本書ではこういった情報の形態の違いを理論的・意識的に整理・活用した授業実践の具体的なアイディアも提示している。